개정

사회복지법제론

한승협 · 박주현 · 이성대 · 이덕희

창지사

머리말

2016년 초판이 나온 뒤 2년의 짧은 시간이지만 사회복지법제는 많은 변화를 가져왔다. 이러한 변화 내용을 성실히 담아내고자 사회보장협정 체결과 사회보장법, 공공부조법, 사회서비스법 등 개정된 내용을 최대한 반영하여 개정판을 출판하게 되었다. 사회복지법제론은 공부하는 사람이면 누구나 어렵게 생각하는 부분이어서 가능한 한 이해하기 쉽게 설명하고자 하였으며, 중복된 내용이나 개정된 내용이 포함된 권리구제절차의 경우 사회보험법과 공공부조법에 포함하여 재정리하였다. 이러한 정리 작업을 통하여 책의 분량을 적정한 수준으로 유지하면서 내용의 완성도를 향상시키고자 하였다.

사회복지법의 학습은 사회복지를 전공하는 학생은 물론이고, 현장에서 사회복지 실천에 종사하고 있는 사회복지전문가 또는 실무자에게 사회복지문제를 해결하고 실천 능력을 높이기 위해 매우 중요하며, 사회복지사 자격 취득과 사회복지사 1급 국가시험 필수과목으로 지정되어 있어 중요성이 강조되고 있다. 또한 사회복지실천현장의 대상자인 클라이언트의 권리를 보호하고 맞춤형 급여와 서비스를 제공하기 위한 중요한 과목으로 사회복지법제론을 학습하기 위해서는 법의 원리, 목적, 대상의 자격, 그리고 관련 시설 등을 광범위하고 구체적으로 이해하고 적용할 줄 알아야 한다.

이 책의 구성은 크게 11개 장으로 구분하여 집필하였다. 제1장 법의 기초적 이해, 제2장 사회복지법의 이념과 목적은 한승협 교수, 제4장 사회복지법의 위치와 체계, 제5장 사회복지 관련 국제법과 협약, 제6장 사회복지사의 법적 지위와 권한, 제8장 사회복지사업법은 이성대 교수가 집필하였으며, 제3장 사회복지법의 역사와 전개, 제7장 사회보장기본법, 제9장 사회보험법은 박주현 교수, 제10장 공공부조법, 제11장 사회서비스법은 이덕희 교수가 맡아 집필하였다.

집필자들은 장별 주제의 특성과 강조하고자 하는 내용이 다르지만 분량과 전체적인 내용 구성에 있어 일관성을 가지고자 노력하였으며, 법의 내용이 지속적으로 변하고 있어 그 내용에서 최근의 변경 상황을 반영하려고 노력하였다. 그러나 개정판 출판을 앞둔 이 시점에도 새로운 법률 개정안이 나오고 있어 개정안이나 시행이 확정되지 않은 경우 인용하지 못해 더 좋은 자료들을 반영하지 못한 아쉬움도 있으며, 개정판임에도 불구하고 과목의 성격상 많은 내용을 한 권의 책으로 정리하는 과정에서 인용이 누락되거나 출처가 명확하지 않은 등 부족하고 잘못된 내용들이 있다면, 수정·보완하여 완성도가 높은 교재가 되도록 노력할 것을 다짐한다.

본 교재는 사회복지학을 공부하는 학생뿐 아니라 사회복지현장에서 실천하고 있는 모든 분에게 도움이 되고, 사회복지 일선 현장 전반에 대해 이해할 수 있는 귀중한 기본 자료가 되기를 바라는 마음으로 미비한 부분을 수정하고 보완하였지만, 아직도 부족함이 많다. 저자들은 늘 작은 부분도 놓치지 않는 집중력을 가지고 개정작업을 해 나갈 것이다.

끝으로 본 교재의 발간을 위해 적극 지원해 주신 도서출판 창지사의 김기섭 사장님과 창지사 직원들, 그리고 교재 출판을 위해 아낌없는 지원과 성원을 해 주신 이상대 상무님께 감사드린다.

2018년 11월

저자 일동

목 차

· CHAPTER 1 ·

법의 기초적 이해

제1절 법이란 무엇인가

가. 법의 정의

사회가 유지되기 위해서는 사회구성원들의 행동을 규율할 수 있는 일련의 행위 준칙인 사회규범이 필요한데 이 규범이 바로 법(法)이다. 법은 규범으로서 인간의 행위를 규율하는 것으로 정의된다. 규범이 없으면 모든 사람들이 자신의 이익만을 위해 행동할 것이므로 무질서나 혼란이 있게 된다. 여기서는 결국 상호 간의 투쟁만이 존재한다. 그리고 강자는 약자를 억압하고 그로부터 이익을 착취한다. 이러한 것은 결코 바람직하다고 할 수 없으므로 사회가 있는 곳에 규범을 만들어 다 같이 공존하고자 하는 것이다. 규범에는 법 규범 외에 종교, 윤리, 도덕, 관습 및 예절 등 다양한 규범이 있으나, 이들 중 가장 강력한 규범은 법으로 질서를 유지하는 것이 가장 효율적이라고 할 수 있다. 법 규범은 다음과 같은 다양한 모습을 가지고 있다(정현태 외, 2014).

첫째, 법은 사회규범이다. 법은 사회에서 인간에게 부여된 규범이다. 사람들은 법이 금지한 것을 행해서는 안 된다. 법 규범은 당위의 규범으로 마땅히 따라야 하는 것이다. 달리 말하면 법이 사람들에게 어떤 행위를 할 것을 강요하는 것은 그것을 우리가 할 수 있기 때문이다. "법은 불가능한 것을 강요하지 않는다"거나, "네가 할 수 있으므로 그것을 해야 한다"는 말은 바로 이와 같은 점을 강조한 것이다. 따라서 인간으로서 반드시 지켜야 하는 명령이나 금지로서 약속으로 지켜져야 하는 당위를 뜻한다.

둘째, 법은 행위규범이다. 법이 문제 삼는 것은 바로 인간의 '행위'라는 것이다. 여기서 행위란 행위자의 의사에 기인한 신체 외부의 동정을 말한다. 따라서 개인의 자발적인 행동으로 법이 요구하지 않은 어떠한 결과를 야기했을 때 법이 이에 관심을 가지고 대응한다는 것이다. 이것은 그 행위를 하게 된 동기로서의 행위자의 의사와 그 행위로 인한 불법적인 결과라는 두 가지가 결합되어 나타날 때 법은 그 행위를 규제대상으로 한다는 것이다. 그러나 반드시 행위가 적극적인 외형을 가질 필요는 없다. 즉, 행위 중에는 부작위(不作爲)라고 하여 특정한 행위를 할 의무 있는 자가 그 의무를 위반하여 아무런 조치도 취하지 않음으로써 특정한 법률 위반의 상태가 형성되는 경우가 있다. 법은 행위에 대한 판단기준으로 작용하는 행위규범이다. 법이 금지하는 행위는 하지 않아야 하고 법이 명하는 행위는 하여야 한다. 결국 어떠한 행위를 할 것인가 말 것인가의 기준이 바로 법이라는 것이다.

셋째, 법은 강제규범이다. 현대사회에서 국가 이외의 기관에서 법을 제정하거나, 집행하는 것을 생각할 수 없다. 이에 의하여 법은 정치적 특성을 지나게 되고, 당해 국가의 사상, 즉 국시(國是)에도 크게 좌우되게 되는 것이다. 실제 국가가 그 사회에서 가장 강력한 힘을 가지고 있는 것이므로, 국가가 아니고서는 개인에게 법 위반에 대하여 제재를 가질 수 있는 주체가 존재하지 않는다. 그래서 법은 강제규범으로서의 특징을 가지고 있다. 법 이외의 규범은 반드시 강제력에 의하여 인간의 행위를 통제하지는 않는다. 그러나 법은 이를 위반할 경우에 그에 상응하는 제재 수단을 강구하고 있으며, 인간은 이 강제성으로 인하여 법의 준수를 강요받게 된다.

넷째, 법은 조직규범이다. 법 본연의 기능을 발휘하기 위하여 법 규범의 제정, 적용, 집행을 담당하는 조직과 이 조직을 구성하는 기관에 일정한 권한을 부여하는 규범이다. 법 가운데는 국가가 지방자치단체 등 공공기관의 설치와 조직, 권한 등에 관하여 규정하는 규범이 있는데, 이를 조직규범이라 한다. 이 규범이 없으면 당해 기관을 둘 수 없다. 국가 내지 공공기관의 전반적인 사항은 이 규범에 의하여 결정된다.

나. 법의 목적

1) 사회정의의 실현이다

법의 궁극적인 목적은 사회정의의 실현에 있다. 정의는 이성을 갖는 개인이나 집단이 추구할 수 있는 가치로서 법을 통해 이러한 가치를 추구한다. 법과 정의는 불가분의 관계이다. 사회정의의 핵심사상은 평등으로 모든 사람에게 기본권이 보장된 불평등이 없는 상태이다.

2) 합목적성이다

법은 국가와 사회가 추구하는 이념과 가치에 맞게 제정되어야 하며, 국가의 질서유지 및 국민의 자유와 권리를 보장해야 한다. 현실의 사건을 사회의 실정에 비추어 합목적적으로 판단하여 구체적인 타당성을 부여하는 것을 가리킨다.

3) 법적 안정성이다

사회구성원들이 안심하고 생활하도록 하려면 법은 안정성을 가지고 있어야 한다. 법이 안정성을 유지해야 사람들이 옳고 그름을 판단하며 활동할 수 있다. 법은 안정성을 유지하려면 그 사회구성원들의 가치와 부합되면서 이해할 수 있고, 쉽게 변경되지 않으며, 실효성 있게 작용되어야 한다.

4) 사회질서 유지이다

법은 사회공동체를 형성하고 있는 구성원들이 자신의 기능을 수행하면서 역할을 하도록 한다. 사회질서는 사회구성원들에 의해 자발적으로 이루어지기도 하지만, 일반적으로 질서를 해치는 성원들에게 강제성을 통해 규제하여 사회질서를 유지하는 경우가 많다.

제2절 법원

법원이란 법의 연원을 줄여서 말한 것으로서, 일반적으로 법의 존재형식, 법을 인식하는 수단 내지 자료를 뜻하는 좁은 의미의 법원을 말한다. 따라서 법원은 사회복지에 관한 실정법의 인식근거 내지 존재형식으로서, 사회복지와 관련하여 그 급여의 내용, 서비스를 제공하기 위한 조직과 관리·감독의 기준이 법률 등에 의하여 어떠한 형식으로 표현되고 있는가를 나타내는 것이다. 사회복지법의 법원은 그 존재형식에 따라 성문법과 불문법으로 나누어진다(박용순 외, 2015).

가. 성문법으로서의 법원

성문법(成文法, written law)이란 일정한 형식과 절차를 거쳐 공포되고, 문서로 표현된 법을 말하며, 제정법 또는 실정법이라고도 한다. 성문법을 취하는 국가를 성문법주의 국가라고 하는데, 오늘날 대부분의 국가는 원칙적으로 성문법을 법원으로 하고, 예외적으로 불문법을 병용하고 있다. 성문법의 장점은 문서의 형식으로 표현되므로 내용이 명백하고 국민에게 예측 가능성과 법적 안정성을 보장해 준다는 것이다. 반면, 형식적이고 고정적이어서 사회 변천에 적절히 대응할 수 없다는 단점이 있다. 성문법은 헌법, 법률, 명령(시행령, 시행규칙), 자치법규(조례, 규칙), 국제법 등이 있다.

1) 헌법

헌법은 국가의 기본조직과 통치 작용의 원칙을 정하고, 국민의 기본권을 보장하는 규정을 가진 국가의 최고의 기본법이다. 헌법은 국가의 최상위법으로서, 가장 강력한 효력을 가지므로 하위법인 법률이나 명령 등은 헌법에 저촉되어선 안 된다. 우리나라 헌법은 1948년 7월 12일에 제정되어 동년 7월 17일에 공포되었다. 사회복지에 대한 국가의 책임이자 의무를 규정한 생존권 조항은 1919년 독일의 바이마르(Weimar) 헌법에서 최초로 규정되어 헌법은 더욱 중요한 사회복지법의 법원이자 기본 근거가 되고 있다.

생존권을 규정한 헌법 규정을 보면, 헌법 전문, 제10조 인간의 존엄성과 행복추구권, 제31조 교육을 받을 권리, 제32조 근로의 권리, 제33조 노동기본3권, 제34조 인간다운 생활을 할 권리, 제35조 환경권, 제36조 혼인과 가정생활의 보호, 모성의 보호 및 보건권 등이 있다. 헌법 제34조는 좁은 의미의 생존권 규정이며, 헌법 제34조를 제외한 헌법 제31조부터 제36조까지는 넓은 의미의 생존권 규정으로, 인간의 기본적인 인권과 생활보장에 관한 국가행정의 근거가 되는 동시에 재판규범으로서도 중요시되며, 사회복지 관련 하위법규의 존립근거가 된다.

2) 법률

법률이란 국민의 대표기관인 국회의 의결을 거쳐 제정·공포된 법을 말한다. 헌법 제40조에서는 "입법권은 국회에 속한다"라고 하여 법률 제정의 권한이 국회에 있음을 규정하고 있다. 법률안 제정은 국회와 정부가 제안할 수 있지만 의결권은 오로지 국회에만 있다. 법률은 헌법 다음의 법원이므로 헌법을 위반하여 제정될 수 없다. 국회에서 의결을 거쳐 정부로 이송된 법률은 15일 이내에 국무회의 심의 후 대통령으로 서명 공포하며, 법률에 특별한 규정이 없으면 법률은 공포한 날로부터 20일 경과하면 효력이 발생한다.

3) 명령

명령은 입법기관인 국회의 의결을 거치지 않고 권한 있는 행정기관에 의하여 제정된 성문법을 말한다. 입법권은 국회에 있는 것이 원칙이지만 국회는 근본적인 중요한 사항만 법률의 형식으로 정하고 실제로 법률을 집행하는 데 필요한 세부적인 사항을 각 행정기관으로 하여금 정하도록 하고 있는데, 그것이 명령과 규칙이다.

명령에는 대통령령, 총리령, 부령(또는 장관령) 등이 있고, 명령의 목적에 따라서 집행명령과 위임명령으로 나누어진다. 대통령은 법률에서 구체적으로 범위를 정하여 위임받는 사항에 관해서는 위임명령을 발하고, 법률을 집행하기 위하여 필요한 사항에 관해서는 집행명령을 대통령령으로 발할 수 있는데, 이를 일반적으로 시행령이라 한다(헌법 제96조).

오늘날 사회복지의 내용이 복잡성, 다양성, 전문성, 기술성을 요구하기 때문에 국회에서 입법을 하는 데는 일정한 한계가 있다. 따라서 국회에서는 원칙을 정하고, 세부사항은 행정기관에서 명령이나 규칙으로 정하는 경우가 많기 때문에, 이들은 사회복지법의 법원으로서 중요한 역할을 하게 된다.

4) 자치법규

지방자치단체는 주민의 불리에 관한 사무를 처리하고 재산을 관리하며, 법령의 범위 내에서 자치에 관한 규정을 제정할 수 있다(헌법 제117조). 이와 같이 지방자치단체가 자치권에 의하여 제정하는 법령을 자치법규라고 한다. 자치법규는 그 자치단체의 지역 안에서만 효력을 가진다. 자치법규에는 조례와 규칙이 있는데, 조례는 지방자치단체의 의회가 법령에 반하지 않는 범위 내에서 그 권한에 속하는 사항에 대하여 의결로서 제정한 것이며, 규칙은 지방자치단체의 장이 법령과 조례에 반하지 않는 범위 내에서 그 권한에 속하는 사항에 관하여 제정한 것이다. 조례와 규칙과의 관계는 법률과 명령과의 관계와 같이 상하관계에 있으므로 조례에 위반하는 규칙은 제정할 수 없다. 지방자치단체가 제정하는 조례와 규칙이 사회복지에 관한 내용을 규정한 것이라면, 이러한 자치법규는 마땅히 사회복지법의 법원으로 인정된다.

5) 국제법

국제법은 국제조약과 국제법규로 구성되어 있다. 조약은 국제관계에 속하는 사항에 관하여 문서로 행해진 국가 사이의 합의로서 국제법의 일종이다. 조약의 체결은 국가대표기관에 의하여 체결되고, 국회의 동의와 대통령의 비준과 공포로 성립된다. 이와 같은 절차를 밟아서 체결·공포된 조약은 국내법과 동일한 효력이 있다(헌법 제6조 제1항).

국제조약은 조약, 협정, 약정 등 그 명칭이 어떠하더라도 국가와 국가 간, 국가와 국제기관 사이에 법적 효력이 있는 합의를 의미하며, 국제법규는 자국이 당사국이 아닌 조약으로 국제사회에서 일반적으로 승인된 법규를 의미한다. 우리나라는 헌법 제6조 제1항에 의해 체결·공포된 조약과 일반적으로 승인된 국제법규는 국내법과 같은 효력을 가진다고 규정하고 있어 사회복지와 관련된 것이면 사회복지법의 법원으로서 인정해야 한다.

나. 불문법으로서의 법원

불문법(不文法, unwritten law)은 성문법 이외의 법, 즉 성문법과 같이 입법기관에 의하여 문서로서 제정·공포되지 아니한 법을 말한다. 판례법주의를 취하는 영미법에서는 판례법을 제1차적 법원으로 인정하고 있다. 불문법에는 관습법, 판례법, 조리 등이 있다.

1) 관습법

관습법이란 사회에서 어떠한 사항에 대하여 상당히 오랜 기간 동안 동일한 행위가 반복되어 생긴 관행이 법적 확신 내지는 법적 인식을 얻어서 다수인에게 법처럼 지켜지는 것을 말한다. 관습법이 성립하기 위해서는 관습(관행)이 존재하고, 법률로서의 확신을 가지 있어야 하며, 사회질서에 위반되지 않아야 한다. 우리나라 대법원은 관습법을 인정하고 있는데, 일반적으로 성문법의 규정이 없거나 충분하지 못한 경우에 성문법을 보충하는 보충적 효력을 가진다.

2) 판례법

판례법이란 구체적인 법률 문제에 대한 법원의 판결이 이후 동종 또는 유사한 사건에 계속 반복하여 적용됨으로써 성문화되지는 않았지만 일반적 법규범으로 인정될 수 있는 법칙을 말한다. 판례는 재판의 선례가 이후의 재판을 구속할 때 법원으로 되며, 이를 판례법이라고 한다. 판례법의 형성은 최고 법원인 대법원의 판례가 하급심을 구속하므로 주로 대법원의 판례에 의하여 형성된다. 우리나라는 판례법을 법원성으로 인정하고 있지 않다. 다만, 상급심의 동일한 판례(동일한 사안)는 하급심을 구속하는 구속성 원칙을 따르고 있다.

3) 조리

조리란 사물의 합리성, 사물의 본질적 법칙, 사물의 이치를 의미하며, 인간의 이

성과 사물의 본성에 기하여 인정된 사회공동생활의 원리이다. 바꾸어 말하면 일반 사회인이 보통 인정하는 객관적인 원리 또는 법칙이다. 모든 법 생활은 조리에 적합하도록 해야 하는 것으로, 조리는 실정법 및 계약의 내용을 해석·결정하는 데 표준이 될 뿐만 아니라 특히 법(성문법이나 관습법)이 흠결되었을 때 조리가 재판의 기준이 된다. 사회생활은 복잡하고 끊임없이 변화하고 있으므로 아무리 완벽한 성문법이 있고, 관습법이 발달하였더라도 모든 법률사건을 완전히 망라할 수는 없다. 이 때문에 법원은 조리에 의해 재판하여 법의 결함을 보충할 수 있다.

제3절 법의 분류방법

가. 일반법과 특별법

법은 그 효력이 미치는 범위를 표준으로 하여 일반법과 특별법으로 나눌 수 있다. 사람·장소·사항 등에 특별한 제한이 없이 일반적으로 적용되는 법을 일반법이라고 하고, 일정하게 한정된 사람·장소·사항 등에 관여하여서만 적용되는 법을 특별법이라고 한다. 특별법은 일반법에 우선하는 것이 원칙이며, 일반법은 특별법에 규정이 없는 경우에만 보충적으로 적용된다. 일반법과 특별법을 구별하는 실익은 법의 효력 및 적용의 순서를 명확히 하는 데 있는데, 이 구별은 구체적으로 다음의 세 가지 경우에 관하여 고찰하여야 할 것이다(문수열 외, 2014).

1) 지역적 범위

전국에 일반적으로 적용되는 법은 일반법이고, 한 지방에만 적용되는 법은 특별법이다. 예를 들면, 헌법·지방자치법은 전국에 효력을 미치는 일반법이고, 시·군·구 조례는 특정 시·군·구에 국한된 지역에만 효력을 미치는 특별법이다.

2) 인적 범위

일반법은 일반국민에게 적용되는 법으로 민법, 형법 등이 있다. 예를 들면, 「사회복지사업법」은 일반법이고, 「국민기초생활보장법」, 「노인복지법」, 「장애인복지법」, 「아동복지법」 등은 특별법이다.

3) 적용사항

일반적인 사항에 적용되는 법은 일반법이고, 특수한 사항에 한하여 적용되는 법은 특별법이다. 예를 들면, 민법은 민사에 관한 일반법이고, 상법은 민사 중 특히 상사에 관한 특별법이다

나. 상위법과 하위법

법규범은 수직적으로 체계화되어 있는데, 순서상 최상위의 헌법 → 법률 → 명령(시행령, 시행규칙) → 조례 → 규칙 순으로 되어 있다. 하위의 법규범이 상위의 법규범을 위반하면 위헌으로 그 효력을 상실한다. 또한 하위법은 법규정 제정과 해석에 있어 상위법을 위반하여 제정해서도 안 된다.

다. 강행법과 임의법

법의 효력이 그 적용에 있어서 절대적인가 아닌가를 기준으로 하여 강행법과 임의법으로 구별한다. 강행법은 당사자의 의사와 관계없이 적용이 강제되는 법이고, 임의법은 당사자의 의사에 따라 법을 적용할 수도 있고 배제할 수도 있는 법이다. 강행법은 대체로 공법들이 이에 속하는데, 즉 헌법과 형법 등은 강행법에 해당되고 민법과 상법은 임의법에 해당된다.

라. 신법과 구법

신법은 새로 제정된 법이고, 구법은 신법에 의해 폐지되는 법을 말한다. 신법의 시행 시기와 구법의 종료 시기는 상호 불일치가 존재할 수 있는데, 이러한 불일치를 해결하기 위하여 신법에 '경과규정' 또는 '부칙'을 둔다.

· CHAPTER 2 ·

사회복지법의 이념과 목적

제1절 사회복지법의 이념

가. 사회복지법의 일반적 정의

사회복지법이라는 용어는 '사회복지와 법'이라는 단어의 합성어다. 사회복지법은 '사회복지에 관한 법'으로서 법의 일반적 성격과 틀을 지니고 있으되 그 내용은 사회복지를 다루는 법이라고 말할 수 있다. 사회복지법은 사회구성원 다수가 평안하고 만족스러운 상태를 유지하며, 잘 살 수 있도록 규정하는 제반법규를 말한다. 구체적으로 사회복지법이란 모든 국민과 적법한 외국인의 욕구를 충족시키고, 생활상의 곤란과 문제를 개인적, 집단적, 지역사회적, 국가적, 국제적 수준에서 예방·보호·치료·회복시킴으로써 그들의 인간다운 생활을 보장하고, 사회적 정의를 실현하기 위한 공적·사적 제도와 정책 등을 규율하기 위한 제반법규를 의미한다.

나. 형식적(좁은) 의미의 사회복지법

형식적 의미의 사회복지법은 독일의 경우처럼 사회법전이 있는 경우에는 명시적으로 알 수 있으나, 대한민국의 경우 독립적인 사회법전이 존재하지 않으므로, 그 범위가 명확하지 않다. 일반적으로 사회보장기본법상 '사회보장제도'로 규정하고 있는 사회보험, 공공부조, 사회서비스에 속하는 법률들과 사회복지사업법상 '사회복지사업'에 속하는 법률들을 형식적 의미의 사회복지법이라고 본다. 예를 들면, 「사회보장기본법」, 「국민연금법」, 「국민건강보험법」, 「사회복지사업법」, 「아동복지법」, 「장애인복지법」, 「노인복지법」, 「국민기초생활보장법」, 「의료급여법」 등의 법률이 이에 속한다. 사회복지법은 그 역사적 생성 과정이 산발적이고 복합적이며, 또한 매우 최근에 변화하고 있는 법이므로 개념 규정의 방법은 그만큼의 한계를 지닌다.

다. 실질적(넓은) 의미의 사회복지법

법의 존재 형식이나 명칭에 관계없이 법규범의 내용, 규범의 목적과 기능에 따라 그 법규범에 내재하는 공통된 법 원리를 도출하고, 그 법 원리에 근거하여 사회복지법의 개념을 파악하는 방법이다. 예를 들면, 사회복지법의 법 원리나 기본 가치에 부합하는 「임금채권보장법」, 「최저임금법」, 「보호관찰법」, 「갱생보호법」 등과 같은 법규들은 실질적 의미의 사회복지법 개념 속에 포함된다. 따라서 사회복지법 개념은 실질적 의미의 사회복지법 개념으로 파악하는 것이 바람직하다.

라. 사회복지법의 개념 변화

1) 협의 개념

사회적으로 열악한 처지에 있는 사회적 약자만을 대상으로 하는, 그들의 최소한의 인간다운 생활을 영위하도록 원조하는 것을 사회복지법이라고 한다.

2) 광의 개념

모든 국민의 기본적 욕구를 충족시키는 것이 사회복지법이다. 이는 보편주의에 입각한 개념이다.

3) 최광의 개념

국민의 인간다운 생활을 적정 수준에서 보장하고, 동시에 상호주의에 입각하여 자국 거주 외국인의 최소한의 인간다운 생활을 보장하는 것이 사회복지법이다.

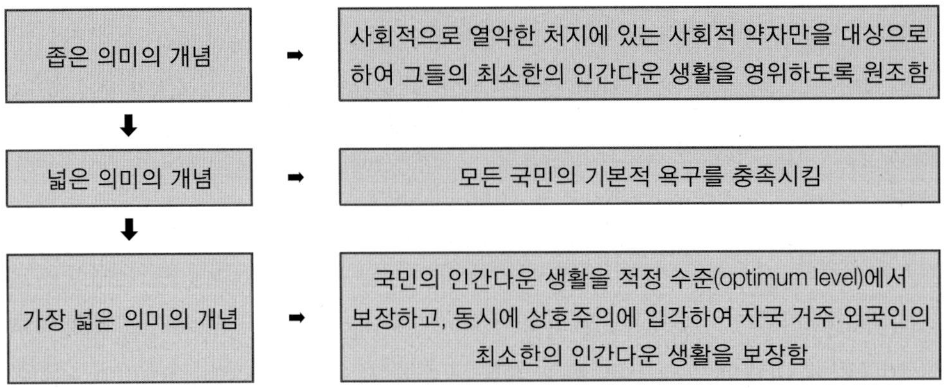

[그림 2-1] 사회복지법의 개념

제2절 사회복지법의 목적

사회복지법의 실천목적은 헌법의 기본권 보장에 따른 생존권의 보장이다. 생존권 보장의 이념을 달성하기 위한 구체화된 실천이념으로 인간다운 생활의 보장, 사회복지의 증진, 자활·자립, 소득재분배, 사회통합을 들 수 있다(김훈, 2009; 조원탁 외, 2009).

가. 인간다운 생활의 보장

생존권의 실천이념은 국민의 인간다운 생활보장이다. 즉, 국민이 건강하고 문화적인 삶을 영위하도록 보장하는 것이다. 국가나 사회가 직접 개입하여 해결해야 하는 이유는 사회적 위험이 개인적 차원에 의해 발생하는 것이 아니라 자본주의 사회의 형성과 발전에 기인하였다고 보는 사회성·보편성의 원리에 근거하기 때문이다. 이러한 사회적 위험은 개인과 가족만의 능력으로서는 해결하기 어렵다는 것이다.

인간다운 생활의 보장에 대해서는 대한민국 헌법 제34조 제1항에서 "모든 국민은 인간다운 생활을 할 권리를 가진다"고 규정하고 있으며, 「사회보장기본법」 제10조에서는 '건강하고 문화적인 최저생활의 보장'과 같은 좀 더 구체적·실천적 표현을 사용하고 있다. 따라서 국가와 사회는 모든 국민이 인간다운 생활을 영위할 수 있도록 공적인 보장을 해 주어야 하는 것이다.

나. 사회복지의 증진

생존권의 실천이념은 사회복지의 증진이다. 사회복지란 인간의 안녕을 해치는 모든 조건들을 제거하여 인간으로 하여금 인간다운 생활을 누리도록 하는 모든 노력을 말한다. 인간의 안녕을 해치는 조건들과 인간의 욕구도 다양하기 때문에 이를 해결하기 위한 사회복지 증진 방법도 다양하다. 사회복지관련법에서는 궁극적으로 사회적 약자인 보호대상자의 사회복지 증진이라는 목표가 명시되어 있다. 대한민국 헌법 제34조 제2항에서 "국가는 사회보장·사회복지의 증진에 노력할 의무를 진다"고 규정하고 있다.

사회복지 증진은 현금급여나 현물급여 또는 서비스 형태로 제공되지만, 현금이나 현물보다는 사회복지서비스가 좀 더 기본적이고 실질적인 형태이다. 즉, 사회복지서비스의 목적은 정상적인 일반 생활의 수준에서 탈락된 상태의 사회복지서비스 대상자에게 회복·보전하도록 도와주는 것을 말하며, 이는 개별적·집단적으로 보호 또는 처지를 행하는 것이다.

다. 자활·자립

생존권 실현의 궁극적인 종착점은 자립적인 인간다운 삶이다. 국가로부터 사회복지급여를 제공받아서 생활하는 의존적인 삶이 아니라, 스스로 자주적이고 독립적인 생활을 영위하도록 하는 것이 사회복지법의 또 다른 목적이다. 이러한 자활·자립의 원리는 사회적 자원의 효율적인 배분이라는 경제적·사회적 정의를 위해서도 바람직한 방법이다. 사회복지법 중에서 공공부조관련법이나 사회복지서비스관련법 분야에서는 자립과 자활을 더욱 중시한다. 「사회보장기본법」 제7조에서는 "모든 국민은 자신의 능력을 최대한 발휘하여 자립·자활할 수 있도록 노력하고 국가의 사회보장정책에 협력하여야 한다"고 규정하여 자활·자립의 중요성을 강조하고 있다.

라. 소득재분배

소득재분배는 생존권 보장을 실천하기 위한 경로이다. 소득재분배는 조세법이나 다른 사회정책수단을 통해서도 이루어지지만, 사회복지법에 의한 소득재분배가 좀 더 대규모적이고 지속적인 효과를 제공한다. 사회복지법의 소득재분배 기능은 사회보험관련법과 공공부조관련법에서 잘 나타나고 있다. 장기적인 보장에 속하는 국민연금의 설계와 운용은 말할 것도 없고 「국민건강보험법」에서도 소득재분배를 중요한 정책 목표와 이념으로 표방하고 있다. 물론 공공부조관련법이나 사회복지서비스관련법의 경우도 마찬가지이다.

예를 들면, 건강보험에서 가입자의 기여금은 사회적 위험의 대소에 의해서 결정되는 것이 아니라 소득에 비례해서 결정되고, 질병치료 비용은 소득보다는 질병의 종류와 치료기간에 의해서 결정된다. 특히, 공공부조의 대상자들은 그들의 기여에 근거하지 않고, 단지 소득무능력 또는 저소득이라는 이유만으로 생존권 보장을 받을 수 있다.

마. 사회통합

생존권 보장은 사회적 통합을 낳는다. 사회 속의 인간에게는 다양한 스펙트럼의 삶을 통해서 계층 간 물질적·질적 차이로 인한 위화감이 존재한다. 이는 사회구성원으로서의 동질감을 저하시키는 결과를 낳는다. 이러한 동질감 부족은 사회적 목표를 향한 결속과 협력을 저해하는 요인으로 작용하며, 그러한 사회는 결국 정체되거나 붕괴될 것이다. 생존권 보장은 계층 간에 합리적인 평등을 보장해 줌으로써 사회적 통합을 가져온다.

사회복지법은 부의 불평등 완화·사회적 위험의 분산·사회적 약자의 보호 등을 위해 서로 협력하고 책임짐으로써 사회를 통합시키는 기능을 한다. 예를 들면, 사회보험의 원리는 사회적 위험의 분산과 공동 대체를 통한 사회적 통합의 원리에 입각해 있으며, 공공부조관련법과 사회서비스관련법 역시 국민의 세금으로 일방적으로 지원하는 이론적·이념적 배경에 사회연대와 사회통합이 존재한다.

제3절 헌법과 사회권적 기본권

가. 사회권적 기본권의 법적 성격

기본권으로서 생존권의 법적 성질을 어떻게 이해하느냐에 따라 국민의 복지실현을 위한 해답이 달라질 수 있다. 사회권적 기본권(생존권)의 법적 성격은 크게 프로그램 규정설(program 規定說, 또는 입법방침설)과 법적 권리설(權利說)에 관한 학설로 나누어진다. 법적권리설은 다시 추상적 권리설과 구체적 권리설로 세분된다. 이에 따라 사회보장수급권은 크게 프로그램 규정적 권리와 법적 권리로 나누고, 법적 권리는 다시 추상적 권리, 구체적 권리로 세분된다(한승협, 2012).

1) 프로그램 규정설(입법방침설)

프로그램(program) 규정설에 따르면, 헌법 제34조 제1항은 구체적, 현실적으로 국민에게 생존권을 보장받을 권리를 부여하는 규정이 아니고, 立法에 의해서만 그 효력을 발생하는 강령규정으로서 '입법의 방침'을 나타내는 데 불과하다고 본다. 이 학설에 따르면, 헌법의 생존권의 규정은 立法의 方針인 국가의 정책 프로그램의 일종이므로, 국가의 국민의 생존권 보장이 법률적인 구속을 당하지 않는다. 예를 들면, 국가의 경제적 사정이나 국가 담당자의 견해에 의하여 얼마든지 생존권 보장이 지체되거나 욕구와 관계없이 집행될 수 있다고 본다. 헌법상의 사회적 기본권은 입법권만이 구속하고, 행정권이나 사법권을 구속하지 않는다. 따라서 그 실시는 국가의 자유재량이며, 일종의 반사적 이익에 속한다. 국민의 인간다운 생활에 필요한 급여를 구체적으로 청구할 수 없으며, 국가는 입법을 할 정치적, 도의적 책임을 지는 데 불과하다. 헌법은 추상적인 형태로 생존권을 규정하고 있기 때문에 이에 대한 국가의 의무가 명확하지 않다는 것이다. 따라서 입법부가 구체적이고 현실적인 입법을 하지 않으면 행정부의 구체적인 의무는 존재하지 않는다는 것이다.

2) 법적 권리설

법적 권리설에 따르면, 생존권(사회복지의 권리, 헌법 제34조 제1항)에 관한 헌법의 규정은 법적인 권리로서, 국민 개개인에게는 사회복지의 혜택을 누릴 권리가 법으로 보장되어 있으며, 국가는 이를 이행할 의무가 있다는 학설이다. 이 입장에서 생존권은 입법권뿐만 아니라, 행정권과 사법권을 모두 구속한다. 이 입장을 취하는 경우에도 헌법에 따라 직접 청구할 수 있는가, 입법이 없는 경우에는 입법을 강제할 수 있는가에 따라 추상적 권리설과 구체적 권리설로 나누고 있다.

(가) 추상적 권리설

추상적 권리설은 국민은 국가에 대해 사회복지 혜택을 받을 추상적 권리를 가지며, 국가는 입법, 기타 국정상 필요한 조치를 강구할 추상적 의무를 진다고 보는 학설이다. 그래서 국가가 그 의무를 제대로 이행하지 않았다고 하여, 그 의무의 이행을 국민이 소송으로 해결할 수 없다고 본다. 헌법상의 생존권은 직접 구체적 권리를 보장하고 있지는 않다. 그러나 구체적인 권리를 보장하고 있지 않다고 해서, 생존권이 법적 권리가 아니라는 것은 아니며, 국민은 국가에 대하여 입법과 기타의 조치를 요구할 추상적 권리를 가진다. 소극적-자유권적 효과만을 인정하는 점에서 프로그램 규정설과 큰 차이가 없다. 과거의 생활보호제도를 대체한 국민기초생활보장제도에서 기초생활수급권은 프로그램 규정적 권리에서 한 단계 그 권리성이 발전한 추상적 권리로 평가되고 있다.

(나) 구체적 권리설

구체적 권리설은 생존권이란 헌법에 보장된 권리이며, 헌법상의 의무이기 때문에, 국민은 국가에 대해서 적극적(積極的)으로 立法을 요청할 권리가 있으며, 국가는 이에 대해 적극적으로 응해야 할 의무가 있다. 따라서 사회복지에 관한 입법이 없거나, 있더라도 그 내용이 불충분한 경우에는 법률의 제정이나 개정을 요구할 수 있는 것이다.

여기에서 다시 사회보장실현입법이 존재하지 않는 경우, 국가의 부작위위헌확인소송(不作爲違憲確認訴訟)을 인정하는 설[1]과 그를 부인하는 설이 있다. 현재의 다수설은 불완전한 구체적 권리이다. 불완전하기 때문에 프로그램 규정설과 크게 성격면에서 차이가 없긴 하지만, 법적 권리를 인정하고 개인적 공권(個人的 公權)을 인정하고 있다는 측면에서 의의가 있다. 생존권은 단순한 추상적 권리에 불과한 것이 아니고, 침해배제청구권으로서 구체적 권리의 측면도 가지고 있고, 재판규범으로서의 측면도 가지고 있다고 보는 학설이 구체적 권리설인 것이다.

---

1) 입법부작위로 생존권을 침해받은 사는 헌법재판소에 헌법소원을 청구할 수 있다.

· CHAPTER 3 ·

사회복지법의 역사와 전개

제1절 사회복지법의 출현과 전개

사회복지와 관련된 여러 법을 통틀어 이르는 말인 사회복지법은 산업화와 자본주의 발달, 정치적 변동과 더불어 나타난 사회복지제도와 함께 형성되고 발전한 법이다. 그러나 사회복지의 모든 급여나 서비스가 지배계급의 사회 통제적 음모에 의해 단순하게 '주어지는' 것이라면,[2)]그것은 하나의 '권력관계'에 따르는 부산물일 뿐이다. 또한 하나의 '시혜적인' 조치라면, 그것은 단순한 '사실관계'에 지나지 않는다(이상광, 1988).

이렇게 정치적 음모나 시혜에 따르는 사회복지제도는 언제라도 쉽게 폐기될 수 있는 불안정한 존재일 뿐이며, 이럴 때 국민은 사회복지법의 주체라기보다는 수동적인 정책대상이 된다. 물론, 법적인 장치 없이 장기간 사회복지 서비스가 이루어

---

2) 참고로 음모 이론(conspiracy theory)이란 이유를 알 수 없고 설명하거나 이해가 어려운 사건에 대해 전체적인 그림을 그리고 의미 있는 것으로서 해석하기 위한 인지적 노력의 일환이라 할 수 있다. 이 이론에 따르면, 사회복지의 변천은 인도주의나 인정의 실현에 따라 좌우되는 것이 아니라, 사회 안정 및 질서유지와 사회통제의 목적에 따라 영향을 받는다.

진다면 일종의 관습법(慣習法)[3]으로 인정될 여지가 있을지 몰라도, 성문법주의(成文法主義)를 지향하는 우리의 법 현실을 염두에 두고 본다면 이는 대단히 불확실하고 불안정한 것이 된다.

사회복지제도가 진정한 '법 관계'로서 존재할 때 비로소 국가와 국민 사이에 사회복지에 관한 권리·의무관계가 형성될 수 있다. 국가의 정책이나 제도는 법적인 근거가 있어야 비로소 공식적인 제도로 존재할 수 있다는 것은 지극히 당연한 사실이다(Calvert, 1978). 사회복지제도 역시 마찬가지로, 법에 기초한 사회복지라야 음모나 시혜(혹은 자선)의 차원을 넘어설 수 있는 것이며, 이때 사회복지법은 사회복지의 제공자와 수급자를 규범적으로 결속시키게 된다(윤찬영, 2001).

가. 자본주의 전개와 사회복지법의 형성

농경사회에서는 개인의 기본적 욕구의 충족이 주로 가족과 지역사회라는 공동체 내에서 이루어졌다. 생산수단인 토지를 소유한 일종의 경영주인 가장이 가족구성원을 총체적으로 지휘하면서 가족구성원의 무임금(無賃金)노동을 지배했다. 당시 가족의 생활 및 소비지출은 가장이 관리·지배하는 농업경영에 의한 수입에 의존했다. 이에 가장은 소유, 경영, 수입 등에 지배적인 권능과 책임을 지면서 동시에 가족구성원의 생활보장까지 담당하였다(윤찬영, 2001).

따라서 이 당시 가족이란 가장의 지배와 관리 아래에서 생산, 경영, 소비생활의 공동체로서 존재했다. 가족구성원의 노동은 경제적 의미에서는 무임금노동이 아닐지 모르나, 법적으로는 경제적 노동관계처럼 대등한 당사자 사이의 권리·의무관계는 아니었다.

---

3) 관습법이라는 용어는 주로 법학자들이 제정법 이외의 법의 원천을 지칭하기 위해서 사용하는 용어여서 관습법 개념은 관습과 법의 의미를 분명히 함으로써 밝혀질 수 있다. 관습이 사회구성원들의 '법적 확신'에 의해 지지되어 국가 제정법과 마찬가지의 법적 규범력을 가지기에 이른 것이 관습법이다.

그러나 자본주의사회의 출현은 가족이 지니고 있었던 생산과 소비의 기능을 분리했다. 가족은 단순한 소비생활의 공동체로 전락하게 되고 농민은 임금노동자화된 것이다. 그리하여 가족의 생존과 부양 문제는 임금노동자인 가장의 노동수입에 의존하게 되었다.

그렇게 본다면 법적인 부양책임자인 가장이 받는 임금은 단순히 노동력의 대가(對價)만이 아니라, 그 가족구성원의 생존비용까지 포함할 수 있어야 한다. 그러나 자본주의사회에서 임금이란 노동력의 가격일 뿐 노동력을 소유한 '인간'과 그 가족의 생존에 대한 배려가 안정적으로 이루어지는 것이 아니다.

따라서 시민사회의 가족법상 부양책임과 자본주의의 분배기제 사이에 모순이 발생하게 되었으며, 이는 사회적 차원에서 생존과 부양에 대한 새로운 법리(法理)를 요구하게 되었다. 또한 생산의 현장을 포함한 자본주의사회의 모든 공간은 기계화, 대량화, 도시화 등을 통해 조직되면서 노동자 개인의 생존을 위협하는 많은 사회적 위험(social risk)을 만들어 내게 되었다. 시민사회에서 이러한 문제는 불법행위에 관한 법규에 의해 손해배상의 법리로 처리되었다.[4)]

그러나 사회관계가 복잡해지면서 점차 가해자를 확인하기가 쉽지 않은 사회적 위험이 나타나게 되었다. 이것을 사회복지학에서는 '비복지'(diswelfare 또는 disservice)라 하며(Reisman, 1977), 이러한 비복지(非福祉)로 말미암아 발생하는 일체의 손실을 '사회비용'이라 한다(Titmuss, 1974). 사회비용은 그 원인자의 확정, 보상의 할당, 발생 당시의 예방에 대한 지식과 방법의 부재 등 어려움이 존재한다.

따라서 개인 간의 손해배상제도를 통해서 생활상의 사회적 위험을 해결할 수는 없게 되었으며, 이에 따라 각종 사회보장제도와 대인서비스 등이 등장하게 된 것이다. 결국, 사회복지법은 자본주의사회를 지탱해 온 기존의 법체계로 해석하거나 해결할 수 없는 새로운 문제 현상이 나타나게 되면서 이에 대한 대응으로 발전해 온 법 영역이라 할 수 있을 것이다.

---

4) 불법행위에 따른 손해배상이란 가해자의 행위와 피해자의 피해 사이에 사회통념상 어느 정도 인정될 수 있는 인과관계(因果關係)를 전제로 한다.

나. 사회복지법의 기원

사회복지법의 기원을 어디에서 찾을 것인가? 영국, 독일, 미국 등 주요 국가의 사회복지 역사를 법적으로 살펴보면서 그 해답을 찾아보자. 그런데 왜 유독 이러한 나라들을 살펴볼까? 그 답은 잠시 후 알게 될 것이다.

1) 영국의 구빈법과 공장법

영국은 국가적 차원에서 빈민문제를 다루었고, 19세기 말 이후 공공부조법으로 발전해 갔다. 중세의 빈민구제는 교회·수도원·장원(莊園)·길드 등에서 하였으나, 16세기 엔클로저[5]법(The Law Of Enclosures)과 물가상승의 영향으로 거지와 부랑자가 늘어나고 또, 수도원이 해산되었기 때문에 교구(敎區)가 구빈사업을 책임지게 되었다. 그리하여 구빈세(救貧稅)가 과해지고 구빈위원회도 설치되었는데, 이들 제도가 1601년 구빈법(Poor Law)으로 통합되었다.

따라서 영국의 구빈법을 사회복지법의 기원으로 삼을 수 있을 것이다. 구빈법은 16세기 다양한 변화를 거쳐 제2차 세계대전 후까지 계속되었다. 엘리자베스 시대의 구빈법은 1597~1598년에 제정되었으며, 각 교구의 구빈관이 이를 집행했다. 이들은 노인·병자·빈민아동에게 원조를 제공하고, 숙련공에게는 구빈원(workhouse)에서 일자리를 주었다.

그러나 구빈법 자체를 사회복지법으로 보는 데는 학자들 간 논란이 많다. 이 법은 그 이전에 존재했던 법보다는 덜 억압적이기는 하지만(Frazer, 1984), 여전히 빈민들을 억압하고 통제 또는 관리하는 법으로서의 성격이 강해 오히려 형사법적(刑事法的) 성격을 띠고 있는 법이다(Rimlinger, 1971; Jasson, 1988). 왜냐하면, 구빈법은 지방의 교구별로 이루어졌던 구빈행정을 중앙정부 차원으로 체계화시킨 진일보한 면도 있지만, 노동 가능한 빈민들에 대한 노동유인을 위해 가혹한 형벌을 규정했다. 또한 치안판사가 빈민 감독관(Overseer)을 임명하도록 한 점 등을 고려해 볼 때, 이는 경찰행정 또는 형법적 기능을 수행한 것으로 볼 수 있기 때문이다.

---

5) 엔클로저란 15~18세기 영국에서 대지주에 의한 토지의 집중화를 말한다.

구빈법이 유랑빈민을 프롤레타리아(proletariat)[6]화하는 기능을 수행하고 있을 때, 빈민아동의 노동문제가 대두되어 공장법의 출현을 보게 되었으며, 이는 노동법으로 발전해 나갔다. 구빈법에서 보호아동을 도제(徒弟)로 할 수 있도록 규정한 것이 산업화의 진전에 따라 결국 소년노동의 문제로 등장하게 되었던 것이다.

따라서 구빈법의 노동에 대한 규제적 부분이 공장법(工場法)에 의해 부분적으로 대체되었던 것이다(김치선, 1992). 공장법은 1802년 최초로 제정된 이후 1833년에는 근대적인 최초의 사회정책적 공장법이 제정되었다. 동시에 자유주의의 등장은 1834년 빈민법 개정을 이루게 했다.[7] 이는 자유주의적인 시민법의 원리가 반영된 법으로서 산업자본주의가 등장함에 따라 전면적인 시장사회의 출현과 지배를 필요로 했던 당시의 지배계급이 노동력을 상품화하기 위해 만든 생존권 박탈의 입법이었다(Poliny, 1957). 즉, 빈곤문제에 대해서 개인적인 책임을 강조하는 입장을 취하여(Rimlinger, 1971), 여전히 현대적인 사회복지법과는 거리가 멀었다.

그 후 구빈법은 20세기 초 자유당 정부의 대대적인 사회정책 입법에 의해 주요 원칙이 붕괴되고(한국사회과학연구소, 1983), 제2차 세계대전 이후 복지국가의 출범으로 폐기되었다.

2) 독일의 사회보험법

독일은 후발 산업국가로서 산업화가 매우 빠른 속도로 이루어지면서 급속한 도시화,

---

6) 프롤레타리아(proletariat)란 자신의 노동력을 팔아 생활하는 산업노동자 계급을 뜻하나, 넓은 의미로는 자본을 소유하지 않아 자신의 노동으로 살아가는 사람들로 이루어지는 농업노동자도 포함된다.

7) 구빈법은 18세기 말 이른바 스피넘랜드제도에 의해 보완되었다. 그것은 최저생계비 이하의 급여를 받는 노동자들에게 수당을 제공했다. 그 결과 공공부조에 따른 지출이 너무 커져서 1834년 새로운 구빈법이 제정되었다. 이것은 몸이 성한데도 피구호민인 노동자를 도덕적인 실패자로 보는 더욱 엄격한 철학에 입각하고 있었다. 새로운 법은 몸이 성한 빈민들에게는 구빈원에서 일하는 자들을 제외하고는 아무런 원조도 주지 않았다. 이것은 노동자들을 자극하여 자선보다는 정식 일자리를 찾도록 하는 데 그 목적이 있었다. 19세기에 인도주의사상이 팽배해지면서 이 법은 그 엄격성이 다소 완화되었으며, 20세기 고도의 산업발달에 따른 실업현상은 빈곤이 단순히 도덕적 문제만은 아님을 보여 주었다.

노동계급 형성, 사회주의 사상의 영향 등으로 전통적인 지배계급인 지주계급(Junker), 신흥 자본가계급, 노동계급 사이에 치열한 계급갈등이 전개되었다(윤찬영, 2001).

당시 독일의 집권자 비스마르크(Bismarck)는 지주계급 출신으로서 사회주의운동을 전개하는 노동계급을 사회주의자 진압법(Sozialisten gesetz)이라는 한시법(限時法)으로 억압하면서, 동시에 경쟁계급인 자본가계급을 통제하고 노동계급을 끌어들이기 위해 「질병보험법」(1883), 「재해 보험법」(1884), 「노령 및 폐질보험법」(1887) 등의 사회보험입법을 추진했다. 이것은 사회민주주의에 포섭되지 않은 노동자들에게 사회민주주의에 대한 면역제로서 사회보험입법을 제시한(Gitter, 1992), 이른바 '당근과 채찍' 정책이었다(Mommsen, 1981).

이렇듯 독일이 세계 최조로 사회보험법을 제정할 수 있었던 것은 법사적(法事的)으로 볼 때, 집단주의적 경향을 띠는 게르만법의 전통을 가지고 있었기 때문이라고 할 수 있을 것이다(윤찬영, 1995). 이러한 사회보험법은 근대적 의미의 사회보장 입법으로서의 형식을 갖추고 있었기 때문에 급여 청구권이 단순한 반사적 이익이 아니라 법적인 청구권으로 존재했다(이상광, 1988). 그러나 노동자의 권리나 참여보다는 가부장적인 국가의 권리를 강조한 특징으로 미루어 볼 때(Mommsen, 1981), 아직은 전통적인 법사상과 단절되지 못한 것으로 볼 수 있다.

그런데 비스마르크의 사회보험법은 사회민주주의와 노조운동을 와해시키기는 커녕 오히려 노동자들의 참여와 권리의식을 향상하고 노동자 조직의 강화를 초래하여, 비스마르크의 정치적 의도와는 달리 사회복지 발전에 이바지하였다(Gitter, 1992).

3) 미국의 사회보장법

자본주의사회의 치명적인 약점이라 할 수 있는 대공황은 자유주의적 성향이 강한 미국에도 사회보장 입법을 촉발시켰다. 대공황으로 말미암은 광범위한 실업과 빈곤이 전사회적인 문제로 등장하게 되자 미국정부는 뉴딜(New Deal) 정책[8]의 일

---

8) 미국 제32대 대통령인 프랭클린 D. 루스벨트가 경제 대공황을 극복하기 위하여 1933년부터 시행한 경제·사회 정책을 총칭해서 뉴딜 정책이라고 한다. 이 정책은 국가가 시장 경제에 적극 개입하여 자유주의 경제활동을 조정하였다는 점에서 큰 의의가 있다.

환으로 1935년 「사회보장법」(Social Security)을 제정하게 되었다.

이 법은 세계 최초로 '사회보장'이라는 용어를 공식화하고 사회보장법이라는 새로운 법 영역을 탄생시켜 현재 미국 사회복지제도의 근간을 이루어, 이른바 미국 복지국가의 권리장전(權利章典)으로 불린다(Jasson, 1988). 당시 미국 대법원이 뉴딜 입법에 대해 부분적으로 무효화 결정을 내릴 정도로[9] 가히 혁명적이라 할 수 있는 요소를 가지고 있었다(Marmor & Mashaw, 1988). 사회보험 입법 역시 자유주의자들로부터 사회주의 입법이라는 비판을 받았었다.

그러나 이 법은 수혜자를 자선의 대상에서 벗어나게 한 발전적 측면을 가지고 있음에도 권리의 주체로까지는 인정하지 못했고, 행정적인 측면에서도 지방정부를 통해 재정을 조달하고 가치 있는 빈민(deserving poor)만 연방정부에서 부조하도록 하는 등 빈민법적인 체계를 유지하고 있었다(LaFrance, 1979).

더욱이 뉴딜 정책의 기본 입장이 국가가 국민의 생존을 직접적으로 책임지겠다는 취지보다는 노동자들로 하여금 민간기업에 취업케 하여 스스로 생존을 유지할 수 있도록 하는 목적을 가지고 있었기 때문에(한국사회과학연구소, 1983), 본격적인 복지국가의 이념을 담은 사회복지 입법으로 평가하기는 어렵다.

다. 법치국가에서 복지국가로

근대 시민국가는 국가의 발달단계 관점에서 볼 때 '부르주아적 민주국가'라 할 수 있다(김태성·성경륭, 2000). 당시 신흥 부르주아계급은 전통적인 신분질서를 타파하고 자유·평등·박애의 이념을 내걸고 새로운 시민사회와 시민국가를 형성했다.

이러한 시민국가는 개인의 자유로운 경제활동을 보장받기 위해 법 앞에서의 만인의 평등을 강조하는 법치주의(法治主義)를 확립했다. 즉, 모든 인간은 자유로운 존

---

9) 미국 대법원은 농업조정국(AAA)과 산업부흥청(NRA)을 설치 운영하는 법 조항에 대해 위헌판결을 내렸다. 전자는 곡물가격 하락을 방지하여 농민들의 경제력을 유지해 주기 위해 곡물생산을 조정하기 위한 기구였고, 후자는 노조의 단결권과 단체협약권을 국가가 보장하기 위한 기구였다. 이것들은 자유주의자들의 반발에 부딪혀 위헌판결을 받게 되었다.

재이며, 자유를 보장하기 위해서는 누구나 법 앞에서 동등한 경우 동등한 대우를 받아야 한다는 것이다. 물론, 여기에서 모든 인간이란 시민혁명의 주체세력인 시민계급을 일컫는 것이며, 이는 결국 지주나 자본가와 같이 재산을 많이 가진 사람들로 이루어진 계급, 즉 유산(有産)계급만을 지칭하는 것이었다(윤찬영, 2001).

이러한 법치주의를 관철시키기 위해 필요했던 실천적인 이념은 '법의 지배'(rule of law) 원칙이었다. 이것은 곧 '법률우위의 원칙'으로 나타났다. 법치주의를 실현하기 위해서 입법·사법·행정의 삼권분립에 따르는 국가권력의 분화가 전제로 요구되었으나, 실제로는 입법부의 권위가 행정부를 압도했던 것이다. 그러나 자본주의 경제가 독점화되면서 극심한 불평등과 빈곤 문제가 발생하게 되자 그동안 방임적 입장을 취하고 있던 국가가 새로운 국면(局面)의 조정자로서 역사의 전면에 등장하기 시작했다.

따라서 사회정책의 계획, 운영 및 시행에 행정권의 역할이 점차 강화되고 법의 지배원칙은 서서히 붕괴하기 시작했다. 즉, 전통적으로 자본주의사회에서 국가는 절대 권력으로부터 법치국가 이념을 통해 개인의 시민권과 참정권을 보장해 왔지만, 이것을 실질적으로 보장하기 위해서는 사회적, 경제적, 문화적 제반 자원에 대한 권리를 보장하기 않으면 안 되었던 것이며, 이는 필연적으로 적극적인 국가의 개입을 필요로 하게 된 것이다.

그리하여 국가조직에서 제정법이나 판례보다는 행정부의 재량권, 유연성 및 정책 등에 관한 강조가 이루어지게 되었다(Samford & Galligan, 1986). 즉, 위임입법, 행정입법, 정부부처의 시행규칙 제정 등이 증가하게 되어 법률의 규정이나 원리보다는 관계 공무원이나 전문가의 재량권을 강화시키게 된 것이다(Alder & Asquith, 1981).

이것은 무엇을 의미하며 또한 왜 그러한가? 원래 법이란, 그 속성상 '법적 안정성'과 '구체적 타당성'을 추구한다(곽윤직, 1990). 법적 안정성이란 법적 확실성과 같은 의미로서 법률행위의 주체가 행위에 따른 효력에 대해서 일정하게 기대할 수 있도록 신뢰성을 가져야 한다는 것을 의미한다. 그러므로 같은 행위에 대해서 누구에게나,

언제나 같은 효력이 발생되어야 한다. 법적 안정성의 중요성은 조삼모사(朝三暮四)[10]라는 고사성어가 웅변적으로 말해 준다.

또한 법은 사회의 산물로서 사회의 구체적 사정(事情)과 거리가 멀다면 제대로 기능할 수 없기 때문에 법은 구체적 사실에 대해 타당성(또는 정당성)을 확보해야 하는 것이다. 예를 들어 산업화로 말미암아 핵가족이 보편적인 가족형태로 자리 잡고 있는데, 법이 아직도 대가족을 전제로 하고 가족관계와 가족복지에 대한 사항을 규율하고 있다면, 이는 구체적 타당성을 상실한 법으로서 규범적 의미와 가치가 현저히 떨어지는 것이다.

그러나 법적 안정성과 구체적 타당성은 상호모순의 관계를 가지고 있다. 법적 안정성만을 강조하여 사회현실의 변화를 외면한 채 구시대적 규범을 강조한다면 구체적 타당성을 상실하게 되고, 반면에 구체적 타당성을 강조하여 잦은 법 개정을 시도한다면 법적 안정성은 붕괴되고 마는 것이다.

사회복지법도 이러한 사정으로부터 자유롭지는 못하다. 법적 안정성과 구체적 타당성을 동시에 추구한다는 명목으로 국가의 복지행정이 법은 그대로 방치한 채 법률의 위임 한계를 넘어 행정규칙의 범람 속에서 이른바 각종 고시(告示), 지침, 내규 등의 형태로 이루어진다면(한국법제연구원, 1992), 수급권자의 권리를 침해할 수 있는 위험성이 다분한 것이다.

이러한 위험성에도 불구하고 이것은 변화하는 사회·경제적 상황에 민감하게 대응할 수 있는 효과적인 방법이라고 평가할 수 있고, 한편 서구적 관점에서는 자유주의적 이념의 관철로부터 복지적인 형평성과 연대성을 지향하는 쪽으로 변화했다는 점에서, 즉 구체적인 타당성을 확보했다는 점에서 일단 긍정적으로 보인다(양건, 1990).

그러나 1970년대 이후 자본주의의 위기가 닥치면서 복지국가의 위기시대가 도래했고, 이러한 상황에서 행정권은 사회복지예산의 감축, 동결, 증가의 억제, 민영화 등 사회복지정책의 축소를 따르지 않을 수 없게 되었다. 다시 말해서, 경제적 또

10) 사자성어 조삼모사(朝三暮四)는 원숭이에게 아침에는 세 개, 저녁에는 네 개의 도토리를 준다는 뜻으로, 잔 술수를 이용해 상대방을 현혹시키는 모습을 표현한 말이다.

는 재정적 압박이 사회복지를 종속시키면서 사회복지법의 이념을 후퇴시켜 결국, 사회복지법에서 '법의 우위'는 지켜지지 않고 오히려 '경제의 논리'가 행정을 지배하게 된 것이다(김유성, 1992).

따라서 사회복지 분야에서 새로운 '법의 지배' 또는 '법의 우위의 원칙'을 확보하는 '사회(복지)적 법치국가'의 달성이 중요한 과제가 된다. 즉, 법치국가의 자유주의적 지향이 가져온 사회문제는 행정 우위의 행정국가를 등장시켰고, 이것은 복지국가라는 절정에 이르게 되었다. 그리하여 자본주의 경제 침체를 빌미로 법치주의 붕괴와 행정 우위의 현실이 오히려 사회복지의 약화를 가져오게 되었기 때문에, 이제는 사회복지의 법적 이념이 행정권에 의해 침해되지 않도록 자유주의시대의 것과는 구별되는 새로운 형태의 법치국가, 즉 사회적 법치국가를 확립하는 것이 사회복지법학의 중심적인 목표 과제가 되는 것이다.

제2절 우리나라 사회복지입법의 발전과정

가. 1960년대 이전의 사회복지법

일제 강점기부터 1960년대 이전의 사회복지입법은 1944년 「조선구호령」으로 시작되었다. 1944년 일본은 군사적 목적 수행을 위하여 일본 본토에서 1929년부터 시행해 오던 「구호법」을 한국에도 확대 시행하였다. 즉, 일제의 한국에 대한 정책은 식민지 정책의 일부로 시행되어 유사시에 베푸는 생업부조 또는 현물급여 등의 한정된 구호를 해 왔다. 「조선구호령」은 광복 후 1961년에 「생활보호법」이 제정되기까지 기초가 되어 우리나라 공공부조법의 기본법으로 위치를 가지고 있었으므로, 「생활보호법」은 사회복지입법사에서 중요한 역사적 의미를 부여할 수 있다. 「생활보호법」은 1999년 「국민기초생활보장법」의 제정으로 폐지되었다(황미경, 2013).

광복 후 3년간의 미군정 시기 사회복지입법은 구호적·응급적인 대책으로서의 성격을 가진다. 미군정은 1946년 「아동노동법규」를 발표하여 어린이의 노동을 보호하였고, 1947년에는 「미성년자노동보호법」을 공포하여 미성년자를 보호하고 아동,

청소년 근로에 관한 입법의 발전을 가져왔다. 1948년 정부수립 후 국민의 생활 문제 해결과 전쟁고아를 지원하는 방식은 외원기관의 원조에 의한 것이었다. 1950년대는 6·25전쟁 이후 외국의 원조를 받으며 국가적인 자립과 성장의 문제에 직면한 시기로, 1952년에는 「후생시설운영요령」을 제정하여 각종 구호시설을 관리하였다. 1953년 5월 1일에는 「근로기준법」을 제정하여 근로자 보호제도를 마련하였다.

나. 1960년대와 1970년대의 사회복지법

1960년대에 들어 1963년 제3공화국과 제4공화국에 이르는 시기는 근대화의 기반을 다졌다. 1960년대의 사회복지입법은 초기의 복지입법으로 의의가 있다. 특히 1961년 1월 1일 「공무원연금법」의 제정은 한국 최초의 사회보험법으로 의미가 크다. 또한 1961년 「갱생보호법」, 「군사원호보상법」, 「윤락행위등방지법」, 「아동복리법」, 「고아입양특례법」, 「생활보호법」을 제정하였다. 「생활보호법」은 2000년도에 「국민기초생활보장법」이 시행되기까지 한국의 공공부조법으로 운용되었다. 「고아입양특례법」의 제정은 아동의 외국 입양을 법제화했다. 1962년도에 들어와서는 「선원보험법」이 1월 10일에 제정되었는데, 아직까지 미실시 중이다. 이후 1963년에 들어 「군인연금법」, 「산업재해보상보험법」, 「사회보장에 관한 법률」, 「의료보험법」이 제정되었고, 1968년에는 「자활지도에 관한 임시조치법」을 제정하였다. 1963년 「의료보험법」의 제정은 시행할 수 있는 사회적 여건이 부족하여 1977년 7월 1일 500인 이상 사업장에 적용하는 방식으로 시행되었다.

1970년대는 사회복지법의 입법이 활발하게 추진되었다. 사회복지서비스법의 기본법인 「사회복지사업법」이 제정·시행되었다. 1973년에는 「사립학교교원 연금법」, 「국민복지연금법」이 제정되었으나 시행되지 못하고 있다가 1988년에 시행되었다. 1977년에는 「공무원 및 사립학교교원 의료보험법」이 제정·실시, 「의료보호법」이 시행되어 「생활보호법」과 관련한 보건·의료에 관한 특별법적 성격으로 우리나라의 대표적인 공공부조법의 기반이 되었다.

1960년대부터 1970년대에 이르는 사회복지법의 발전은 사회복지법의 기반을 조성하여 1980년대 이후 사회복지법의 확대와 사회복지서비스법의 발전으로 이어지게 된다. 특히 「사회복지사업법」은 사회복지사업에 관한 기본법적 성격으로 대인서비스 및 사회복지법인, 단체 등의 사업에 적용할 수 있는 법적 근거가 되었다.

다. 1980년대의 사회복지법

1980년대에는 1960년대와 1970년대에 제정되었던 사회복지법의 시행과 개정이 추진되었다. 1980년에는 「사회복지사업기금법」, 1981년에는 「노인복지법」, 「심신장애인복지법」이 제정되고, 1961년 제정되었던 「아동복리법」이 「아동복지법」으로 전면 개정되었다. 1983년에는 「사회복지사업법」과 「생활보호법」이 개정되었고, 1986년에는 「갱생보호법」도 개정되었다. 1986년에는 「국민연금법」이 제정되어 1988년에 시행되었다.

1988년에는 「최저임금법」이 제정되고, 농어촌지역 의료보험이 전면 시행되었으며, 「보호관찰법」이 제정되었다. 1989년 7월 1일부터 도시지역 의료보험이 시행되어 전 국민을 대상으로 하는 의료보험제도가 시행되었다. 1989년에는 「모자복지법」이 제정되었다. 따라서 1960과 1970년대의 사회복지입법은 우리나라 사회복지법 발전의 기틀을 마련하는 시기로 나타나고, 1980년대의 사회복지입법은 법 적용의 확대와 사회복지서비스법의 입법이 두드러지고 있다.

라. 1990년대의 사회복지법

1990년대의 사회복지입법은 사회보장에 관한 제반 법제에 내실을 기하고, 그동안 소홀히 취급하여 왔던 여성과 가족 영역 등 사회복지의 영역에 이르는 법제로 확대되었다. 기존의 「사회복지사업법」을 개정하여 사회복지전담공무원과 복지사무전담기구 규정을 마련하여 사회복지전달체계 개편의 근거를 마련하였다. 1993년에는 「고용보험법」을 제정, 1995년 7월 1일부터 시행하였다.

1994년에는 「성폭력범죄의 처벌 및 피해자 보호 등에 관한 법률」이 제정되었고, 1995년은 「사회보장기본법」과 「정신보건법」을 제정하였으며, 농어민연금을 시행하였다. 1997년에는 「가정폭력 방지 및 피해자 보호 등에 관한 법률」, 「사회복지공동모금법」이 제정되었다. 1999년에는 「국민건강보험법」 제정, 9월 7일에 「국민기초생활보장법」이 제정되었는데, 이는 1961년에 제정되어 40년간 시행되어 온 「생활보호법」을 폐지하고 국민의 생존권과 기초생활보장을 강화하는 새로운 공공부조법으로 탄생한 것이다. 「국민기초생활보장법」은 2000년 10월 1일에 전면적으로 시행되었다.

마. 2000년대부터의 사회복지법

2000년대에 들어 새로운 사회적 위험(New Social Risks)[11] 시대의 도래와 저출산·고령화 문제, 가족해체 문제, 연금개혁, 사회 양극화 현상, 외국인 유입, 인권보호 문제, 북한이탈주민의 상시 입국, 다문화 사회 현상에 대한 대응은 사회복지법이 해결해야 할 과제로 부상하였다.

우리나라 인구의 고령화 추세는 2000년에 고령화 사회[12]로 진입하였으며, 2000년대의 입법 현황은 2004년에 「건강가정기본법」, 「농어촌주민의 보건복지 증진을 위한 특별법」을 제정, 2005년 「긴급복지지원법」, 「자원봉사활동기본법」, 「저출산·고령사회기본법」의 제정 등으로 출산율 저하와 노령인구의 증가에 대한 범국가적 차원의 대책을 마련하고 있으며, 2006년에는 「식품기부활성화에 관한 법률」, 2007년에는 「노인장기요양보험법」, 「기초노령연금법」, 2008년에는 「다문화가족지원법」,

---

11) 전통적인 사회적 위험(실업, 질병, 노령, 장애, 사망 등)에서 신사회적 위험으로의 이행은, 후기산업사회의 전환되는 과정에서 경제적 사회적 변화의 결과로 말미암은 저출산·고령화 현상과 미래의 복지비 문제, 여성의 경제활동 참여 증가로 말미암은 가족기능 문제, 고용 및 저숙련 노동자 문제 등을 의미한다.

12) 고령화 사회(Ageing Society)란 65세 이상 노인인구가 전체 인구의 7%, 고령사회(Aged Society)란 65세 이상 노인인구가 전체 인구의 14%, 초고령사회(post-aged society)란 65세 이상 노인인구가 전체 인구의 20%를 차지하는 사회를 뜻한다.

「실종아동 등의 보호 및 지원에 관한 법률」, 2009년 「국민연금과 직역연금의 연계에 관한 법률」, 2010년 「장애인연금법」, 「성폭력 방지 및 피해자 보호 등에 관한 법률」, 「성폭력 범죄의 처벌 등에 관한 특례법」, 2011년 「사회복지사 등의 처우 및 지위 향상을 위한 법률」, 「장애인활동 지원에 관한 법률」, 「노숙인 등의 복지 및 자립지원에 관한 법률」 등의 입법이 있었다.

1990년대 이후 2000년대에 들어 현재까지 이르는 시기는 사회복지 개별 법률의 확대와 지역복지체계 구축의 활성화시기로 평가할 수 있다. 「사회복지사업법」의 개정에 따라 2003년 이후 지역사회복지협의 활동의 활성화 및 지역사회복지계획의 수립, 사회복지사 보수교육제도의 시행 및 성폭력 피해자 보호와 성폭력 범죄자 처벌의 분리 입법이 있었다.

2008년도부터 국민연금제도의 개혁이 적용되어, 2007년 월 소득의 9% 보험률에서 소득대체율의 60%였던 국민연금을 조금씩 낮추어 2028년에는 40%로 지급하게 되었다. 또 공공 사회복지전달체계에서의 공식적인 사례관리 업무의 확대 시행, 다문화가족 지원을 위한 범부처의 입법과 지방자치단체의 조례 제정 등 국민의 구체적인 복지권 보장과 다문화 사회에 대응하는 입법 활동 영역이 부각되고 있다. 또한 보편적 복지와 인권보호의 담론 확대는 차별금지법 및 인권법, 인권조례에 관한 관심으로 표출되고 광활한 사회복지법 영역의 확대는 국가와 지방자치단체의 행정체계에서 통합적 적용을 위한 과제를 부여하고 있다.

2012년 1월 26일 전부 개정된 「사회보장기본법」의 의의(意義)와 획기적인 규정의 변화는 한국 상황에 맞는 새로운 중·장기 사회보장정책의 비전과 미래지향적인 발전방향을 제시하여 건강한 복지국가를 설립할 수 있는 토대를 마련하려는 것이었다. 여러 부처에서 사회보장 정책을 관장함에 따라 일관성 있고 효과적인 정책 수립 및 집행에 한계가 있다는 지적에 의거, 모든 국민의 사회적 위험에 대한 사회정책과 경제정책을 통합적으로 고려하여 국민의 보편적·생애 주기적인 특성에 맞게 평생을 통하여 소득과 사회서비스를 함께 보장하는 방향으로 사회보장제도를 확대·재정립함에 의의가 있다(황미경, 2013).

· CHAPTER 4 ·

사회복지법의 위치와 체계

제1절 사회복지법의 위치

사회복지법은 사회복지에 관한 국내법으로서 사회법의 영역에 속한다고 할 수 있다. 사회법의 발전은, 사회구성단위를 추상적 인격이나 개인으로만 파악하는 시민법원리의 모순이 확대·발전하면서, 좀 더 구체적이고 현실적인 인간의 실질적인 자유와 평등을 보장하기 위하여 그의 실정법화가 성립되어 왔다. 사회복지법의 이러한 성립·발전과정은 목표가 무엇보다도 먼저 노동자와 그 가족에 대한 생활문제로 시작하여 노동력을 갖지 못한 취약계층의 생활문제로 옮겨졌으며, 마침내는 전 국민의 최저한의 인간다운 생활보장에까지 이르게 되었다. 20세기 들어 국민 개인이 한 인간으로서 생활에 필요한 여러 가지 조건의 확보를 국가에 대해 요구할 수 있는 생존권 혹은 복지권이 기본적 인권의 하나로 자리 잡게 되었으며, 사회복지법은 바로 생존권, 복지권의 구체적·제도적 실현을 위한 사회적 장치로서 등장하게 되었다.

즉, 사회복지법은 생존권 보장을 이념으로 하는 사회법이다. 사회법은 시민사회의 자유권 중심적 원리와 자본주의의 결합으로 인한 사회적 모순을 해결하는 과정에서 발달한 법의 영역이다. 사회법이 보장하려는 권리인 생존권은 국민이 문화적 수준의 인간다운 생활을 보장받기 위하여 국가에게 일정한 조치를 취해 주도록 요구할 수 있는 헌법적 권리다. 사회법은 시민의 자유권 보장을 기본으로 하는 공법 또는 사법의 영역과 다른 성격을 지닌다. 사회법은 시민의 자유를 보장하는 사법의 원리인 소유권 절대의 원칙과 계약자유의 원칙에 공법적인 제한을 가할 수 있도록 한 것이다. 사법이 공법화되어 가는 과정에서 중간적인 법 영역인 사회법이 발달하였다. 이러한 예로는 국가의 강제적 간섭인 사회보험관계법에 나타나는 강제가입의 규정(「고용보험 및 산업재해보상보험의 보험료징수 등에 관한 법률」 제8조), 「국민기초생활보장법」의 수급권에 대한 압류의 제한(동법 제35조), 「아동복지법」의 아동의 공중전시를 통한 약취행위에 대한 처벌규정(동법 제29조 및 제40조) 등을 들 수 있다. 이러한 공법적 요소는 바로 국민의 생존권 보장을 국가가 책임진다는 것을 의미한다. 따라서 사회법인 사회복지법은 사적 소유와 계약의 자유원칙을 존중하여 평등한 법률관계를 중심으로 하는 사법적 성격과 주로 불평등한 법률관계를 중심으로 하는 공법적 성격을 동시에 가지고 있다.

제2절 사회복지법의 체계

가. 헌법과 사회복지법

헌법 제10조의 행복추구권 규정과 제31조에서부터 제36조까지의 규정은 '사회권' 또는 '생존권' 규정이 사회복지법의 기본방향이자 근거임을 말해 준다. 헌법 제10조는 인간의 존엄과 가치 및 행복추구권을 규정하고 있으며, 제34조는 인간다운 생활을 할 권리를 규정하고 있다.

〈표 4-1〉 헌법과 내용

헌 법	내 용
제10조	모든 국민은 인간으로서의 존엄과 가치를 가지며, 행복을 추구할 권리를 가진다.
제31조	① 모든 국민은 능력에 따라 균등하게 교육을 받을 권리를 가진다. ② 모든 국민은 그 보호하는 자녀에게 적어도 초등교육과 법률이 정하는 교

헌 법	내 용
	육을 받게 할 의무를 진다. ③ 의무교육은 무상으로 한다. ④ 교육의 자주성·전문성·정치적 중립성 및 대학의 자율성은 법률이 정하는 바에 의하여 보장된다. ⑤ 국가는 평생교육을 진흥하여야 한다. ⑥ 학교교육 및 평생교육을 포함한 교육제도와 그 운영, 교육재정 및 교원의 지위에 관한 기본적인 사항은 법률로 정한다.
제32조	① 모든 국민은 근로의 권리를 가진다. 국가는 사회적·경제적 방법으로 근로자의 고용의 증진과 적정임금의 보장에 노력하여야 하며, 법률이 정하는 바에 의하여 최저임금제를 시행하여야 한다. ② 모든 국민은 근로의 의무를 진다. 국가는 근로의 의무의 내용과 조건을 민주주의원칙에 따라 법률로 정한다. ③ 근로조건의 기준은 인간의 존엄성을 보장하도록 법률로 정한다. ④ 여자의 근로는 특별한 보호를 받으며, 고용·임금 및 근로조건에 있어서 부당한 차별을 받지 아니한다. ⑤ 연소자의 근로는 특별한 보호를 받는다. ⑥ 국가유공자·상이군경 및 전몰군경의 유가족은 법률이 정하는 바에 의하여 우선적으로 근로의 기회를 부여받는다.
제33조	① 근로자는 근로조건의 향상을 위하여 자주적인 단결권·단체교섭권 및 단체행동권을 가진다. ② 공무원인 근로자는 법률이 정하는 자에 한하여 단결권·단체교섭권 및 단체행동권을 가진다. ③ 법률이 정하는 주요방위산업체에 종사하는 근로자의 단체행동권은 법률이 정하는 바에 의하여 이를 제한하거나 인정하지 아니할 수 있다.
제34조	① 모든 국민은 인간다운 생활을 할 권리를 가진다. ② 국가는 사회보장·사회복지의 증진에 노력할 의무를 진다. ③ 국가는 여자의 복지와 권익의 향상을 위하여 노력하여야 한다. ④ 국가는 노인과 청소년의 복지향상을 위한 정책을 실시할 의무를 진다. ⑤ 신체장애자 및 질병·노령 기타의 사유로 생활능력이 없는 국민은 법률이 정하는 바에 의하여 국가의 보호를 받는다. ⑥ 국가는 재해를 예방하고 그 위험으로부터 국민을 보호하기 위하여 노력하여야 한다.
제35조	① 모든 국민은 건강하고 쾌적한 환경에서 생활할 권리를 가지며, 국가와 국민은 환경보전을 위하여 노력하여야 한다. ② 환경권의 내용과 행사에 관하여는 법률로 정한다.

헌 법	내 용
	③ 국가는 주택개발정책 등을 통하여 모든 국민이 쾌적한 주거생활을 할 수 있도록 노력하여야 한다.
제36조	① 혼인과 가족생활은 개인의 존엄과 양성의 평등을 기초로 성립되고 유지되어야 하며, 국가는 이를 보장한다. ② 국가는 모성의 보호를 위하여 노력하여야 한다. ③ 모든 국민은 보건에 관하여 국가의 보호를 받는다.

나. 일반법체계하의 사회복지법

사회복지법은 지역적인 적용 범위를 기준으로 볼 때, 국내에서만 적용되는 국내 사회복지법과 국가 간에 적용되는 국제 사회복지법으로 나눌 수 있다. 사회복지제도의 내용은 국가에 따라 서로 다르다. 사회복지법은 주로 국내법적인 성격을 띠지만, 사회보장협약, ILO(국제노동기구)와 같은 국제기구의 국제적 권고, 국제선언 그리고 1964년 제정된 유럽사회보장법전의 내용 등은 국제적인 성격을 갖는다.

1) 국내사회복지법

사회복지법은 성문법에 속한다. 제정법, 관습법, 판례법 등과 같은 실정법 가운데 사회복지법은 제도상 입법권을 가지는 자에 의하여 만들어지고, 그 내용이 문서로서 작성되어 일정한 형식과 절차를 밟아서 공포된 제정법(성문법)에 속한다. 사회법인 사회복지법은 제정법 가운데 공법인 헌법의 테두리 안에서 구체적인 법률로서 국회에서 제정되며, 사회복지 관련 법률을 실시하기 위하여 권한 있는 행정기관이 세부적인 시행을 위한 명령이나 규칙을 제정한다.

2) 국제사회복지법

세계화 시대에 사회복지에 관한 국제법규에 관한 이해는 그 추세를 이해하는 데 도움이 된다. 사회복지 관련 국제법규는 상징적인 각종 선언문에 의해 영향을 받으며, 주로 국제조약으로 구체화되고 있다. 또한 사회복지법은 다양한 원인으로 국제화되고 있으며, 이러한 국제화 과정에서 국제기구들과 국제적인 선언들도 중요한 역할을 수행하고 있다. 하지만 최근에는 개별 국가들 간에 일종의 사회복지에 관한 조약인 독자적인 사회복지협약이 좀 더 활발하게 체결되어 협약에 비준한 국가 간 상호주의에 입각하여 자국민에 준하는 사회복지 혜택을 상대국 국민에게도 부여하고 있다

다. 사회복지법의 분류체계

사회복지법의 체계란 사회복지법이 다른 영역의 법들과 구별될 수 있는 특징적인 기준, 즉 원리나 원칙에 의해 인식되는 것을 말한다. 사회복지법이 다른 많은 종류의 법들과 구별될 수 있는 기준은 법적인 지도 원리에 의해서이다. 그러므로 사회복지법의 지도 원리 및 개념 범주를 바로 사회복지법체계라 할 수 있다(윤찬영, 2007). 따라서 여러 학자들에 의해 사회복지법의 체계화를 시도하기 위한 방법론을 제시하고 있으나, 국가의 정책·법률의 제정목적·사회문제의 변화 등에 따라 다양한 정의를 하고 있다.

여기에서는 사회복지법의 분류체계를 「사회보장기본법」에 의한 정의로 분류하고자 한다. 즉, 「사회보장기본법」은 "사회보장이란 질병·장애·노령·실업·사망 등 각종 사회적 위험으로부터 모든 국민을 보호하고 빈곤을 해소하며 국민생활의 질을 향상시키기 위하여 제공되는 사회보험, 공공부조, 사회서비스"를 말한다.

· CHAPTER 5 ·

사회복지 관련 국제법과 협약

각국의 헌법에 규정된 생존권의 이념은 제1차·제2차 세계대전을 거치면서 국제기구 조직의 결성과 그 조직의 활발한 활동에 의하여 국제사회에 커다란 영향을 미쳤다. 특히, 제2차 세계대전 이후에 생존권 보장은 인권보장 속에 포함되어 한 국가를 넘어서 국제적으로 그 보장을 인정하려는 추세 속에 있다. 즉, 인권의 국가적 보장이라는 단계를 넘어서 국제적 차원에서의 인권보장의 보편화라는 현상이 초래되고 있다. 이러한 현상을 뒷받침하는 것은 국제조직의 발달이며 특히 국제연합(UN)의 출현이다. 국제연합과 그 산하기관인 ILO는 인권보장의 국제화 속에서 특히 생존권 보장의 내용을 더욱 확대 심화시켜 나가고 있다.

이러한 국제기구에 의한 조약과 규약 등은 이 기구에 가입한 경우 국내법과 동일한 효력을 갖게 되며 또한 가입을 하지 않더라도 국제사회의 이러한 동향이 국내의 사회복지정책의 입안 및 시행과정에 상당한 영향력을 발휘하고 있다는 점에서 생존권 보장의 국제화 의의를 찾을 수 있을 것이다.

최근에 이르러 사회복지와 관련된 국제법규는 주로 국제조약으로 구체화되고 있으며, 조약체결의 주체는 원칙적으로 국가이나 국제기구도 가능하다. 그리고 조약은 협약, 협정, 규약, 헌장, 규정, 제정서 등의 여러 명칭으로 불린다. 특히 사회보장협정은 협정 당국 간에 사회보험료와 사회보험금의 지급에 대해 협약을 맺음으로써 근로자의 복지를 증진시키기 위한 것이다.

제1절 사회복지 관련 선언과 조약

가. 국제인권규약

1948년 12월 10일 선포한 세계인권선언(Universal Declaration of Human Right)을 실현하기 위하여 1966년 12월 16일 제21차 총회에서 국제인권규약(International Covenants on Human Rights)을 제정하였다. 유엔총회에서 채택된 세계인권선언은 세계의 인권에 관한 보편적이고 선언적인 상징으로서 의미가 있으나 법적인 구속력은 없었다. 하지만 1966년 국제인권규약이 채택됨에 따라 구체적이고 구속력 있는 국제법규로 발전하게 되었다. 국제인권규약은 Part A와 Part B로 구분되어 있는데, 모두 제1조에 민족자결권과 자연의 부(富) 및 자원에 대한 영구적 권리에 관하여 규정하고 있음이 특징이다. A규약(Part A)은 경제적·사회적·문화적 권리(제6~8조 노동권, 제10~11조 사회보장수급권, 제12조 건강권, 제13조 교육권 등)에 관한 것이고, B규약(Part B)은 시민적·정치적 권리, 즉 자유권 보장에 관한 것과 더불어 사회복지·사회보장에 관련된 구체적 규정을 많이 포함하고 있다(조원탁 외, 2009).

1) A규약(Part A)

Part A 규약은 경제적·사회적·문화적 권리에 관한 규약으로 1966년 유엔총회에서 채택되었으며 1976년 1월 3일에 발효되었다. 생존권적 기본권을 대상으로 노동기본권·사회보장권·생활수준의 향상·교육권 등을 각 체약국이 그들의 입법조치로써 실현하여 달성할 것과 이의 실시상황을 UN에 보고할 것을 의무화하고 있으며 국제법으로서도 법적 실효성을 갖고 있다.

2) B규약(Part B)

Part B 규약은 자유권적 기본권을 전제로 한 시민적 및 정치적 권리에 관한 국제규약으로 1966년 유엔총회에서 채택되어 1976년 3월 23일부터 발효되었다. 자유권적 기본권의 존재를 전제로 하여, 체약국이 이를 존중할 것을 의무화하였으며, 이것의 실시 확보를 위하여 인권심사위원회와 그리고 필요에 따라 특별조정위원회를 설치할 것과 선택의 정서 참가국에 대해서는 개인이 인권심사위원회에 직접 청원(請願)할 수 있는 길을 열어 놓았다. 우리나라는 B규약을 1990년 4월에 비준하였다.

나. 사회복지에 관한 국제적 선언

각종 세계적인 선언문들은 사회복지에 관해 언급한 것이 많다. 특히 제2차 세계대전 후의 국제적 선언에는 전쟁에 의해 피폐된 국가경제로부터 국민들의 생존권을 보편적으로 보장하기 위한 내용들이 자주 등장한다(사회복지교육연구센터, 2015).

1) 인권선언문(1793년)

인권선언문은 공공구호(public relief)는 국가의 신성한 책무이고 그 적용범위는 법률로 정한다고 선언하였다. 인권 선언문 21조는 "공공구호는 신성불가침의 책무이다. 사회는 빈곤한 시민들에게 노동의 기회를 제공하거나 노동할 수 없는 상태에 있는 사람들에게 생존의 수단을 제공하여 시민들의 생존을 보장해야 한다"고 규정함으로써 근로의 권리와 공공부조 수급권을 선언하였다.

2) 대서양헌장(1941년)

미국의 루즈벨트 대통령과 영국의 처칠 수상이 연합국 공동의 전쟁목표와 국제연합의 이념적 기초를 제시한 공동선언이다. '공포와 결핍으로부터의 자유'(freedom from fear and want)라는 슬로건을 제시하고, 서방국가들로 하여금 사회보장에 관한 권리를 국민의 기본권으로 인정하게 하였다.

3) 필라델피아선언(1944년)

필라델피아선언은 국제노동기구(ILO)의 필라델피아 총회에서 채택된 ILO의 목적에 관한 선언이다. 필라델피아 선언은 이전의 사회보험과 사회부조에 대한 재편이 필요하다는 것을 인정하여, 소득보장에 관한 권고, 의료보호에 관한 권고, 군대 및 전시고용으로부터 풀려난 자에 대한 소득보장 및 의료에 관한 권고를 채택하고 있다.

4) 세계인권선언(1948년)

세계인권선언은 1948년 12월 제3차 국제연합 총회에서 채택되었다. 이 선언은 보편적으로 사회보장을 받을 권리를 선언하였고, 보충급여로서의 사회보장방법을 제시하였다. 또한 자신 및 그 가족의 건강과 안녕을 유지함에 충분한 생활수준을 보유할 권리를 가지며, 생활의 곤궁을 받을 때에 생활보장을 받을 권리를 가지며, 모성과 유아는 특별한 보호와 원조를 받을 권리가 있다고 천명하는 등 생존권 관련 사항들이 규정되어 있다.

5) 사회보장헌장(1961년)

1961년 세계노동조합연맹(World Federation of Trade Union: WFTU)의 제5차 회의에서 사회보장에 관한 노동조합의 입장을 밝힌 것으로서 사회보장을 노동자의 권리라고 선언한 헌장이다. 노동능력이 감소되거나 일시적 또는 영구적으로 상실된 경우에 노동자에 대한 완전한 생계보장과 불의의 사회적 재앙에 대비한 노동자의 보호 및 예방적 대책 마련을 사회보장의 목적으로 하고 있다. 이 헌장에서는 사회보장에 관한 근로자 무기여 원칙, 의료와 사회화 원칙, 완결성의 원칙, 무차별 보장의 원칙, 적용대상의 보편주의 원칙 등 사회보장에 관한 기본 원칙을 선언하고 있다.

6) 유럽사회보장법전(1964년)

서유럽의 17개국으로 구성된 유럽협의회(CE)에서 사회보장에 관한 최고기준에 해당하는 유럽적 수준의 사회보장조약을 성립시키고, 각국의 비준을 거친 유럽사회보장법전이다.

제2절 아동 및 장애인 관련 선언 및 협약

가. 아동권리선언 및 협약

인권은 대체로 성인만 소유하는 것으로 생각되어 왔다. 아동에게도 인권이 있다는 인식의 전환은 근래에 이루어진 것이다. 인류 역사를 보면, 중세 이후 르네상스에 와서야 계몽사상의 영향으로 아동을 새롭게 발견하는 계기가 마련되었다. 산업혁명 이후에 아동을 노동인력으로 이용하면서 아동의 혹사문제와 더불어 열악한 생활 환경에 대한 문제가 제기되었다. 이러한 문제 인식에서 제1차 세계대전 후, Jebb에 의해 제정된 아동권리선언문(1923년)은 아동권리를 본격적으로 제안한 것이었으며, 이것이 아동권리에 대한 제네바 선언(1924년)의 근간이 되었다. 모두 5개 조항으로 이루어진 제네바 선언은 1989년 11월 20일 UN에 의해서 채택된 국제인권협약으로서 192개국이 비준하고 서명하였다.

대한민국에서도 1990년 협약에 서명하고 1991년 대한민국 현행 관련법들과 저촉되는 일부 조항을 유보[13]하는 형태로 비준하였으며, 1994년 첫 보고서 제출을 시작으로 2008년 제3·4차 유엔아동권리협약 통합 국가보고서를 제출한 바 있다. 이로서 유엔아동권리협약은 국내법과 동일한 효력을 가지게 되었다.[14] 아동의 권리에 관한 국제협약(약칭: 아동권리협약)은 전문과 54개 조문으로 되어 있으며, 제1조부터 제41조까지는 아동이 가지는 권리를 규정하였으며, 제42조부터 제45조까지는 아동권리 이행에 관한 사항, 제46조부터 제54조까지는 비준 서명 가입의 문제와 협약의 개정에 관한 사항을 담고 있다(한승협, 2012).

---

13) 유엔아동권리협약의 유보사항은 ① 부모 면접권 보장-민법에 부모의 면접권만을 보장할 뿐 아동의 부모면접권은 보장되어 있지 않았다. 그러나 2005년 3월 31일 개정으로 아동(자)에게 면접교섭권을 인정하였다. ② 관계 당국의 허가를 통한 입양만 인정: 민법에 따르면 당사자의 합의나 호적법에 따른 입양신고가 가능하다. ③ 상소권 보장: 비상계엄과 군사재판에서 단심재가 인정되고 상소권이 제한된다.

14) 아동권리협약은 체약국에 법적 구속력을 갖는다. 아동권리선언은 상징적 선언의 의미가 강하여 법적 구속력이 없다.

아동권리협약의 특징은 첫째, 이전의 아동의 권리에 관한 선언과는 달리 국제협약으로서의 국제법의 효력을 갖게 됨으로써, 협약 당사국에 있어서는 국내법과 동일한 법적구속력이 있는 아동의 권리를 구체적으로 제시하였고, 둘째, 협약은 아동을 소극적 보호의 대상으로만 규정하던 과거의 아동권리에서 탈피하여 적극적인 권리의 주체로 규정하였고, 셋째, 협약은 정부 및 민간 차원에서의 아동의 최선의 이익을 우선하는 원칙을 규정하였다. 넷째, 아동의 적극적 권리로서의 시민적 자유권, 즉 의사표시권과 자기결정권, 정보접근권 등을 보장하여야 하고, 다섯째, 유엔아동권리위원회의 설치와 당사국의 국가보고서 제출의 규정 등 협약 당사국의 협약 준수를 의무화하였다.

아동권리협약의 주요 내용은, ① 아동을 보호의 대상뿐만 아니라 적극적인 권리의 주체로 인식, ② 주요원칙을 제시하였는데 무차별의 원칙·아동의 최선의 이익 우선 원칙, ③ 아동의 4대 권리인 생존의 권리·발달의 권리·보호의 권리·참여의 권리, ㉮ 생존의 권리는 적절한 생활수준을 누릴 권리·의료서비스를 받을 수 있는 권리, ㉯ 발달의 권리는 교육·놀이·여가·정보를 누릴 권리, 문화활동·사상·양심·종교의 자유를 누릴 권리, ㉰ 보호의 권리는 각종 착취와 학대·가족과의 인위적인 분리·형법 등의 폐습으로부터 보호받을 권리, ㉱ 참여의 권리는 자신의 의사를 표현할 자유와 자기 생활에 영향을 주는 일에 대하여 말할 수 있는 권리, 책임감 있는 어른이 되기 위해 아동 자신의 능력에 부응하여 적절한 사회활동에 참여할 기회를 가질 권리 등을 들 수 있다.

나. 장애인에 관한 권리선언 및 협약

장애인에 대한 권리선언은 1975년 UN총회에서 채택되었으며, 장애인들의 권리보호를 위한 공통된 기초와 준거로 사용되도록 하였다. 그 선언의 자세한 내용은 다음과 같다(한승협, 2012).

1) 장애인 권리선언

1975년 12월 9일 UN 제30차 총회에서 채택되었다. 장애인들의 권리보호를 위한 공통된 기초와 준거로 사용되도록 한 내용으로서 다음과 같다.

① 이 선언에서는 장애인(disabled persons)을 후천적이든 관계없이, 신체적·정신적 능력의 불완전으로 인하여 개인 또는 사회적 일상생활에서 필요한 것을 혼자서는 완전하게 또는 부분적으로 확보할 수 없는 사람으로 규정하였다(유재신 외, 2011).
② 장애인들은 이 선언에서 제시된 모든 권리를 향유할 수 있어야 한다.
③ 장애인들은 인간으로서 존엄성이 존중받을 권리를 타고난다.
④ 장애인들은 다른 사람과 동등한 시민권과 정치권을 가진다.
⑤ 장애인들은 자립하도록 하기 위해서 만들어진 시책을 활용할 자격을 가지고 있다.
⑥ 장애인들은 필요한 모든 치료·서비스·교육·훈련·기술적 원조를 받을 권리를 가진다.
⑦ 장애인들은 경제적·사회적 보장을 받을 권리가 있다.
⑧ 장애인들은 국가계획에서 고려될 특별요구를 가진다.
⑨ 장애인들은 가족생활을 할 권리가 있다.
⑩ 장애인들은 착취와 규제와 처우에서 보호되어야 한다.
⑪ 장애인들은 적절한 법적 원조를 받을 수 있어야 한다.
⑫ 장애인들과 그들의 가족들 및 지역 사회에게 모든 적절한 수단을 통해 선언에 포함된 권리를 충분히 알릴 수 있어야 한다.

2) 지적장애인 권리선언

1971년 12월 30일 UN총회에서 채택된 선언으로서, 이 선언은 지적장애를 가진 장애인이 다른 사회구성원과 더불어 일반적인 사회생활을 영위하고, 이들에게도 사회정의와 평등의 규범이 관철되어야 한다는 권리사상의 표현이며, 이러한 제반 권리의 보장을 각국이 정책으로 전개하여야 한다는 방향성을 제시한 것이다.

지적장애인 권리선언은 다음과 같다.

제1조 지적장애인은 최대한 실현가능한 정도까지 일반 시민과 동등한 기본적 권리를 가진다.

제2조 지적장애인은 그 상태가 아무리 심하다 할지라도 그의 능력과 가능성을 최대한도로 발전시킬 수 있도록 적절한 의학적 조치와 교육, 훈련, 재활 및 지도를 받을 권리를 가진다.

제3조 지적장애인은 안정된 경제생활을 보장받을 권리가 있다. 또한 생산적이며 뜻있는 직업에 종사할 권리를 가진다.

제4조 지적장애인은 가족들과 함께 살 권리가 있다. 또한 모든 사회생활에 참가하여 여가를 즐길 조치가 마련되어야 한다. 만일 시설에서의 양호가 필요한 자라면 그 시설은 최대한도로 가정적 분위기가 조성되어야 한다.

제5조 지적장애인은 자기의 개인적인 복지나 이익을 보호하기 위해 필요할 때는 자격 있는 후견인을 가질 권리가 있다.

제6조 지적장애인은 착취와 남용과 학대로부터 보호받을 권리가 있다. 만일 고소를 당한다면 그의 심신상의 책임 능력을 충분히 인정하여 공정한 재판을 받게 해야 한다.

제7조 지적장애인이 중증으로 그 모든 권리를 유용하게 행사할 수 없을 경우 또는 그 권리의 일부나 전부가 제한되거나 배제되어야 할 필요가 생겼을 경우에 이에 상응하는 절차가 남용되지 않도록 법적으로 보장되어야 한다.

3) 장애인 권리협약

장애인의 권리협약은 2006년 12월 UN총회에서 채택하였다. 협약 제45조에서 20번째 국가의 비준서를 기탁한 후 30일 후에 발효된다고 규정하여 2007년 5월 3일부터 정식으로 발효되었다. 대한민국은 2008년 12월 2일 협약비준동의안에 의결하였고, 선택의정서의 비준은 유보하였다.

이 협약의 목적은 인권과 기본적인 자유를 완전하고 동등하게 누릴 수 있도록 보호하는 것이며, 또한 장애인의 천부적인 존엄성에 대한 존중을 촉진하기 위한 것이다. 이 협약의 주요 내용은 장애여성 및 장애아동 보호, 동등한 법적 능력 부여, 비인도적 처우 금지, 자립을 위한 이동권 보장 등이며, 이 협약의 선택의정서의 주요 내용은 협약규정의 위반으로 피해를 입었다고 주장하는 개인이나 집단, 이들을 대리하는 주체에 대한 UN장애인권리위원회의 직접조사권 등이다.

제3절 사회보장협정

가. 개요

사회보장협정이란 사회보장에 관한 상호주의에 입각하여 정부가 주로 입법부의 동의 없이 단독으로 외국 정부와 맺는 약정 또는 정부 간의 협정을 말한다. 이는 국제법상 실질적 의의를 갖는 조약의 하나이다. 사회보장협정은 협정 당사국 간의 사회문제에 관한 분야에서 사회보장보험료의 납부의무에 관하여 협력할 것을 결의하고, 그들 각자의 영역 간에 이동하거나 또는 그들 각자의 영역 안에서 근로하는 자의 복지를 증진시키기를 희망하여, 양국 국민들이 그들 각자의 사회보장법령에 의하여 협약의 적용대상이 되는 문제에 관하여 동등한 권리를 누릴 것을 보장하도록 합의한 것이다. 사회보장협정을 체결하는 목적은 협정 당사국의 사회보장제도 간에 서로 다른 점을 상호 조정하여 양 당사국 국민에게 다음과 같은 혜택을 부여하기 위한 것으로 이중가입 배제, 가입기간 합산, 동등 대우, 급여 송금 보장이라는 하위 목적을 갖고 있다.

대한민국의 경우 사회보장협정은 주로 연금보험료의 이중부담 면제를 포함하여 연금제도와 관련된 국가 간 협조를 위하여 맺는 조약의 일종이다. 보통 양국 간 협정을 맺게 되나 유럽연합규정(EU Regulation)과 같이 다자간 협정을 맺는 경우도 있다(사회복지교육연구센터, 2015).

나. 사회보장협정 체결 목적

협정 체결국 간 연금제도의 서로 다른 점을 상호 조정하여 양 체결국 국민에게 다음과 같은 혜택을 부여하기 위한 것이다.

1) 이중가입 배제

일반적으로 협정 전에는 단기간 동안 외국에서 근로하거나 자영업을 하는 사람들은 양국 연금제도에 보험료를 납부해야 했다. 외국의 경우는 연금보험료가 우리나라보다 매우 높기 때문에 그 부담이 클 뿐만 아니라, 대부분 반환일시금제도가 없어 귀국 시 아무런 혜택을 받지 못해 커다란 손해를 볼 수 있다. 그러나 협정이 체결될 경우 본국의 연금제도에만 가입하고 상대국 연금제도 가입은 면제받을 수 있어 재정적 부담을 줄일 수 있게 된다.

2) 가입기간 합산

외국으로 이민 가거나 장기 체류하여 연금 가입기간이 분리되어 있는 사람은 가입기간 부족으로 인하여 어느 일방 국가의 연금을 받지 못할 수도 있다. 그러나 협정이 체결될 경우 분리된 양국 가입기간을 합산하여 수급권을 결정하므로 해당 국가의 연금을 받을 수도 있다. 가령, 대한민국 국민연금에 7년을 가입하고, 캐나다 연금에 15년을 가입한 자는 대한민국 최소가입요건(10년)으로 인해 연금을 받을 수 없으나, 협정을 맺게 되면 총 22년의 가입기간이 인정되어 대한민국 연금을 받을 수 있게 된다. 물론 연금은 22년 치가 아니라 7년 치로 계산된 액수가 지급된다.

3) 동등 대우

협정이 체결되는 경우 연금 수급권 취득이나 급여지급 등 상대국 법령 적용에 있어서 상대국 국민과 동등한 대우를 받는다. 그에 따라 급여수급권 등이 개선된다고 할 수 있다.

4) 급여 송금 보장

협정 체결국 간에는 연금 급여를 해외로 제한 없이 송금할 수 있도록 함으로써 상대국에 거주하는 경우에도 급여가 삭감되지 않고 지급될 수 있다.

다. 대한민국과 사회보장협정을 체결한 국가

현재 대한민국이 사회보장협정을 체결한 국가들은 다음과 같다.

〈표 5-1〉 협정 체결국 현황

구분	국가	진행상황	협정형태
협정 발효	이란	1977년 5월 11일 서명, 1978년 6월 10일 발효	보험료 면제협정
	캐나다	1997년 1월 10일 서명, 1999년 5월 1일 발효	가입기간 합산협정 (보험료면제 포함)
	영국	1999년 4월 20일 서명, 2000년 8월 1일 발효	보험료 면제협정
	미국	2000년 3월 13일 서명, 2001년 4월 1일 발효	가입기간 합산협정 (보험료면제 포함)
	독일	2000년 3월 10일 서명, 2003년 1월 1일 발효	가입기간 합산협정 (보험료면제 포함)
	네덜란드	2002년 7월 3일 서명, 2003년 10월 1일 발효	보험료 면제협정
	일본	2004년 2월 17일 서명, 2005년 4월 1일 발효	보험료 면제협정
	이탈리아	2000년 3월 3일 서명, 2005년 4월 1일 발효	보험료 면제협정
	우즈베키스탄	2005년 5월 10일 서명, 2006년 5월 1일 발효	보험료 면제협정
	몽골	2006년 5월 8일 서명, 2007년 3월 1일 발효	보험료 면제협정
	헝가리	2006년 5월 12일 서명, 2007년 3월 1일 발효	가입기간 합산협정 (보험료면제 포함)
	프랑스	2004년 12월 6일 서명, 2007년 6월 1일 발효	가입기간 합산협정 (보험료면제 포함)
	호주	2006년 12월 6일 서명, 2008년 10월 1일 발효	가입기간 합산협정 (보험료면제 포함)
	체코	2007년 12월 14일 서명, 2008년 11월 1일 발효	가입기간 합산협정 (보험료면제 포함)
	아일랜드	2007년 10월 31일 서명, 2009년 1월 1일 발효	가입기간 합산협정 (보험료면제 포함)
	벨기에	2005년 7월 5일 서명, 2009년 7월 1일 발효	가입기간 합산협정 (보험료면제 포함)
	폴란드	2009년 2월 25일 서명, 2010년 3월 1일 발효	가입기간 합산협정 (보험료면제 포함)

구분	국가	진행상황	협정형태
협정 발효	슬로바키아	2009년 2월 9일 서명, 2010년 3월 1일 발효	가입기간 합산협정 (보험료면제 포함)
	불가리아	2008년 10월 30일 서명, 2010년 3월 1일 발효	가입기간 합산협정 (보험료면제 포함)
	루마니아	2008년 9월 11일 서명, 2010년 7월 1일 발효	가입기간 합산협정 (보험료면제 포함)
	덴마크	2010년 3월 11일 서명, 2011년 9월 1일 발효	가입기간 합산협정 (보험료면제 포함)
	인도	2010년 10월 19일 서명, 2011년 11월 1일 발효	가입기간 합산협정 (보험료면제 포함)
	중국(개정협정)	2012년 10월 29일 서명, 2013년 1월 16일 발효	보험료 면제 협정
		2003년 2월 28일, 잠정조치 협정발효 2013년 1월 17일 종료	
	스페인	2011년 7월 14일 서명, 2013년 4월 1일 발효	가입기간 합산협정 (보험료면제 포함)
	터키	2012년 8월 1일 서명, 2015년 6월 1일 발효	가입기간 합산협정 (보험료면제 포함)
	스웨덴	2013년 9월 9일 서명, 2015년 6월 1일 발효	가입기간 합산협정 (보험료면제 포함)
	스위스	2014년 1월 20일 서명, 2015년 6월 1일 발효	보험료면제 협정
	브라질	2012년 11월 22일 서명, 2015년 11월 1일 발효	가입기간 합산협정 (보험료면제 포함)
	핀란드	2015년 9월 9일 서명, 2017년 2월 1일 발효	가입기간 합산협정 (보험료면제 포함)
	칠레	2015년 4월 22일 서명, 2017년 2월 1일 발효	보험료면제 협정
	퀘벡	2015년 11월 24일 서명, 2017년 9월 1일 발효	가입기간 합산협정 (보험료면제 포함)
협정 서명	필리핀	2005년 12월15일 서명, 미발효	가입기간 합산협정 (보험료면제 포함)
	페루	2017년 3월 2일 서명, 미발효	가입기간 합산협정 (보험료면제 포함)
	슬로베니아	2018년 2월 20일 서명, 미발효	가입기간 합산협정 (보험료면제 포함)
	룩셈부르크	2018년 3월 1일 서명, 미발효	가입기간 합산협정 (보험료면제 포함)

출처: 국민연금공단.

· CHAPTER 6 ·

사회복지사의 법적 지위와 권한

사회복지사의 법적 지위와 권한에 대하여 알아야 「사회복지사업법」의 사회복지 전담공무원을 이해하는 데 도움이 되므로, 사회복지사의 법적 지위와 권한·책임·의무에 대한 전반적인 이해가 필요하다. 민간기관 사회복지사와 공공기관 사회복지사(사회복지전담공무원)의 법적 지위와 권한이 각기 다르다는 점에 유의하여 볼 필요가 있다.

제1절 사회복지사의 법적 지위

가. 사회복지사의 정의

사회복지사는 사회복지에 관한 전문지식과 기술을 가진 자로서, 「사회복지사업법」 제11조에 의거하여 보건복지부장관으로부터 자격증을 교부받은 자를 말한다. 사회복지사는 문제나 욕구를 가진 개인이나 집단을 대상으로 그들의 문제를 해결하거나 욕구를 충족시키기 위하여 구체적 실천계획을 체계적으로 수립·집행·평가·환류하고, 개별적·집단적 상담 등을 통하여 정신적·육체적·경제적 원조를 제공한다.

나. 사회복지사의 자격 및 사회복지사의 결격사유

사회복지사 자격제도는 사회복지에 관한 소정의 전문지식과 기술을 가진 자에게 사회복지사 자격을 부여하고, 이들에게 복지업무를 담당하도록 함으로써 아동·청소년·노인·장애인 등 지원이 필요한 사람들에게 전문적이고 체계적인 복지서비스를 제공하기 위해 마련되었다(조원탁 외, 2009).

보건복지부장관은 사회복지에 관한 전문지식과 기술을 가진 자에게 사회복지사의 자격증을 교부할 수 있다(「사회복지사업법」 제11조). 사회복지사의 등급은 1·2급으로 하고 등급별 자격기준 및 자격증의 발급절차 등은 대통령령으로 정한다. 사회복지사 1급의 자격증을 교부받고자 하는 자는 국가시험에 합격하여야 한다. 보건복지부장관은 사회복지사의 자격증을 발급받거나 재발급받으려는 사람에게 보건복지부령으로 정하는 바에 따라 수수료를 내게 할 수 있다.

사회복지사의 자격에는 일반적 자격기준과 학력을 기준으로 한 등급별 자격기준이 있다. 첫째, 일반적 자격기준이다. 일반적 자격기준은 사회복지사의 등급에 관계없이 모두 적용되는 자격요건이다. 「사회복지사업법」 제11조 제1항 및 동법 시행령 제1조의2에 따르면, ① 피성년후견인 또는 피한정후견인, ② 금고 이상의 형의 선고를 받고 그 집행이 종료되지 아니하였거나 그 집행을 받지 아니하기로 확정되지 아니한 자, ③ 법원의 판결에 의하여 자격이 상실 또는 정지된 자, ④ 마약·대마 또는 향정신성의약품의 중독자, ⑤ 「정신건강증진 및 정신질환자 복지서비스 지원에 관한 법률」에 따른 정신질환자(다만, 전문의가 사회복지사로서 적합하다고 인정하는 사람은 제외)는 사회복지사가 될 수 없다.

둘째, 학력을 기준으로 한 등급별 자격기준이다. 사회복지사는 사회복지에 관한 전문지식과 기술을 갖추어야 한다. 이와 관련하여 1998년 「사회복지사업법」을 개정하였으며, 사회복지사의 전문성을 높이기 위하여 2003년부터 사회복지사 1급은 국가시험에 합격한 자에게 부여하되, 2급 이하는 학부제, 복수전공제, 학점은행제 등 교육제도의 변화에 따라 사회복지사 자격요건을 학과 중심에서 이수교과목 중심으로 조정하였다.

〈표 6-1〉 사회복지사의 등급별 자격기준(사회복지사업법 시행령 제2조 제1항 관련)

등급	자격기준
사회복지사 1급	법 제11조 제3항의 규정에 의한 국가시험에 합격한 자
사회복지사 2급	가. 「고등교육법」에 따른 대학원에서 사회복지학 또는 사회사업학을 전공하고 석사학위 또는 박사학위를 취득한 자. 다만, 대학에서 사회복지학 또는 사회사업학을 전공하지 아니하고 동 석사학위를 취득한 자는 보건복지부령이 정하는 사회복지학 전공교과목과 사회복지 관련 교과목 중 사회복지현장실습을 포함한 필수과목 6과목 이상(대학에서 이수한 교과목을 포함하되, 대학원에서 4과목 이상을 이수하여야 한다), 선택과목 2과목 이상을 각각 이수한 경우에 한하여 사회복지사 자격을 인정한다. 나. 「고등교육법」에 따른 대학에서 보건복지부령이 정하는 사회복지학 전공교과목과 사회복지 관련 교과목을 이수하고 학사학위를 취득한 자 다. 법령에서 「고등교육법」에 따른 대학을 졸업한 자와 동등 이상의 학력이 있다고 인정하는 자로서 보건복지부령이 정하는 사회복지학 전공과목과 사회복지 관련 교과목을 이수한 자 라. 「고등교육법」에 따른 전문대학에서 보건복지부령이 정하는 사회복지학 전공교과목과 사회복지 관련 교과목을 이수하고 졸업한 자 마. 법령에서 「고등교육법」에 따른 전문대학을 졸업한 자와 동등 이상의 학력이 있다고 인정하는 자로서 보건복지부령이 정하는 사회복지학 전공교과목과 사회복지 관련 교과목을 이수한 자 바. 「고등교육법」에 따른 대학을 졸업(이와 동등 이상의 학력이 있는 경우를 포함한다)한 이후 보건복지부장관이 지정하는 교육훈련기관에서 12주 이상 사회복지사업에 관한 교육훈련을 이수한 자 사. 종전의 「사회복지사업법」(법률 제14923호로 개정되기 전의 것을 말한다)에 따라 사회복지사 3급 자격증을 취득한 이후 3년 이상 사회복지사업의 실무경험이 있는 자

※ 비고: 외국의 대학 또는 대학원에서 사회복지학 또는 사회사업학을 전공하고 학사학위 이상의 학위를 취득한 자로서 등급별 자격기준과 동등한 학력이 있다고 보건복지부장관이 인정하는 경우에는 당해 등급의 사회복지사 자격증을 교부할 수 있다.

다. 사회복지사 1급 국가시험

2003년부터 사회복지사 1급의 자격증을 교부받고자 하는 자는 국가시험에 합격하여야 한다. 국가시험은 보건복지부장관이 매년 1회 이상 시행하되, 시험관리는 대통령령이 정하는 바에 의하여 시험관리 능력이 있다고 인정되는 관계 전문기관에 위탁하여 시행하고 있다. 사회복지사 1급 자격시험의 시행처는 2008년 6회 시험부터 한국산업인력공단과 보건복지부가 공동 주최하고 있다. 자격시험 실시기관은 한국산업인력공단이고, 자격관리는 한국사회복지사협회가 하고 있다.

보건복지부장관은 국가시험의 관리를 위탁한 때에는 그에 소요되는 비용을 예산의 범위 안에서 보조할 수 있으며, 시험의 관리를 위탁받은 기관은 보건복지부령이 정하는 금액을 응시수수료로 징수할 수 있다. 시험의 과목·응시자격 등 시험 실시에 관하여 필요한 사항은 대통령령으로 정하고 있다(한승협, 2012).

1) 시행일

사회복지사 1급 국가시험은 2003년 1월 1일부터 시행하고 있다.

2) 응시자격

사회복지사 1급 자격시험에 응시할 수 있는 자격은 다음과 같다.

① 「고등교육법」에 따른 대학원에서 사회복지학 또는 사회사업학을 전공하고 석사학위 또는 박사학위를 취득한 자. 다만, 대학에서 사회복지학 또는 사회사업학을 전공하지 아니하고 동 석사학위를 취득한 자는 보건복지부령이 정하는 사회복지학 전공교과목과 사회복지 관련 교과목 중 사회복지현장실습을 포함한 필수과목 6과목 이상(대학에서 이수한 교과목을 포함하되, 대학원에서 4과목 이상을 이수하여야 한다), 선택과목 2과목 이상을 각각 이수하여야 한다.

② 「고등교육법」에 따른 대학에서 보건복지부령이 정하는 사회복지학 전공교과목과 사회복지 관련 교과목을 이수하고 학사학위를 취득한 자

③ 법령에서 「고등교육법」에 따른 대학을 졸업한 자와 동등 이상의 학력이 있다고 인정하는 자로서 보건복지부령으로 정하는 사회복지학 전공과목과 사회복지 관련 교과목을 이수한 자

④ 외국의 대학 또는 대학원에서 사회복지학 또는 사회사업학을 전공하고 학사 학위 이상을 취득한 자로서 제①호 및 제②호의 자격과 동등하다고 보건복지부장관이 인정하는 자

⑤ 다음에 해당하는 자로서 사회복지사 2급의 자격증을 취득한 자 중에서 그 자격증을 취득한 날부터 시험일까지의 기간 동안 1년 이상 사회복지사업의 실무경험이 있는 자

- 「고등교육법」에 따른 전문대학에서 보건복지부령이 정하는 사회복지학 전공교과목과 사회복지 관련 교과목을 이수한 자
- 「고등교육법」에 따른 전문대학을 졸업한 자와 동등 이상의 학력이 있다고 인정하는 자로서 보건복지부령이 정하는 사회복지학 전공교과목과 사회복지 관련 교과목을 이수한 자
- 「고등교육법」에 따른 대학을 졸업하거나 이와 동등 이상의 학력이 있는 자로서 보건복지부장관이 지정하는 교육훈련기관에서 12주 이상 사회복지사업에 관한 교육훈련을 이수한 자
- 종전의 「사회복지사업법」(법률 제14923호로 개정되기 전의 것) 사회복지사 3급 자격증 소지자로서 3년 이상 사회복지사업의 실무 경험이 있는 자

3) 시험방법·시험과목·시험위원

(가) 시험방법

시험은 필기시험으로 하고 있다. 보건복지부장관은 시험일시·시험장소·시험과목·응시원서의 제출기간·기타 필요한 사항을 시험일 30일 전까지 공고하여야 한다.

(나) 시험과목(필수 8과목)

사회복지사 국가시험 과목은 사회복지기초(인간행동과 사회환경 및 사회복지조사론을 말한다), 사회복지실천(사회복지실천론·사회복지실천기술론 및 지역사회복지론을 말한다), 사회복지정책과 제도(사회복지정책론·사회복지행정론 및 사회복지법제론을 말한다) 등 총 8과목이다.

(다) 시험위원

시험관리기관의 장은 시험을 실시하고자 하는 때에는 시험과목별로 전문지식을 갖춘 자 중에서 시험위원을 위촉하고 있고, 시험위원에게는 예산의 범위 안에서 수당과 여비를 지급할 수 있다(사회복지사업법 시행령 제5조).

라. 사회복지학 전공교과목과 사회복지 관련 교과목

사회복지사 자격증 취득의 전제요건이 되는 보건복지부령이 정하는 사회복지학 전공교과목과 사회복지 관련 교과목은 다음과 같으며, 예시된 교과목의 명칭이 동일하지 않더라도 교과의 내용이 동일하다고 보건복지부장관이 인정하는 경우에는 동일 교과목으로 보고 있다.

1) 사회복지학 전공교과목과 사회복지 관련 교과목 및 학점[15)]

〈표 6-2〉 사회복지학 전공교과목과 사회복지 관련 교과목 및 학점

구분	교과목	이수과목(학점)	
		대학원	대학·전문대학
필수과목	사회복지개론, 인간행동과 사회환경, 사회복지정책론, 사회복지법제, 사회복지실천론, 사회복지실천기술론, 사회복지조사론, 사회복지행정론, 지역사회복지론, 사회복지현장실습	6과목 18학점 (과목당 3학점) 이상	10과목 30학점 (과목당 3학점) 이상
선택과목	아동복지론, 청소년복지론, 노인복지론, 장애인복지론, 여성복지론, 가족복지론, 산업복지론, 의료사회사업론, 학교사회사업론, 정신건강론, 교정복지론, 사회보장론, 사회문제론, 자원봉사론, 정신보건사회복지론, 사회복지지도감독론, 사회복지자료분석론, 프로그램 개발과 평가, 사회복지발달사, 사회복지윤리와 철학	2과목 6학점 (과목당 3학점) 이상	4과목 12학점 (과목당 3학점) 이상

※ 비고: 교과목의 명칭이 동일하지 아니하더라도 교과의 내용이 동일하다고 보건복지부장관이 인정하는 경우에는 동일 교과목으로 본다.

15) 사회복지사업법 시행규칙 제3조 별표1 〈개정 2018.5.2〉

2) 필수과목 중 사회복지현장실습에 관한 기준

- 실습 기관: 법 제2조 제1호에 따른 사회복지사업과 관련된 법인·시설, 기관 및 단체로 한다.
- 실습 지도자: 사회복지사 1급 자격증을 소지한 자로서 3년 이상 또는 사회복지사 2급 자격증을 소지한 자로서 5년 이상 사회복지사업의 실무 경험이 있는 자가 실습을 지도하여야 한다.
- 실습 시간: 현장실습 시간은 120시간 이상으로 한다.

마. 사회복지사 채용

사회복지사의 채용은 민간복지 분야와 공공복지 분야로 나누고 있다.

1) 민간복지 분야의 사회복지사 채용

(가) 의무채용

사회복지시설을 설치·운영하는 자는 당해 법인 또는 복지시설에서 ① 사회복지 프로그램의 개발 및 운영업무, ② 시설거주자의 생활지도업무, ③ 사회복지를 필요로 하는 사람에 대한 상담업무에 사회복지사를 그 종사자로 채용하여야 한다(「사회복지사업법」 제13조 제1항 본문, 동법 시행령 제6조 제1항). 만일 이 규정을 위반하는 자는 300만 원 이하의 벌금에 처한다(법 제55조).

(나) 의무채용 예외

다만, 대통령령이 정하는 사회복지시설은 그러하지 아니하다. 대통령이 정하는 사회복지시설이라 함은 ① 「노인복지법」에 따른 노인여가복지시설(노인복지관은 제외한다), ② 「장애인복지법」에 따른 장애인 지역사회재활시설 중 수화통역센터, 점자도서관, 점자도서 및 녹음서 출판시설, ③ 「영유아보육법」에 따른 어린이집, ④ 「성매매방지 및 피해자보호 등에 관한 법률」에 따른 성매매피해자 등을 위한 지원시설 및 성매매피해상담소, ⑤ 「정신건강증진 및 정신질환자 복지서비스 지원에 관한 법률」에 따른 정신요양시설 및 정신재활시설, ⑥ 「성폭력방지 및 피해자보호 등에 관한 법률」에 따른 성폭력피해상담소를 포함한다(「사회복지사업법」 제13조 제1항 단서, 법 시행령 제6조 제2항).

바. 사회복지사의 법적 지위

사회복지사의 법적 지위 또는 신분은 공공기관의 사회복지사(사회복지전담공무원)와 민간기관의 사회복지사로 구분할 수 있다.

1) 공공기관 사회복지사(사회복지전담공무원)의 법적 지위

공공기관에 근무하는 사회복지사는 주로 사회복지전담공무원을 의미한다. 사회복지전담공무원에 대한 법적 신분에 대해 현행법에서는 별도로 직접 규정한 내용은 없다. 다만, 「국가공무원법」 제2조 및 「지방공무원법」 제2조의 공무원 구분에 따르면, 공무원은 경력직 공무원과 특수경력직 공무원으로 나누는데, 사회복지전담공무원은 이 가운데 경력직 공무원에 속한다. 경력직 공무원 가운데 일반직 공무원에 속하며, 일반직 공무원 가운데 사회복지 직렬에 속한다.

또한 일반직 공무원 가운데 국가공무원, 즉 중앙공무원이 아니라, 지방공무원에 속한다. 국가공무원은 총무처 국가직 시험에 합격하고 임용되어 각급 국가(중앙) 산하 기관에서 근무하는 공무원을 말하며, 반면 지방공무원은 지방자치단체, 즉 특별시·광역시 및 도에서 주관하여 임용된 자로 지방 사무를 담당하는 공무원을 말한다.

사회복지전담공무원은 우선 경력직 공무원으로서 법적 지위를 갖는다. 경력직 공무원이란 실적과 자격에 의하여 임용되고 그 신분이 보장되어, 평생토록 공무원으로 근무할 수 있음이 예정되는 공무원을 말한다.

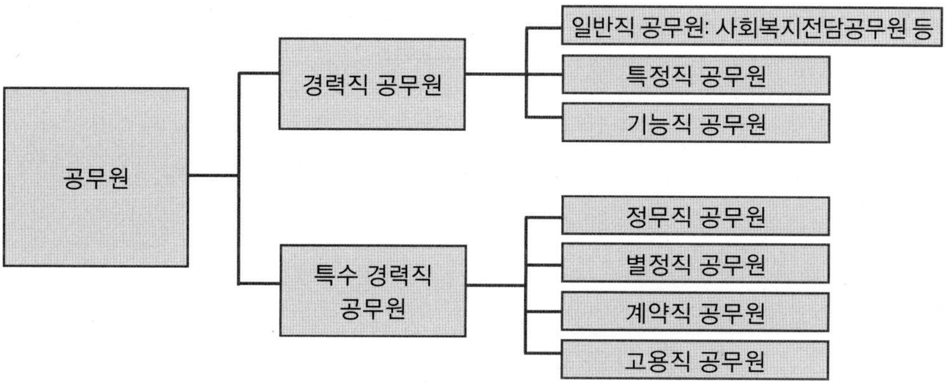

[그림 6-1] 공무원 구분과 사회복지전담공무원

2) 민간기관에 종사하는 사회복지사의 법적 지위

민간기관에 종사하는 사회복지사의 법적 지위는 근로자로서 갖는 지위와 전문가로서 갖는 지위로 나누고 있다.

(가) 근로자로서의 사회복지사

무보수로 봉사하는 자원봉사자와 달리 사회복지 관련 민간 사업장에서 임금을 목적으로 근로를 제공하는 근로자이다. 사회복지사는 근로자로서의 법적 지위를 갖는다. 따라서 사용자와 원칙적으로 대등한 관계에서 근로계약을 체결하고, 조직 구성원의 지위에서 업무를 수행하며, 공동 의사결정에 참여한다.

근로자로서의 사회복지사는 사회복지 노동시장에서 노동의 공급자로서 노동의 수요자인 법인이나 기관과 노사관계를 형성하고 있고, 근로자로서의 사회복지사가 사용자로서 법인과 기관과 대응하는 관계에서 동등한 지위를 누리고, 더 나아가 노사 간에 서로의 존재를 존중하는 노사협조단계로 나아갈 때 근로자로서 사회복지사의 지위는 향상될 것이다.

(나) 전문가로서의 사회복지사

민간 사회복지기관에 종사하는 사회복지사는 사회복지에 관한 전문지식과 기술을 갖추고, 보건복지부장관으로부터 자격증을 교부받은 자를 말한다. 사회복지 자격을 취득하기 위해서는 사회복지학의 전공교과목이나 관련 교과목을 이수하고, 학위를 받거나 일정 기간 사회복지사업의 실무 경험이 있어야 하며, 1급 자격의 경우는 국가시험에 합격하여야 한다. 「사회복지사업법」에서도 사회복지법인이나 시설의 일정 업무는 반드시 사회복지사로 하여금 전문성을 발휘하도록 하고 있다(「사회복지사업법」 제13조 및 법 시행령 제6조).

제2절 사회복지사의 법적 권한과 의무

사회복지사의 법적 권한과 책임은 공공기관에 근무하는 사회복지전담공무원과 민간복지기관이나 시설에 근무하는 사회복지사 간에 차이가 있다.

가. 사회복지전담공무원의 법적 권한

사회복지전담공무원은 평생토록 근무할 수 있음이 예정된 공무원으로 그에 따른 법적 권한과 책임이 있으므로 공무원으로서의 법적 권리에 준하고 있다. 크게 신분상의 권리와 직무집행과 관련된 권리 및 재산상의 권리로 나눌 수 있다(한승협, 2012).

1) 신분상의 권리

사회복지전담공무원은 공공기관에서 사회복지사의 신분을 가지고 복지 관련 업무에 종사함으로써 인정되는 신분상의 권리들이 있다. 대표적인 것이 직업공무원제도 아래에서 신분보장이다. 신분보장에 관한 권리의 개별적인 내용으로서 공무원의 신분보장에 영향을 주는 처분에 대해서 공무원에게 인정되는 권리를 들 수 있다.

첫째, 공무원의 신분 변동에 관한 처분은 법으로 정한 사유에 의해서만 가능하다.

둘째, 처분 시에는 그 사유를 기재한 처분사유 설명서를 교부하여야 한다. 다만, 본인의 원(願)에 따른 강임·휴직 또는 면직처분은 그러하지 아니하다. 처분권자는 피해자가 요청하는 경우 「성폭력범죄의 처벌 등에 관한 특례법」에 따른 성폭력범죄 및 「양성평등기본법」에 따른 성희롱에 해당하는 사유로 처분사유 설명서를 교부할 때에는 그 징계처분결과를 피해자에게 함께 통보하여야 한다(「국가공무원법」 제75조).

셋째, 소청(訴請)을 제기할 수 있는 권리(소청제기권)이다. 소청이란 국가 또는 지방자치단체의 위법한 명령이나 처분에 의하여 불이익을 입은 자가 관할 소청심사위원회에 심사를 청구하는 것이다(「국가공무원법」 제76조, 「지방공무원법」 제13조).

넷째, 소송제기권이다. 공무원의 신분에 위법한 처분이 행해지는 때에는 행정소송을 제기할 수 있는 권리를 갖게 된다.

2) 직무집행과 관련된 권리

사회복지전담공무원은 그 관할 지역 안의 사회복지를 필요로 하는 사람 등에 대하여 항상 그 생활실태 및 가정환경 등을 파악하고, 사회복지에 관하여 필요한 상담과 지도를 행하는 업무를 수행한다. 사회복지전담공무원이 직무집행과 관련하여 직무수행권과 직위보유권을 갖는다.

(가) 직무수행권

직무의 공익적 성격으로 인해 사회복지전담공무원은 자신의 업무를 집행할 정당한 권리를 갖게 된다. 직무집행을 방해하는 경우에는 형법상의 공무집행방해죄를 구성하게 된다.

(나) 직위보유권

직위보유권은 자신에게 적합한 일정한 직위를 부여받을 권리와 자기에게 부여된 직위가 법이 정한 일정한 이유와 절차에 의하지 아니하고는 박탈당하지 않을 권리를 말한다.

3) 재산상의 권리

공무원으로서의 사회복지사는 다음과 같은 보수청구권, 연금청구권, 실비변상을 받을 권리 등 경제적 권리를 갖는다. 사회복지전담공무원은 자신의 직무수행의 대가로 국가를 상대로 보수를 청구할 권리를 갖는다. 보수청구권은 공무원법 관계에서 발생하는 공권이므로 이에 관한 소송 유형은 행정소송으로서 공법상의 당사자 소송에 의하여야 하지만, 소송실무상은 민사소송에 의하고 있다. 보수청구권은 국가에 대한 권리로서 금전의 급부를 목적으로 하는 것이므로 그 소멸시효는 예산회계법 규정에 의하여 5년의 소멸시효에 해당한다.

사회복지전담공무원은 공무원연금을 청구할 권리를 갖는다. 사회복지전담공무원은 재직기간 동안 기여금을 납부하고, 기여에 상응하여 구체적 권리로서 연금청구권을 갖는다. 사회복지전담공무원은 보수를 받는 이외에도 규칙 또는 대통령령이 정하는 바에 따라 직무수행에 소요되는 실비를 변상받을 권리가 있다. 이러한 실비로는 직무수행을 위한 회식참석 수당, 자가운전 수당, 여비규정에 의한 운임, 숙박료, 식비 등을 지급받는 경우를 들 수 있다.

〈표 6-3〉 공무원연금법에 의한 급여의 종류

종 류	정 의	내 용
단기급여	공무원의 공무로 인한 질병, 부상과 재해에 대하여 지급되는 것	공무상요양비, 공무상요양일시금, 재해부조금, 사망조위금
장기급여	공무원의 퇴직, 폐질 및 사망에 대하여 지급되는 것	퇴직급여, 장해급여, 유족급여, 퇴직수당

4) 교육을 받을 권리

사회복지전담공무원은 전문가로서 자질을 향상시키기 위하여 필요한 지도와 훈련을 받을 권리가 있다.

5) 사생활의 비밀과 자유의 권리

사회복지전담공무원은 헌법상 보장된 사생활의 비밀과 자유를 침해받지 아니할 권리를 갖는다.

6) 사회복지전담공무원의 법적 권한의 제한

사회복지전담공무원의 법적 권한은 국가안전보장·질서유지 또는 공공복리를 위하여 필요한 경우에 한하여 법률로써 제한할 수 있으며, 제한하는 경우에도 자유와 권리의 본질적 내용은 침해할 수 없다. 사회복지전담공무원은 헌법상 보장된 근로3권(단결권, 단체교섭권, 단체행동권) 또는 근로기본권을 제한받는다. 대한민국 헌법 제33조에는 공무원인 근로자는 법률이 정하는 자에 한하여 단결권·단체교섭권 및 단체행동권을 가진다고 규정하고 있어, 사회복지전담공무원의 근로3권을 제한하고 있다. 사회복지전담공무원의 지원 자격은 사회복지사 자격증을 소지한 자로 한정되므로, 사회복지사업법의 사회복지사 결격사유에 해당할 경우 자격을 상실하게 된다.

나. 민간 사회복지기관 사회복지사의 법적 권한

민간 사회복지기관에 종사하는 사회복지사의 법적 권한은 국가의 법으로 명확히 규정되어 있지 않으며, 각 복지기관의 정관이나 기관 운영규정에 의하여 부여받고 있다. 또한 개별적으로 사회복지사가 법인이나 시설과 맺은 근로계약의 내용에 따라서도 차이가 있어 이들의 법적 권한을 규정하기는 어렵다. 다만, 근로자이기에 근로기준법에 보장된 법적 권한과 사회복지전담공무원이 갖고 있는 법적 권한 등을 참고하여 법적 권한을 논할 수 있다(한승협, 2012).

1) 신분상의 권리(신분보장과 관련되는 권리)

민간사회복지기관에 종사하는 사회복지사의 신분보장은 공무원인 사회복지전담공무원이 「국가공무원법」이나 「지방공무원법」과 같이 국법에 의해 보장받는 것과 달리, 주로 법인의 정관에 따라 신분보장을 받는다. 민간사회복지기관에 종사하는 사회복지사의 신분보장을 위한 권리로서는 첫째, 자신의 의사에 반하여 신분조치를 받지 않을 권리가 있다. 둘째, 면직예고를 받을 권리가 있다. 셋째, 사회복지사가 직권면직, 직권휴직, 징계처분 등 본인의 의사에 반하여 불리한 처분을 받을 경우에는 이의신청을 하고, 심사결과를 통보받을 권리가 있다.

2) 직무집행과 관련되는 권리

사회복지사는 자신에게 적합한 일정한 직무와 책임(지위)을 부여받을 권리를 가지며, 부여된 직무를 수행할 권리를 가진다. 단, 직무수행 능력이 부족하거나 근무성적이 극히 불량하거나 직원으로서의 근무태도가 심히 불성실한 경우에는 직위를 부여하지 않을 수 있다.

3) 재산상의 권리

사회복지사는 자신이 제공한 직무수행의 대가로 보수를 청구할 권리를 갖는다. 보수는 직무수행의 대가로서만 아니라 생활보장적인 성격과 공무수행의 공정성 확보라는 차원에서 고려되어야 한다. 사회복지사는 연금청구권을 갖는다. 사회복지사는 국민연금을 청구할 권리를 갖는다. 사회복지사는 국민연금에 당연 가입되고, 재직 기간 동안 기여금을 납부한 후 기여에 상응하여 구체적 권리로서 연금을 청구할 권리를 갖는다. 사회복지사는 보수를 받는 이외에 직무수행에 소요되는 실비를 변상받을 권리가 있다.

4) 근로3권

민간복지기관에 근무하는 사회복지사는 헌법상 보장된 근로3권을 갖는다. 대한민국 헌법 제33조는 근로자는 근로조건의 향상을 위하여 자주적 단결권·단체교섭권 및 단체행동권을 가진다고 규정하고 있다.

5) 사생활의 비밀과 자유의 권리

사회복지사는 사생활의 비밀과 자유를 향유할 수 있는 권리를 갖는다. 사회복지사는 헌법상 보장된 사생활의 비밀과 자유를 침해받지 아니할 권리를 갖는다.

6) 사회복지사의 법적 권한의 한계

사회복지사의 법적 권한은 국가안전보장·질서유지 또는 공공복리를 위하여 필요한 경우에 한하여 법률로써 제한할 수 있으며, 제한하는 경우에도 자유와 권리의 본질적인 내용은 침해할 수 없다.

다. 사회복지사의 법적 의무

1) 「사회복지사업법」상 사회복지사의 의무

복지업무에 종사하는 사람은 그 업무를 행함에 있어서 사회복지를 필요로 하는 사람을 위하여 인권을 존중하고 차별 없이 최대로 봉사하여야 한다는 최대봉사의 원칙을 규정하고 있다(「사회복지사업법」 제5조). 또한 사회복지사업 또는 사회복지업무에 종사하였거나 종사하고 있는 자는 그 업무수행의 과정에서 알게 된 다른 사람의 비밀을 누설하여서는 아니 될 의무가 있다(「사회복지사업법」 제47조).

2) 사회복지전담공무원의 의무

사회복지전담공무원은 공무원으로서 부여된 의무가 있다. 이는 크게 일반적 의무와 직무상 의무로 나눌 수 있다. 일반적 의무는 선서 의무, 성실 의무, 품위유지 의무, 청렴 의무 등을 들 수 있고, 직무상의 의무는 법령준수 의무, 복종 의무, 친절공정 의무, 직무에의 전념을 보장하기 위한 의무(직장이탈금지 의무, 영리업무 및 겸직금지의 의무, 정치운동의 금지 의무, 집단행위의 금지 의무, 비밀엄수 의무, 전문성개발 의무) 등을 들 수 있다.

3) 민간기관 사회복지사의 의무

민간 사회복지사의 의무도 사회복지전담공무원의 의무와 유사하나, 일부 차이가 있다. 민간 사회복지기관에 종사하는 사회복지사도 성실 의무, 품위유지 의무, 청렴 의무와 같은 일반적 의무가 있으며, 사회복지공무원과 같이 선서 의무도 있으나 그 내용의 차이가 있다. 직무상 의무로 법령준수 의무, 복종 의무, 친절공정 의무, 직장이탈금지 의무, 정치운동금지 의무, 비밀엄수 의무가 있으나, 근로3권이 보장되므로 집단행위금지 의무는 없다. 민간사회복지기관에 종사하는 사회복지사의 책임은 새로이 개정된 한국사회복지사협회에서 2001년 12월 15일 공포한 사회복지사 윤리강령에 나타나 있다.

· CHAPTER 7 ·

사회보장기본법

제1절 「사회보장기본법」의 개요

가. 입법배경과 연혁

우리나라에서 최초의 사회보장에 관한 기본적 성격의 법률은 1963년 제정된 「사회보장에 관한 법률」로서, 전문 7개조로 구성된 추상적이고 형식적이며 상징적인 의미를 갖는 수준에서 입법화된 법이었다.[16] 그러다가 체계를 가지고 사회보장제도를 일관성 있게 발전·추진시켜 나가는데, 각각의 법률로는 여러 가지 제약이 따른다는 지적이 제기되어 1995년 12월 「사회보장기본법」을 제정하였다.

나. 목적과 이념

「사회보장기본법」은 3가지의 목적을 지향하고 있다. 첫째, 사회보장에 관한 국

---

16) 1962년 제3공화국 헌법이 "모든 국민은 인간으로서의 존엄과 가치를 가지며 이를 위하여 국가는 국민의 기본적 인권을 최대한으로 보장할 의무를 진다"라고 규정함에 따라 1963년 11월 사회보장에 관한 종합적인 법령으로 「사회보장에 관한 법률」이 제정되었다. 이 법은 사회보장에 관한 국민의 권리와 국가 및 지방자치단체의 책무를 정하고 사회보장제도에 관한 기본적인 사항을 정하여 국민의 복지증진에 기여하기 위하여 제정된 법률이다.

민의 권리, 둘째, 국가와 지방자치단체의 책임, 셋째, 사회보장제도에 관한 기본적인 사항을 규정함으로써 국민의 복지증진에 이바지함을 목적으로 한다(같은 법 제1조). 사회보장의 기본 이념은 모든 국민이 다양한 사회적 위험으로부터 벗어나 행복하고 인간다운 생활을 향유할 수 있도록 자립을 지원하며, 사회참여·자아실현에 필요한 제도와 여건을 조성하여 사회통합과 행복한 복지사회를 실현한다(같은 법 제2조).

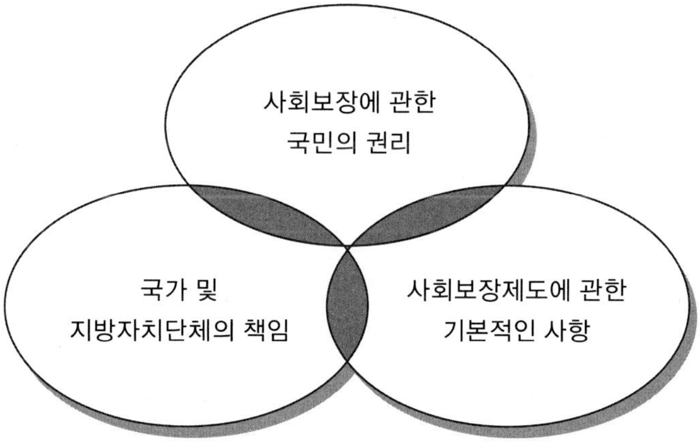

[그림 7-1] 「사회보장기본법」의 목적

다. 사회보장 관련 용어

1) 사회보장

사회보장이란 출산, 양육, 실업, 노령, 장애, 질병, 빈곤 및 사망 등의 사회적 위험으로부터 모든 국민을 보호하고 국민 삶의 질을 향상시키는 데 필요한 소득·서비스를 보장하는 사회보험, 공공부조, 사회서비스를 말한다.

2) 사회보험

사회보험이란 국민에게 발생하는 사회적 위험을 보험의 방식으로 대처함으로써 국민의 건강과 소득을 보장하는 제도를 말한다. 사회보험에는 국민연금, 국민건강보험, 산업재해보상보험, 고용보험, 노인장기요양보험 등이 있다.

3) 공공부조

공공부조(公共扶助)란 국가와 지방자치단체의 책임하에 생활 유지 능력이 없거나 생활이 어려운 국민의 최저생활을 보장하고 자립을 지원하는 제도를 말한다.

4) 사회서비스

사회서비스란 국가·지방자치단체 및 민간부문의 도움이 필요한 모든 국민에게 복지, 보건의료, 교육, 고용, 주거, 문화, 환경 등의 분야에서 인간다운 생활을 보장하고 상담, 재활, 돌봄, 정보의 제공, 관련 시설의 이용, 역량 개발, 사회참여 지원 등을 통하여 국민의 삶의 질이 향상되도록 지원하는 제도를 말한다.

5) 평생사회안전망

평생사회안전망이란 생애주기에 걸쳐 보편적으로 충족되어야 하는 기본욕구와 특정한 사회위험에 의하여 발생하는 특수욕구를 동시에 고려하여 소득·서비스를 보장하는 맞춤형 사회보장제도를 말한다.

제2절 「사회보장기본법」의 주요 내용[17)]

가. 「사회보장기본법」의 목적

이 법은 사회보장에 관한 국민의 권리와 국가 및 지방자치단체의 책임을 정하고 사회보장정책의 수립·추진과 관련 제도에 관한 기본적인 사항을 규정함으로써 국민의 복지증진에 이바지하는 것을 목적으로 한다.

나. 기본 이념

사회보장은 모든 국민이 다양한 사회적 위험으로부터 벗어나 행복하고 인간다

17) 법률 제14839호에 의거, 2017년 7월 26일 시행한 법을 기준으로 하였으며, 이에 대한 더 구체적인 내용은 이 법의 전문을 참조하기 바란다.

운 생활을 향유할 수 있도록 자립을 지원하며, 사회참여·자아실현에 필요한 제도와 여건을 조성하여 사회통합과 행복한 복지사회를 실현하는 것을 기본 이념으로 한다.

다. 국가와 지방자치단체의 책임

국가와 지방자치단체는 모든 국민의 인간다운 생활을 유지·증진하는 책임을 가진다. 국가와 지방자치단체는 사회보장에 관한 책임과 역할을 합리적으로 분담하여야 한다. 국가와 지방자치단체는 국가 발전수준에 부응하고 사회환경의 변화에 선제적으로 대응하며 지속가능한 사회보장제도를 확립하고 매년 이에 필요한 재원을 조달하여야 한다. 국가는 사회보장제도의 안정적인 운영을 위하여 중·장기 사회보장 재정추계를 격년으로 실시하고 이를 공표하여야 한다.

라. 국민의 책임

모든 국민은 자신의 능력을 최대한 발휘하여 자립·자활(自活)할 수 있도록 노력하여야 한다. 모든 국민은 경제적·사회적·문화적·정신적·신체적으로 보호가 필요하다고 인정되는 사람에게 지속적인 관심을 가지고 이들이 좀 더 나은 삶을 누릴 수 있는 사회환경 조성에 서로 협력하고 노력하여야 한다. 모든 국민은 관계 법령에서 정하는 바에 따라 사회보장급여에 필요한 비용의 부담, 정보의 제공 등 국가의 사회보장정책에 협력하여야 한다.

마. 외국인에 대한 적용

국내에 거주하는 외국인에게 사회보장제도를 적용할 때에는 상호주의의 원칙에 따르되, 관계 법령에서 정하는 바에 따른다.

바. 사회보장에 관한 국민의 권리

1) 사회보장을 받을 권리

모든 국민은 사회보장 관계 법령에서 정하는 바에 따라 사회보장급여를 받을 권리(이하 "사회보장수급권"이라 한다)를 가진다.

2) 사회보장급여의 수준

국가와 지방자치단체는 모든 국민이 건강하고 문화적인 생활을 유지할 수 있도록 사회보장급여의 수준 향상을 위하여 노력하여야 한다. 국가는 관계 법령에서 정하는 바에 따라 최저생계비와 최저임금을 매년 공표하여야 한다. 국가와 지방자치단체는 제10조 제2항에 따른 최저생계비와 최저임금 등을 고려하여 사회보장급여의 수준을 결정하여야 한다.

3) 사회보장급여의 신청

사회보장급여를 받으려는 사람은 관계 법령에서 정하는 바에 따라 국가나 지방자치단체에 신청하여야 한다. 다만, 관계 법령에서 따로 정하는 경우에는 국가나 지방자치단체가 신청을 대신할 수 있다. 사회보장급여를 신청하는 사람이 다른 기관에 신청한 경우에는 그 기관은 지체 없이 이를 정당한 권한이 있는 기관에 이송하여야 한다. 이 경우 정당한 권한이 있는 기관에 이송된 날을 사회보장급여의 신청일로 본다.

4) 사회보장수급권의 보호

사회보장수급권은 관계 법령에서 정하는 바에 따라 다른 사람에게 양도하거나 담보로 제공할 수 없으며, 이를 압류할 수 없다.

5) 사회보장수급권의 제한 등

사회보장수급권은 제한되거나 정지될 수 없다. 다만, 관계 법령에서 따로 정하고 있는 경우에는 그러하지 아니하다. 제13조 제1항 단서에 따라 사회보장수급권이 제한되거나 정지되는 경우에는 제한 또는 정지하는 목적에 필요한 최소한의 범위에 그쳐야 한다.

6) 사회보장수급권의 포기

사회보장수급권은 정당한 권한이 있는 기관에 서면으로 통지하여 포기할 수 있다. 사회보장수급권의 포기는 취소할 수 있다. 제14조 제1항에도 불구하고 사회보장수급권을 포기하는 것이 다른 사람에게 피해를 주거나 사회보장에 관한 관계 법령에 위반되는 경우에는 사회보장수급권을 포기할 수 없다.

7) 불법행위에 대한 구상

제3자의 불법행위로 피해를 입은 국민이 그로 인하여 사회보장수급권을 가지게 된 경우 사회보장제도를 운영하는 자는 그 불법행위의 책임이 있는 자에 대하여 관계 법령에서 정하는 바에 따라 구상권(求償權)[18]을 행사할 수 있다.

사. 사회보장 기본계획과 사회보장위원회

1) 사회보장 기본계획의 수립

보건복지부장관은 관계 중앙행정기관의 장과 협의하여 사회보장 증진을 위하여 사회보장에 관한 기본계획(이하 "기본계획"이라 한다)을 5년마다 수립하여야 한다. 기본계획에는 다음의 사항이 포함되어야 한다.

---

18) 다른 사람을 위하여 변제를 한 사람이 그 타인에 대하여 가지는 반환청구의 권리를 말한다. 연대채무자의 1명이 채무를 변제한 경우에는 다른 연대채무자에게, 보증인·물상보증인(物上保證人)이 채무를 변제한 경우에는 주(主)채무자에게, 저당부동산의 제3취득자가 저당권자에게 변제한 경우에는 채무자에게 각각 반환을 청구할 수 있다. 민법은 이 밖에도 타인의 행위로 배상의무를 지게 된 자가 그 타인에게(민법 제465조·제756조·제758조), 타인 때문에 손해를 입은 자가 그 타인에게(민법 제1038조·제1051조·제1056조의 경우), 그리고 변제에 의해서 타인에게 부당이득을 발생하게 하였을 경우에는 변제자가 그 타인에게(민법 제745조의 경우) 각각 반환청구를 할 수 있다고 인정하고 있는데, 이런 경우에도 구상권이라는 용어를 사용한다.

- 국내외 사회보장환경의 변화와 전망
- 사회보장의 기본목표 및 중·장기 추진방향
- 주요 추진과제 및 추진방법
- 필요한 재원의 규모와 조달방안
- 사회보장 관련 기금 운용방안
- 사회보장 전달체계
- 그 밖에 사회보장정책의 추진에 필요한 사항

(가) 연도별 시행계획의 수립·시행 등

보건복지부장관 및 관계 중앙행정기관의 장은 기본계획에 따라 사회보장과 관련된 소관 주요 시책의 시행계획(이하 "시행계획"이라 한다)을 매년 수립·시행하여야 한다. 관계 중앙행정기관의 장은 제 18조 제1항에 따라 수립한 소관 시행계획 및 전년도의 시행계획에 따른 추진실적을 대통령령으로 정하는 바에 따라 매년 보건복지부장관에게 제출하여야 한다.

보건복지부장관은 제18조 제2항에 따라 받은 관계 중앙행정기관 및 보건복지부 소관의 추진실적을 종합하여 성과를 평가하고, 그 결과를 제20조에 따른 사회보장위원회에 보고하여야 한다. 보건복지부장관은 제18조 제3항에 따른 평가를 효율적으로 하기 위하여 이에 필요한 조사·분석 등을 전문기관에 의뢰할 수 있다. 시행계획의 수립·시행 및 추진실적의 평가 등에 필요한 사항은 대통령령으로 정한다.

(나) 사회보장에 관한 지역계획의 수립·시행 등

특별시장·광역시장·특별자치시장·도지사 또는 특별자치도지사·시장(「제주특별자치도 설치 및 국제자유도시 조성을 위한 특별법」 제11조 제1항에 따른 행정시장을 포함한다)·군수·구청장(자치구의 구청장을 말한다. 이하 같다)은 관계 법령으로 정하는 바에 따라 사회보장에 관한 지역계획(이하 "지역계획"이라 한다)을 수립·시행하여야 한다. 지역계획은 기본계획과 연계되어야 한다. 지역계획의 수립·시행 및 추진실적의 평가 등에 필요한 사항은 대통령령으로 정한다.

2) 사회보장위원회

사회보장에 관한 주요 시책을 심의·조정하기 위하여 국무총리 소속으로 사회보장위원회(이하 "위원회"라 한다)를 둔다. 위원회는 다음의 사항을 심의·조정한다.

- 사회보장 증진을 위한 기본계획
- 사회보장 관련 주요 계획
- 사회보장제도의 평가 및 개선
- 사회보장제도의 신설 또는 변경에 따른 우선순위
- 둘 이상의 중앙행정기관이 관련된 주요 사회보장정책
- 사회보장급여 및 비용 부담
- 국가와 지방자치단체의 역할 및 비용 분담
- 사회보장의 재정추계 및 재원조달 방안
- 사회보장 전달체계 운영 및 개선
- 제32조 제1항에 따른 사회보장통계
- 사회보장정보의 보호 및 관리
- 그 밖에 위원장이 심의에 부치는 사항

위원회는 위원장 1명, 부위원장 3명과 행정자치부장관, 고용노동부장관, 여성가족부장관, 국토교통부장관을 포함한 30명 이내의 위원으로 구성한다. 위원장은 국무총리가 되고 부위원장은 기획재정부장관, 교육부장관 및 보건복지부장관이 된다.

위원회의 위원은 다음의 어느 하나에 해당하는 사람으로 한다.

- 대통령령으로 정하는 관계 중앙행정기관의 장
- 다음의 사람 중에서 대통령이 위촉하는 사람
  - 근로자를 대표하는 사람
  - 사용자를 대표하는 사람
  - 사회보장에 관한 학식과 경험이 풍부한 사람
  - 변호사 자격이 있는 사람

아. 사회보장정책의 기본방향

1) 평생사회안전망의 구축·운영

국가와 지방자치단체는 모든 국민이 생애 동안 삶의 질을 유지·증진할 수 있도록 평생사회안전망을 구축하여야 한다. 국가와 지방자치단체는 평생사회안전망을 구축·운영함에 있어 사회적 취약계층을 위한 공공부조를 마련하여 최저생활을 보장하여야 한다.

2) 사회서비스 보장

국가와 지방자치단체는 모든 국민의 인간다운 생활과 자립, 사회참여, 자아실현 등을 지원하여 삶의 질이 향상될 수 있도록 사회서비스에 관한 시책을 마련하여야 한다. 국가와 지방자치단체는 사회서비스 보장과 제24조에 따른 소득보장이 효과적이고 균형적으로 연계되도록 하여야 한다.

3) 소득 보장

국가와 지방자치단체는 다양한 사회적 위험하에서도 모든 국민이 인간다운 생활을 할 수 있도록 소득을 보장하는 제도를 마련하여야 한다. 국가와 지방자치단체는 공공부문과 민간부문의 소득보장제도가 효과적으로 연계되도록 하여야 한다.

자. 사회보장제도의 운영

1) 운영원칙

국가와 지방자치단체가 사회보장제도를 운영할 때에는 이 제도를 필요로 하는 모든 국민에게 적용하여야 한다. 국가와 지방자치단체는 사회보장제도의 급여 수준과 비용 부담 등에서 형평성을 유지하여야 한다. 국가와 지방자치단체는 사회보장제도의 정책 결정 및 시행 과정에 공익의 대표자 및 이해관계인 등을 참여시켜 이를 민주적으로 결정하고 시행하여야 한다. 국가와 지방자치단체가 사회보장제도를 운영할 때에는 국민의 다양한 복지 욕구를 효율적으로 충족시키기 위하여 연계성과 전문성을 높여야 한다.

사회보험은 국가의 책임으로 시행하고, 공공부조와 사회서비스는 국가와 지방자치단체의 책임으로 시행하는 것을 원칙으로 한다. 다만, 국가와 지방자치단체의 재정 형편 등을 고려하여 이를 협의·조정할 수 있다.

2) 협의 및 조정

국가와 지방자치단체는 사회보장제도를 신설하거나 변경할 경우 기존 제도와의 관계, 사회보장 전달체계와 재정 등에 미치는 영향 등을 사전에 충분히 검토하고 상호협력하여 사회보장급여가 중복 또는 빠지지 않도록 하여야 한다.

중앙행정기관의 장과 지방자치단체의 장은 사회보장제도를 신설하거나 변경할 경우 신설 또는 변경의 타당성, 기존 제도와의 관계, 사회보장 전달체계에 미치는 영향 및 운영방안 등에 대하여 대통령령으로 정하는 바에 따라 보건복지부장관과 협의하여야 한다. 제26조 제2항에 따른 협의가 이루어지지 않을 때는 위원회가 이를 조정한다.

3) 민간의 참여

국가와 지방자치단체는 사회보장에 대한 민간부문의 참여를 유도할 수 있도록 정책을 개발·시행하고 그 여건을 조성하여야 한다. 국가와 지방자치단체는 사회보장에 대한 민간부문의 참여를 유도하기 위하여 다음의 사업이 포함된 시책을 수립·시행할 수 있다.

- 자원봉사, 기부 등 나눔의 활성화를 위한 각종 지원 사업
- 사회보장정책의 시행에 있어 민간 부문과의 상호협력체계 구축을 위한 지원 사업
- 그 밖에 사회보장에 관련된 민간의 참여를 유도하는 데에 필요한 사업

4) 비용의 부담

사회보장비용의 부담은 각각의 사회보장제도의 목적에 따라 국가, 지방자치단

체 및 민간부문 간에 합리적으로 조정되어야 한다. 사회보험에 드는 비용은 사용자, 피용자(被傭者) 및 자영업자가 부담하는 것을 원칙으로 하되, 관계 법령에서 정하는 바에 따라 국가가 그 비용의 일부를 부담할 수 있다.

공공부조 및 관계 법령에서 정하는 일정 소득 수준 이하의 국민에 대한 사회서비스에 드는 비용의 전부 또는 일부는 국가와 지방자치단체가 부담한다. 부담 능력이 있는 국민에 대한 사회서비스에 드는 비용은 그 수익자가 부담함을 원칙으로 하되, 관계 법령에서 정하는 바에 따라 국가와 지방자치단체가 그 비용의 일부를 부담할 수 있다.

5) 사회보장 전달체계

국가와 지방자치단체는 모든 국민이 쉽게 이용할 수 있고 사회보장급여가 적시에 제공되도록 지역적·기능적으로 균형 잡힌 사회보장 전달체계를 구축하여야 한다. 국가와 지방자치단체는 사회보장 전달체계의 효율적 운영에 필요한 조직, 인력, 예산 등을 갖추어야 한다. 국가와 지방자치단체는 공공부문과 민간부문의 사회보장 전달체계가 효율적으로 연계되도록 노력하여야 한다.

6) 사회보장급여의 관리

국가와 지방자치단체는 국민의 사회보장수급권의 보장 및 재정의 효율적 운용을 위하여 다음에 관한 사회보장급여의 관리체계를 구축·운영하여야 한다.

- 사회보장수급권자 권리구제
- 사회보장급여의 사각지대 발굴
- 사회보장급여의 부정·오류 관리
- 사회보장급여의 과오지급액의 환수 등 관리

7) 전문인력의 양성 등

국가와 지방자치단체는 사회보장제도의 발전을 위하여 전문인력의 양성, 학술 조사 및 연구, 국제 교류의 증진 등에 노력하여야 한다.

8) 사회보장통계

국가와 지방자치단체는 효과적인 사회보장정책의 수립·시행을 위하여 사회보장에 관한 통계(이하 "사회보장통계"라 한다)를 작성·관리하여야 한다. 관계 중앙행정기관의 장과 지방자치단체의 장은 소관 사회보장통계를 대통령령으로 정하는 바에 따라 보건복지부장관에게 제출하여야 한다. 보건복지부장관은 제32조 제2항에 따라 제출된 사회보장통계를 종합하여 위원회에 제출하여야 한다. 사회보장통계의 작성·관리에 필요한 사항은 대통령령으로 정한다.

9) 정보의 공개

국가와 지방자치단체는 사회보장제도에 관하여 국민이 필요한 정보를 관계 법령에서 정하는 바에 따라 공개하고, 이를 홍보하여야 한다.

10) 사회보장에 관한 설명

국가와 지방자치단체는 사회보장 관계 법령에서 규정한 권리나 의무를 해당 국민에게 설명하도록 노력하여야 한다.

11) 사회보장에 관한 상담

국가와 지방자치단체는 사회보장 관계 법령에서 정하는 바에 따라 사회보장에 관한 상담에 응하여야 한다.

12) 사회보장에 관한 통지

국가와 지방자치단체는 사회보장 관계 법령에서 정하는 바에 따라 사회보장에 관한 사항을 해당 국민에게 알려야 한다.

차. 사회보장정보의 관리

1) 사회보장정보시스템의 구축·운영 등

국가와 지방자치단체는 국민편익의 증진과 사회보장업무의 효율성 향상을 위하여 사회보장업무를 전자적으로 관리하도록 노력하여야 한다. 국가는 관계 중앙행정기관과 지방자치단체에서 시행하는 사회보장수급권자 선정 및 급여 관리 등에 관한 정보를 통합·연계하여 처리·기록 및 관리하는 시스템(이하 "사회보장정보시스템"이라 한다)을 구축·운영할 수 있다.

보건복지부장관은 사회보장정보시스템의 구축·운영을 총괄한다. 보건복지부장관은 사회보장정보시스템 구축·운영의 전 과정에서 개인정보 보호를 위하여 필요한 시책을 마련하여야 한다. 보건복지부장관은 관계 중앙행정기관, 지방자치단체 및 관련 기관·단체에 사회보장정보시스템의 운영에 필요한 정보의 제공을 요청하고 제공받은 목적의 범위에서 보유·이용할 수 있다. 이 경우 자료의 제공을 요청받은 자는 정당한 사유가 없으면 이에 따라야 한다.

관계 중앙행정기관 및 지방자치단체의 장은 제37조 제2항의 사회보장정보와 관련하여 사회보장정보시스템의 활용이 필요한 경우 사전에 보건복지부장관과 협의하여야 한다. 이 경우 보건복지부장관은 관련 업무에 필요한 범위에서 정보를 제공할 수 있고 정보를 제공받은 관계 중앙행정기관 및 지방자치단체의 장은 제공받은 목적의 범위에서 보유·이용할 수 있다. 보건복지부장관은 사회보장정보시스템의 운영·지원을 위하여 전담기구를 설치할 수 있다.

2) 개인정보 등의 보호

사회보장 업무에 종사하거나 종사하였던 자는 사회보장업무 수행과 관련하여 알게 된 개인·법인 또는 단체의 정보를 관계 법령에서 정하는 바에 따라 보호하여야 한다. 국가와 지방자치단체, 공공기관, 법인·단체, 개인이 조사하거나 제공받은 개인·법인 또는 단체의 정보는 이 법과 관련 법률에 근거하지 아니하고 보유, 이용, 제공되어서는 아니 된다.

카. 권리구제

침해된 국민의 권리와 이익은 법원소송으로도 구제되는데 거기에는 많은 비용과 오랜 시일을 요하는 경우가 많다. 그 때문에 특별히 행정관청의 위법 또는 부당한 처분에 의해서 침해된 국민의 권리와 이익을 구제하기 위해 행정기관에 각종 심사제도가 마련되고 간편하게 해서 권리가 신속히 구제되도록 하는 제도를 권리구제제도라고 한다.

따라서 「사회보장기본법」 제39조에 "위법 또는 부당한 처분을 받거나 필요한 처분을 받지 못함으로써 권리 또는 이익을 침해받은 국민은 「행정심판법」에 따른 행정심판을 청구[19]하거나 「행정소송법」에 따른 행정소송을 제기[20]하여 그 처분의 취소 또는 변경 등을 청구"할 수 있도록 규정하고 있다.

1) 「행정심판법」

행정심판은 취소심판, 무효 등 확인심판, 의무이행심판의 3가지로 구분되며 심판기관으로는 심판청구의 대상에 따라 당해 행정청이나 당해 행정청의 직근(直近) 상급행정기관이 재결청(裁決廳)이 된다.

심판청구는 서면으로 하며 처분이 있음을 안 날로부터 90일 이내에 제기하여야 한다. 그리고 피청구인인 행정청은 부득이한 사정이 없는 한 심판청구서를 받은 날로부터 60일 이내에 재결하여야 한다. 행정심판 청구를 심사할 의결기관으로 행정심판위원회를 각 재결청 소속하에 두도록 되어 있다.

특히, 이 법의 제정 이전에는 위법부당한 행정처분에 대해서만 이를 시정하거나 취소할 것을 요구할 수 있었으나, 이 법이 제정됨으로써 행정청이 처분을 해야 할 의무가 있는데도 이를 미루거나 하지 않은 부작위(不作爲)에도 적극적으로 처분을 내릴 것을 요구할 수 있게 되었다.

---

19) 이 법은 행정심판 절차를 통하여 행정청의 위법 또는 부당한 처분(處分)이나 부작위(不作爲)로 침해된 국민의 권리 또는 이익을 구제하고, 아울러 행정의 적정한 운영을 꾀함을 목적으로 한다(「행정심판법」 제1조).

20) 이 법은 행정소송절차를 통하여 행정청의 위법한 처분 그 밖에 공권력의 행사·불행사 등으로 인한 국민의 권리 또는 이익의 침해를 구제하고, 공법상의 권리관계 또는 법적용에 관한 다툼을 적정하게 해결함을 목적으로 한다(「행정소송법」 제1조).

2)「행정소송법」

행정소송은 항고소송·당사자소송·민중소송·기관소송으로 하며, 항고소송은 취소소송·무효 등 확인소송·부작위위법확인소송으로 한다.

행정소송의 기간계산에서 국외에서의 소송행위추완에 있어서는 그 기간을 연장한다. 행정소송에 대한 대법원 판결에 의하여 명령·규칙이 헌법 또는 법률에 위반된다는 것이 확정된 경우에는 대법원은 지체 없이 그 사유를 총무처장관에게 통보하여야 하며, 그 통보를 받은 총무처장관은 지체 없이 관보에 게재하여야 한다. 원고의 고의 또는 중대한 과실 없이 행정소송이 심급을 달리하는 법원에 잘못 제기된 경우에는「민사소송법」의 사건의 이송에 관한 규정에 의한다. 행정소송에 관하여 특별한 규정이 없는 사항에 대하여는「법원조직법」과「민사소송법」의 규정을 준용한다.

행정소송은 행정법원이 관할하며, 취소소송은 처분 등의 취소를 구할 법률상 이익이 있는 자가 제기할 수 있고, 무효 등 확인소송은 처분 등의 효력 유무 또는 존재 여부의 확인을 구할 법률상 이익이 있는 자가 제기할 수 있으며, 부작위위법확인소송은 부작위의 위법의 확인을 구할 법률상 이익이 있는 자가 제기할 수 있다. 당사자소송은 국가·공공단체 등의 권리주체를 피고로 하며, 민중소송 및 기관소송은 법률이 정한 경우에 법률이 정한 자에 한하여 제기할 수 있다. 행정소송은 당해 처분에 대한 행정심판을 제기할 수 있는 경우에도 법률에 당해 처분에 대한 행정심판의 재결을 거치지 않으면 행정소송을 제기할 수 없다는 규정이 있는 때를 제외하고는 행정심판을 거치지 않고 제기할 수 있다.

타. 국민 등의 의견수렴

국가와 지방자치단체는 국민생활에 중대한 영향을 미치는 사회보장 계획 및 정책을 수립하려는 경우 공청회 및 정보통신망 등을 통하여 국민과 관계 전문가의 의견을 충분히 수렴하여야 한다.

파. 관계 행정기관 등의 협조

국가와 지방자치단체는 사회보장 관련 계획 및 정책의 수립·시행, 사회보장통계의 작성 등을 위하여 관련 공공기관, 법인, 단체 및 개인에게 자료제출 등 필요한 협조를 요청할 수 있다. 사회보장위원회는 사회보장에 관한 자료 제출 등 위원회 업무에 필요한 경우 관계 행정기관의 장에게 협조를 요청할 수 있다. 제41조 제1항 및 제2항에 따라 협조요청을 받은 자는 정당한 사유가 없으면 이에 따라야 한다.

· CHAPTER 8 ·

사회복지사업법

제1절 「사회복지사업법」의 개요

가. 「사회복지사업법」의 목적과 기본이념

「사회복지사업법」은 사회복지사업에 관한 기본적 사항을 규정하여 사회복지를 필요로 하는 사람에 대하여 인간의 존엄성과 인간다운 생활을 할 권리를 보장하고 사회복지의 전문성을 높이며, 사회복지사업의 공정·투명·적정을 도모하고, 지역사회복지의 체계를 구축하고 사회복지서비스의 질을 높여 사회복지의 증진에 이바지함을 목적으로 한다(제1조).

기본이념으로는 사회복지를 필요로 하는 사람은 누구든지 자신의 의사에 따라 서비스를 신청하고 제공받을 수 있고, 사회복지법인 및 사회복지시설은 공공성을 가지며 사회복지사업을 시행하는 데 있어서 공공성을 확보하여야 하며, 사회복지를 제공하는 자는 사회복지를 필요로 하는 사람의 인권을 보장하고, 사회복지서비스를 제공하는 자는 필요한 정보를 제공하는 등 사회복지서비스를 이용하는 사람의 선택권을 보장하여야 한다고 규정하고 있다(제1조의2).

나. 「사회복지사업법」의 입법배경 및 연혁

1) 입법배경

「사회복지사업법」이 제정되기 이전인 1960년대에는 「생활보호법」(1961), 「아동복리법」(1961), 「윤락행위 등 방지법」(1961) 등의 3법이 있었으며, 「심신장애자복지법」·「노인복지법」·「모자복지법」 등 사회복지서비스법들이 계속 제정되었다. 이러한 사회복지서비스분야에 관한 법률의 기본적 사항을 체계화시켜 규정한 기본법을 제정할 필요에 의해 제정된 법률이 「사회복지사업법」이다.

2) 「사회복지사업법」의 연혁

「사회복지사업법」은 1970. 1. 1.에 제정되어 시행된 후 여러 차례에 걸친 개정이 이루어지고 있다(한승협, 2012: 사회복지교육연구센터, 2015).

〈표 8-1〉 「사회복지사업법」의 제정과정

일 시	내 용
1970. 1. 1.	사회복지사업법 제정(4. 2. 시행)
1983. 5. 21.	제1차 개정 사회복지공동모금회에 관한 규정 삭제 사회복지사 자격의 신설 사회복지협의회의 법정단체화
1992. 12. 8.	사회복지전담공무원이 제도로서 신설 시·군·구에 사회복지전담기구 설치
1997. 8. 22.	13법으로 확대 국가시험에 의한 자격을 부여함 사회복지시설의 설치·운영에 대한 허가제를 신고제로 변경 자원봉사활동을 지원할 수 있는 법적 근거 마련
2000. 1. 12.	사회복지의 날 제정
2003. 7. 30.	재가복지서비스 활성화를 위한 개정 지역사회복지협의체 활성화 및 설치(시·군·구) 지역사회복지계획의 수립·시행
2006. 3. 24.	16법으로 확대(식품기부활성화에 관한 법률 추가)
2007. 3. 7.	사회복지서비스 이용권 제도의 시행에 필요한 구체적 사항을 정함
2007. 12. 14.	일부개정: 17개법으로 확대(「의료급여법」 추가)

일 시	내 용
2009. 6. 9.	일부개정: 20개법으로 확대(「기초노령연금법」, 「긴급복지지원법」, 「다문화가족지원법」 추가)
2010. 4. 12.	일부개정: 21개 법으로 확대(「장애인연금법」 추가)
2011. 8. 4.	일부개정: 사회복지법인 설치·운영 등에 관한 사무를 보건복지부장관에서 시·도지사에게 이양
2012. 1. 26.	일부개정: 25법(「장애아동지원법」 추가) 시설보호자의 인권보호와 사회복지법인 및 시설의 운영투명성 제고
2014. 5. 20.	일부개정: 26법으로 확대(「발달장애인 권리보장 및 지원에 관한 법률」 추가)
2014. 12. 30.	일부개정: 사회보장급여의 이용·제공 및 수급권자 발굴에 관한 법률 제정
2016. 2. 3.	일부개정: 27법으로 확대(「청소년복지지원법」 추가)
2017. 10. 24.	일부개정: 복지업무에 종사하는 사람이 인권을 침해하는 행위를 한 경우 그 사실을 공표하는 등의 조치를 취하도록 함

다. 사회복지사업법의 종류

"사회복지사업"이란 다음 각 목의 법률에 따른 보호·선도(善導) 또는 복지에 관한 사업과 사회복지상담, 직업지원, 무료 숙박, 지역사회복지, 의료복지, 재가복지(在家福祉), 사회복지관 운영, 정신질환자 및 한센병력자의 사회복귀에 관한 사업 등 각종 복지사업과 이와 관련된 자원봉사활동 및 복지시설의 운영 또는 지원을 목적으로 하는 사업을 말한다(제2조).

현재 「사회복지사업법」에서 규정하고 있는 28개의 사회복지사업은 다음과 같다. 사회복지사업의 내용 및 절차 등에 관하여 다음의 각 법률에 특별한 규정이 있는 경우를 제외하고는 「사회복지사업법」에서 정하는 바에 따르며, 각 법률을 개정하는 경우 이 법에 부합하도록 해야 한다.

〈표 8-2〉 복지28법(제2조 제1항)

가. 「국민기초생활보장법」
나. 「아동복지법」
다. 「노인복지법」
라. 「장애인복지법」
마. 「한부모가족지원법」
바. 「영유아보육법」

사. 「성매매방지 및 피해자보호 등에 관한 법률」
아. 「정신건강증진 및 정신질환자 복지서비스 지원에 관한 법률」
자. 「성폭력방지 및 피해자보호 등에 관한 법률」
차. 「입양특례법」
카. 「일제하 일본군위안부 피해자에 대한 생활안정지원 및 기념사업 등에 관한 법률」
타. 「사회복지공동모금회법」
파. 「장애인·노인·임산부 등의 편의증진 보장에 관한 법률」
하. 「가정폭력방지 및 피해자보호 등에 관한 법률」
거. 「농어촌주민의 보건복지증진을 위한 특별법」
너. 「식품 등 기부 활성화에 관한 법률」
더. 「의료급여법」
러. 「기초연금법」
머. 「긴급복지지원법」
버 「다문화가족지원법」
서. 「장애인연금법」
어. 「장애인활동 지원에 관한 법률」
저. 「노숙인 등의 복지 및 자립지원에 관한 법률」
처. 「보호관찰 등에 관한 법률」
커. 「장애아동 복지지원법」
터. 「발달장애인 권리보장 및 지원에 관한 법률」
퍼. 「청소년복지 지원법」
허. 그 밖에 대통령령으로 정하는 법률(「북한이탈주민의 보호 및 정착지원에 관한 법률」)

제2절 「사회복지사업법」의 주요내용[21)]

가. 「사회복지사업법」의 시행

1) 국가와 지방자치단체의 책임

(가) 복지와 인권증진의 책임(제4조)

국가와 지방자치단체는 사회복지서비스를 증진하고, 서비스를 이용하는 사람에 대하여 인권침해를 예방하고 차별을 금지하며 인권을 옹호할 책임을 진다. 사회복

21) 법률 제13426호(제주특별자치도 설치 및 국제자유도시 조성을 위한 특별법)에 의거, 2015년 7월 24일 시행한 법을 기준으로 하였으며, 이에 대한 더 구체적인 내용은 이 법의 전문을 참조하기 바란다.

지서비스와 보건의료서비스를 함께 필요로 하는 사람에게 이들 서비스가 연계되어 제공되도록 노력하여야 한다. 국가와 지방자치단체, 그 밖에 사회복지사업을 하는 자는 사회복지를 필요로 하는 사람에 대하여 그 사업과 관련한 상담, 작업치료(作業治療), 직업훈련 등을 실시하고 필요한 경우에는 주민의 복지 욕구를 조사할 수 있으며, 도움을 필요로 하는 국민이 본인의 선호와 필요에 따라 적절한 사회복지서비스를 제공받을 수 있도록 사회복지서비스 수요자 등을 고려하여 사회복지시설이 균형 있게 설치되도록 노력하여야 한다.

또한 민간부문의 사회복지 증진활동이 활성화되고 국가 및 지방자치단체의 사회복지사업과 민간부문의 사회복지 증진활동이 원활하게 연계될 수 있도록 노력하여야 하며, 사회복지를 필요로 하는 사람의 인권이 충분히 존중되는 방식으로 사회복지서비스를 제공하고 사회복지와 관련된 인권교육을 강화하여야 한다. 사회복지서비스를 이용하는 사람이 긴급한 인권침해 상황에 놓인 경우 신속히 대응할 체계를 갖추어야 하고, 시설 거주자 또는 보호자의 희망을 반영하여 지역사회보호체계에서 서비스가 제공될 수 있도록 노력하며, 사회복지서비스를 필요로 하는 사람들에게 사회복지서비스의 실시에 대한 정보를 제공하여야 한다. 사회복지서비스를 제공하는 자로부터 위법 또는 부당한 처분을 받아 권리나 이익을 침해당한 사람을 위하여 간이하고 신속한 구제조치를 마련하여야 한다.

(나) 인권존중 및 최대 봉사의 원칙

이 법에 따라 복지업무에 종사하는 사람은 그 업무를 수행할 때에 사회복지를 필요로 하는 사람을 위하여 인권을 존중하고 차별 없이 최대로 봉사하여야 한다. 국가와 지방자치단체는 복지업무에 종사하는 사람이 그 업무를 수행할 때에 사회복지를 필요로 하는 사람의 인권을 침해하는 행위를 한 경우에는 법률이 정하는 바에 따라 처분하고 그 사실을 공표하는 등의 조치를 하여야 한다(제5조).

2) 사회복지사

(가) 사회복지사 자격증의 발급

보건복지부장관은 사회복지에 관한 전문지식과 기술을 가진 사람에게 사회복지사 자격증을 발급할 수 있다. 사회복지사의 등급은 1급·2급으로 하고 등급별 자격기준 및 자격증의 발급절차 등은 대통령령으로 정한다. 사회복지사 1급 자격증을 받으려는 사람은 국가시험에 합격하여야 한다. 보건복지부장관은 사회복지사 자격증을 발급받거나 재발급받으려는 사람에게 보건복지부령으로 정하는 바에 따라 수수료를 내게 할 수 있다(제11조).

(나) 사회복지사 결격사유

다음 각 호의 어느 하나에 해당하는 사람은 사회복지사가 될 수 없다(제11조의2).

- 피성년후견인 또는 피한정후견인
- 금고 이상의 형을 선고받고 그 집행이 끝나지 아니하였거나 그 집행을 받지 아니하기로 확정되지 아니한 사람
- 법원의 판결에 따라 자격이 상실되거나 정지된 사람
- 마약·대마 또는 향정신성의약품의 중독자
- 「정신건강증진 및 정신질환자 복지서비스 지원에 관한 법률」에 따른 정신질환자. 다만, 전문의가 사회복지사로서 적합하다고 인정하는 사람은 그러하지 아니함

(다) 사회복지사 의무채용

사회복지법인 또는 사회복지시설을 설치·운영하는 자는 해당 법인 또는 시설에서 다음 각 호에 해당하는 업무에 종사하는 자를 사회복지사로 채용하여야 한다(시행령 제6조 제1항).

- 사회복지프로그램의 개발 및 운영업무
- 시설거주자의 생활지도업무
- 사회복지를 필요로 하는 사람에 대한 상담업무

다만, 대통령령으로 정하는 다음의 시설은 예외로 한다(시행령 제6조 제2항).

- 「노인복지법」에 따른 노인여가복지시설(노인복지관은 제외한다)
- 「장애인복지법」에 따른 수화통역센터, 점자도서관 및 녹음서 출판시설
- 「영유아보육법」에 따른 어린이집

- 「성매매방지 및 피해자보호 등에 관한 법률」 제5조에 따른 성매매피해자 등을 위한 지원시설 및 같은 법 제10조에 따른 성매매피해상담소
- 「정신건강증진 및 정신질환자 복지서비스 지원에 관한 법률」 제3조 제6호 및 제7호에 따른 정신요양시설 및 정신재활시설
- 「성폭력방지 및 피해자보호 등에 관한 법률」에 따른 성폭력피해상담소

3) 사회복지사 보수교육

보건복지부장관은 사회복지사의 자질 향상을 위하여 필요하다고 인정하면 사회복지사에게 교육을 받도록 명할 수 있다. 다만, 사회복지법인 또는 사회복지시설에 종사하는 사회복지사는 정기적으로 인권에 관한 내용이 포함된 보수교육(補修敎育)을 받아야 한다(제13조2). 사회복지법인 또는 사회복지시설을 운영하는 자는 그 법인 또는 시설에 종사하는 사회복지사에 대하여 교육을 이유로 불리한 처분을 하여서는 아니 된다(제13조3). 보건복지부장관은 사회복지사에 대하여 교육을 명하려면 미리 교육 목적·내용·시간 등을 알려야 한다. 사회복지법인 또는 사회복지시설에 종사하는 사회복지사는 연간 8시간 이상의 보수교육을 받아야 한다. 다만, 다음 각 호의 어느 하나에 해당하는 자에 대하여는 보수교육을 면제한다. 보수교육에는 사회복지윤리 및 인권보호, 사회복지정책 및 사회복지실천기술 등이 포함되어야 한다(시행규칙 제5조).

- 군복무, 질병, 해외체류, 휴직 등 부득이한 사유로 해당 연도에 6개월 이상 사회복지법인 또는 사회복지시설에 종사하지 아니한 자
- 법률에 따른 보수교육을 받은 자
- 학교에서 사회복지학 또는 사회사업학을 전공하고 있는 사람
- 그 밖에 불가피한 사유로 보수교육을 받기가 곤란하다고 보건복지부장관이 인정하는 자

4) 사회복지의 날

국가는 국민의 사회복지에 대한 이해를 증진하고 사회복지사업 종사자의 활동

을 장려하기 위하여 매년 9월 7일을 사회복지의 날로 하고, 사회복지의 날부터 1주간을 사회복지주간으로 한다. 국가와 지방자치단체는 사회복지의 날의 취지에 적합한 행사 등 사업을 하도록 노력하여야 한다(제15조의2).

5) 사회복지법인

(가) 법인의 설립허가

사회복지법인(이하 이 장에서 "법인"이라 한다)을 설립하려는 자는 대통령령으로 정하는 바에 따라 시·도지사의 허가를 받아야 한다. 허가를 받은 자는 법인의 주된 사무소의 소재지에서 설립등기를 하여야 한다(제16조).

(나) 정관

법인의 정관에는 다음 각 호의 사항이 포함되어야 한다(제17조). 법인이 정관을 변경하려는 경우에는 시·도지사의 인가를 받아야 한다. 다만, 보건복지부령으로 정하는 경미한 사항의 경우에는 그러하지 아니하다.

- 목적
- 명칭
- 주된 사무소의 소재지
- 사업의 종류
- 자산 및 회계에 관한 사항
- 임원의 임면(任免) 등에 관한 사항
- 회의에 관한 사항
- 수익(收益)을 목적으로 하는 사업이 있는 경우 그에 관한 사항
- 정관의 변경에 관한 사항
- 존립시기와 해산 사유를 정한 경우에는 그 시기와 사유 및 남은 재산의 처리방법
- 공고 및 공고방법에 관한 사항

(다) 임원의 구성

- 법인은 대표이사를 포함한 이사 7명 이상과 감사 2명 이상을 두어야 한다.

- 법인은 이사 정수의 3분의 1 이상을 시·도사회보장위원회, 지역사회보장협의체에서 3배수로 추천한 사람 중에서 선임하여야 한다.
- 이사회의 구성에 있어서 대통령령으로 정하는 특별한 관계에 있는 사람이 이사 현원(現員)의 5분의 1을 초과할 수 없다.
- 이사의 임기는 3년으로 하고 감사의 임기는 2년으로 하며, 각각 연임할 수 있다. 외국인인 이사는 이사 현원의 2분의 1 미만이어야 하며, 법인은 임원을 임면하는 경우에는 보건복지부령으로 정하는 바에 따라 지체 없이 시·도지사에게 보고하여야 한다.
- 감사는 이사와 특별한 관계에 있는 사람이 아니어야 하며, 감사 중 1명은 법률 또는 회계에 관한 지식이 있는 사람 중에서 선임하여야 한다. 다만, 대통령령으로 정하는 일정 규모 이상의 법인은 시·도지사의 추천을 받아 「주식회사의 외부감사에 관한 법률」에 따른 감사인에 속한 사람을 감사로 선임하여야 한다(제18조, 제19조).

(라) 임원의 보충

이사 또는 감사 중에 결원이 생겼을 때에는 2개월 이내에 보충하여야 한다(제20조).

(마) 임원의 겸직금지

이사는 법인이 설치한 사회복지시설의 장을 제외한 그 시설의 직원을 겸할 수 없다. 감사는 법인의 이사, 법인이 설치한 사회복지시설의 장 또는 그 직원을 겸할 수 없다(제21조).

(바) 임원의 해임(제22조)

시·도지사는 임원이 다음 각 호의 어느 하나에 해당할 때에는 법인에 그 임원의 해임을 명할 수 있다. 해임명령은 시·도지사가 해당 법인에게 그 사유를 들어 시정을 요구한 날부터 15일이 경과하여도 이에 응하지 아니한 경우에 한한다. 다만, 시정을 요구하여도 시정할 수 없는 것이 명백하거나 회계부정, 횡령, 뇌물수수 등 비리의 정도가 중대한 경우에는 시정요구 없이 임원의 해임을 명할 수 있으며, 그 세부적 기준은 대통령령으로 정한다.

- 시·도지사의 명령을 정당한 이유 없이 이행하지 아니하였을 때
- 회계부정이나 인권침해 등 현저한 불법행위 또는 그 밖의 부당행위 등이 발견되었을 때
- 법인의 업무에 관하여 시·도지사에게 보고할 사항에 대하여 고의로 보고를 지연하거나 거짓으로 보고를 하였을 때
- 임원 관련규정을 위반하여 선임된 사람
- 직무집행 정지명령을 이행하지 아니한 사람
- 그 밖에 이 법 또는 이 법에 따른 명령을 위반하였을 때

(사) 임시이사의 선임

법인이 제20조에 따른 기간 내에 결원된 이사를 보충하지 아니하여 법인의 정상적인 운영이 어렵다고 판단되는 경우 시·도지사는 지체 없이 이해관계인의 청구 또는 직권으로 임시이사를 선임하여야 한다. 시·도지사는 임시이사가 선임되었음에도 불구하고 해당 법인이 정당한 사유 없이 이사회 소집을 기피할 경우 이사회 소집을 권고할 수 있다(제22조의3).

(아) 재산 등

법인은 사회복지사업의 운영에 필요한 재산을 소유하여야 한다. 법인의 재산은 보건복지부령으로 정하는 바에 따라 기본재산과 보통재산으로 구분하며, 기본재산은 그 목록과 가액(價額)을 정관에 적어야 한다. 법인은 기본재산에 관하여 다음 각 호의 어느 하나에 해당하는 경우에는 시·도지사의 허가를 받아야 한다. 다만, 보건복지부령으로 정하는 사항에 대하여는 그러하지 아니하다(제23조).

- 매도·증여·교환·임대·담보제공 또는 용도변경을 하려는 경우
- 보건복지부령으로 정하는 금액 이상을 1년 이상 장기차입(長期借入)하려는 경우

(자) 설립허가 취소 등(제26조)

시·도지사는 법인이 다음 각 호의 어느 하나에 해당할 때에는 기간을 정하여 시정명령을 하거나 설립허가를 취소할 수 있다. 다만, 거짓이나 그 밖의 부정한 방법

으로 설립허가를 받았을 때, 법인 설립 후 기본재산을 출연하지 아니한 때에는 설립허가를 취소하여야 한다. 법인이 설립허가를 취소하는 경우(취소사유 제외)는 다른 방법으로 감독 목적을 달성할 수 없거나 시정을 명한 후 6개월 이내에 법인이 이를 이행하지 아니한 경우로 한정한다.

- 거짓이나 그 밖의 부정한 방법으로 설립허가를 받았을 때
- 설립허가 조건을 위반하였을 때
- 목적 달성이 불가능하게 되었을 때
- 목적사업 외의 사업을 하였을 때
- 정당한 사유 없이 설립허가를 받은 날부터 6개월 이내에 목적사업을 시작하지 아니하거나 1년 이상 사업실적이 없을 때
- 법인이 운영하는 시설에서 반복적 또는 집단적 성폭력범죄가 발생한 때
- 법인 설립 후 기본재산을 출연하지 아니한 때
- 임원정수를 위반한 때
- 임원관련 규정을 위반하여 이사를 선임한 때
- 임원의 해임명령을 이행하지 아니한 때
- 그 밖에 이 법 또는 이 법에 따른 명령이나 정관을 위반하였을 때

(차) 수익사업

법인은 목적사업의 경비에 충당하기 위하여 필요할 때에는 법인의 설립 목적 수행에 지장이 없는 범위에서 수익사업을 할 수 있다. 법인은 수익사업에서 생긴 수익을 법인 또는 법인이 설치한 사회복지시설의 운영 외의 목적에 사용할 수 없다. 수익사업에 관한 회계는 법인의 다른 회계와 구분하여 회계처리하여야 한다(제28조).

(카) 합병

법인은 시·도지사의 허가를 받아 이 법에 따른 다른 법인과 합병할 수 있다. 다만, 주된 사무소가 서로 다른 시·도에 소재한 법인 간의 합병의 경우에는 보건복지부장관의 허가를 받아야 한다. 법인이 합병하는 경우 합병 후 존속하는 법인이나

합병으로 설립된 법인은 합병으로 소멸된 법인의 지위를 승계한다(제30조).

(타) 동일명칭 사용 금지

이 법에 따른 사회복지법인이 아닌 자는 사회복지법인이라는 명칭을 사용하지 못한다(제31조).

(파) 다른 법률의 준용

법인에 관하여 이 법에서 규정한 사항을 제외하고는 민법과 「공익법인의 설립·운영에 관한 법률」을 준용한다(제32조).

6) 사회복지시설

(가) 사회복지시설의 설치

국가나 지방자치단체는 사회복지시설을 설치·운영할 수 있다. 국가 또는 지방자치단체 외의 자가 시설을 설치·운영하려는 경우에는 보건복지부령으로 정하는 바에 따라 시장·군수·구청장에게 신고하여야 한다. 다만, 폐쇄명령을 받고 3년이 지나지 아니한 자, 제19조 제1항 제1호 및 제1호의2부터 제1호의8까지의 어느 하나에 해당하는 개인 또는 그 개인이 임원인 법인은 시설의 설치·운영 신고를 할 수 없다. 시설을 설치·운영하는 자는 보건복지부령으로 정하는 재무·회계에 관한 기준에 따라 시설을 투명하게 운영하여야 한다(제34조).

(나) 사회복지시설의 운영

① 보험가입 의무(제34조의 3)

시설의 운영자는 다음의 손해배상책임을 이행하기 위하여 손해보험회사의 책임보험에 가입하거나 「사회복지사 등의 처우 및 지위 향상을 위한 법률」에 따른 한국사회복지공제회의 책임공제에 가입하여야 한다. 국가나 지방자치단체는 예산의 범위에서 책임보험 또는 책임공제의 가입에 드는 비용의 전부 또는 일부를 보조할 수 있다. 책임보험이나 책임공제에 가입하여야 할 시설의 범위는 대통령령으로 정한다.

- 화재로 인한 손해배상책임
- 화재 외의 안전사고로 인하여 생명·신체에 피해를 입은 보호대상자에 대한 손해배상책임

② 시설의 안전점검 등

시설의 장은 시설에 대하여 정기 및 수시 안전점검을 실시하여야 한다. 시설의 장은 제1항에 따라 정기 또는 수시 안전점검을 한 후 그 결과를 시장·군수·구청장에게 제출하여야 한다. 시장·군수·구청장은 결과를 받은 후 필요한 경우에는 시설의 운영자에게 시설의 보완 또는 개수·보수를 요구할 수 있으며, 이 경우 시설의 운영자는 요구에 따라야 한다. 국가나 지방자치단체는 예산의 범위에서 규정에 따른 안전점검, 시설의 보완 및 개수·보수에 드는 비용의 전부 또는 일부를 보조할 수 있다. 규정에 따른 정기 또는 수시 안전점검을 받아야 하는 시설의 범위, 안전점검 시기, 안전점검기관 및 그 절차는 대통령령으로 정한다(제34조의4).

③ 시설의 장과 종사자

시설의 장은 상근하여야 하며(제35조), 사회복지법인과 사회복지시설을 설치·운영하는 자는 시설에 근무할 종사자를 채용할 수 있다(제35조의2).

④ 운영위원회(제36조)

시설의 장은 시설운영계획의 수립·평가에 관한 사항, 사회복지 프로그램의 개발·평가에 관한 사항, 시설 종사자의 근무환경 개선에 관한 사항, 시설 거주자의 생활환경 개선 및 고충 처리 등에 관한 사항, 시설 종사자와 거주자의 인권보호 및 권익증진에 관한 사항, 시설과 지역사회의 협력에 관한 사항, 그 밖에 시설의 장이 운영위원회의 회의에 부치는 사항을 심의하기 위하여 시설에 운영위원회를 두어야 한다.

운영위원회의 위원은 위원장을 포함하여 5명 이상 15명 이하의 위원으로 구성한다. 위원의 임기는 3년으로 하되, 보궐된 임원의 임기는 전임자 임기의 남은 기간으로 한다(시행규칙 제24조). 운영위원회의 위원은 시설의 장, 시설 거주자 대표, 시설 거주자의 보호자 대표, 시설 종사자의 대표, 해당 시·군·구 소속의 사회복지업무를 담당하는 공무원, 후원자 대표 또는 지역주민, 공익단체에서 추천한 사람, 그

밖에 시설의 운영 또는 사회복지에 관하여 전문적인 지식과 경험이 풍부한 사람 중에서 관할 시장·군수·구청장이 임명하거나 위촉한다.

⑤ 시설의 휴지·재개·폐지신고 등

신고를 한 자는 지체 없이 시설의 운영을 시작하여야 한다. 시설의 운영자는 그 운영을 일정 기간 중단하거나 다시 시작하거나 시설을 폐지하려는 경우에는 보건복지부령으로 정하는 바에 따라 시장·군수·구청장에게 신고하여야 한다. 시장·군수·구청장은 시설 운영이 중단되거나 시설이 폐지되는 경우에는 보건복지부령으로 정하는 바에 따라 시설 거주자의 권익을 보호하기 위하여 시설 거주자가 다른 시설을 선택할 수 있도록 하고 그 이행을 확인하는 조치, 시설 거주자가 이용료·사용료 등의 비용을 부담하는 경우 납부한 비용 중 사용하지 아니한 금액을 반환하게 하고 그 이행을 확인하는 조치, 보조금·후원금 등의 사용 실태 확인과 이를 재원으로 조성한 재산 중 남은 재산의 회수조치, 그 밖에 시설 거주자의 권익보호를 위하여 필요하다고 인정되는 조치를 하여야 한다(제38조).

⑥ 시설의 개선, 사업의 정지, 시설의 폐쇄 등(제40조)

보건복지부장관, 시·도지사 또는 시장·군수·구청장은 시설이 설치기준에 미달하게 되었을 때, 사회복지법인 또는 비영리법인이 설치·운영하는 시설의 경우 그 사회복지법인 또는 비영리법인의 설립허가가 취소되었을 때, 설치 목적이 달성되었거나 그 밖의 사유로 계속하여 운영될 필요가 없다고 인정할 때, 회계부정이나 불법행위 또는 그 밖의 부당행위 등이 발견되었을 때, 신고하지 아니하고 시설을 설치·운영하였을 때, 운영위원회를 설치하지 아니하거나 운영하지 아니하였을 때, 정당한 이유 없이 보고 또는 자료 제출을 하지 아니하거나 거짓으로 하였을 때, 정당한 이유 없이 검사·질문을 거부·방해하거나 기피하였을 때, 시설에서 「성폭력범죄의 처벌 등에 관한 특례법」의 성폭력범죄 또는 「아동·청소년의 성보호에 관한 법률」의 아동·청소년대상 성폭력범죄가 발생한 때, 1년 이상 시설이 휴지상태에 있어 시장·군수·구청장이 재개를 권고하였음에도 불구하고 재개하지 아니한 때에는 그 시설의 개선, 사업의 정지, 시설의 장의 교체를 명하거나 시설의 폐쇄를 명할 수 있다(제40조).

⑦ 시설 수용인원의 제한

각 시설의 수용인원은 300명을 초과할 수 없다. 다만, 대통령령으로 정하는 경우에는 그러하지 아니하다(제41조).

나. 사회복지서비스

1) 재가복지서비스

국가나 지방자치단체는 보호대상자가 다음 각 호의 어느 하나에 해당하는 재가복지서비스를 제공받도록 할 수 있다(제41조의2).

- 가정봉사서비스: 가사 및 개인활동을 지원하거나 정서활동을 지원하는 서비스
- 주간·단기 보호서비스: 주간·단기 보호시설에서 급식 및 치료 등 일상생활의 편의를 낮 동안 또는 단기간 동안 제공하거나 가족에 대한 교육 및 상담을 지원하는 서비스

시장·군수·구청장은 보호대상자별 서비스 제공 계획에 따라 보호대상자에게 사회복지서비스를 제공하는 경우 시설 입소에 우선하여 재가복지서비스를 제공하도록 하여야 한다.

국가나 지방자치단체는 재가복지서비스를 필요로 하는 가정 또는 시설에서 보호대상자가 일상생활을 하기 위하여 필요한 각종 편의를 제공하는 가정봉사원을 양성하도록 노력하여야 한다(제41조의4).

다. 법정단체

1) 한국사회복지사협회

사회복지사는 사회복지에 관한 전문지식과 기술을 개발·보급하고, 사회복지사의 자질 향상을 위한 교육훈련을 실시하며, 사회복지사의 복지증진을 도모하기 위

하여 한국사회복지사협회를 설립한다. 협회는 법인으로 하되, 협회의 조직과 운영 등에 필요한 사항은 대통령령으로 정한다. 협회에 관하여 이 법에서 규정한 사항을 제외하고는 민법 중 사단법인에 관한 규정을 준용한다(제46조).

한국사회복지사협회는 사회복지사에 대한 전문지식 및 기술의 개발·보급, 사회복지사의 전문성 향상을 위한 교육훈련, 사회복지사제도에 대한 조사연구·학술대회개최 및 홍보·출판사업, 국제사회복지사단체와의 교류·협력, 보건복지부장관이 위탁하는 사회복지사업에 관한 업무, 기타 협회의 목적달성에 필요한 사항의 업무를 행한다(시행령 제22조).

2) 한국사회복지협의회

사회복지에 관한 조사·연구 및 정책 건의, 사회복지 관련 기관·단체 간의 연계·협력·조정, 사회복지 소외계층 발굴 및 민간사회복지자원과의 연계·협력, 대통령령으로 정하는 사회복지사업의 조성 등 사회복지에 관한 업무를 수행하기 위하여 전국 단위의 한국사회복지협의회(이하 "중앙협의회"라 한다)와 시·도 단위의 시·도 사회복지협의회(이하 "시·도협의회"라 한다)를 두며, 필요한 경우에는 「제주특별자치도 설치 및 국제자유도시 조성을 위한 특별법」에 따른 행정시를 포함한 시·군·구 단위의 시·군·구 사회복지협의회(이하 "시·군·구협의회"라 한다)를 둘 수 있다(제33조). 중앙협의회, 시·도협의회 및 시·군·구협의회는 이 법에 따른 사회복지법인으로 하되, 법인은 사회복지사업의 운영에 필요한 재산을 소유하여야 한다는 규정(제23조 제1항)은 적용하지 아니한다.

중앙협의회의 설립 및 운영 등에 관한 허가, 인가, 보고 등에 관하여 적용할 때에는 "시·도지사"는 "보건복지부장관"으로 본다(제33조).

· CHAPTER 9 ·

사회보험법

제1절 사회보험법의 입법취지와 특성

「대한민국 헌법」 제34조 제1항에서는 국민의 인간다운 생활을 할 권리를 규정하여 생존권을 보장하고 있고, 제2항 및 제5항에서는 국가의 사회보장·사회복지의 증진 의무 및 장애 및 질병·노령 등의 사유로 생활능력이 없는 국민에 대한 국가의 보호를 규정하여 사회보장의 구도를 표명하고 있다.[22)]

그리고 「사회보장기본법」 제3조에서는 사회보험의 정의를 "국민에게 발생하는 사회적 위험을 보험의 방식으로 대처함으로써 국민의 건강과 소득을 보장하는 제도"라고 규정하고 있다. 사회보험법은 헌법 아래 「사회보장기본법」, 「국민연금법」, 「국민건강보험법」, 「고용보험법」, 「산업재해보상보험법」, 「공무원연금법」, 「군

---

22) 「대한민국 헌법」 제34조
① 모든 국민은 인간다운 생활을 할 권리를 가진다.
② 국가는 사회보장·사회복지의 증진에 노력할 의무를 진다.
③ 국가는 여자의 복지와 권익의 향상을 위하여 노력하여야 한다.
④ 국가는 노인과 청소년의 복지향상을 위한 정책을 실시할 의무를 진다.
⑤ 신체장애자 및 질병·노령 기타의 사유로 생활능력이 없는 국민은 법률이 정하는 바에 의하여 국가의 보호를 받는다.
⑥ 국가는 재해를 예방하고 그 위험으로부터 국민을 보호하기 위하여 노력하여야 한다.

인연금법」, 「사립학교교직원 연금법」 등의 형태로 국민의 사회적 위험에 대처하는 노력으로 나타난다. 사회보장제도는 사회보험, 공공부조, 사회서비스로 나누어지고, 그중 사회보험은 사회적 위험에 대비한 사회보험급여를 목적으로 국민에 대한 강제적 성격이 강하다.

사회보험은 국민에게 발생하는 사회적 위험을 보험의 방식으로 대처함으로써 국민의 건강과 소득을 보장하는 제도를 말한다. 사회서비스는 국가·지방자치단체 및 민간부문의 도움이 필요한 모든 국민에게 복지, 보건의료, 교육, 고용, 주거, 문화, 환경 등의 분야에서 인간다운 생활을 보장하고 상담, 재활, 돌봄, 정보의 제공, 관련 시설의 이용, 역량 개발, 사회참여 지원 등을 통하여 국민의 삶의 질이 향상되도록 지원하는 제도를 말한다.

사회보험은 최저생활보장, 소득재분배, 보편주의를 기본 원칙으로 하며, 사회보험의 성격은 민간보험 방식과는 근본적으로 다른 특성을 가진다. 즉, 사회보험은 전 국민이 가입해야 하는 강제가입 방식을 따르며, 관리기관이 정부와 공적 기관이다. 또한 국민의 건강 및 생활안정이라는 공익성을 목적으로 한다. 사회보험이 공공부조 및 사회서비스와 더불어 사회보장제도의 3대 구성요소로서, 사회보장제도와 크게 나뉘는 점은 적용대상에서 사회보험은 전 국민이지만, 공공부조는 자산조사를 통하여 선별된 자에게 급여가 주어지는 빈곤 대책이다.

후기 산업사회가 직면한 가족기능 해체, 저(低)숙련 노동자 문제, 돌봄과 부양에 관한 새로운 사회적 위험은 사회보험법제의 보장성에 대한 각계의 노력을 고취시키고 있는데, 사회보험의 대표적인 법제는 노후소득보장제도와 건강보험제도이다. 사회보험제도로서 국민건강보험과 국민연금은 단기간에 성장하였으며, 우리나라 저(低)출산·고령화 추세는 사회보험의 재정고갈 위기와 직결되고, 국민연금제도의 재정 위기는 2008년 연금개혁 이후 고령화와 연금수급권자의 증가에 대처해야 하는 과제가 있다.

우리나라 사회보험법 입법은 제도 간 연계성이 없이 발전했으며, 그 시행에서 나타나는 사각지대에 대하여 많은 논란과 비판이 있었다. 그리고 2008년에 도입된 「노인장기요양보험법」의 시행으로 돌봄이 요구되는 고령자 본인과 가족의 부담을 덜어 주고는 있지만, 재정 악화와 급여지출이 빠르게 증가하고 있어 이에 대한 대처가 정책과제로 주목받고 있다.

또한 「산업재해보상보험」과 「고용보험」의 역할 부진에 대하여도 보험료 징수가 없는 법 체제로의 개선이 요구되었다. 그러다가 2012년 「고용보험 및 산업재해보상보험의 보험료징수 등에 관한 법률」 개정으로, 저임금 근로자의 고용보험 가입률을 높이기 위하여 고용보험료 일부를 지원할 수 있는 법 근거를 마련하였으며, 보험료 산정 단위를 사업장에서 근로자 개인별로 변경하여 근로자가 부담하는 보험료에 대한 지원이 가능하도록 하였다.

제2절 「국민연금법」[23)]

가. 「국민연금법」의 목적과 관장

「국민연금법」은 국민의 노령, 장애 또는 사망에 대하여 연금급여를 실시함으로써 국민의 생활 안정과 복지 증진에 이바지하는 것을 목적으로 하며, 이 법에 따른 국민연금사업은 보건복지부장관이 맡아 주관한다.

나. 국민연금가입자

1) 가입 대상 및 가입자 종류

국내에 거주하는 국민으로서 18세 이상 60세 미만인 자는 국민연금 가입 대상이 된다. 다만, 「공무원연금법」, 「군인연금법」 및 「사립학교교직원 연금법」을 적용받는 공무원, 군인 및 사립학교 교직원, 그 밖에 대통령령으로 정하는 자는 제외한다. 가입자는 사업장가입자, 지역가입자, 임의가입자 및 임의계속가입자로 구분한다.

---

23) 법률 제15522호에 의거, 2018년 9월 21일 시행한 법을 기준으로 하였으며, 이에 대한 더 구체적인 내용은 이 법의 전문을 참조하기 바란다.

2) 국민연금 가입기간의 계산

국민연금 가입기간(이하 "가입기간"이라 한다)은 월 단위로 계산하되, 가입자의 자격을 취득한 날이 속하는 달의 다음 달부터 자격을 상실한 날의 전날이 속하는 달까지로 한다. 다만, 다음의 어느 하나에 해당하는 경우 자격을 취득한 날이 속하는 달은 가입기간에 산입하되, 가입자가 그 자격을 상실한 날의 전날이 속하는 달에 자격을 다시 취득하면 다시 취득한 달을 중복하여 가입기간에 산입하지 아니한다.

- 가입자가 자격을 취득한 날이 그 속하는 달의 초일인 경우(자격 취득일이 속하는 달에 다시 그 자격을 상실하는 경우는 제외한다)
- 임의계속가입자의 자격을 취득한 경우
- 가입자가 희망하는 경우

3) 연금보험료 일부 납부 월의 가입기간 계산

가입기간을 계산할 때 연금보험료의 일부가 납부된 경우에는 그 일부 납부된 보험료를 다른 일부 납부된 월의 미납 연금보험료와 연체금 등에 충당하고, 충당 후 완납된 월은 가입기간에 산입한다. 이 경우 충당의 대상 및 방법, 가입기간의 계산 및 급여의 지급 등에 필요한 사항은 대통령령으로 정한다.

제17조의2 제1항에 따라 충당한 후에도 일부 납부된 연금보험료가 있는 경우에는 이를 최초 연금 지급월에 반환한다. 다만, 가입자 또는 가입자였던 자의 청구가 있는 경우에는 제99조에도 불구하고 일부 납부된 월의 미납된 연금보험료와 연체금 등을 납부받아 해당 월을 가입기간에 산입할 수 있다. 제17조의2 제2항에 따라 연금보험료 또는 연체금 등을 반환하거나 납부받는 때에는 대통령령으로 정하는 이자를 더하여야 한다.

4) 군 복무기간에 대한 가입기간 추가 산입

다음의 어느 하나에 해당하는 자가 노령연금 수급권을 취득한 때(이 조에 따라 가입기간이 추가 산입되면 노령연금 수급권을 취득할 수 있는 경우를 포함한다)에는 6개월을 가입기간에 추가로 산입한다. 다만, 「병역법」에 따른 병역의무를 수행한 기간이 6개월 미만인 경우에는 그러하지 아니한다.

- 「병역법」 제5조 제1항 제1호에 따른 현역병
- 「병역법」 제2조에 따른 사회복무요원

제18조 제1항에도 불구하고 다음의 어느 하나에 해당하는 경우에는 제18조 제1항을 적용하지 아니한다.

- 「병역법」에 따른 병역의무를 수행한 기간의 전부 또는 일부가 「공무원연금법」·「사립학교교직원 연금법」 및 「별정우체국법」에 따라 재직기간에 산입되거나 「군인연금법」에 따라 복무기간에 산입된 경우
- 「병역법」에 따른 병역의무를 수행한 기간 중 연금보험료를 납부하여 가입기간으로 인정된 경우. 다만, 당해 가입기간이 6개월 미만인 경우를 제외한다.

5) 출산에 대한 가입기간 추가 산입

2명 이상의 자녀가 있는 가입자 또는 가입자였던 자가 노령연금수급권을 취득한 때(제19조에 따라 가입기간이 추가 산입되면 노령연금수급권을 취득할 수 있는 경우를 포함한다)에는 다음에 따른 기간을 가입기간에 추가로 산입한다. 다만, 추가로 산입하는 기간은 50개월을 초과할 수 없으며, 자녀 수의 인정방법 등에 관하여 필요한 사항은 대통령령으로 정한다.

- 자녀가 2명인 경우: 12개월
- 자녀가 3명 이상인 경우: 둘째 자녀에 대하여 인정되는 12개월에 2자녀를 초과하는 자녀 1명마다 18개월을 더한 개월 수

6) 실업에 대한 가입기간 추가 산입

다음의 요건을 모두 갖춘 사람이 「고용보험법」 제37조 제1항에 따른 구직급여를 받는 경우로서 구직급여를 받는 기간을 가입기간으로 산입하기 위하여 국민연금공단에 신청하는 때에는 그 기간을 가입기간에 추가로 산입한다. 다만, 추가로 산

입하는 기간은 1년을 초과할 수 없다.

- 18세 이상 60세 미만인 사람 중 가입자 또는 가입자였을 것
- 대통령령으로 정하는 재산 또는 소득이 보건복지부장관이 정하여 고시하는 기준 이하일 것

다. 국민연금공단

1) 국민연금공단의 설립 및 업무

보건복지부장관의 위탁을 받아 제1조의 목적을 달성하기 위한 사업을 효율적으로 수행하기 위하여 국민연금공단(이하 "공단"이라 한다)을 설립한다.

2) 국민연금공단의 임원

공단에 임원으로 이사장 1명, 상임이사 3명 이내, 이사 7명, 감사 1명을 두되, 이사에는 사용자 대표, 근로자 대표, 지역가입자 대표 각 1명 이상과 당연직 이사로서 보건복지부에서 국민연금 업무를 담당하는 3급 국가공무원 또는 고위공무원단에 속하는 일반직 공무원 1명이 포함되어야 한다. 이사장은 보건복지부장관의 제청으로 대통령이 임면(任免)하고, 상임이사·이사(당연직 이사는 제외한다) 및 감사는 이사장의 제청으로 보건복지부장관이 임면한다. 이사에게는 보수를 지급하지 아니한다. 다만, 실비(實費)는 지급할 수 있다.

3) 임원의 임기 및 직무

임원의 임기는 3년으로 한다. 다만, 당연직 이사의 임기는 그 재임기간으로 하고, 기금이사의 임기는 계약기간으로 한다. 이사장은 공단을 대표하고, 공단의 업무를 통할(統轄)한다. 상임이사는 정관으로 정하는 바에 따라 공단의 업무를 분장하고, 이사장에게 사고가 있을 때에는 정관으로 정하는 순위에 따라 그 직무를 대행한다. 감사는 공단의 회계, 업무 집행 상황 및 재산 상황을 감사(監査)한다.

4) 이사회

공단의 중요 사항을 심의·의결하기 위하여 공단에 이사회를 둔다. 이사회는 이사장·상임이사 및 이사로 구성한다. 이사장은 이사회를 소집하고 그 의장이 된다. 이사회는 재적 구성원 과반수의 출석과 출석 구성원 과반수의 찬성으로 의결한다. 감사는 이사회에 출석하여 발언할 수 있다. 이사회의 운영에 관하여 필요한 사항은 대통령령으로 정한다.

라. 급여

1) 급여의 종류

이 법에 따른 급여는 노령 연금, 장애연금, 유족연금, 반환일시금으로 4가지이다.

2) 연금액의 최고한도

연금의 월별 지급액은 다음의 금액 중에서 많은 금액을 넘지 못한다.

- 가입자였던 최종 5년 동안의 기준소득월액(연금 수급 전년도를 기준으로 제51조 제1항 제2호에 준하여 조정한다)을 평균한 금액을 제51조 제2항에 준하여 조정한 금액
- 가입기간 동안의 기준소득월액(연금 수급 전년도를 기준으로 제51조 제1항 제2호에 준하여 조정한다)을 평균한 금액을 제51조 제2항에 준하여 조정한 금액

3) 연금 지급 기간 및 지급 시기

연금은 지급하여야 할 사유가 생긴 날(제78조 제1항에 따른 반납금, 제92조 제1항에 따른 추납보험료(追納保險料) 또는 체납된 연금보험료를 냄에 따라 연금을 지급하여야 할 사유가 생긴 경우에는 해당 금액을 낸 날)이 속하는 달의 다음 달부터 수급권이 소멸한 날이 속하는 달까지 지급한다. 연금은 매월 25일에 그 달의 금액을 지급하되, 지급일이 토요일이나 공휴일이면 그 전날에 지급한다. 다만, 수급권이 소멸하거나 연금 지급이 정지된 경우에는 그 지급일 전에 지급할 수 있다. 연금은 지급을 정지하여야 할 사유가 생기면 그 사유가 생긴 날이 속하는 달의 다음 달부터 그 사유가 소멸한 날이

속하는 달까지는 지급하지 아니한다.

4) 중복급여의 조정

수급권자에게 이 법에 따른 2 이상의 급여 수급권이 생기면 수급권자의 선택에 따라 그중 하나만 지급하고 다른 급여의 지급은 정지된다. 제56조 제1항에도 불구하고 제1항에 따라 선택하지 아니한 급여가 다음의 어느 하나에 해당하는 경우에는 해당 호에 규정된 금액을 선택한 급여에 추가하여 지급한다.

- 선택하지 아니한 급여가 유족연금일 때(선택한 급여가 반환일시금일 때를 제외한다): 유족연금액의 100분의 30에 해당하는 금액
- 선택하지 아니한 급여가 반환일시금일 때(선택한 급여가 장애연금이고, 선택하지 아니한 급여가 본인의 연금보험료 납부로 인한 반환일시금일 때를 제외한다): 제80조 제2항에 상당하는 금액

5) 수급권 보호

급여를 받을 권리는 양도·압류하거나 담보로 제공할 수 없다. 수급권자에게 지급된 급여로서 대통령령으로 정하는 금액 이하의 급여는 압류할 수 없다. 급여수급전용계좌에 입금된 급여와 이에 관한 채권은 압류할 수 없다.

6) 노령연금

(가) 노령연금 수급권자

가입기간이 10년 이상인 가입자 또는 가입자였던 자에 대하여는 60세(특수직종근로자는 55세)가 된 때부터 그가 생존하는 동안 노령연금을 지급한다. 가입기간이 10년 이상인 가입자 또는 가입자였던 자로서 55세 이상인 자가 대통령령으로 정하는 소득이 있는 업무에 종사하지 아니하는 경우 본인이 희망하면 제61조 제1항에도 불구하고 60세가 되기 전이라도 본인이 청구한 때부터 그가 생존하는 동안 일정한 금액의 연금(이하 "조기노령연금"이라 한다)을 받을 수 있다.

(나) 분할연금 수급권자 등

혼인 기간(배우자의 가입기간 중의 혼인 기간만 해당한다. 이하 같다)이 5년 이상인 자가 다음의 요건을 모두 갖추면 그때부터 그가 생존하는 동안 배우자였던 자의 노령연금을 분할한 일정한 금액의 연금(이하 "분할연금"이라 한다)을 받을 수 있다.

- 배우자와 이혼하였을 것
- 배우자였던 사람이 노령연금 수급권자일 것
- 60세가 되었을 것

7) 장애연금

(가) 장애연금의 수급권자

가입 중에 생긴 질병(당해 질병의 초진일이 가입 중에 있는 경우로서 가입자가 가입 당시 발병 사실을 알지 못한 경우를 포함한다. 이하 이 절 및 제4절에서 같다)이나 부상으로 완치된 후에도 신체상 또는 정신상의 장애가 있는 자에 대하여는 그 장애가 계속되는 동안 장애 정도에 따라 장애연금을 지급한다.

제67조 제1항에 따른 질병이나 부상을 입은 자가 초진일(初診日)부터 1년 6개월이 지나도 완치되지 아니하면 그 1년 6개월이 지난 날을 기준으로 장애 정도를 결정한다. 다만, 그 1년 6개월이 지난 날에 장애연금의 지급 대상이 되지 아니한 자가 그 질병이나 부상이 악화되어 60세가 되기 전에 장애연금 지급 대상이 되는 경우에는 본인의 청구에 따라 그 청구한 날을 기준으로 장애 정도를 결정한다.

제70조 제1항에 따라 장애연금의 수급권이 소멸된 자가 장애연금 수급권을 취득할 당시의 질병이나 부상이 악화되어 60세가 되기 전에 다시 장애연금의 지급 대상이 되는 경우에는 본인의 청구에 따라 그 청구한 날을 기준으로 장애 정도를 결정한다.

장애연금의 지급 대상이 되는 자가 제77조에 따라 반환일시금을 지급받았으면 장애연금을 지급하지 아니한다. 장애 정도에 관한 장애등급은 1급, 2급, 3급 및 4급으로 구분하되, 등급 구분의 기준과 장애 정도의 심사에 관한 사항은 대통령령으로 정한다.

(나) 장애연금액의 변경 등

공단은 장애연금 수급권자의 장애 정도를 심사하여 장애등급이 다르게 되면 그 등급에 따라 장애연금액을 변경하고, 장애등급에 해당되지 아니하면 장애연금 수급권을 소멸시킨다. 장애연금의 수급권자는 그 장애가 악화되면 공단에 장애연금액의 변경을 청구할 수 있다. 제70조 제1항 및 제2항에 따라 장애 정도를 결정할 때에는 질병이나 부상이 완치된 날을 기준으로 한다.

8) 유족연금

(가) 유족에 대한 유족연금의 지급

다음의 어느 하나에 해당하는 자가 사망하면 그 유족에게 유족연금을 지급한다. 다만, 가입기간이 1년 미만인 가입자가 질병이나 부상으로 사망하면 가입 중에 생긴 질병이나 부상으로 사망한 경우에만 유족연금을 지급한다.

- 노령연금 수급권자
- 가입기간이 10년 이상인 가입자였던 자
- 가입자
- 장애등급이 2급 이상인 장애연금 수급권자

가입기간이 10년 미만인 가입자였던 자가 가입 중에 생긴 질병이나 부상 또는 그 부상으로 생긴 질병으로 가입 중의 초진일 또는 가입자 자격을 상실한 후 1년 이내의 초진일부터 2년 이내에 사망하면 그 유족에게 유족연금을 지급할 수 있다. 다만, 제77조에 따라 본인이나 유족이 반환일시금을 지급받은 경우에는 유족연금을 지급하지 아니한다.

(나) 배우자에 대한 유족연금의 지급 정지

유족연금의 수급권자인 배우자에 대하여는 수급권이 발생한 때부터 3년 동안 유족연금을 지급한 후 55세가 될 때까지 지급을 정지한다. 다만, 그 수급권자가 다음의 어느 하나에 해당하면 지급을 정지하지 아니한다.

- 장애등급이 2급 이상인 경우
- 가입자 또는 가입자였던 자의 19세 미만인 자녀 또는 장애등급 2급 이상인 자녀의 생계를 유지한 경우
- 대통령령으로 정하는 소득이 있는 업무에 종사하지 아니하는 경우

유족연금의 수급권자인 배우자의 소재를 1년 이상 알 수 없는 때에는 유족인 자녀의 신청에 의하여 그 소재 불명(不明)의 기간 동안 그에게 지급하여야 할 유족연금은 지급을 정지한다. 배우자 외의 자에 대한 유족연금의 수급권자가 2명 이상인 경우 그 수급권자 중에서 1년 이상 소재를 알 수 없는 자가 있으면 다른 수급권자의 신청에 따라 그 소재 불명의 기간에 해당하는 그에 대한 유족연금의 지급을 정지한다. 제76조 제2항과 제3항에 따라 유족연금의 지급이 정지된 자의 소재가 확인된 경우에는 본인의 신청에 의하여 지급 정지를 해제한다.

9) 반환일시금과 사망일시금

(가) 반환일시금

가입자 또는 가입자였던 자가 다음의 어느 하나에 해당하게 되면 본인이나 그 유족의 청구에 의하여 반환일시금을 지급받을 수 있다.

- 가입기간이 10년 미만인 자가 60세가 된 때
- 가입자 또는 가입자였던 자가 사망한 때. 다만, 가입자 또는 가입 기간이 10년 이상인 가입자였던 자가 사망한 때에는 제72조 제1항 각 호 외의 부분 단서 또는 제85조에 따라 유족연금이 지급되지 아니하는 경우만 해당한다.
- 국적을 상실하거나 국외로 이주한 때

(나) 사망일시금

가입자 또는 가입자였던 자가 사망한 때에 제73조에 따른 유족이 없으면 그 배우자·자녀·부모·손자녀·조부모·형제자매 또는 4촌 이내 방계혈족(傍系血族)에게 사망일시금을 지급한다. 다만, 가출·실종 등 대통령령으로 정하는 경우에 해당하는 사람에게는 지급하지 아니하며, 4촌 이내 방계혈족의 경우에는 대통령령으로 정하

는 바에 따라 가입자 또는 가입자였던 사람의 사망 당시 가입자 또는 가입자였던 사람에 의하여 생계를 유지하고 있던 사람에게만 지급한다.

제80조 제1항에 따른 사망일시금은 가입자 또는 가입자였던 자의 반환일시금에 상당하는 금액으로 하되, 그 금액은 사망한 가입자 또는 가입자였던 자의 최종 기준소득월액을 제51조 제1항 제2호에 따른 연도별 재평가율에 따라 사망일시금 수급 전년도의 현재가치로 환산한 금액과 같은 호에 준하여 산정한 가입기간 중 기준소득월액의 평균액 중에서 많은 금액의 4배를 초과하지 못한다. 제80조 제1항에 따른 사망일시금을 받을 자의 순위는 배우자·자녀·부모·손자녀·조부모·형제자매 및 4촌 이내의 방계혈족 순으로 한다. 이 경우 순위가 같은 사람이 2명 이상이면 똑같이 나누어 지급하되, 그 지급 방법은 대통령령으로 정한다.

마. 연금보험료의 징수 등

1) 연금보험료의 부과·징수 등

보건복지부장관은 국민연금사업 중 연금보험료의 징수에 관하여 이 법에서 정하는 사항을 건강보험공단에 위탁한다. 공단은 국민연금사업에 드는 비용에 충당하기 위하여 가입자와 사용자에게 가입기간 동안 매월 연금보험료를 부과하고, 건강보험공단이 이를 징수한다.

사업장가입자의 연금보험료 중 기여금은 사업장가입자 본인이, 부담금은 사용자가 각각 부담하되, 그 금액은 각각 기준소득월액의 1천 분의 45에 해당하는 금액으로 한다. 지역가입자, 임의가입자 및 임의계속가입자의 연금보험료는 지역가입자, 임의가입자 또는 임의계속가입자 본인이 부담하되, 그 금액은 기준소득월액의 1천 분의 90으로 한다.

공단은 기준소득월액 정정 등의 사유로 당초 징수 결정한 금액을 다시 산정함으로써 연금보험료를 추가로 징수하여야 하는 경우 가입자 또는 사용자에게 그 추가되는 연금보험료를 나누어 내도록 할 수 있다. 이 경우 분할 납부 신청 대상, 분할 납부 방법 및 납부 기한 등 연금보험료의 분할 납부에 필요한 사항은 대통령령으로 정한다.

2) 제2차 납부의무

법인의 재산으로 그 법인이 납부하여야 하는 연금보험료와 그에 따른 연체금 및 체납처분비를 충당하여도 부족한 경우에는 해당 법인에게 연금보험료의 납부의무가 부과된 날 현재의 무한책임사원 또는 과점주주(「국세기본법」 제39조 각 호의 어느 하나에 해당하는 자를 말한다)가 그 부족한 금액에 대하여 제2차 납부의무를 진다. 다만, 과점주주의 경우에는 그 부족한 금액을 그 법인의 발행주식 총수(의결권이 없는 주식은 제외한다) 또는 출자총액으로 나눈 금액에 해당 과점주주가 실질적으로 권리를 행사하는 주식 수(의결권이 없는 주식은 제외한다) 또는 출자액을 곱하여 산출한 금액을 한도로 한다.

사업이 양도·양수된 경우에 양도일 이전에 양도인에게 납부의무가 부과된 연금보험료와 그에 따른 연체금 및 체납처분비를 양도인의 재산으로 충당하여도 부족한 경우에는 사업의 양수인이 그 부족한 금액에 대하여 양수한 재산의 가액을 한도로 제2차 납부의무를 진다. 이 경우 양수인의 범위 및 양수한 재산의 가액은 대통령령으로 정한다.

3) 신용카드 등으로 하는 연금보험료 등의 납부

납부 의무자는 대통령령으로 정하는 금액 이하의 연금보험료, 연체금, 체납처분비, 그 밖의 징수금(이하 이 조에서 "연금보험료 등"이라 한다)을 그 납부를 대행할 수 있도록 대통령령으로 정하는 기관 등(이하 이 조에서 "연금보험료 등 납부대행기관"이라 한다)을 통하여 신용카드, 직불카드 등(이하 이 조에서 "신용카드 등"이라 한다)으로 납부할 수 있다.

신용카드 등으로 연금보험료 등을 납부하는 경우에는 연금보험료 등 납부대행기관의 승인일을 납부일로 본다. 연금보험료 등 납부대행기관은 납부 의무자로부터 연금보험료 등의 납부를 대행하는 대가로 수수료를 받을 수 있다. 연금보험료 등 납부대행기관의 지정 및 운영과 수수료 등에 필요한 사항은 대통령령으로 정한다.

4) 고액·상습 체납자의 인적사항 공개

건강보험공단은 이 법에 따른 납부기한의 다음 날부터 2년이 지난 연금보험료, 연체금 및 체납처분비(이하 이 항에서 "연금보험료 등"이라 한다)의 총액이 5천만 원 이상인 체납자(사업장가입자에 한한다)가 납부능력이 있음에도 불구하고 체납한 경우 체납자의 인적사항(사용자의 인적사항을 말한다) 및 체납액 등(이하 이 조에서 "인적사항 등"이라 한다)을 공개할 수 있다. 다만, 체납된 연금보험료 등과 관련하여 행정심판 또는 행정소송이 계류 중인 경우나 그 밖에 체납된 금액의 일부 납부 등 대통령령으로 정하는 사유가 있는 경우에는 그러하지 아니하다.

인적사항 등에 대한 공개 여부를 심의하기 위하여 건강보험공단에 보험료정보공개심의위원회를 둔다. 건강보험공단은 보험료정보공개심의위원회의 심의를 거친 인적사항 등의 공개대상자에게 공개대상자임을 서면으로 통지하여 소명의 기회를 부여하여야 하며, 통지일로부터 6개월이 경과한 후 체납액의 납부 이행 등을 고려하여 공개대상자를 선정한다. 인적사항 등의 공개는 관보에 게재하거나 건강보험공단 인터넷 홈페이지에 게시하는 방법으로 한다. 인적사항 등의 공개와 관련한 납부능력의 기준, 체납액의 납부 이행, 공개절차 및 보험료정보공개심의위원회의 구성·운영 등은 대통령령으로 정한다.

바. 국민연금기금

1) 기금의 관리 및 운용

기금은 보건복지부장관이 관리·운용한다. 보건복지부장관은 국민연금 재정의 장기적인 안정을 유지하기 위하여 그 수익을 최대로 증대시킬 수 있도록 제103조에 따른 국민연금기금운용위원회에서 의결한 바에 따라 다음의 방법으로 기금을 관리·운용하되, 가입자, 가입자였던 자 및 수급권자의 복지증진을 위한 사업에 대한 투자는 국민연금 재정의 안정을 해치지 아니하는 범위에서 하여야 한다. 다만, 제102조 제2호의 경우에는 기획재정부장관과 협의하여 국채를 매입한다.

- 대통령령으로 정하는 금융기관에 대한 예입 또는 신탁
- 공공사업을 위한 공공부문에 대한 투자
- 「자본시장과 금융투자업에 관한 법률」 제4조에 따른 증권의 매매 및 대여
- 「자본시장과 금융투자업에 관한 법률」 제5조 제1항 각 호에 따른 지수 중 금융투자상품지수에 관한 파생상품시장에서의 거래
- 제46조에 따른 복지사업 및 대여사업
- 기금의 본래 사업 목적을 수행하기 위한 재산의 취득 및 처분
- 그 밖에 기금의 증식을 위하여 대통령령으로 정하는 사업

2) 국민연금기금운용위원회

기금의 운용에 관한 다음 사항을 심의·의결하기 위하여 보건복지부에 국민연금기금운용위원회(이하 "운용위원회"라 한다)를 둔다.

- 기금운용지침에 관한 사항
- 기금을 관리기금에 위탁할 경우 예탁 이자율의 협의에 관한 사항
- 기금 운용 계획에 관한 사항
- 제107조 제3항에 따른 기금의 운용 내용과 사용 내용에 관한 사항
- 그 밖에 기금의 운용에 관하여 중요한 사항으로서 운용위원회 위원장이 회의에 부치는 사항

3) 국민연금기금운용실무평가위원회

기금의 운용에 관한 다음 사항을 심의·평가하기 위하여 운용위원회에 국민연금기금운용실무평가위원회(이하 "실무평가위원회"라 한다)를 둔다.

- 기금 운용 자산의 구성과 기금의 회계 처리에 관한 사항
- 기금 운용 성과의 측정에 관한 사항
- 기금의 관리·운용과 관련하여 개선하여야 할 사항

- 운용위원회에 상정할 안건 중 실무평가위원회의 위원장이 필요하다고 인정한 사항
- 그 밖에 운용위원회에서 심의를 요청한 사항

사. 권리구제

「국민연금법」에서 수급자의 권리구제제도는 심사청구와 재심사청구가 있으며, 이에 대한 자세한 내용은 다음과 같다.

1) 심사청구

가입자의 자격, 기준소득월액, 연금보험료, 그 밖의 이 법에 따른 징수금과 급여에 관한 공단 또는 건강보험공단의 처분에 이의가 있는 자는 그 처분을 한 공단 또는 건강보험공단에 심사청구를 할 수 있다.

제108조 제1항에 따른 심사청구는 그 처분이 있음을 안 날부터 90일 이내에 문서(「전자정부법」 제2조 제7호에 따른 전자문서를 포함한다)로 하여야 하며, 처분이 있은 날부터 180일을 경과하면 이를 제기하지 못한다. 다만, 정당한 사유로 그 기간에 심사청구를 할 수 없었음을 증명하면 그 기간이 지난 후에도 심사청구를 할 수 있다. 위에 규정된 사항 외에 심사청구에 필요한 사항은 대통령령으로 정한다.

제108조에 따른 심사청구 사항을 심사하기 위하여 공단에 국민연금심사위원회(이하 "심사위원회"라 한다)를 두고, 건강보험공단에 징수심사위원회를 둔다. 심사위원회 및 징수심사위원회의 구성·운영 및 심사 등에 필요한 사항은 대통령령으로 정한다.

2) 재심사청구

제108조에 따른 심사청구에 대한 결정에 불복하는 자는 그 결정통지를 받은 날부터 90일 이내에 대통령령으로 정하는 사항을 적은 재심사청구서에 따라 국민연금재심사위원회에 재심사를 청구할 수 있다. 제110조 제1항에 따른 재심사청구의 방법 및 절차 등은 보건복지부령으로 정한다.

제110조에 따른 재심사청구 사항을 심사하기 위하여 보건복지부에 국민연금재심사위원회(이하 "재심사위원회"라 한다)를 둔다. 재심사위원회의 구성·운영 및 재심사 등에 필요한 사항은 대통령령으로 정한다. 재심사위원회의 재심사와 재결에 관한 절차에 관하여는 「행정심판법」을 준용한다. 제110조에 따른 재심사청구 사항에 대한 재심사위원회의 재심사는 「행정소송법」 제18조를 적용할 때 「행정심판법」에 따른 행정심판으로 본다.

제3절 「국민건강보험법」[24)]

가. 「국민건강보험법」의 목적과 관장

이 법은 국민의 질병·부상에 대한 예방·진단·치료·재활과 출산·사망 및 건강증진에 대하여 보험급여를 실시함으로써 국민보건 향상과 사회보장 증진에 이바지함을 목적으로 한다. 이 법에 따른 건강보험사업은 보건복지부장관이 맡아 주관한다.

나. 건강보험정책심의위원회

건강보험정책에 관한 사항을 심의·의결하기 위하여 보건복지부장관 소속으로 건강보험정책심의위원회(이하 "심의위원회"라 한다)를 둔다. 심의위원회는 위원장 1명과 부위원장 1명을 포함하여 25명의 위원으로 구성한다. 심의위원회의 위원장은 보건복지부차관이 되고, 부위원장은 제4항 제4호의 위원 중에서 위원장이 지명하는 사람이 된다. 심의위원회의 위원은 보건복지부장관이 임명 또는 위촉한다. 심의위원회 위원(제4조 제4항 제4호 가목에 따른 위원은 제외한다)의 임기는 3년으로 한다. 다만, 위원의 사임 등으로 새로 위촉된 위원의 임기는 전임위원 임기의 남은 기간으로 한다. 심의위원회의 운영 등에 필요한 사항은 대통령령으로 정한다.

---

24) 법률 제15535호에 의거, 2018년 9월 28일 시행한 법을 기준으로 하였으며, 이에 대한 더 구체적인 내용은 이 법의 전문을 참조하기 바란다.

다. 가입자

국내에 거주하는 국민은 이 법에 따른 건강보험(이하 "건강보험"이라 한다)의 가입자(이하 "가입자"라 한다) 또는 피부양자가 된다. 가입자는 직장가입자와 지역가입자로 구분한다. 모든 사업장의 근로자 및 사용자와 공무원 및 교직원은 직장가입자가 된다. 지역가입자는 직장가입자와 그 피부양자를 제외한 가입자를 말한다. 사업장의 사용자는 다음 각 호의 어느 하나에 해당하게 되면 그때부터 14일 이내에 보건복지부령으로 정하는 바에 따라 보험자에게 신고하여야 한다.

국민건강보험공단은 가입자에게 건강보험증을 발급하여야 한다. 가입자 또는 피부양자가 요양급여를 받을 때에는 제12조 제1항의 건강보험증을 제42조 제1항에 따른 요양기관(이하 "요양기관"이라 한다)에 제출하여야 한다. 다만, 천재지변이나 그 밖의 부득이한 사유가 있으면 그러하지 아니하다. 가입자 또는 피부양자는 제12조 제2항 본문에도 불구하고 주민등록증, 운전면허증, 여권, 그 밖에 보건복지부령으로 정하는 본인 여부를 확인할 수 있는 신분증명서(이하 "신분증명서"라 한다)로 요양기관이 그 자격을 확인할 수 있으면 건강보험증을 제출하지 아니할 수 있다.

라. 국민건강보험공단

건강보험의 보험자는 국민건강보험공단(이하 "공단"이라 한다)으로 한다. 공단은 법인으로 한다. 공단은 주된 사무소의 소재지에서 설립등기를 함으로써 성립한다. 공단은 필요하면 정관으로 정하는 바에 따라 분사무소를 둘 수 있다.

공단은 임원으로서 이사장 1명, 이사 14명 및 감사 1명을 둔다. 이 경우 이사장, 이사 중 5명 및 감사는 상임으로 한다. 이사장은 「공공기관의 운영에 관한 법률」 제29조에 따른 임원추천위원회(이하 "임원추천위원회"라 한다)가 복수로 추천한 사람 중에서 보건복지부장관의 제청으로 대통령이 임명한다. 상임이사는 보건복지부령으로 정하는 추천 절차를 거쳐 이사장이 임명한다. 비상임이사는 보건복지부장관이 임명한다.

이사장은 공단을 대표하고 업무를 총괄하며, 임기 중 공단의 경영성과에 대하여 책임을 진다. 상임이사는 이사장의 명을 받아 공단의 업무를 집행한다. 이사장이 부득이한 사유로 그 직무를 수행할 수 없을 때에는 정관으로 정하는 바에 따라 상임이사 중 1명이 그 직무를 대행하고, 상임이사가 없거나 그 직무를 대행할 수 없을 때에는 정관으로 정하는 임원이 그 직무를 대행한다. 감사는 공단의 업무, 회계 및 재산 상황을 감사한다.

마. 보험급여

가입자와 피부양자의 질병, 부상, 출산 등에 대하여 요양급여를 실시한다. 요양급여(간호와 이송은 제외한다)는 요양기관에서 실시한다. 이 경우 보건복지부장관은 공익이나 국가정책에 비추어 요양기관으로 적합하지 아니한 대통령령으로 정하는 의료기관 등은 요양기관에서 제외할 수 있다. 요양급여를 받는 자는 대통령령으로 정하는 바에 따라 비용의 일부(이하 "본인일부부담금"이라 한다)를 본인이 부담한다.

공단은 이 법에서 정한 요양급여 외에 대통령령으로 정하는 바에 따라 임신·출산 진료비, 장제비(葬祭費), 상병수당, 그 밖의 급여를 실시할 수 있다. 공단은 「장애인복지법」에 따라 등록한 장애인인 가입자 및 피부양자에게는 보장구(補裝具)에 대하여 보험급여를 할 수 있다. 공단은 가입자와 피부양자에 대하여 질병의 조기 발견과 그에 따른 요양급여를 하기 위하여 건강검진을 실시한다.

공단은 제3자의 행위로 보험급여사유가 생겨 가입자 또는 피부양자에게 보험급여를 한 경우에는 그 급여에 들어간 비용 한도에서 그 제3자에게 손해배상을 청구할 권리를 얻는다. 제58조 제1항에 따라 보험급여를 받은 사람이 제3자로부터 이미 손해배상을 받은 경우에는 공단은 그 배상액 한도에서 보험급여를 지급하지 아니한다. 보험급여를 받을 권리는 양도하거나 압류할 수 없다.

바. 건강보험심사평가원

요양급여비용을 심사하고 요양급여의 적정성을 평가하기 위하여 건강보험심사평가원을 설립한다. 심사평가원은 법인으로 한다. 심사평가원은 주된 사무소의 소재지에서 설립등기를 함으로써 성립한다. 심사평가원에 임원으로서 원장, 이사 14명 및 감사 1명을 둔다. 이 경우 원장, 이사 중 3명 및 감사는 상임으로 한다. 원장은 임원추천위원회가 복수로 추천한 사람 중에서 보건복지부장관의 제청으로 대통령이 임명한다. 상임이사는 보건복지부령으로 정하는 추천 절차를 거쳐 원장이 임명한다. 비상임이사는 보건복지부장관이 임명한다.

사. 보험료

공단은 건강보험사업에 드는 비용에 충당하기 위하여 제77조에 따른 보험료의 납부의무자로부터 보험료를 징수한다. 제69조 제1항에 따른 보험료는 가입자의 자격을 취득한 날이 속하는 달의 다음 달부터 가입자의 자격을 잃은 날의 전날이 속하는 달까지 징수한다. 다만, 가입자의 자격을 매월 1일에 취득한 경우에는 그 달부터 징수한다.

아. 권리구제

「국민건강보험법」에서 수급자의 권리구제제도는 이의신청과 심판청구가 있으며, 이에 대한 자세한 내용은 다음과 같다.

1) 이의신청

가입자 및 피부양자의 자격, 보험료 등, 보험급여, 보험급여 비용에 관한 공단의 처분에 이의가 있는 자는 공단에 이의신청을 할 수 있다(제87조 제1항). 요양급여비용 및 요양급여의 적정성 평가 등에 관한 심사평가원의 처분에 이의가 있는 공단, 요양기관 또는 그 밖의 자는 심사평가원에 이의신청을 할 수 있다(같은 조 제2항).

제87조 제1항 및 제2항에 따른 이의신청(이하 "이의신청"이라 한다)은 처분이 있음을 안 날부터 90일 이내에 문서(전자문서를 포함한다)로 하여야 하며 처분이 있은 날부터 180일이 지나면 제기하지 못한다. 다만, 정당한 사유로 그 기간에 이의신청을 할 수 없었음을 소명한 경우에는 그러하지 아니하다(같은 조 제3항).

제3항 본문에도 불구하고 요양기관이 제48조에 따른 심사평가원의 확인에 대하여 이의신청을 하려면 같은 조 제2항에 따라 통보받은 날부터 30일 이내에 하여야 한다(같은 조 제4항). 제87조 제1항부터 제4항까지에서 규정한 사항 외에 이의신청의 방법·결정 및 그 결정의 통지 등에 필요한 사항은 대통령령으로 정한다.

2) 심판청구

이의신청에 대한 결정에 불복하는 자는 제89조에 따른 건강보험분쟁조정위원회에 심판청구를 할 수 있다. 이 경우 심판청구의 제기기간 및 제기방법에 관하여는 제87조 제3항을 준용한다(제88조 제1항). 제88조 제1항에 따라 심판청구를 하려는 자는 대통령령으로 정하는 심판청구서를 제87조 제1항 또는 제2항에 따른 처분을 한 공단 또는 심사평가원에 제출하거나 제89조에 따른 건강보험분쟁조정위원회에 제출하여야 한다(같은 조 제2항). 제88조 제1항 및 제2항에서 규정한 사항 외에 심판청구의 절차·방법·결정 및 그 결정의 통지 등에 필요한 사항은 대통령령으로 정한다(같은 조 제3항).

제88조에 따른 심판청구를 심리·의결하기 위하여 보건복지부에 건강보험분쟁조정위원회(이하 "분쟁조정위원회"라 한다)를 둔다(제89조 제1항). 분쟁조정위원회는 위원장을 포함하여 60명 이내의 위원으로 구성하고, 위원장을 제외한 위원 중 1명은 당연직위원으로 한다(같은 조 제2항). 분쟁조정위원회의 회의는 위원장, 당연직위원 및 위원장이 매 회의마다 지정하는 7명의 위원을 포함하여 총 9명으로 구성한다(같은 조 제3항).

공단 또는 심사평가원의 처분에 이의가 있는 자와 제87조에 따른 이의신청 또는 제88조에 따른 심판청구에 대한 결정에 불복하는 자는 「행정소송법」에서 정하는 바에 따라 행정소송을 제기할 수 있다(제90조).

제4절 「산업재해보상보험법」[25)]

가. 「산업재해보상보험법」의 목적과 관장

이 법은 산업재해보상보험 사업을 시행하여 근로자의 업무상의 재해를 신속하고 공정하게 보상하며, 재해근로자의 재활 및 사회 복귀를 촉진하기 위하여 이에 필요한 보험시설을 설치·운영하고, 재해 예방과 그 밖에 근로자의 복지 증진을 위한 사업을 시행하여 근로자 보호에 이바지하는 것을 목적으로 한다. 이 법에 따른 산업재해보상보험 사업(이하 "보험사업"이라 한다)은 고용노동부장관이 관장한다.

나. 산업재해보상보험 및 예방심의위원회

산업재해보상보험 및 예방에 관한 중요 사항을 심의하게 하기 위하여 고용노동부에 산업재해보상보험 및 예방심의위원회(이하 "위원회"라 한다)를 둔다. 위원회는 근로자를 대표하는 자, 사용자를 대표하는 자 및 공익을 대표하는 자로 구성하되, 그 수는 각각 같은 수로 한다. 위원회는 그 심의 사항을 검토하고, 위원회의 심의를 보조하게 하기 위하여 위원회에 전문위원회를 둘 수 있다. 위원회 및 전문위원회의 조직·기능 및 운영에 필요한 사항은 대통령령으로 정한다.

다. 근로복지공단

고용노동부장관의 위탁을 받아 제1조의 목적을 달성하기 위한 사업을 효율적으로 수행하기 위하여 근로복지공단(이하 "공단"이라 한다)을 설립한다. 공단은 다음의 사업을 수행한다.

- 보험가입자와 수급권자에 관한 기록의 관리·유지
- 보험료징수법에 따른 보험료와 그 밖의 징수금의 징수

---

25) 법률 제15665호에 의거, 2018년 9월 13일 시행한 법을 기준으로 하였으며, 이에 대한 더 구체적인 내용은 이 법의 전문을 참조하기 바란다.

- 보험급여의 결정과 지급
- 보험급여 결정 등에 관한 심사청구의 심리·결정
- 산업재해보상보험 시설의 설치·운영
- 업무상 재해를 입은 근로자 등의 진료·요양 및 재활
- 재활보조기구의 연구개발·검정 및 보급
- 보험급여 결정 및 지급을 위한 업무상 질병 관련 연구
- 근로자 등의 건강을 유지·증진하기 위하여 필요한 건강진단 등 예방 사업
- 근로자의 복지 증진을 위한 사업
- 그 밖에 정부로부터 위탁받은 사업
- 제11조 제5호·제5호의2부터 제5호의5까지·제6호 및 제7호에 따른 사업에 딸린 사업

라. 보험급여

보험급여의 종류는 요양급여, 휴업급여, 장해급여, 간병급여, 유족급여, 상병(傷病)보상연금, 장의비(葬儀費), 직업재활급여가 있다. 다만, 진폐에 따른 보험급여의 종류는 제36조 제1호의 요양급여, 제4호의 간병급여, 제7호의 장의비, 제8호의 직업재활급여, 제91조의3에 따른 진폐보상연금 및 제91조의4에 따른 진폐유족연금으로 한다.

1) 업무상의 재해의 인정 기준

근로자가 업무상 사고나 질병으로 부상·질병 또는 장해가 발생하거나 사망하면 업무상의 재해로 본다. 다만, 업무와 재해 사이에 상당인과관계(相當因果關係)가 없는 경우에는 그러하지 아니하다.

2) 요양급여

요양급여는 근로자가 업무상의 사유로 부상을 당하거나 질병에 걸린 경우에 그 근로자에게 지급한다. 제40조 제1항에 따른 요양급여는 제43조 제1항에 따른 산재

보험 의료기관에서 요양을 하게 한다. 다만, 부득이한 경우에는 요양을 갈음하여 요양비를 지급할 수 있다. 제40조 제1항의 경우에 부상 또는 질병이 3일 이내의 요양으로 치유될 수 있으면 요양급여를 지급하지 아니한다.

제40조 제2항 및 제4항에 따른 요양급여의 범위나 비용 등 요양급여의 산정 기준은 고용노동부령으로 정한다. 업무상의 재해를 입은 근로자가 요양할 산재보험 의료기관이 제43조 제1항 제2호에 따른 상급종합병원인 경우에는 「응급의료에 관한 법률」 제2조 제1호에 따른 응급환자이거나 그 밖에 부득이한 사유가 있는 경우를 제외하고는 그 근로자가 상급종합병원에서 요양할 필요가 있다는 의학적 소견이 있어야 한다.

3) 휴업급여

휴업급여는 업무상 사유로 부상을 당하거나 질병에 걸린 근로자에게 요양으로 취업하지 못한 기간에 대하여 지급하되, 1일당 지급액은 평균임금의 100분의 70에 상당하는 금액으로 한다. 다만, 취업하지 못한 기간이 3일 이내이면 지급하지 아니한다.

요양 또는 재요양을 받고 있는 근로자가 그 요양기간 중 일정기간 또는 단시간 취업을 하는 경우에는 그 취업한 날 또는 취업한 시간에 해당하는 그 근로자의 평균임금에서 그 취업한 날 또는 취업한 시간에 대한 임금을 뺀 금액의 100분의 90에 상당하는 금액을 지급할 수 있다. 다만, 제54조 제2항 및 제56조 제2항에 따라 최저임금액을 1일당 휴업급여 지급액으로 하는 경우에는 최저임금액(별표 1 제2호에 따라 감액하는 경우에는 그 감액한 금액)에서 취업한 날 또는 취업한 시간에 대한 임금을 뺀 금액을 지급할 수 있다. 제53조 제1항에 따라 단시간 취업하는 경우 취업하지 못한 시간(8시간에서 취업한 시간을 뺀 시간을 말한다)에 대하여는 제52조 또는 제54조부터 제56조까지의 규정에 따라 산정한 1일당 휴업급여 지급액에 8시간에 대한 취업하지 못한 시간의 비율을 곱한 금액을 지급한다.

4) 장해급여

장해급여는 근로자가 업무상의 사유로 부상을 당하거나 질병에 걸려 치유된 후 신체 등에 장해가 있는 경우에 그 근로자에게 지급한다. 장해급여는 장해등급에 따라 별표 2에 따른 장해보상연금 또는 장해보상일시금으로 하되, 그 장해등급의 기준은 대통령령으로 정한다.

제57조 제2항에 따른 장해보상연금 또는 장해보상일시금은 수급권자의 선택에 따라 지급한다. 다만, 대통령령으로 정하는 노동력을 완전히 상실한 장해등급의 근로자에게는 장해보상연금을 지급하고, 장해급여 청구사유 발생 당시 대한민국 국민이 아닌 자로서 외국에서 거주하고 있는 근로자에게는 장해보상일시금을 지급한다. 장해보상연금은 수급권자가 신청하면 그 연금의 최초 1년분 또는 2년분(제3항 단서에 따른 근로자에게는 그 연금의 최초 1년분부터 4년분까지)의 2분의 1에 상당하는 금액을 미리 지급할 수 있다. 이 경우 미리 지급하는 금액에 대하여는 100분의 5의 비율 범위에서 대통령령으로 정하는 바에 따라 이자를 공제할 수 있다.

장해보상연금 수급권자의 수급권이 제58조에 따라 소멸한 경우에 이미 지급한 연금액을 지급 당시의 각각의 평균임금으로 나눈 일수(日數)의 합계가 별표 2에 따른 장해보상일시금의 일수에 못 미치면 그 못 미치는 일수에 수급권 소멸 당시의 평균임금을 곱하여 산정한 금액을 유족 또는 그 근로자에게 일시금으로 지급한다.

5) 간병급여

간병급여는 제40조에 따른 요양급여를 받은 자 중 치유 후 의학적으로 상시 또는 수시로 간병이 필요하여 실제로 간병을 받는 자에게 지급한다. 제61조 제1항에 따른 간병급여의 지급 기준과 지급 방법 등에 관하여 필요한 사항은 대통령령으로 정한다.

6) 유족급여

유족급여는 근로자가 업무상의 사유로 사망한 경우에 유족에게 지급한다. 유족급여는 별표 3에 따른 유족보상연금이나 유족보상일시금으로 하되, 유족보상일시금은 근로자가 사망할 당시 제63조 제1항에 따른 유족보상연금을 받을 수 있는 자격이 있는 자가 없는 경우에 지급한다. 제62조 제2항에 따른 유족보상연금을 받을 수 있는 자격이 있는 자가 원하면 별표 3의 유족보상일시금의 100분의 50에 상당하는 금액을 일시금으로 지급하고 유족보상연금은 100분의 50을 감액하여 지급한다.

유족보상연금을 받던 자가 그 수급자격을 잃은 경우 다른 수급자격자가 없고 이미 지급한 연금액을 지급 당시의 각각의 평균임금으로 나누어 산정한 일수의 합계가 1,300일에 못 미치면 그 못 미치는 일수에 수급자격 상실 당시의 평균임금을 곱하여 산정한 금액을 수급자격 상실 당시의 유족에게 일시금으로 지급한다. 제62조 제2항에 따른 유족보상연금의 지급 기준 및 방법, 그 밖에 필요한 사항은 대통령령으로 정한다.

7) 상병보상연금

요양급여를 받는 근로자가 요양을 시작한 지 2년이 지난 날 이후에 다음의 요건 모두에 해당하는 상태가 계속되면 휴업급여 대신 상병보상연금을 그 근로자에게 지급한다.

- 그 부상이나 질병이 치유되지 아니한 상태일 것
- 그 부상이나 질병에 따른 폐질(廢疾)의 정도가 대통령령으로 정하는 폐질등급 기준에 해당할 것
- 요양으로 인하여 취업하지 못하였을 것

8) 장의비

장의비는 근로자가 업무상의 사유로 사망한 경우에 지급하되, 평균임금의 120일분에 상당하는 금액을 그 장제(葬祭)를 지낸 유족에게 지급한다. 다만, 장제를 지낼 유족이 없거나 그 밖에 부득이한 사유로 유족이 아닌 자가 장제를 지낸 경우에는 평균임금의 120일분에 상당하는 금액의 범위에서 실제 드는 비용을 그 장제를 지낸 자에게 지급한다. 제71조 제1항에 따른 장의비가 대통령령으로 정하는 바에 따라 고용노동부장관이 고시하는 최고 금액을 초과하거나 최저 금액에 미달하면 그 최고 금액 또는 최저 금액을 각각 장의비로 한다.

9) 직업재활급여

직업재활급여의 종류는 다음과 같다.

- 장해급여 또는 진폐보상연금을 받은 자나 장해급여를 받을 것이 명백한 자로서 대통령령으로 정하는 자(이하 "장해급여자"라 한다) 중 취업을 위하여 직업훈련이 필요한 자(이하 "훈련대상자"라 한다)에 대하여 실시하는 직업훈련에 드는 비용 및 직업훈련수당
- 업무상의 재해가 발생할 당시의 사업에 복귀한 장해급여자에 대하여 사업주가 고용을 유지하거나 직장적응훈련 또는 재활운동을 실시하는 경우에 각각 지급하는 직장복귀지원금, 직장적응훈련비 및 재활운동비

마. 권리구제

「산업재해보상보험법」에서 수급자의 권리구제제도는 심사청구와 재심사청구가 있으며, 이에 대한 자세한 내용은 다음과 같다.

1) 심사청구

보험급여에 관한 결정, 진료비에 관한 결정, 약제비에 관한 결정, 진료계획 변경 조치 등, 보험급여의 일시지급에 관한 결정, 합병증 등 예방관리에 관한 조치, 부당이득의 징수에 관한 결정, 수급권의 대위에 관한 결정의 공단 결정 등(이하 "보험급여 결정 등"이라 한다)에 불복하는 자는 공단에 심사청구를 할 수 있다.

심사청구는 그 보험급여 결정 등을 한 공단의 소속 기관을 거쳐 공단에 제기하여야 한다. 심사청구는 보험급여 결정 등이 있음을 안 날부터 90일 이내에 하여야 한다. 심사청구서를 받은 공단의 소속 기관은 5일 이내에 의견서를 첨부하여 공단에 보내야 한다. 보험급여 결정 등에 대하여는 「행정심판법」에 따른 행정심판을 제기할 수 없다.

2) 재심사청구

제105조 제1항에 따른 심사청구에 대한 결정에 불복하는 자는 제107조에 따른 산업재해보상보험재심사위원회에 재심사청구를 할 수 있다. 다만, 판정위원회의 심의를 거친 보험급여에 관한 결정에 불복하는 자는 제103조에 따른 심사청구를

하지 아니하고 재심사청구를 할 수 있다(제106조 제1항). 재심사청구는 그 보험급여 결정 등을 한 공단의 소속 기관을 거쳐 제107조에 따른 산업재해보상보험재심사위원회에 제기하여야 한다.

제106조 제1항에 따른 재심사청구는 심사청구에 대한 결정이 있음을 안 날부터 90일 이내에 제기하여야 한다. 다만, 같은 조 제1항 단서에 따라 심사청구를 거치지 아니하고 재심사청구를 하는 경우에는 보험급여에 관한 결정이 있음을 안 날부터 90일 이내에 제기하여야 한다. 재심사청구에 관하여는 제103조 제4항을 준용한다. 이 경우 "심사청구서"는 "재심사청구서"로, "공단"은 "산업재해보상보험재심사위원회"로 본다.

제5절「고용보험법」[26)]

가.「고용보험법」의 목적과 관장

이 법은 고용보험의 시행을 통하여 실업의 예방, 고용의 촉진 및 근로자의 직업능력의 개발과 향상을 꾀하고, 국가의 직업지도와 직업소개 기능을 강화하며, 근로자가 실업한 경우에 생활에 필요한 급여를 실시하여 근로자의 생활안정과 구직 활동을 촉진함으로써 경제·사회 발전에 이바지하는 것을 목적으로 한다. 고용보험(이하 "보험"이라 한다)은 고용노동부장관이 관장한다.

나. 보험료

이 법에 따른 보험사업에 드는 비용을 충당하기 위하여 징수하는 보험료와 그 밖의 징수금에 대하여는「고용보험 및 산업재해보상보험의 보험료징수 등에 관한 법률」(이하 "보험료징수법"이라 한다)로 정하는 바에 따른다.「보험료징수법」제13조 제

26) 법률 제14496호에 의거, 2017년 6월 28일 시행한 법을 기준으로 하였으며, 이에 대한 더 구체적인 내용은 이 법의 전문을 참조하기 바란다.

1항 제1호에 따라 징수된 고용안정·직업능력개발 사업의 보험료 및 실업급여의 보험료는 각각 그 사업에 드는 비용에 충당한다. 다만, 실업급여의 보험료는 육아휴직 급여 및 출산전후휴가 급여 등에 드는 비용에 충당할 수 있다.「보험료징수법」 제6조 제2항에도 불구하고 자영업자인 피보험자로부터 보험료징수법 제49조의2에 따라 징수된 고용안정·직업능력개발 사업의 보험료 및 실업급여의 보험료는 각각 자영업자인 피보험자를 위한 그 사업에 드는 비용에 충당한다.

다. 적용 제외

다음 각 호의 어느 하나에 해당하는 자에게는 이 법을 적용하지 아니한다. 다만, 제10조 제1호의 근로자 또는 자영업자에 대한 고용안정·직업능력개발 사업에 관하여는 그러하지 아니하다.

- 65세 이후에 고용되거나 자영업을 개시한 자
- 소정(所定) 근로시간이 대통령령으로 정하는 시간 미만인 자
- 「국가공무원법」과 「지방공무원법」에 따른 공무원. 다만, 대통령령으로 정하는 바에 따라 별정직공무원, 「국가공무원법」 제26조의5 및 「지방공무원법」 제25조의5에 따른 임기제공무원의 경우는 본인의 의사에 따라 고용보험(제4장에 한한다)에 가입할 수 있다.
- 「사립학교교직원 연금법」의 적용을 받는 자
- 그 밖에 대통령령으로 정하는 자

라. 고용안정·직업능력개발 사업

1) 고용안정·직업능력개발 사업의 실시

고용노동부장관은 피보험자 및 피보험자였던 자, 그 밖에 취업할 의사를 가진 자(이하 "피보험자 등"이라 한다)에 대한 실업의 예방, 취업의 촉진, 고용기회의 확대, 직업능력개발·향상의 기회 제공 및 지원, 그 밖에 고용안정과 사업주에 대한 인력 확

보를 지원하기 위하여 고용안정·직업능력개발 사업을 실시한다. 고용노동부장관은 제19조 제1항에 따른 고용안정·직업능력개발 사업을 실시할 때에는 근로자의 수, 고용안정·직업능력개발을 위하여 취한 조치 및 실적 등 대통령령으로 정하는 기준에 해당하는 기업을 우선적으로 고려하여야 한다.

2) 고용조정의 지원

고용노동부장관은 경기의 변동, 산업구조의 변화 등에 따른 사업 규모의 축소, 사업의 폐업 또는 전환으로 고용조정이 불가피하게 된 사업주가 근로자에 대한 휴업, 휴직, 직업전환에 필요한 직업능력개발 훈련, 인력의 재배치 등을 실시하거나 그 밖에 근로자의 고용안정을 위한 조치를 하면 대통령령으로 정하는 바에 따라 그 사업주에게 필요한 지원을 할 수 있다. 이 경우 휴업이나 휴직 등 고용안정을 위한 조치로 근로자의 임금이 대통령령으로 정하는 수준으로 감소할 때에는 대통령령으로 정하는 바에 따라 그 근로자에게도 필요한 지원을 할 수 있다.

고용노동부장관은 제21조 제1항의 고용조정으로 이직된 근로자를 고용하는 등 고용이 불안정하게 된 근로자의 고용안정을 위한 조치를 하는 사업주에게 대통령령으로 정하는 바에 따라 필요한 지원을 할 수 있다. 고용노동부장관은 제21조 제1항에 따른 지원을 할 때에는 「고용정책 기본법」 제32조에 따른 업종에 해당하거나 지역에 있는 사업주 또는 근로자에게 우선적으로 지원할 수 있다.

마. 실업급여

1) 실업급여의 종류

실업급여는 구직급여와 취업촉진 수당으로 구분한다. 취업촉진 수당으로는 조기(早期)재취업 수당, 직업능력개발 수당, 광역 구직활동비, 이주비가 있다.

2) 구직급여

구직급여는 이직한 피보험자가 일정한 요건을 모두 갖춘 경우에 지급한다. 다만, 제40조 제5호와 제6호는 최종 이직 당시 일용근로자였던 자만 해당한다. 피보험자가 이직일 이전 18개월 동안에 질병·부상, 그 밖에 대통령령으로 정하는 사유로 계속하여 30일 이상 보수의 지급을 받을 수 없었던 경우에는 18개월에 그 사유로 보수를 지급받을 수 없었던 일수를 가산한 기간을 기준기간(3년을 초과할 때에는 3년)으로 한다.

3) 취업촉진 수당

조기재취업 수당은 수급자격자(「외국인근로자의 고용 등에 관한 법률」 제2조에 따른 외국인 근로자는 제외한다)가 안정된 직업에 재취직하거나 스스로 영리를 목적으로 하는 사업을 영위하는 경우로서 대통령령으로 정하는 기준에 해당하면 지급한다. 제64조 제1항에도 불구하고 수급자격자가 안정된 직업에 재취업한 날 또는 스스로 영리를 목적으로 하는 사업을 시작한 날 이전의 대통령령으로 정하는 기간에 조기재취업 수당을 지급받은 사실이 있는 경우에는 조기재취업 수당을 지급하지 아니한다.

조기재취업 수당의 금액은 구직급여의 소정급여일수 중 미지급일수의 비율에 따라 대통령령으로 정하는 기준에 따라 산정한 금액으로 한다. 조기재취업 수당을 지급받은 자에 대하여 이 법의 규정(제61조 및 제62조는 제외한다)을 적용할 때에는 그 조기재취업 수당의 금액을 제46조에 따른 구직급여일액으로 나눈 일수분에 해당하는 구직급여를 지급한 것으로 본다. 수급자격자를 조기에 재취업시켜 구직급여의 지급 기간이 단축되도록 한 자에게는 대통령령으로 정하는 바에 따라 장려금을 지급할 수 있다.

바. 육아휴직 급여 등

1) 육아휴직 급여

고용노동부장관은 「남녀고용평등과 일·가정 양립 지원에 관한 법률」 제19조에 따른 육아휴직을 30일(「근로기준법」 제74조에 따른 출산전후휴가기간과 중복되는 기간은 제외한다) 이상 부여받은 피보험자 중 다음의 요건을 모두 갖춘 피보험자에게 육아휴직 급여를 지급한다.

- 육아휴직을 시작한 날 이전에 제41조에 따른 피보험 단위기간이 통산하여 180일 이상일 것
- 같은 자녀에 대하여 피보험자인 배우자가 30일 이상의 육아휴직을 부여받지 아니하거나 「남녀고용평등과 일·가정 양립지원에 관한 법률」 제19조의2에 따른 육아기 근로시간 단축(이하 "육아기 근로시간 단축"이라 한다)을 30일 이상 실시하지 아니하고 있을 것

2) 출산전후휴가 급여 등

고용노동부장관은 「남녀고용평등과 일·가정 양립 지원에 관한 법률」 제18조에 따라 피보험자가 「근로기준법」 제74조에 따른 출산전후휴가 또는 유산·사산휴가를 받은 경우로서 다음의 요건을 모두 갖춘 경우에 출산전후휴가 급여 등(이하 "출산전후휴가 급여 등"이라 한다)을 지급한다.

- 휴가가 끝난 날 이전에 제41조에 따른 피보험 단위기간이 통산하여 180일 이상일 것
- 휴가를 시작한 날[제19조 제2항에 따라 근로자의 수 등이 대통령령으로 정하는 기준에 해당하는 기업이 아닌 경우는 휴가 시작 후 60일(한 번에 둘 이상의 자녀를 임신한 경우에는 75일)이 지난 날로 본다] 이후 1개월부터 휴가가 끝난 날 이후 12개월 이내에 신청할 것. 다만, 그 기간에 대통령령으로 정하는 사유로 출산전후휴가 급여 등을 신청할 수 없었던 자는 그 사유가 끝난 후 30일 이내에 신청하여야 한다.

사. 고용보험기금

고용노동부장관은 보험사업에 필요한 재원에 충당하기 위하여 고용보험기금(이하 "기금"이라 한다)을 설치한다. 기금은 보험료와 이 법에 따른 징수금·적립금·기금 운용 수익금과 그 밖의 수입으로 조성한다. 기금은 고용노동부장관이 관리·운용한다. 기금의 관리·운용에 관한 세부 사항은 「국가재정법」의 규정에 따른다.

아. 권리구제

「고용보험법」에서 수급자의 권리구제제도는 심사청구와 재심사청구가 있으며, 이에 대한 자세한 내용은 다음과 같다.

1) 심사청구

제17조에 따른 피보험자격의 취득·상실에 대한 확인, 제4장의 규정에 따른 실업급여 및 제5장에 따른 육아휴직 급여와 출산전후휴가 급여 등에 관한 처분[이하 "원처분(原處分) 등"이라 한다]에 이의가 있는 자는 제89조에 따른 심사관에게 심사청구할 수 있다. 제87조 제1항에 따른 심사청구는 같은 항의 확인 또는 처분이 있음을 안 날부터 90일 이내에 하여야 한다.

2) 재심사청구

심사청구 결정에 이의가 있는 자는 제99조에 따른 심사위원회에 재심사청구를 할 수 있다. 재심사청구는 심사청구에 대한 결정이 있음을 안 날부터 90일 이내에 하여야 한다. 재심사청구는 원처분 등을 행한 직업안정기관의 장을 상대방으로 한다.

제6절 「노인장기요양보험법」[27)]

가. 「노인장기요양보험법」의 목적

이 법은 고령이나 노인성 질병 등의 사유로 일상생활을 혼자서 수행하기 어려운 노인 등에게 제공하는 신체활동 또는 가사활동 지원 등의 장기요양급여에 관한 사항을 규정하여 노후의 건강증진 및 생활안정을 도모하고 그 가족의 부담을 덜어 줌으로써 국민의 삶의 질을 향상하도록 함을 목적으로 한다.

---

27) 법률 제15443호에 의거, 2018년 9월 14일 시행한 법을 기준으로 하였으며, 이에 대한 더 구체적인 내용은 이 법의 전문을 참조하기 바란다.

나. 장기요양급여 제공의 기본원칙

장기요양급여는 노인 등의 심신상태·생활환경과 노인 등 및 그 가족의 욕구·선택을 종합적으로 고려하여 필요한 범위 안에서 이를 적정하게 제공하여야 한다. 장기요양급여는 노인 등이 가족과 함께 생활하면서 가정에서 장기요양을 받는 재가급여를 우선적으로 제공하여야 한다. 장기요양급여는 노인 등의 심신상태나 건강 등이 악화되지 아니하도록 의료서비스와 연계하여 이를 제공하여야 한다.

다. 장기요양보험

장기요양보험사업은 보건복지부장관이 관장한다. 장기요양보험의 가입자(이하 "장기요양보험가입자"라 한다)는 「국민건강보험법」 제5조 및 제109조에 따른 가입자로 한다. 공단은 제7조 제3항에도 불구하고 「외국인근로자의 고용 등에 관한 법률」에 따른 외국인근로자 등 대통령령으로 정하는 외국인이 신청하는 경우 보건복지부령으로 정하는 바에 따라 장기요양보험가입자에서 제외할 수 있다.

라. 장기요양인정

1) 장기요양인정의 신청자격

장기요양인정을 신청할 수 있는 자는 노인 등으로서 다음의 어느 하나에 해당하는 자격을 갖추어야 한다.

- 장기요양보험가입자 또는 그 피부양자
- 「의료급여법」 제3조 제1항에 따른 수급권자(이하 "의료급여수급권자"라 한다)

2) 등급판정 등

공단은 제14조에 따른 조사가 완료된 때 조사결과서, 신청서, 의사소견서, 그 밖에 심의에 필요한 자료를 제52조에 따른 장기요양등급판정위원회(이하 "등급판정위원회"라 한다)에 제출하여야 한다. 등급판정위원회는 신청인이 제12조의 신청자격요건을 충족하고 6개월 이상 동안 혼자서 일상생활을 수행하기 어렵다고 인정하는 경우 심신상태 및 장기요양이 필요한 정도 등 대통령령으로 정하는 등급판정기준에 따라 장기요양급여를 받을 자(이하 "수급자"라 한다)로 판정한다. 등급판정위원회는 제15조 제2항에 따라 심의·판정을 하는 때 신청인과 그 가족, 의사소견서를 발급한 의사 등 관계인의 의견을 들을 수 있다.

마. 장기요양급여의 종류

이 법에 따른 장기요양급여의 종류로는 재가급여, 시설급여, 특별현금급여가 있다.

바. 장기요양기관

장기요양기관을 설치·운영하고자 하는 자는 소재지를 관할 구역으로 하는 특별자치시장·특별자치도지사·시장·군수·구청장으로부터 지정을 받아야 한다. 제31조 제1항에 따라 장기요양기관으로 지정받고자 하는 자는 보건복지부령으로 정하는 장기요양에 필요한 시설 및 인력을 갖추어야 한다. 특별자치시장·특별자치도지사·시장·군수·구청장은 제31조 제1항에 따라 장기요양기관을 지정한 때 지체 없이 지정 명세를 공단에 통보하여야 한다. 장기요양기관의 지정절차와 그 밖에 필요한 사항은 보건복지부령으로 정한다.

제23조 제1항 제1호의 재가급여 중 어느 하나 이상에 해당하는 장기요양급여를 제공하고자 하는 자는 시설 및 인력을 갖추어 재가장기요양기관을 설치하고 특별자치시장·특별자치도지사·시장·군수·구청장에게 이를 신고하여야 한다. 신고를 받은 특별자치시장·특별자치도지사·시장·군수·구청장은 신고 명세를 공단에 통보하여야 한다. 제32조 제1항 전단에 따라 설치의 신고를 한 재가장기요양기관은 장기요양기관으로 본다. 의료기관이 아닌 자가 설치·운영하는 재가장기요양기관은 방문간호를 제공하는 경우 방문간호의 관리책임자로서 간호사를 둔다. 제32조 제1항에 따른 시설 및 인력기준, 그 밖에 필요한 사항은 보건복지부령으로 정한다.

사. 재가 및 시설 급여비용 등

1) 재가 및 시설 급여비용의 청구 및 지급

장기요양기관은 수급자에게 제23조에 따른 재가급여 또는 시설급여를 제공한 경우 공단에 장기요양급여비용을 청구하여야 한다. 공단은 제38조 제1항에 따라 장기요양기관으로부터 재가 또는 시설 급여비용의 청구를 받은 경우 이를 심사하여 장기요양에 사용된 비용 중 공단부담금(재가 및 시설 급여비용 중 본인일부부담금을 공제한 금액을 말한다)을 당해 장기요양기관에 지급하여야 한다. 공단은 제54조 제2항에 따른 장기요양기관의 장기요양급여평가 결과에 따라 장기요양급여비용을 가산 또는 감액조정하여 지급할 수 있다. 제38조 제1항부터 제3항까지의 규정에 따른 재가 및 시설 급여비용의 심사기준, 장기요양급여비용의 가감지급의 기준, 청구절차 및 지급방법 등에 관한 사항은 보건복지부령으로 정한다.

2) 본인일부부담금

재가 및 시설 급여비용은 다음과 같이 수급자가 부담한다. 다만, 수급자 중 「국민기초생활보장법」에 따른 수급권자는 그러하지 아니하다.

- 재가급여: 당해 장기요양급여비용의 100분의 15
- 시설급여: 당해 장기요양급여비용의 100분의 20

아. 장기요양위원회

다음의 사항을 심의하기 위하여 보건복지부장관 소속으로 장기요양위원회를 둔다. 장기요양위원회는 위원장 1인, 부위원장 1인을 포함한 16인 이상 22인 이하의 위원으로 구성한다.

- 제9조 제2항에 따른 장기요양보험료율
- 제24조부터 제26조까지의 규정에 따른 가족요양비, 특례요양비 및 요양병원 간병비의 지급기준

- 제39조에 따른 재가 및 시설 급여비용
- 그 밖에 대통령령으로 정하는 주요 사항

자. 관리운영기관

1) 관리운영기관 등

장기요양사업의 관리운영기관은 공단으로 한다. 공단은 다음의 업무를 관장한다.

- 장기요양보험가입자 및 그 피부양자와 의료급여수급권자의 자격관리
- 장기요양보험료의 부과·징수
- 신청인에 대한 조사
- 등급판정위원회의 운영 및 장기요양등급 판정
- 장기요양인정서의 작성 및 표준장기요양이용계획서의 제공
- 장기요양급여의 관리 및 평가
- 수급자에 대한 정보제공·안내·상담 등 장기요양급여 관련 이용지원에 관한 사항
- 재가 및 시설 급여비용의 심사 및 지급과 특별현금급여의 지급
- 장기요양급여 제공내용 확인
- 장기요양사업에 관한 조사·연구 및 홍보
- 노인성질환예방사업
- 이 법에 따른 부당이득금의 부과·징수 등
- 장기요양급여의 제공기준을 개발하고 장기요양급여비용의 적정성을 검토하기 위한 장기요양기관의 설치 및 운영
- 그 밖에 장기요양사업과 관련하여 보건복지부장관이 위탁한 업무

2) 등급판정위원회의 설치

장기요양인정 및 장기요양등급판정 등을 심의하기 위하여 공단에 장기요양등급판정위원회를 둔다. 등급판정위원회는 특별자치시·특별자치도·시·군·구 단위로

설치한다. 다만, 인구수 등을 고려하여 하나의 특별자치시·특별자치도·시·군·구에 2 이상의 등급판정위원회를 설치하거나 2 이상의 특별자치시·특별자치도·시·군·구를 통합하여 하나의 등급판정위원회를 설치할 수 있다. 등급판정위원회는 위원장 1인을 포함하여 15인의 위원으로 구성한다. 등급판정위원회 위원은 다음의 자 중에서 공단 이사장이 위촉한다. 이 경우 특별자치시장·특별자치도지사·시장·군수·구청장이 추천한 위원은 7인, 의사 또는 한의사가 1인 이상 각각 포함되어야 한다.

- 「의료법」에 따른 의료인
- 「사회복지사업법」에 따른 사회복지사
- 특별자치시·특별자치도·시·군·구 소속 공무원
- 그 밖에 법학 또는 장기요양에 관한 학식과 경험이 풍부한 자

3) 장기요양급여의 관리·평가

공단은 장기요양기관이 제공하는 장기요양급여 내용을 지속적으로 관리·평가하여 장기요양급여의 수준이 향상되도록 노력하여야 한다. 공단은 장기요양기관이 제23조 제3항에 따른 장기요양급여의 제공 기준·절차·방법 등에 따라 적정하게 장기요양급여를 제공하였는지를 평가한 후 그 결과를 공개하는 등 필요한 조치를 할 수 있다. 제54조 제2항에 따른 장기요양급여 제공내용의 평가 방법 및 평가 결과의 공개 방법, 그 밖에 필요한 사항은 보건복지부령으로 정한다.

차. 권리구제

「노인장기요양보험법」에서 수급자의 권리구제제도는 이의신청과 심사청구가 있으며, 이에 대한 자세한 내용은 다음과 같다.

1) 이의신청

장기요양인정·장기요양등급·장기요양급여·부당이득·장기요양급여비용 또는 장기요양보험료 등에 관한 공단의 처분에 이의가 있는 자는 공단에 이의신청을 할 수

있다. 제55조 제1항에 따른 이의신청은 처분이 있은 날부터 90일 이내에 문서로 하여야 한다. 다만, 정당한 사유로 본문의 기간 이내에 이의신청을 할 수 없었음을 소명한 때는 그러하지 아니하다.

공단은 장기요양심사위원회를 구성하여 제55조 제1항에 따른 이의신청사건을 심의하게 하여야 한다. 제55조 제3항에 따른 장기요양심사위원회의 구성·운영 및 위원의 임기, 그 밖에 필요한 사항은 대통령령으로 정한다.

2) 심사청구

제55조에 따른 이의신청에 대한 결정에 불복하는 자는 결정처분을 받은 날부터 90일 이내에 장기요양심판위원회(이하 "심판위원회"라 한다)에 심사청구를 할 수 있다. 심판위원회는 보건복지부장관 소속으로 두고, 위원장 1인을 포함한 20인 이내의 위원으로 구성한다. 심판위원회의 위원은 관계 공무원, 법학, 그 밖에 장기요양사업 분야의 학식과 경험이 풍부한 자 중에서 보건복지부장관이 임명 또는 위촉한다. 심판위원회의 구성·운영 및 위원의 임기, 그 밖에 필요한 사항은 대통령령으로 정한다.

3) 행정소송

공단의 처분에 이의가 있는 자와 제55조에 따른 이의신청 또는 제56조에 따른 심사청구에 대한 결정에 불복하는 자는 「행정소송법」으로 정하는 바에 따라 행정소송을 제기할 수 있다.

카. 비밀누설금지

다음에 해당하는 자는 업무수행 중 알게 된 비밀을 누설하여서는 아니 된다.

- 특별자치시·특별자치도·시·군·구, 공단, 등급판정위원회 및 장기요양기관에 종사하고 있거나 종사한 자
- 제24조부터 제26조까지의 규정에 따른 가족요양비·특례요양비 및 요양병원 간병비와 관련된 급여를 제공한 자

타. 수급권의 보호

장기요양급여를 받을 권리는 양도 또는 압류하거나 담보로 제공할 수 없다.

파. 양벌규정

법인의 대표자, 법인이나 개인의 대리인·사용인 및 그 밖의 종사자가 그 법인 또는 개인의 업무에 관하여 제67조에 해당하는 위반행위를 한 때에는 그 행위자를 벌하는 외에 그 법인 또는 개인에 대하여도 해당 조의 벌금형을 과한다. 다만, 법인 또는 개인이 그 위반행위를 방지하기 위하여 해당 업무에 관하여 상당한 주의와 감독을 게을리하지 아니한 경우에는 그러하지 아니하다.

· CHAPTER 10 ·

공공부조법

제1절 「국민기초생활보장법」[28]

가. 「국민기초생활보장법」의 의의

「국민기초생활보장법」은 생활이 어려운 자에게 필요한 급여를 행하여 이들의 최저생활을 보장하고 자활을 조성하는 것을 목적으로 한다(법 제1조). 이 법은 공공부조법으로서 헌법에 규정되어 있는 국민의 생존권 보장을 위한 구체적이고 최후의 보루(寶樓)가 되는 법이다. 따라서 최후로 최저생활을 보장하기 위해 마련된 법이고, 가능한 한 도움을 받는 사람들이 자활 및 자립할 수 있도록 돕는 것을 목적으로 하고 있다.

「국민기초생활보장법」의 의의는 다음과 같이 정리할 수 있다. 첫째, 사회문제로서 빈곤에 대한 대책이다. 「국민기초생활보장법」은 빈곤대책의 하나로서 공공부조에 속하는 법이다. 국가가 빈곤문제에 적극적으로 개입하는 이유는 빈곤문제를 개인의 문제로서 보기보다는 사회문제의 하나로 간주하기 때문이다. 둘째, 공공부조

28) 법률 제12933호에 의거, 2018년 3월 13일 시행한 법을 기준으로 하였으며, 이에 대한 더 구체적인 내용은 이 법의 전문을 참조하기 바란다.

수급권의 법적 명확화인데, 국민기초생활보장은 헌법에 보장된 인간다운 생활을 할 권리, 생존권, 사회권, 복지권 및 사회보장수급권 보장을 규정한 법으로서, 공공부조수급권을 구체적으로 보장하기 위한 법률이다. 급여를 받는 사람들의 권리를 인정하여 수급자와 수급권자라는 용어를 사용함으로써 복지권 및 생존권에 대한 수혜자의 법적 권리를 강조하였다. 이 법은 공공부조수급권을 프로그램 규정설에 입각한 권리가 아니라 법적 권리에 근거한 법률로 한 점에서 의의가 있다. 셋째, 최저생계보장에 대한 국가책임의 강조이다. 「국민기초생활보장법」은 국가와 지방자치단체가 생활이 어려운 자에게 필요한 급여를 행하여 이들의 최저생활을 보장하고 자활을 조성해야 할 책임이 있음을 명시하고 있다는 점에서 의의가 있다. 넷째, 종합적 빈곤대책이다. 공공부조는 최저한의 생활을 유지할 수 있도록 빈곤문제에 처한 국민을 돕는 사회복지제도이다. 따라서 정당한 자격요건을 갖춘 사람에 대하여 최저한의 삶을 유지할 수 있도록 최저생계비 이상을 확보하는 제도적 장치이며, 이 제도의 핵심이 「국민기초생활보장법」이다.[29] 그러므로 「국민기초생활보장법」은 빈곤을 해결하기 위한 국가의 공식적 대책으로서 다양한 원리와 방법 및 급여내용 등 「국민기초생활보장법」의 운용과 실제에 관한 내용을 규정하고 있다.

기존의 「생활보호법」상 수급요건인 인구학적 기준(18세 미만 65세 이상)을 철폐하고, 소득이 최저생계비 이하인 국민은 누구나 국가로부터 지원을 받을 수 있도록 함으로써 수급요건을 빈곤으로 단순화하였다. 근로능력이 있는 수급권자에 대해서는 근로조건부(근로와 연계하여)로 급여를 제공하는 적극적 자활정책을 수행하고 있다.

〈표 10-1〉 「생활보호법」 vs 「국민기초생활보장법」

「생활보호법」	「국민기초생활보장법」
제7조(보호의 종류) ① 생계보호, ② 의료보호, ③ 자활보호, ④ 교육보호, ⑤ 해산보호, ⑥ 장제보호	제7조(급여의 종류) ① 생계급여, ② 주거급여, ③ 의료급여, ④ 교육급여, ⑤ 해산급여, ⑥ 장제급여, ⑦ 자활급여

※ 「국민기초생활보장법」이 제정되면서 '보호'에서 '급여'로 명칭을 명경하였고 '주거급여'가 신설되었다.

29) 「국민기초생활보장법」은 생활이 어려운 사람에게 필요한 급여를 실시하여 이들의 최저생활을 보장하고 자활할 수 있도록 조성해 주는 데 그 목적을 두고 있다.

나. 「국민기초생활보장법」 상의 기본원칙 및 보장실시상의 원칙

「국민기초생활보장법」의 기본원칙은 다음과 같은 원칙으로 운영하고 있다.

첫째, 공공책임의 원리인데, 이는 일상생활이 어려운 국민의 생존권을 보장하는 일이 국가의 책무이므로, 「국민기초생활보장법」의 실시를 국가 혹은 공공책임으로 간주하는 것이다. 「국민기초생활보장법」은 보장기관을 「국민기초생활보장법」에 의한 급여를 행하는 시·도지사와 시장·군수·구청장으로 규정하여 공공책임을 분명히 규정하고 있다(법 제19조).

둘째, 최저생활보장의 원리인데, 「국민기초생활보장법」에 의하여 실시되는 급여는 건강하고 문화적인 최저생활을 유지할 수 있는 수준이어야 한다(법 제4조 제1항). 구체적인 급여의 기준은 보건복지부장관이 수급자의 연령·가구규모·거주지역·그 밖의 생활여건 등을 고려하여 급여의 종류별로 정하고 있다(법 제4조 제2항).

셋째, 보충성의 원리이다. 「국민기초생활보장법」에 의한 급여는 수급자가 자신의 생활의 유지·향상을 위하여 그 소득·재산·근로능력 등을 활용하여 최대한 노력하는 것을 전제로 이를 보충·발전시키는 것을 기본원칙으로 하고 있다(법 제3조 제1항). 자유자본주의 사회에서 생활의 자기책임 혹은 사적 자치의 원칙은 당연한 것이고, 또 때로는 부양의무자로 하여금 최대한 부양하도록 한 다음, 이러한 노력이 실패로 돌아갔을 때 국가가 최후 보충적으로 지원하는 것이 정당하다. 다른 한편, 수급자가 자신의 생활유지를 위해 최선의 노력을 하였는지를 판단하기 위하여 행하여지는 수급권자, 부양의무자의 소득·재산조사(법 제22조)는 이러한 배경에서 마땅히 이루어져야 하는 것이다.

넷째, 타법 우선의 원리인데, 부양의무자의 부양과 그 밖의 다른 법령에 의한 보호는 「국민기초생활보장법」에 의한 급여에 우선하여 행하여지는 것으로 하고 있다(법 제3조 제2항). 특히 민법에 의한 부양의무자의 부양을 우선시하고, 그다음에 「국민기초생활보장법」의 급여를 받을 수 있다는 것은 타법 우선의 원칙이 적용된 부분이다. 그러나 다른 법령에 의한 보호의 수준이 「국민기초생활보장법」에서 정하는 수준에 이르지 아니하는 경우에는 나머지 부분에 관하여 이 법에 의한 급여를 받을 권리를 잃지 아니한다(법 제3조 제2항 단서).

다섯째, 자립조장의 원리이다. 「국민기초생활보장법」의 목적에서도 명확하게 규정하고 있듯이 자활과 자립은 동법의 급여원칙에 중요한 요소로 받아들여진다. 또 동법에서 자립조장을 직접 목적으로 하는 것은 「국민기초생활보장법」의 급여 중의 자활급여(법 제15조)이지만, 다른 급여 역시 궁극적으로 자립을 조장하는 방향으로 운용되어야 할 것이다. 왜냐하면, 이는 보충성의 원리에 기초하기 때문이다.

여섯째, 무차별평등의 원리인데, 「국민기초생활보장법」상의 급여를 받을 자격이 무차별 평등하다는 원리이지만, 실제로 급여를 제공하는 과정에서 급여수준은 차등적으로 제공된다(법 제4조 제2항, 제9조 제4항). 생활빈곤의 주관적 원인(태만이나 소행불량)을 묻지 않고 생활유지가 어려운 상태라는 객관적 요건만 있으면 된다. 다만, 「국민기초생활보장법」에 의하여 보장된 수준은 최저생활을 유지한다는 측면에서 무차별평등원리가 결과적으로 실현되기도 한다.

일곱째, 개별성(필요즉응)의 원칙이다. 급여의 정도와 기준은 보건복지부장관이 수급권자 및 수급자의 연령, 가구규모, 거주지역, 그 밖의 생활여건 등을 고려하여 급여의 종류별로 보건복지부장관이 정하거나 급여를 지급하는 중앙행정기관의 장이 보건복지부장관과 협의하여 정하고 있다(법 제4조 제2항).

여덟째, 개별가구단위급여의 원칙이다. 급여의 실시는 개별가구단위로 행하되, 특히 필요하다고 인정하는 경우에는 개인단위로 할 수 있다(법 제4조 제3항).

아홉째, 가족부양 우선의 원칙인데, 급여 신청자가 부양의무자에 의하여 부양될 수 있는 경우에는 기초생활보장급여에 우선하여 부양의무자에 의한 보호가 먼저 행해져야 한다. 수급자에게 부양능력을 가진 부양의무자가 있음이 확인된 경우에는 부양의무자로부터 보장비용을 징수할 수 있다(구상권 행사).

열째, 보편성의 원칙이다. 「국민기초생활보장법」에 규정된 요건을 충족시키는 국민에 대하여는 성별·직업·연령·교육수준·소득원 그 밖의 사유로 수급권을 박탈하지 아니한다.

다. 지급 대상의 선정 등

1) 수급권자와 수급자

(가) 개념과 범위

「국민기초생활보장법」의 보호대상자는 수급권자 및 수급자이다. 수급권자라 함은 이 법에 의한 급여를 받을 수 있는 자격을 가진 자이며(법 제2조 제1호), 수급자란 「국민기초생활보장법」에 의해 급여를 받는 자(법 제2조 제2호)를 말하며, 수급권자와 그 친족, 그 밖의 관계인이 해당된다(법 제21조 제1항). 또한 수급권자가 될 수 있는 외국인은 출입국관리법 제31조에 따라 외국인 등록을 한 자로서 다음의 어느 하나에 해당하는 자로 하고 있다(법 시행령 제5조의2).

- 대한민국 국민과 혼인 중인 사람으로서 본인 또는 대한민국 국적의 배우자가 임신 중인 사람, 대한민국 국적의 미성년 자녀(계부자·계모자 관계와 양친자관계를 포함한다. 이하 이 조에서 같다)를 양육하고 있는 사람, 배우자의 대한민국 국적인 직계존속과 생계나 주거를 같이 하는 사람
- 대한민국 국민인 배우자와 이혼하거나 그 배우자가 사망한 사람으로서 대한민국 국적의 미성년 자녀를 양육하고 있는 사람 또는 사망한 배우자의 태아를 임신하고 있는 사람

(나) 수급자의 권리와 의무

수급권자의 권리는 세 가지로 규정되어 있는데, 수급자에 대한 급여는 정당한 사유 없이 이를 불리하게 변경할 수 없고, 수급자에게 지급된 수급품과 이를 받을 권리는 압류할 수 없도록 하였다. 반면, 수급자는 급여를 받을 권리를 타인에게 양도할 수 없고, 수급자는 거주지역·세대의 구성 또는 임대차 계약내용이 변동되거나 부양의무자의 유무 및 부양능력 등 부양의무자와 관련된 사항, 수급권자 및 부양의무자의 소득·재산에 관한 사항, 수급권자의 근로능력, 취업상태, 자활욕구 등 자활지원계획 수립에 필요한 사항, 그 밖에 수급권자의 건강상태, 가구특성 등 생활실태에 관한 사항이 현저하게 변동되었을 때에는 지체 없이 관할 보장기관에 이를 신

고하여야 한다.

(다) 조건부 수급자

보장기관은 근로능력이 있는 수급자에게 자활에 필요한 사업에 참가할 것을 조건으로 생계급여를 지급할 수 있으며, 조건부 수급자란 자활에 필요한 사업에 참가할 것을 조건으로 생계급여를 지급받는 자인데, 근로능력이 있는 수급자 중에서 선별하고 있다(법 시행령 제8조).

- 개별가구 또는 개인의 여건 등으로 자활사업에 참가하기가 곤란한 사람
  - 미취학 자녀, 질병·부상 또는 장애 등으로 거동이 곤란한 가구원이나 치매 등으로 특히 보호가 필요한 가구원을 양육·간병 또는 보호하는 수급자(가구별로 1명으로 한정하되, 양육·간병 또는 보호를 할 수 있는 다른 가구원이 있거나 사회복지시설 등에서 보육·간병 또는 보호서비스를 제공받는 경우는 제외한다)
  - 대학, 산업대학, 교육대학, 전문대학, 기술대학, 각종 학교(원격대학은 제외)에 재학 중인 사람
  - 「장애인고용촉진 및 직업재활법」 제9조에 따른 장애인 직업재활 실시 기관 및 같은 법 제43조에 따른 한국장애인고용공단이 실시하는 고용촉진 및 직업재활사업에 참가하고 있는 장애인
  - 임신 중이거나 분만 후 6개월 미만인 여자
  - 사회복무요원 등 법률상 의무를 이행 중인 사람
- 근로 또는 사업에 종사하는 대가로 소득을 얻고 있는 사람
  - 주당 평균 3일(1일 6시간 이상 근로에 종사하는 경우만 해당한다) 이상 근로에 종사하거나 주당 평균 4일 이상의 기간 동안 22시간 이상 근로에 종사하는 사람
  - 사업자 등록을 하고 그 사업에 종사하고 있는 사람

다만, 특별자치도지사·시장·군수·구청장은 최저생계비와 자활근로에 참여하여 받는 소득 등을 고려하여 보건복지부장관이 정하여 고시하는 기준 이하의 소득에 해당하는 사람에 대하여 조건부수급자로 결정할 수 있다.

- 환경 변화로 적응기간이 필요하다고 인정되는 사람(이 경우 그 기간은 3개월로 한정한다)
  - 「병역법」에 따른 입영예정자 또는 전역자
  - 「형의 집행 및 수용자의 처우에 관한 법률」 및 「치료감호법」 등에 따른 교도소, 구치소, 치료감호시설 등에서 출소한 사람
  - 보장시설에서 퇴소한 사람
  - 「초·중등교육법」 제2조 제3호부터 제5호까지의 규정에 따른 학교 또는 「고등교육법」 제2조 각 호(제5호는 제외한다)에 따른 학교의 졸업자
  - 질병·부상 등으로 2개월 이상 치료를 받고 회복 중인 사람
- 그 밖에 자활사업에 참가할 것을 조건으로 생계급여를 지급하는 것이 곤란하다고 보건복지부장관이 정하는 사람

2) 부양의무자의 범위

(가) 부양의무자의 정의

부양의무자라 함은 수급권자를 부양할 책임이 있는 자로서 수급권자의 1촌의 직계혈족 및 그 배우자를 말한다(법 제2조 제5호). 이 법에서 규정하고 있는 부양의무자의 범위는 좁게 되어 있는데, 이는 수급권자의 범위를 확대하기 위한 것이다. 즉, 부모-자식 간에만 부양의무를 부담하게 하고, 조부모와 손자 간에는 부양의무를 제외시킨 것이다.

(나) 부양의무자가 부양능력이 없는 경우

부양의무자는 개별가구에 속하지 아니하는 다른 직계혈족에 대해서만 부양능력이 없는 것으로 본다.

- 수급자인 경우
- 직계존속 또는 「장애인복지법」에 따른 중증장애인인 직계비속을 자신의 주거에서 부양하는 경우(보건복지부장관이 정하여 고시하는 경우로 한정한다)
- 다음 각 목의 어느 하나에 해당하는 사람으로서 재산의 소득환산액이 보건복

지부장관이 정하여 고시하는 금액 미만인 경우
- 제3조에 따른 실제소득에서 질병, 교육 및 가구특성을 고려하여 보건복지부 장관이 정하여 고시하는 금액을 뺀 금액(이하 '차감된 소득'이라 한다)이 최저생계비의 100분의 130 미만인 사람
- 일용근로 등에 종사하는 사람. 이 경우 일용근로는 근로를 한 날이나 시간에 따라 근로대가를 계산하는 근로로서 고용계약기간이 1개월 미만인 근로로 한다.

• 위의 외의 사람으로서 다음 각 목의 요건을 모두 충족하는 경우
- 차감된 소득이 수급권자 및 해당 부양의무자 각각의 최저생계비를 합한 금액의 100분의 130 미만일 것. 다만, 노인·장애인·한부모가정 등 수급권자 가구의 특성으로 인하여 특히 생활이 어렵다고 보건복지부장관이 정하는 경우에는 100분의 185 미만으로 한다.
- 재산의 소득환산액이 보건복지부장관이 정하여 고시하는 금액 미만일 것
- 부양의무자의 차감된 소득에서 부양의무자 최저생계비의 100분의 130(가목 단서의 경우에는 100분의 185)에 해당하는 금액을 뺀 금액의 범위에서 보건복지부장관이 정하는 금액을 수급권자에게 정기적으로 지원할 것

• 그 밖에 질병, 교육, 가구 특성 등으로 인하여 부양능력이 없다고 보건복지부장관이 정하는 경우

그러나 보건복지부장관은 부양의무자인 혼인한 딸 등의 부양능력에 대해서는 인정기준을 완화하여 정할 수 있다.

(다) 부양의무자가 있어도 부양능력이 없는 경우

기준 중위소득 수준을 고려하여 대통령령으로 정하는 소득·재산 기준 미만인 경우, 직계 존속 또는 중증장애인인 직계비속을 자신의 주거에서 부양하는 경우로서 보건복지부장관이 정하여 고시하는 경우, 그 밖에 질병, 교육, 가구 특성 등으로 부양능력이 없다고 보건복지부장관이 정하는 경우이다(법 제8조의2 제1항).

(라) 부양의무자가 있어도 부양받을 수 없는 경우

「국민기초생활보장법」 제8조의2 제2항에서 "부양의무자가 있어도 부양을 받을 수 없는 경우"란 부양의무자가 ① 「병역법」에 따라 징집되거나 소집된 경우, ② 「해외이주법」 제2조에 따른 해외이주자에 해당하는 경우, ③ 「형의 집행 및 수용자의 처우에 관한 법률」과 「치료감호법」에 따라 교도소, 구치소, 치료감호시설 등에 수용 중인 경우, ④ 실종선고 절차가 진행 중인 경우, ⑤ 보장시설에서 급여를 받고 있는 경우, ⑥ 부양의무자의 가출 또는 행방불명으로 경찰서 등 행정관청에 신고된 후 1개월이 지났거나 가출 또는 행방불명 사실을 특별자치시장·특별자치도지사·시장·군수·구청장이 확인한 경우, ⑦ 부양의무자가 부양을 기피하거나 거부하는 경우, ⑧ 그 밖에 수급권자가 부양을 받을 수 없는 것으로 보건복지부장관이 정하는 경우에 해당하는 때를 말한다.

3) 수급자의 선정(판정)기준

수급자로 선정(판정)되기 위해서는 기준 중위소득을 적용한다. 급여별 선정기준을 중위소득(모든 가구를 소득 순으로 매겼을 때, 가운데를 차지한 가구의 소득)과 연동한다. 소득인정액 기준(소득평가액+소득환산액)과 부양의무자 기준을 동시에 충족시켜야 한다.

(가) 최저생계비

최저생계비라 함은 국민이 건강하고 문화적인 생활을 유지하기 위하여 소요되는 최소한의 비용으로서 법 제20조의2 제4항에 따라 보건복지부장관이 계측하는 금액을 말한다(법 제2조 제7호). 보건복지부장관 또는 소관 중앙행정기관의 장은 급여의 종류별 수급자 선정기준 및 최저보장수준을 결정하여야 한다(법 제6조 제1항). 보건복지부장관 또는 소관 중앙행정기관의 장은 매년 8월 1일까지 중앙생활보장위원회의 심의·의결을 거쳐 다음 연도의 급여의 종류별 수급자 선정기준 및 최저보장수준을 공표하여야 한다(법 제6조 제2항).

(나) 기준 중위소득

기준 중위소득이란 보건복지부장관이 급여의 기준 등에 활용하기 위하여 중앙생활보장위원회의 심의·의결을 거쳐 고시하는 국민 가구소득의 중위값을 말한다. 기준 중위소득의 산정은 기준 중위소득 「통계법」 제27조에 따라 통계청이 공표하는 통계자료의 가구 경상소득(근로소득, 사업소득, 재산소득, 이전소득을 합산한 소득을 말한다)의 중간값에 최근 가구소득 평균 증가율, 가구규모에 따른 소득수준의 차이 등을 반영하여 가구규모별로 산정하고(제6조의2), 그 밖에 가구규모별 소득수준 반영 방법 등 기준 중위소득의 산정에 필요한 사항은 제20조 제2항에 따른 중앙생활보장위원회에서 정한다(제6조의2).

(다) 개별가구

이 법에 따른 급여를 받거나 이 법에 따른 자격요건에 부합하는지에 관한 조사를 받는 기본단위로서 수급자 또는 수급권자로 구성된 가구를 말한다. 이 경우 개별가구의 범위 등 구체적인 사항은 대통령령으로 정한다(제2조 제8호).

(라) 소득인정액

소득인정액은 보장기관이 급여의 결정 및 실시 등에 사용하기 위하여 산출한 개별가구의 소득평가액과 재산의 소득환산액을 합산한 금액을 말한다(법 제2조 제9호).

- 개별가구의 소득평가액은 개별가구의 실제소득에도 불구하고 보장기관이 급여의 결정 및 실시 등에 사용하기 위하여 산출한 금액으로 다음 각 호의 소득을 합한 개별가구의 실제소득에서 장애·질병·양육 등 가구 특성에 따른 지출요인, 근로를 유인하기 위한 요인, 그 밖에 추가적인 지출요인에 해당하는 금액을 감하여 산정한다(제6조의3 제1항).
  - 근로소득
  - 사업소득
  - 재산소득
  - 이전소득

- 재산의 소득환산액은 개별가구의 재산가액에서 기본재산액(기초생활의 유지에 필요하다고 보건복지부장관이 정하여 고시하는 재산액을 말한다) 및 부채를 공제한 금액에 소득환산율을 곱하여 산정하고 이 경우 소득으로 환산하는 재산의 범위는 다음과 같다(제6조의3 제2항).
  - 일반재산(금융재산 및 자동차를 제외한 재산을 말한다)
  - 금융재산
  - 자동차
- 실제소득, 소득평가액 및 재산의 소득환산액의 산정을 위한 구체적인 범위·기준 등은 대통령령으로 정하고 있다(제6조의3 제3항).

(마) 재산의 소득평가액

개별가구의 실제소득에도 불구하고 보장기관이 급여의 결정 및 실시 등에 사용하기 위하여 산출한 금액으로 개별가구의 실제소득(근로소득, 사업소득, 재산소득, 이전소득을 합한 금액)에서 장애·질병·양육 등 가구 특성에 따른 지출요인, 근로를 유인하기 위한 요인, 그 밖에 추가적인 지출요인에 해당하는 금액을 감하여 산정한다.

(바) 재산의 소득환산액

개별가구의 재산가액에서 기본재산액(기초생활의 유지에 필요하다고 보건복지부장관이 정하여 고시하는 재산액을 말한다) 및 부채를 공제한 금액에 소득환산율을 곱하여 산정한다.

(사) 차상위계층

수급권자(특례 수급권자로 보는 사람은 제외한다)에 해당하지 아니하는 계층으로서 소득인정액이 대통령령으로 정하는 기준 이하인 계층을 말한다.

라. 급여의 종류와 내용

급여는 문제를 가진 사람들의 욕구를 해결하기 위해 제공하는 각종의 사회적 자원을 말한다. 급여는 흔히 현금과 현물로 크게 나누지만, 좀 더 전문적으로 구별하면, 현금, 물품, 신용(Credit), 서비스, 힘(Power) 및 기회(Opportunity) 등으로 나누어진다.

「국민기초생활보장법」에 의한 급여의 종류는 생계급여, 주거급여, 의료급여, 교육급여, 해산급여, 장제급여, 자활급여 등이 있다(법 제7조 제1항). 급여는 생계급여와 수급자의 필요에 따라 주거급여, 의료급여, 교육급여, 해산급여, 장제급여 자활급여의 전부 또는 일부를 실시하는 것으로 한다(법 제7조 제2항). 차상위계층에 속하는 자(차상위자)에 대한 급여는 보장기관이 차상위자의 가구별 생활을 고려하여 예산의 범위 안에서 주거급여, 의료급여, 교육급여, 장제급여, 자활급여의 규정에 따른 급여의 전부 또는 일부를 행할 수 있다. 이 경우 차상위자에 대한 급여의 기준 및 절차 등에 관하여 필요한 사항은 대통령령으로 정하고 있다(법 제7조 제3항).

1) 생계급여

생계급여는 수급자에게 의복·음식물 및 연료비와 기타 일상생활에 기본적으로 필요한 금품을 지급하여 그 생계를 유지하게 하는 것으로 하고 있다(법 제8조 제1항).

생계급여 수급권자는 부양의무자가 없거나, 부양의무자가 있어도 부양능력이 없거나 부양을 받을 수 없는 사람으로서 그 소득인정액이 제20조 제2항에 따른 중앙생활보장위원회의 심의·의결을 거쳐 결정하는 금액(이하 이 조에서 "생계급여 선정기준"이라 한다) 이하인 사람으로 한다. 이 경우 생계급여 선정기준은 기준 중위소득의 100분의 30 이상으로 한다(법 제8조 제2항).

- 생계급여 최저보장수준은 생계급여와 소득인정액을 포함하여 생계급여 선정기준 이상이 되도록 하여야 한다(법 제8조 제3항).
- 제2항 및 제3항에도 불구하고 제10조 제1항 단서에 따라 제32조에 따른 보장시설에 위탁하여 생계급여를 실시하는 경우에는 보건복지부장관이 정하는 고시에 따라 그 선정기준 등을 달리 정할 수 있다(법 제8조 제4항).

생계급여는 원칙적으로 금전(현금급여)으로 지급하며, 다만, 금전으로 지급할 수 없거나 금전으로 지급하는 것이 적당하지 아니하다고 인정하는 경우에는 물품을 지급(현물급여)할 수 있다(법 제9조 제1항).

또한 생계급여는 다음과 같은 지급원칙으로 시행하고 있다. 첫째, 현금지급이 원칙이다. 생계급여는 금전을 지급함으로써 행한다. 다만, 이에 의할 수 없거나 이에 의하는 것이 적당하지 아니하다고 인정되는 경우에는 물품을 지급함으로써 행할 수 있다(법 제9조 제1항). 둘째, 정기급여의 원칙이다. 수급품은 매월 정기적으로 수급자에게 직접 지급하여야 한다. 다만, 특별한 사정이 있는 경우에는 다르게 정하여 지급할 수 있으며(법 제9조 제2항). 현행 정기 지급일은 매월 20일(토요일이거나 공휴일인 경우에는 그 전일)에 금융회사 또는 우편관서의 수급자 명의의 지정된 계좌에 입금하는 방법에 의하고 있다(법 시행령 제6조). 셋째, 차등지급의 원칙이다. 생계급여는 보건복지부장관이 정하는 바에 따라 수급자의 소득인정액 등을 감안하여 차등지급할 수 있다(법 제9조 제4항). 이것은 소득 부족분에 대한 보충급여방식을 채택한 것이다. 넷째, 주거급여의 원칙이다. 생계급여는 수급자의 주거에서 행한다. 다만, 수급자가 그 주거가 없거나 주거가 있어도 그곳에서는 급여의 목적을 달성할 수 없는 경우 또는 수급자가 희망하는 경우에는 수급자를 보장시설이나 타인의 가정에 위탁하여 급여를 행할 수 있다(법 제10조 제1항). 수급자에 대한 생계급여를 타인의 가정에 위탁하여 행하는 경우에는 거실의 임차료와 기타 거실의 유지에 필요한 비용은 이를 수급품에 가산하여 지급한다. 이 경우에는 주거급여가 행하여진 것으로 본다(법 제10조 제2항).

보장기관은 대통령령이 정하는 바에 따라 근로능력이 있는 수급자에게 자활에 필요한 사업에 참가할 것을 조건으로 하여 생계급여를 지급할 수 있다. 이 경우 보장기관은 제28조의 규정에 의한 자활지원계획을 감안하여 조건을 제시하여야 한다(법 제9조 제5항).

2) 주거급여

주거급여는 수급자에게 주거안정에 필요한 임차료, 유지수선비 그 밖에 수급품을 지급하는 것으로 한다(법 제11조 제1항). 주거급여에 관하여 필요한 사항은 따로 법률에서 정한다(법 제11조 제2항).

3) 의료급여

의료급여는 수급자에게 건강한 생활을 유지하는 데 필요한 각종 검사 및 치료 등을 지급하는 것으로 한다(법 제12조 제3의 1항). 의료급여 수급권자는 부양의무자가 없거나, 부양의무자가 있어도 부양능력이 없거나 부양을 받을 수 없는 사람으로서 그 소득인정액이 제20조 제2항에 따른 중앙생활보장위원회의 심의·의결을 거쳐 결정하는 금액(이하 이 항에서 "의료급여 선정기준"이라 한다) 이하인 사람으로 한다. 이 경우 의료급여 선정기준은 기준 중위소득의 100분의 40 이상으로 하며(법 제12조 제3의 2항), 의료급여에 필요한 사항은 따로 법률에서 정한다(법 제12조 제3의 3항).

4) 교육급여

교육급여는 수급자에게 입학금·수업료·학용품비 기타 수급품을 지원하는 것으로 하되, 학교의 종류·범위 등에 관하여 필요한 사항은 대통령령령으로 정하고 있다(법 제12조 제1항).

교육급여는 교육부장관의 소관으로 하며(법 제12조 제2항) 교육급여 수급권자는 부양의무자가 없거나, 부양의무자가 있어도 부양능력이 없거나 부양을 받을 수 없는 사람으로서 그 소득인정액이 제20조 제2항에 따른 중앙생활보장위원회의 심의·의결을 거쳐 결정하는 금액(이하 "교육급여 선정기준"이라 한다) 이하인 사람으로 한다. 이 경우 교육급여 선정기준은 기준 중위소득의 100분의 50 이상으로 한다(법 제12조 제3항). 교육급여의 신청 및 지급 등에 대하여는 「초·중등교육법」 제60조의4부터 제60조의9까지 및 제62조 제3항에 따른 교육비 지원절차를 준용한다(법 제12조 제4항).

이에 따라 법 시행령은 교육급여를 ① 「초·중등교육법」 제2조 제1호에 따른 초등학교·공민학교, ② 「초·중등교육법」 제2조 제2호에 따른 중학교·고등공민학교, ③ 「초·중등교육법」 제2조 제3호에 따른 고등학교·고등기술학교, ④ 「초·중등교육법」 제2조 제4호에 따른 특수학교, ⑤ 「초·중등교육법」 제2조 제5호에 따른 각종 학교로서 제1호부터 제4호까지의 규정에 따른 학교와 유사한 학교, ⑥ 「평생교육법」 제31조에 따른 학교형태의 평생교육시설(「평생교육법」 제31조 제2항에 따라 교육감이 고등학교 졸업 이하의 학력이 인정되는 시설로 지정한 시설만 해당한다) 등에 입학하거나 재학하는 사람에게 입학금, 수업료(제6호의 경우에는 학습비를 말한다) 및 학용품비와 그 밖의 수급품(학비)을 지급하는 것으로 한다(법 시행령 제16조 제1항 제1호~제6호). 한편, 수급자가 「초·중등교육법」 시행령 등 다른 법령에 따라 의무교육을 받거나 학비를 감면 또는 지원받는 경우에는 이에 해당하는 학비는 지원하지 아니한다. 다만, 교육부장관이 정하는 장학상(奬學上)이 필요한 사람에게는 다른 법령에 따라 학비를 감면 또는 지원받는 경우에도 학비를 전액 지원할 수 있다(법 시행령 제16조 제2항).

제12조의2의 교육급여의 적용특례는 교육급여 수급권자를 선정하는 경우에 제12조 제1항의 교육급여와 「초·중등교육법」 제60조의4에 따른 교육비 지원과의 연계·통합을 위하여 제3조 제2항 및 제12조 제3항에도 불구하고 소득인정액이 교육급여 선정기준 이하인 사람을 수급권자로 본다.

5) 해산급여

해산급여는 제7조 제1항 제1호부터 제3호까지의 급여 중 하나 이상의 급여를 받는 수급자에게 ① 조산(助産), ② 분만 전과 분만 후의 필요한 조치와 보호의 급여를 행하는 것으로 하고 있다(법 제13조 제1항). 해산급여는 보건복지부령이 정하는 바에 따라 보장기관이 지정하는 의료기관에 위탁하여 행할 수 있다(법 제13조 제2항). 해산급여에 필요한 수급품은 보건복지부령이 정하는 바에 따라 수급자나 그 세대주 또는 세대주에 준하는 자에게 지급한다. 다만, 해산급여를 의료기관에 위탁하는 경우에는 수급품을 그 의료기관에 지급할 수 있다(법 제13조 제3항).

6) 장제급여

장제급여는 생계급여, 주거급여, 의료급여 중 하나 이상의 급여를 받는 수급자가 사망한 경우 사체의 검안·운반·화장 또는 매장 그 밖의 장제조치를 행하는 것으로 한다(법 제14조 제1항). 장제급여는 보건복지부령이 정하는 바에 따라 실제로 장제를 행하는 자에게 장제에 필요한 비용을 지급함으로써 행한다. 다만, 이에 의할 수 없거나 이에 의하는 것이 적당하지 아니하다고 인정하는 경우에는 물품을 지급함으로써 행할 수 있다(법 제14조 제2항). 장제급여를 행함에 있어 사망자에게 부양의무자가 없는 때에는 시장·군수·구청장은 사망자가 유류한 금전 또는 유가증권으로 그 비용에 충당하고, 그 부족액에 대하여는 유류물품의 매각대금으로 이를 충당할 수 있다(법 제45조).

제14조의2의 급여의 특례는 수급권자에 해당하지 아니하여도 생활이 어려운 사람으로서 일정 기간 동안 이 법에서 정하는 급여의 전부 또는 일부가 필요하다고 보건복지부장관 또는 소관 중앙행정기관의 장이 정하는 사람은 수급권자로 본다.

7) 자활급여

자활급여는 수급자의 자활을 조성하기 위하여 ① 자활에 필요한 금품의 지급 또는 대여, ② 자활에 필요한 근로능력의 향상 및 기능습득의 지원, ③ 취업알선 등 정보의 제공, ④ 자활을 위한 근로기회의 제공, ⑤ 자활에 필요한 시설 및 장비의 대여, ⑥ 창업교육, 기능훈련 및 기술·경영지도 등 창업지원, ⑦ 자활에 필요한 자산형성지원, ⑧ 그 밖의 대통령령이 정하는 자활조성을 위한 각종 지원의 급여를 행하는 것으로 한다(법 제15조 제1항). 자활급여는 관련 공공기관·비영리법인·시설 그 밖에 대통령령이 정하는 기관에 위탁하여 이를 행할 수 있다. 이 경우 그에 소요되는 비용은 보장기관이 이를 부담한다(법 제15조 제2항). 이러한 자활급여의 종류는 자금의 대여(법 시행령 제17조), 직업훈련(법 시행령 제18조), 취업알선 등의 제공(법 시행령 제19조), 자활근로의 제공(법 시행령 제20조), 창업 지원(법 시행령 제21조), 자산형성 지원(법 시행령 제21조의2) 등이 있다.

8) 자활지원

중앙자활센터 및 광역자활센터와 지역자활센터를 두어 자활지원을 행하고 있다.

(가) 중앙자활센터

① 설치

수급자 및 차상위자의 자활촉진에 필요한 다음의 사업을 수행하기 위하여 중앙자활센터를 둘 수 있다(법 제15조의2 제1항). 중앙자활센터는 법인으로 한다(법 제15조의2 제2항).

② 사업내용

중앙자활센터는 "자활지원을 위한 조사·연구·교육 및 홍보 사업, 자활지원을 위한 사업의 개발 및 평가, 지역자활센터 및 자활기업의 기술·경영 지도 및 평가, 자활 관련 기관 간의 협력체계 및 정보네트워크 구축·운영, 취업·창업을 위한 자활촉진 프로그램 개발 및 지원, 고용서비스 및 사회복지서비스의 대상자 관리, 그 밖에 자활촉진에 필요한 사업"으로서 보건복지부장관이 정하는 사업 등을 수행한다(법 제15조의2 제1항). 정부는 중앙자활센터의 설치 및 운영에 필요한 경비의 전부 또는 일부를 보조할 수 있다(법 제15조의2 제3항). 대상자 관리를 위한 시스템은 사회복지사업법에 따른 정보시스템과 연계할 수 있고(법 제15조의2 제4항), 중앙자활센터의 설치 및 운영 등에 관하여 필요한 사항은 대통령령으로 정하고 있다(법 제15조의2 제5항).

(나) 광역자활센터

① 설치

보장기관은 수급자 및 차상위자의 자활촉진에 필요한 사업을 수행하기 위하여 사회복지법인 등 비영리법인과 단체를 법인 등의 신청을 받아 특별시·광역시·도·특별자치도·특별자치시 단위의 광역자활센터로 지정할 수 있다(법 제15조의3 제1항). 이 경우 보장기관은 법인 등의 지역사회복지사업 및 자활지원사업의 수행 능력·경험 등을 고려하여야 한다.

② 사업내용

광역자활센터는 "시·도 단위의 자활기업 창업지원, 시·도 단위의 수급자 및 차상위자에 대한 취업·창업 지원 및 알선, 지역자활센터 종사자 및 참여자에 대한 교육훈련 및 지원, 지역특화형 자활프로그램 개발·보급 및 사업개발 지원, 자활센터 및 자활기업에 대한 기술·경영 지도, 그 밖에 자활촉진에 필요한 사업"으로서 보건복지부장관이 정하는 사업 등을 수행한다(법 제15조의3 제1항).

정부는 광역자활센터의 설치 및 운영에 필요한 경비의 전부 또는 일부를 보조할 수 있다(법 제15조의3 제2항). 보장기관은 광역자활센터에 대하여 정기적으로 사업실적 및 운영실태를 평가하고 수급자의 자활촉진을 달성하지 못하는 광역자활센터에 대하여는 그 지정을 취소할 수 있고(법 제15조의3 제3항), 광역자활센터의 신청·지정 및 취소 절차와 평가, 그 밖에 운영 등에 필요한 사항은 보건복지부령으로 정하고 있다(법 제15조의3 제4항).

(다) 지역자활센터

① 지정

보장기관은 수급자 및 차상위자의 자활의 촉진에 필요한 다음의 사업을 수행하게 하기 위하여 사회복지법인, 사회적협동조합 등 비영리법인과 단체를 법인 등의 신청을 받아 지역자활센터로 지정할 수 있다. 이 경우 보장기관은 법인 등의 지역사회복지사업 및 자활지원사업의 수행능력·경험 등을 고려하여야 한다(법 제16조 제1항).

② 사업내용

지역자활센터는 "자활의욕 고취를 위한 교육, 자활을 위한 정보제공·상담·직업교육 및 취업알선, 생업을 위한 자금융자 알선, 자영창업 지원 및 기술·경영지도, 자활기업의 설립·운영지원, 기타 자활을 위한 각종 사업" 등을 수행하고 있다(법 제16조 제1항 제1호~제6호).

③ 지원 및 평가

보장기관은 지정을 받은 지역자활센터에 대하여 "지역자활센터의 설립·운영비용 또는 사업수행비용의 전부 또는 일부, 국·공유재산의 무상임대, 보장기관이 실시하는 사업의 우선 위탁 등의 지원"을 행할 수 있다(법 제16조 제2항 제1호~제3호). 지역자활센터의 신청·지정 및 취소 절차와 평가, 그 밖에 운영 등에 필요한 사항은 보건복지부령으로 정하고 있다(법 제16조 제5항).

9) 자활기관협의체

시장·군수·구청장은 자활지원사업의 효율적인 추진을 위하여 제16조에 따른 지역자활센터, 직업안정법 제2조의2 제1호의 직업안정기관, 사회복지사업법 제2조 제4호의 사회복지시설의 장 등과 상시적인 협의체계를 구축(자활기관협의체라 함)하여야 한다. 자활기관협의체의 구성 및 운영 등에 관하여 필요한 사항은 보건복지부령으로 정하고 있다(법 제17조 제1항, 제2항).

10) 자활기업

수급자 및 차상위자는 상호 협력하여 자활기업을 설립·운영할 수 있다. 자활기업은 조합 또는 부가가치세법상의 사업자로 설립한다. 보장기관은 자활기업에게 직접 또는 제15조의2에 따른 중앙자활센터, 제15조의3에 따른 광역자활센터 및 제16조에 따른 지역자활센터를 통하여 "자활을 위한 사업자금 융자, 국·공유지 우선 임대, 국가 또는 지방자치단체가 실시하는 사업의 우선 위탁, 국가 또는 지방자치단체의 조달구매 시 자활기업 생산품의 우선 구매, 그 밖의 수급자의 자활촉진을 위한 각종 사업"의 지원을 할 수 있다. 이에 따른 자활기업의 설립·운영 및 지원에 관하여 필요한 사항은 보건복지부령으로 정하고 있다(법 제18조).

마. 급여의 실시

1) 급여의 신청

국민기초생활보장급여는 신청주의를 원칙으로 하고 있다. 수급권자와 그 친족, 기타 관계인은 관할 시장·군수·구청장에게 수급권자에 대한 급여를 신청할 수 있다(법 제21조 제1항). 한편, 사회복지전담공무원은 이 법에 의한 급여를 필요로 하는 자가 누락되지 아니하도록 하기 위하여 관할지역 내에 거주하는 수급권자에 대한 급여를 직권으로 신청할 수 있다. 이 경우 수급권자의 동의를 구하여야 하며 이를 수급권자의 신청으로 볼 수 있다(법 제21조 제2항). 급여신청을 할 때나 사회복지전담공무원이 급여신청을 하는 것에 수급권자가 동의한 때에는 수급권자와 부양의무자는 "금융실명거래 및 비밀보장에 관한 법률 제2조 제2호 및 제3호에 따른 금융자산 및 금융거래의 내용에 대한 자료 또는 정보 중 예금의 평균잔액과 그 밖에 대통령령으로 정하는 자료 또는 정보, 신용정보의 이용 및 보호에 관한 법률 제2조 제1호에 따른 신용정보 중 채무액과 그 밖에 대통령령으로 정하는 자료 또는 정보, 보험업법 제4조 제1항 각 호에 따른 보험에 가입하여 납부한 보험료와 그 밖에 대통령령으로 정하는 자료 또는 정보"에 대하여 동의한다는 서면을 제출하여야 한다(법 제21조 제3항). 제1항에 따라 수급권자 등이 급여를 신청할 경우 사회복지 전담공무원은 신청한 사람이 급여에 관한 정보의 부족 등으로 불리한 입장에 놓이지 아니하도록 수급권자의 선정기준, 급여의 내용 및 신청방법 등을 알기 쉽게 설명하여야 한다(법 제21조 제4항). 시장·군수·구청장은 신청자에게 급여 신청의 철회나 포기를 유도하는 행위를 하여서는 아니 된다(법 제21조 제5항).

2) 신청에 의한 조사

시장·군수·구청장은 급여신청이 있는 경우에는 사회복지전담공무원으로 하여금 급여의 결정 및 실시 등에 필요한 ① 부양의무자의 유무 및 부양능력 등 부양의무자와 관련된 사항, ② 수급권자 및 부양의무자의 소득·재산에 관한 사항, ③ 수급권자의 근로능력·취업상태·자활욕구 등 자활지원계획수립에 필요한 사항, ④ 그 밖에 수급권자의 건강상태·가구특성 등 생활실태에 관한 사항의 사항을 조사하게 하거나 수급권자에게 보장기관이 지정하는 의료기관에서 검진을 받게 할 수 있다(법 제22조 제1항).

시장·군수·구청장은 신청한 수급권자 또는 그 부양의무자의 소득·재산 및 건강상태 등을 확인하기 위하여 필요한 자료의 확보가 곤란한 경우 보건복지부령이 정하는 바에 따라 수급권자 또는 부양의무자에게 필요한 자료의 제출을 요구할 수 있다(법 제22조 제2항). 시장·군수·구청장은 급여의 결정 또는 실시 등을 위하여 필요한 경우에는 관계 기관에 조사를 위촉하거나 수급권자 또는 그 부양의무자의 고용주, 기타 관계인에게 이에 관한 자료의 제출을 요청할 수 있다(법 제22조 제3항). 보장기관이 조사를 실시하기 위하여 금융·국세·지방세·토지·건물·건강보험·국민연금·고용보험·출입국·병무·교정 등 관련 전산망 또는 자료를 이용하고자 할 경우에는 관계 기관의 장에게 협조를 요청할 수 있다. 이 경우 관계 기관의 장은 정당한 사유가 없는 한 이에 협조하여야 한다(법 제22조 제4항).

3) 확인조사

시장·군수·구청장은 수급자 및 수급자에 대한 급여의 적정성을 확인하기 위하여 매년 연간조사계획을 수립하고 관할 구역 안의 수급자를 대상으로 매년 1회 이상 정기적으로 조사를 실시하여야 하며, 특히 필요하다고 인정하는 경우에는 보장기관이 지정하는 의료기관에서 검진을 받게 할 수 있다. 다만, 보건복지부장관이 정하는 사항은 분기마다 조사를 실시하여야 한다(법 제23조 제1항). 수급자의 자료제출, 조사의 위촉, 관련 전산망의 이용 등 기타 확인조사를 위하여 필요한 사항에 관하여는 제22조 제2항 내지 제7항의 규정을 준용한다(법 제23조 제2항). 보장기관은 수급자 또는 부양의무자가 조사나 제22조 제2항에 따른 자료제출 요구를 2회 이상 거부·방해 또는 기피하거나 검진지시에 따르지 아니한 때에는 수급자의 급여결정을 취소하거나 급여를 정지 또는 중지할 수 있다. 이 경우 제29조 제2항의 규정을 준용한다(법 제23조 제3항).

4) 조사결과의 보고

급여와 관련한 신청조사, 확인조사 및 차상위계층 조사의 규정(법 제22조 내지 제24조)에 의하여 시장·군수·구청장이 수급권자·수급자·부양의무자 및 차상위계층을 조사한 때에는 보건복지부령이 정하는 바에 따라 관할 시·도지사에게 보고하여야 하며 보고를 받은 시·도지사는 이를 보건복지부장관 및 소관 중앙행정기관의 장에게 보고하여야 한다. 시·도지사가 조사한 때에도 또한 같다(법 제25조).

5) 급여의 결정 및 급여의 실시 등

(가) 급여의 결정

시장·군수·구청장은 조사를 한 때에는 지체 없이 급여실시의 여부와 급여의 내용을 결정하여야 한다(법 제26조). 차상위계층을 조사한 시장·군수·구청장은 급여개시일이 속하는 월에 급여실시 여부와 급여내용을 결정하여야 한다. 급여실시 여부와 급여내용을 결정한 때에는 그 결정의 요지, 급여의 종류·방법 및 급여의 개시 시기 등을 서면으로 수급권자 또는 신청인에게 통지하여야 한다. 신청인에 대한 통지는 급여의 신청일부터 30일 이내에 하여야 한다. 다만, ① 부양의무자의 소득·재산 등의 조사에 시일을 요하는 특별한 사유가 있는 경우, ② 수급권자 또는 부양의무자가 조사나 자료제출요구를 거부·방해 또는 기피하는 경우의 어느 하나에 해당하는 때에는 신청일부터 60일 이내에 통지할 수 있다. 이 경우 통지서에 그 사유를 명시하여야 한다(법 제26조 제1항~제4항).

(나) 급여의 실시

급여실시 및 내용이 결정된 수급자에 대한 급여는 급여의 신청일부터 개시한다. 다만, 보건복지부장관 또는 소관 중앙행정기관의 장이 매년 결정·공표하는 변경으로 인하여 매년 1월에 새로이 수급자로 결정되는 자에 대한 급여는 해당 연도의 1월 1일을 그 급여개시일로 한다(법 제27조 제1항). 시장·군수·구청장은 제26조 제1항에 따른 급여실시 여부의 결정을 하기 전이라도 수급권자에게 급여를 실시하여야 할 긴급한 필요가 있다고 인정될 때에는 급여의 일부를 행할 수 있다(법 제27조 제2항).

(다) 급여의 지급방법 등

보장기관이 급여를 금전으로 지급할 때에는 수급자의 신청에 따라 수급자 명의의 지정된 계좌(급여수급계좌)로 입금하여야 한다. 다만, 정보통신장애나 그 밖에 대통령령으로 정하는 불가피한 사유로 급여수급계좌로 이체할 수 없을 때에는 대통령령으로 정하는 바에 따라 급여를 지급할 수 있다(법 제27조의2 제1항). 급여수급계좌의 해당 금융기관은 이 법에 따른 급여만이 급여수급계좌에 입금되도록 관리하여야 한다(법 제27조의2 제2항).

6) 급여의 변경 및 중지

보장기관은 수급자의 소득·재산·근로능력 등에 변동이 있는 경우에는 직권 또는 수급자나 그 친족 기타 관계인의 신청에 의하여 그에 대한 급여의 종류·방법 등을 변경할 수 있다. 급여의 변경은 서면으로 그 이유를 명시하여 수급자에게 통지하여야 한다(법 제29조). 보장기관은 수급자가 ① 수급자에 대한 급여의 전부 또는 일부가 필요 없게 된 때, ② 수급자가 급여의 전부 또는 일부를 거부한 때에는 급여의 전부 또는 일부를 중지하여야 한다(법 제30조 제1항). 근로능력이 있는 수급자가 조건을 이행하지 않는 경우 조건을 이행할 때까지 근로능력이 있는 수급자 본인의 생계급여의 전부 또는 일부를 지급하지 아니할 수 있다(법 제30조 제2항).

바. 국민기초생활의 보장기관 및 행정기관

1) 보장기관

보장기관이라 함은 「국민기초생활보장법」에 의한 급여를 행하는 국가 또는 지방자치단체를 말한다. 그러나 이 법에 의한 급여는 수급권자 또는 수급자의 거주지를 관할하는 시·도지사와 시장·군수·구청장[제7조 제1항 제4호의 교육급여인 경우에는 특별시·광역시·특별자치시·도·특별자치도의 교육감(이하 "시·도교육감"이라 한다)을 말한다. 이하 같다]이 실시한다. 다만, 주거가 일정하지 아니한 경우에는 수급권자 또는 수급자가 실제 거주하는 지역을 관할하는 시장·군수·구청장이 실시한다(법 제19조 제1항). 제1항에도 불구하고 보건복지부장관, 소관 중앙행정기관의 장과 시·도지사는 수급자를 각각 국가나 해당 지방자치단체가 경영하는 보장시설에 입소하게 하거나 다른 보장시설에 위탁하여 급여를 실시할 수 있다(법 제19조 제2항). 수급권자 또는 수급자가 거주지를 변경하는 경우의 처리방법과 보장기관 상호 간의 협조 기타 업무처리에 관하여 필요한 사항은 보건복지부령으로 정한다(법 제19조 제3항). 보장기관은 수급권자·수급자·차상위계층에 대한 조사와 수급자 결정 및 급여의 실시 등 이 법에 의한 보장업무를 수행하게 하기 위하여 「사회복지사업법」 제14조의 규정에 의한 사회복지전담공무원(이하 "사회복지전담공무원"이라 한다)을 배치하여야 한다. 이 경우 제15조의 규정에 따른 자활급여 업무를 수행하는 사회복지전담공무원은 따로 배치하여야 한다(법 제19조 제4항).

2) 보장시설

(가) 보장시설의 종류

보장시설이라 함은 규정된 급여를 행하는 「사회복지사업법」에 의한 사회복지시설로서 보건복지부령이 정하는 시설을 말한다(법 제32조). 이에 따른 보장시설은 다음과 같다.

- 장애인 거주시설
- 노인의료복지시설
- 아동복지시설 및 통합 시설
- 정신재활시설 및 정신요양시설
- 노숙인재활시설 및 노숙인요양시설
- 가정폭력피해자 보호시설
- 성매매피해자 등을 위한 지원시설
- 성폭력피해자보호시설
- 한부모가족복지시설
- 결핵 및 한센병요양시설
- 그 밖에 보건복지부령으로 정하는 시설

(나) 보장시설의 장의 의무

이러한 보장시설의 장은 수급자의 보호를 위하여 다음과 같은 의무를 진다(법 제33조 제1항~제5항). 첫째, 보장시설의 장은 보장기관으로부터 수급자에 대한 급여를 위탁받은 때에는 정당한 사유 없이 이를 거부하여서는 아니 된다. 둘째, 보장시설의 장은 위탁받은 수급자에게 보건복지부장관 및 소관 중앙행정기관의 장이 정하는 최저기준 이상의 급여를 행하여야 한다. 셋째, 보장시설의 장은 위탁받은 수급자에게 급여를 행함에 있어서 성별·신앙 또는 사회적 신분 등을 이유로 차별대우를 하여서는 아니 된다. 넷째, 보장시설의 장은 위탁받은 수급자에게 급여를 행함에 있어서 수급자의 자유로운 생활을 보장하여야 한다. 다섯째, 보장시설의 장은 위탁받은 수급자에게 종교상의 행위를 강제하여서는 아니 된다.

3) 생활보장위원회

생활보장위원회는 생활보장사업의 기획·조사·실시 등에 관한 사항을 심의·의결하기 위하여 보건복지부와 시·도 및 시·군·구(자치구를 말한다. 이하 같다)에 각각 생활보장위원회를 둔다. 다만, 시·도 및 시·군·구에 두는 생활보장위원회는 그 기능을 담당하기에 적합한 다른 위원회가 있고 그 위원회의 위원이 자격을 갖춘 경우에는 시·도 또는 시·군·구의 조례가 정하는 바에 따라 그 위원회가 생활보장위원회의 기능을 대신할 수 있다(법 제20조 제1항). 중앙생활보장위원회 및 지방생활보장위원회 위원 중 위촉위원의 임기는 2년으로 한다. 각 위원회의 위원장은 해당 위원회를 대표하고, 그 위원회의 사무를 총괄한다. 각 위원회의 부위원장은 위원장을 보좌하며, 위원장이 부득이한 사유로 직무를 수행할 수 없는 경우에는 그 직무를 대행한다(법 시행령 제30조). 각 위원회의 위원장은 해당 위원회의 회의를 소집하고 그 회의의 의장이 된다. 각 위원회의 위원장은 재적위원 3분의 1 이상으로부터 회의 소집의 요청을 받은 경우에는 지체 없이 회의를 소집하여야 한다. 각 위원회의 회의는 재적위원 과반수의 출석과 출석위원 과반수의 찬성으로 의결한다(법 시행령 제31조).

(가) 중앙생활보장위원회

보건복지부에 두는 중앙생활보장위원회는 ① 기초생활보장 종합계획의 수립, ② 소득인정액 산정방식과 기준 중위소득의 결정, ③ 급여의 종류별 수급자 선정기준과 최저보장수준의 결정, ④ 급여기준의 적정성 등 평가 및 실태조사에 관한 사항, ⑤ 급여의 종류별 누락·중복, 차상위계층의 지원사업 등에 대한 조정, ⑥ 자활기금의 적립·관리 및 사용에 관한 지침의 수립, ⑦ 그 밖에 위원장이 회의에 부치는 사항을 심의·의결한다(법 제20조 제2항). 중앙생활보장위원회는 위원장을 포함하여 16인 이내의 위원으로 구성하고 위원은 보건복지부장관이 ① 공공부조 또는 사회복지와 관련된 학문을 전공한 전문가로서 대학의 조교수 이상인 자 또는 연구기관의 연구원으로 재직 중인 자 5인 이내, ② 공익을 대표하는 자 5인 이내, ③ 관계 행정기관소속 3급 이상 공무원 또는 고위공무원단에 속하는 일반직공무원 5인 이내에 해당하는 자 중에서 위촉·지명하며 위원장은 보건복지부장관으로 한다(법 제20조 제3항).

(나) 지방생활보장위원회

지방생활보장위원회는 시·도 및 시·군·구에 두며, 시·도 및 시·군·구 생활보장위원회의 위원은 시·도지사 또는 시장·군수·구청장이 ① 사회보장에 관한 학식과 경험이 있는 자, ② 공익을 대표하는 자, ③ 관계 행정기관 소속의 공무원에 해당하는 자 중에서 위촉·지명하며 위원장은 당해 시·도지사 또는 시장·군수·구청장으로 한다(법 제20조 제4항 본문). 다만, 다른 위원회가 생활보장위원회의 기능을 대신하는 경우 위원장은 조례로 정한다(법 제20조 제4항 단서). 시·도 및 시·군·구 생활보장위원회의 기능과 각 생활보장위원회의 구성·운영 등에 관하여 필요한 사항은 대통령령으로 정하고 있다(법 제20조 제6항).

사. 국민기초생활의 보장비용

1) 보장비용의 정의

모든 사회보장제도의 실시에는 비용이 필요한데, 비용의 조달과 배분을 재정이라고 한다. 비용의 조달방법과 부담에는 국가에 따라 다양한 형태가 있고, 조달된 재원의 배분형태도 국가의 사정에 따라 다양하다. 「국민기초생활보장법」에서 규정하고 있는 보장비용이라 함은 ① 이 법에 의한 보장업무에 소요되는 인건비와 사무비, ② 제20조의 규정에 의한 생활보장위원회의 운영에 소요되는 비용, ③ 제8조 내지 제11조, 제12조, 제12조의3, 제13조, 제14조, 제15조, 제15조의2, 제15조의3 및 제16조부터 제18조까지의 규정에 의한 급여실시비용, ④ 기타 이 법에 의한 보장업무에 소요되는 비용을 말한다(법 제42조).

2) 보장비용과 부담구분

(가) 부담내용과 비율

보장비용의 부담은 다음의 구분에 의한다(법 제43조 제1항 제1호~제4호).

① 국가 또는 시·도가 직접 수행하는 보장업무에 소요되는 비용은 국가 또는 당해 시·도가 부담한다. ② 보건복지부장관, 소관 중앙행정기관의 장과 시·도지사는 수급자를 각각 국가 또는 당해 지방자치단체가 경영하는 보호시설에 입소하게 하

거나 다른 보장시설에 위탁하여 급여를 행할 수 있다(법 제19조 제2항). 이의 규정에 의한 급여의 실시비용은 국가 또는 당해 시·도가 부담한다. ③ 시·군·구가 행하는 보장업무에 소요되는 비용 중 보장업무에 소요되는 인건비와 사무비 및 생활보장위원회의 운영에 소요되는 비용(법 제42조 제1호, 제2호)은 당해 시·군·구가 부담한다. ④ 시·군·구가 행하는 보장업무에 드는 비용 중 급여실시 비용 및 보장업무에 소요되는 비용(법 제42조 제3호, 제4호의)은 시·군·구의 재정여건, 사회보장비 지출 등을 고려하여 국가, 시·도 및 시·군·구가 다음에 따라 차등하여 분담한다.

- 국가는 시·군·구 보장비용의 총액 중 100분의 40 이상 100분의 90 이하를 부담한다.
- 시·도는 시·군·구 보장비용의 총액에서 국가부담분을 차감한 금액 중 100분의 30 이상 100분의 70 이하를, 시·군·구는 시·군·구 보장비용의 총액 중에서 국가와 시·도가 부담하는 금액을 차감한 금액을 각각 부담한다. 다만, 특별자치시·특별자치도는 시·군·구 보장비용의 총액 중에서 국가가 부담하는 금액을 차감한 금액을 부담한다.

국가는 매년 이 법에 의한 보장비용 중 국가부담 예정합계액을 각각 보조금으로 교부하고, 그 과부족은 정산에 의하여 추가로 교부하거나 반납하게 한다(법 제43조 제2항). 시·도는 매년 시·군·구에 대하여 국가의 보조금에, 시·도의 부담예정액을 합하여 보조금으로 교부하고 그 과부족은 정산에 의하여 추가로 교부하거나 반납하게 한다(법 제43조 제3항). 이에 대한 보조금의 산출 및 정산방법 등에 관하여 필요한 사항은 대통령령으로 정하고 있다(법 제43조 제4항).

(나) 지방자치단체의 초과부담

지방자치단체의 조례에 의하여 이 법에 의한 급여범위 및 수준을 초과하여 급여를 실시하는 경우 그 초과 보장비용은 당해 지방자치단체가 부담한다(법 제43조 제5항).

(다) 보조금의 산출과 정산

국가의 보조금은 신청에 의한 조사, 확인조사, 그리고 차상위계층에 대한 조사에 따른 수급자 총 수와 실시 중인 급여의 종류를 기준으로 산출한다(법 시행령 제39조). 국가는 매년 이 법에 의한 보장비용 중 국가부담예정합계액을 각각 보조금으로 교부하고, 그 과부족은 정산에 의하여 추가로 교부하거나 반납하게 한다(법 제43조 제2항). 시·도는 매년 시·군·구에 대하여 국가의 보조금에, 시·도의 부담예정액을 합하여 보조금으로 교부하고 그 과부족은 정산에 의하여 추가로 교부하거나 반납하게 한다(법 제43조 제3항). 이에 대한 보조금의 산출 및 정산방법 등에 관하여 필요한 사항은 대통령령으로 정하고 있다(법 제43조 제4항).

아. 수급자의 권리구제

급여처분에 대하여 이의가 있는 자는 시·도지사에 대한 이의신청과 보건복지부장관에 대한 이의신청을 할 수 있고, 이를 통하여 권리구제를 받을 수 있다. 보건복지부장관에 대한 이의신청은 시·도지사에 대한 이의신청을 전제로 한다.

1) 시·도지사에 대한 이의신청

수급자나 급여 또는 급여변경의 신청을 한 자는 그 결정의 통지를 받은 날부터 90일 이내에 시장·군수·구청장의 처분에 대하여 이의가 있는 경우에는 당해 보장기관을 거쳐 시·도지사에게 서면 또는 구두로 이의를 신청할 수 있다. 이 경우 구두로 이의신청을 접수한 보장기관의 공무원은 이의신청서를 작성할 수 있도록 협조하여야 한다(법 제38조 제1항). 이에 의한 이의신청을 받은 시장·군수·구청장은 10일 이내에 의견서와 관계서류를 첨부하여 이를 시·도지사에게 송부하여야 한다(법 제38조 제2항). 시·도지사는 처분 등을 한 때에는 지체 없이 신청인과 당해 시장·군수·구청장에게 각각 서면으로 이를 통지하여야 한다(법 제39조 제2항).

2) 보건복지부장관에 대한 이의신청

시·도지사의 처분 등에 대하여 이의가 있는 자는 그 처분 등의 통지를 받은 날부터 90일 이내에 시·도지사를 거쳐 보건복지부장관에게 서면 또는 구두로 이의를 신청할 수 있다. 이 경우 구두로 이의신청을 접수한 보장기관의 공무원은 이의신청서를 작성할 수 있도록 협조하여야 한다(법 제40조 제1항). 시·도지사는 이의신청이 있는 때에는 10일 이내에 의견서와 관계서류를 첨부하여 이를 보건복지부장관 또는 소관 중앙행정기관의 장에게 송부하여야 한다(법 제40조 제2항). 보건복지부장관 또는 소관 중앙행정기관의 장은 이의신청서를 송부 받은 때에는 30일 이내에 필요한 심사를 하고 이의신청을 각하하거나 당해 처분의 변경 또는 취소의 재결을 하여야 한다(법 제41조 제1항). 보건복지부장관 또는 소관 중앙행정기관의 장은 재결한 때에는 지체 없이 당해 시·도지사와 신청인에게 각각 서면으로 재결내용을 통지하여야 한다. 이 경우 소관 중앙행정기관의 장이 결정 내용을 통지하는 때에는 그 사실을 보건복지부장관에게 알려야 한다(법 제41조 제2항).

자. 벌칙

1) 징역 또는 벌금

금융정보를 사용·제공 또는 누설한 자는 5년 이하의 징역 또는 5천만 원 이하의 벌금에 처한다(법 제48조 제1항). 보장기관의 공무원 또는 공무원이었던 자가 업무를 수행하면서 얻은 정보 또는 자료를 다른 목적으로 사용하거나 제공한 자, 속임수나 그 밖의 부정한 방법에 의하여 급여를 받거나 또는 타인으로 하여금 급여를 받게 한 자는 1년 이하의 징역, 1천만 원 이하의 벌금, 구류 또는 과료에 처한다(법 제49조). 수급자의 급여위탁을 정당한 사유 없이 거부한 자나 종교상의 행위를 강제한 자는 300만 원 이하의 벌금, 구류 또는 과료에 처한다(법 제50조).

2) 양벌규정

법인의 대표자나 법인 또는 개인의 대리인·사용인 기타 종업원이 그 법인 또는 개인의 업무에 관하여 법 제48조 또는 법 제49조의 위반행위를 한 때에는 행위자를 벌하는 외에 그 법인 또는 개인에 대하여도 각 해당 조의 벌금 또는 과료의 형을 과한다. 다만, 법인 또는 개인이 그 위반행위를 방지하기 위하여 해당 업무에 관하여 상당한 주의와 감독을 게을리하지 아니한 때에는 그러하지 아니하다(법 제51조).

제2절 「기초연금법」30)

가. 의의

「기초연금법」은 "노인에게 기초연금을 지급하여 안정적인 소득기반을 제공함으로써 노인의 생활안정을 지원하고 복지를 증진함을 목적으로 한다"고 규정하고 있다(법 제1조). 이러한 목적으로 제정된 「기초연금법」은 공공부조 중에서 65세 이상인 사람으로서 소득인정액이 보건복지부장관이 고시하는 금액 이하인 사람을 대상으로 하는 것이다. 따라서 국가와 지방자치단체가 노인의 생활안정과 복지의 증진에 책임을 진다는 데 그 의의가 있다.

나. 연혁

「노인복지법」상의 경로연금을 폐지하고 65세 이상 노인을 대상으로 매월 일정액을 연금형식으로 지급하는 것으로서, 노후소득보장 사각지대 해소 및 노인빈곤의 완화를 위해 2007년 4월 25일에 「기초노령연금법」이 제정되어, 2008년 1월 1일부터 시행되었으나, 2014년 기존의 「기초노령연금법」이 폐지되고 2014년 5월 20일에 새롭게 「기초연금법」이 제정되어 2014년 7월 1일부터 시행되었다.

다. 기본시책

국가 및 지방자치단체는 연금이 노인의 생활안정을 지원하고 복지를 증진하는 데 필요한 수준이 되도록 최대한 노력하여야 하며(법 제4조 제1항), 국가 및 지방자치단체는 필요한 비용을 부담할 수 있도록 재원을 조성하여야 한다(법 제4조 제2항). 국가 및 지방자치단체는 기초연금의 지급에 따라 계층 간 소득역전현상이 발생하지 아니하고 근로의욕 및 저축유인이 저하되지 아니하도록 최대한 노력하여야 한다(법 제4조 제3항).

---

30) 법률 제15522호에 의거, 2018년 3월 20일 시행한 법을 기준으로 하였으며, 이에 대한 더 구체적인 내용은 이 법의 전문을 참조하기 바란다

라. 기초연금 정보시스템

보건복지부장관은 기초연금사업에 필요한 각종 자료 또는 정보의 효율적 처리와 기록·관리업무의 전산화를 위하여 기초연금정보시스템을 대통령령으로 정하는 바에 따라 구축·운영할 수 있다(법 제26조).

마. 연금

1) 지급대상

65세 이상인 자로서 소득인정액이 보건복지부장관이 고시하는 금액 이하인 사람에게 연금을 지급한다(법 제3조).

2) 연금신청

연금을 지급받고자 하는 사람(기초연금 수급희망자) 또는 보건복지부령으로 정하는 대리인(배우자, 자녀, 형제자매, 친족 등)은 특별자치시장·특별자치도지사·시장·군수·구청장에게 급여를 신청할 수 있다(법 제10조 제1항). 실제로는 수급희망자의 주소지 관할 읍·면사무소 및 동주민센터, 국민연금공단 지사 및 상담센터를 통해 신청이 가능하며 온라인 신청도 가능하다.

(가) 연금수급희망자(본인)의 신청

65세 이상 노인으로 기초노령연금 수급을 희망하는 자(본인)가 기초연금을 신청할 수 있다.

(나) 대리인의 신청

대리인도 신청할 수 있는데, 배우자(65세 미만 포함), 자녀, 형제자매, 사회복지시설장(개인 및 법인운영 신고시설) 등은 대리인의 자격으로 위임장을 첨부하여 기초연금을 신청할 수 있다.

(다) 관계공무원 신청

거동이 불편한 홀로 사는 노인 등 필요한 경우 관계공무원이 대신하여 신청할 수 있다. 이 경우 기초연금 수급희망자의 동의를 받아야 한다.

(라) 자료 또는 정보제공에 동의한다는 서면 제출

연금수급희망자(본인)와 그 배우자는 신청을 할 때 다음의 자료 또는 정보제공에 대하여 동의한다는 서면을 제출하여야 한다(법 제10조 제2항).

- 금융실명거래 및 비밀보장에 관한 법률 제2조 제2호 및 제3호에 따른 금융자산 및 금융거래에 대한 자료 또는 정보 중 예금의 평균잔액과 그 밖에 대통령령으로 정하는 자료 또는 정보(금융정보)
- 신용정보의 이용 및 보호에 관한 법률 제2조 제1호에 따른 신용정보 중 채무액과 그 밖에 대통령령으로 정하는 자료 또는 정보(신용정보)
- 보험업법 제4조 제1항 각 호에 따른 보험에 가입하여 납부한 보험료와 그 밖에 대통령령으로 정하는 자료 또는 정보(보험정보)

이에 따른 기초연금의 지급 신청의 방법·절차 및 지급과 동의의 방법·절차 등에 관하여 필요한 사항은 대통령령으로 정하고 있다(법 제10조 제3항).

3) 연금액

기초연금수급권자에 대한 기초연금의 금액은 기준연금액과 국민연금 급여액 등을 고려하여 산정하며(법 제5조 제1항), 기준연금액은 보건복지부장관이 그 전년도의 기준연금액에 대통령령으로 정하는 바에 따라 전국소비자물가변동률을 반영하여 매년 고시한다(법 제5조 제2항). 국민연금 수급권자에게 지급하는 기초연금액은 기준연금액에서 국민연금수급권자가 받을 수 있는 연금의 금액 중 소득재분배급여금액의 3분의 2를 곱한 금액을 뺀 후 기준연금액의 2분의 1에 해당하는 금액(부가연금액)으로 한다(법 제5조 제5항). 산정한 기초연금액이 기준연금액을 초과하는 경우 기준연금액을 기초연금액으로 본다(법 제7조). 그리고 본인 및 그 배우자가 모두 기초연금 수급권자인 경우에는 각각의 기초연금액에서 기초연금액의 100분의 20에 해당하는 금액을 감액한다(법 제8조 제1항).

4) 연금의 지급

(가) 연금의 지급기간 및 지급시기

기초연금은 수급권자로 결정한 사람에 대하여 기초연금의 지급을 신청한 날이 속하는 달부터 수급권이 상실한 날이 속하는 달까지 매월 정기적으로 지급하며(법 제14조 제1항), 기초연금의 지급이 정지된 기간에는 기초연금을 지급하지 아니하며(법 제14조 제2항), 기초연금의 지급의 방법·절차 등에 관하여 필요한 사항은 보건복지부령으로 정한다(법 제14조 제3항).

(나) 연금의 지급방법

연금은 매월 25일(토요일이거나 공휴일인 경우에는 그 전날로 한다)에 금융기관 또는 우편관서의 기초연금 수급자 명의의 계좌(부부가 모두 기초연금 수급자인 경우로서 배우자 일방이 지정하는 계좌를 포함한다)에 입금하는 방법으로 지급한다. 이 경우 기초연금 수급자가 다음에 해당하는 때에는 수급자의 배우자, 수급자의 직계혈족 또는 3촌 이내의 방계혈족 명의 계좌에 입금할 수 있다(법 시행규칙 제9조 제1항).

- 성년후견개시, 한정후견개시 또는 특정후견개시 심판이 확정된 경우
- 채무불이행으로 인하여 금전채권이 압류된 경우
- 치매 또는 보건복지부장관이 정하는 거동불가의 사유로 인하여 본인 명의의 계좌를 개설하기 어려운 경우
- 그 밖에 보건복지부장관이 정하는 경우

(다) 미지급의 연금

기초연금 수급자가 사망한 경우 수급자에게 지급하여야 할 연금으로서 아직 지급되지 아니한 것이 있을 때에는 수급자의 사망 당시 생계를 같이 한 부양의무자(배우자와 직계혈족 및 그 배우자를 말한다)는 미지급 연금을 청구할 수 있다. 이 경우 특별자치시장·특별자치도지사·시장·군수·구청장은 지체 없이 그 지급 여부를 결정

하여 부양의무자에게 통지하여야 한다(법 제15조 제1항). 이에 따른 미지급 연금의 청구 절차·방법 및 부양의무자의 인정기준과 지급순위 등에 관하여 필요한 사항은 대통령령으로 정하고 있다(법 제15조 제2항).

(라) 지급정지

수급자가 금고 이상의 형을 선고받고 교정시설 또는 치료감호시설에 수용되어 있는 경우, 행방불명되거나 실종되는 등 대통령령으로 정하는 바에 따라 사망한 경우, 국외 체류기간이 60일 이상 지속되는 경우, 이 경우 국외 체류 60일이 되는 날을 지급 정지의 사유가 발생한 날로 보며, 이에 준하는 경우로서 대통령령으로 정하는 경우 등 지급 정지의 절차 등에 관하여 필요한 사항은 보건복지부령으로 정한다(법 제16조).

5) 비용의 분담

연금은 다음의 구분에 따라 국가 또는 지방자치단체가 부담한다(법 제25조).

- 국가는 지방자치단체의 노인인구 비율 및 재정여건 등을 고려하여 기초연금의 지급에 드는 비용 중 100분의 40 이상 100분의 90 이하의 범위 안에서 대통령령으로 정하는 비율에 해당하는 비용을 부담한다.
- 국가가 부담한 금액을 차감한 액수에 대하여는 특별시·광역시·특별자치시·도·특별자치도 및 시·군·구가 상호 분담하되, 그 부담비율은 노인인구 비율 및 재정여건 등을 고려하여 보건복지부장관과 협의하여 시·도의 조례 및 시·군·구의 조례로 정한다.

6) 권한의 위임·위탁

이 법에 따른 보건복지부장관의 권한은 대통령령으로 정하는 바에 따라 그 일부를 특별시장·광역시장·특별자치시장·도지사·특별자치도지사 또는 시장·군수·구청장에게 위임할 수 있다(법 제28조 제1항). 이에 따른 보건복지부장관 또는 특별자치시장·특별자치도지사 또는 시장·군수·구청장은 원활한 수행을 위하여 대통령령으로 정하는 바에 따라 「국민연금법」 제24조에 따른 국민연금공단에 위탁할 수 있다(법 제28조 제2항).

- 연금 신청의 접수
- 소속 공무원이 행하는 조사·질문에 관한 업무 지원
- 기초연금의 지급
- 미지급 기초연금 청구의 접수
- 수급권 상실사유 신고의 접수
- 환수금의 고지, 독촉 및 징수
- 이의신청의 접수
- 기초노령연금정보시스템의 구축·운영에 관한 사항

바. 수급자의 권리보호

1) 수급권의 상실

수급권자는 다음에 해당하게 된 때에 기초연금 수급권을 상실한다(법 제17조).

- 사망한 때
- 국적을 상실하거나 국외로 이주한 때
- 기초연금 수급권자에 해당하지 아니하게 된 때

기초연금 수급자는 상실사유가 발생하였을 때에는 대통령령으로 정하는 바에 따라 30일 이내에 그 사실을 특별자치시장·특별자치도지사·시장·군수·구청장에게 신고해야 한다. 다만, 수급자가 사망한 때에는 가족관계의 등록 등에 관한 법률 제85조에 따른 신고의무자가 특별자치시장·특별자치도지사·시장·군수·구청장에게 신고하여야 한다(법 제18조).

2) 부당이득의 환수 및 시효

특별자치시장·특별자치도지사·시장·군수·구청장은 기초연금을 받은 사람이 거짓이나 그 밖의 부정한 방법으로 기초연금을 받은 경우, 기초연금의 지급이 정지된 기간에 대하여 기초연금이 지급된 경우, 그 밖의 사유로 기초연금이 잘못 지급된 경우 중 어느 하나에 해당하는 경우에는 지급한 기초연금액을 대통령령으로 정하는 바에 따라 환수하여야 한다. 이 경우 거짓이나 그 밖의 부정한 방법으로 기초연금을 받은 경우에는 지급한 기초연금액에 대통령령으로 정하는 이자를 붙여 환수한다(법 제19조). 이에 따른 환수금을 환수할 권리와 기초연금 수급권자의 권리는 5년간 행사하지 않으면 시효의 완성으로 소멸한다(법 제23조). 「기초연금법」에 따른 기초연금액, 환수금 등을 산정하는 경우에 10원 미만은 계산하지 않는다(법 제24조).

3) 수급권의 보호 → 양도, 압류 및 담보제공 금지, 금품 압류금지

수급권은 이를 양도·압류하거나 담보로 제공할 수 없으며(법 제21조 제1항), 연금으로 지급받은 금품은 이를 압류할 수 없다(법 제21조 제2항).

4) 이의신청

수급권자의 자격인정, 그 밖에 기초연금에 따른 처분에 이의가 있는 사람은 특별자치시장·특별자치도지사·시장·군수·구청장에게 이의신청을 할 수 있다(법 제22조 제1항). 이에 따른 이의신청은 그 처분이 있음을 안 날부터 90일 이내에 서면으로 하여야 한다. 다만, 정당한 사유로 인하여 그 기간 이내에 이의신청을 할 수 없음을 증명한 때에는 그 사유가 소멸한 때부터 60일 이내에 이의신청을 할 수 있다(법 제22조 제2항). 이의신청의 절차 및 결정 통지 등에 관하여 필요한 사항은 보건복지부령으로 정한다(법 제22조 제3항).

사. 벌칙 및 양벌규정, 과태료

1) 징역 또는 벌금

금융정보를 다른 사람에게 제공하거나 누설한 자는 5년 이하의 징역 또는 5천만 원 이하의 벌금에 처하고, 거짓이나 그 밖의 부정한 방법으로 연금을 지급받은 자는 1년 이하의 징역 또는 1천만 원 이하의 벌금에 처한다(법 제29조).

2) 양벌규정

법인의 대표자, 법인 또는 개인의 대리인·사용인 및 그 밖의 종업원이 그 법인 또는 개인의 업무에 관하여 금융정보 누설 및 신용정보·보험정보제공 누설을 한 때에는 행위자를 벌하는 외에 그 법인 또는 개인에 대하여도 해당 조항의 벌금형을 과(科)한다. 다만, 법인 또는 개인이 그 위반행위를 방지하기 위하여 해당 업무에 관하여 상당한 주의와 감독을 게을리하지 아니한 경우에는 그러하지 아니하다(법 제30조).

3) 과태료

정당한 사유 없이 서류나 그 밖에 소득·재산 등에 대한 자료를 제출하지 아니하거나 거짓 자료를 제출한 자 또는 조사·질문을 거부·방해 또는 기피하거나 거짓 답변을 한 자에게는 20만 원 이하의 과태료를 부과하고(법 제31조 제1항), 정당한 사유 없이 신고를 하지 아니한 자에게는 10만 원 이하의 과태료를 부과한다(법 제31조 제2항). 과태료는 대통령령으로 정하는 바에 따라 보건복지부장관 및 특별자치시장·특별자치도지사·시장·군수·구청장이 부과·징수한다.

제3절 「의료급여법」[31]

가. 의의

「의료급여법」은 "생활이 어려운 자에게 의료급여를 실시함으로써 국민보건의 향상과 사회복지의 증진에 이바지함을 목적으로 한다"고 규정하고 있다. 의료급여는 소득이 없거나 일정한 소득이 있어도 생계유지가 곤란한 저소득층을 대상으로 그들이 자력으로 의료문제를 해결할 수 없는 경우, 또는 국가사회에 대한 공헌을 하였거나 희생한 유공자와 그 가족 및 유공자에 대하여 응분의 예우를 하기 위하여

31) 법률 제14697호에 의거, 2017년 9월 22일 시행한 법을 기준으로 하였으며, 이에 대한 더 구체적인 내용은 이 법의 전문을 참조하기 바란다.

중요 무형문화재의 보호, 북한이탈주민의 보호를 위해 국가재정으로 의료혜택을 제공함으로써 국민보건향상과 사회복지 증진에 기여하는 의료부조로서 공공부조의 일환으로 실시하고 있다. 「의료급여법」은 국가재정으로 의료혜택을 주는 공공부조로서 건강보험과 더불어 국민의 의료보장정책의 중요한 수단이 되는 사회보장이다.[32)]

의료보장과 소득보장은 상보적인 관계로서 빈곤계층의 경우, 빈곤으로 인하여 양질의 의료를 이용하기 어려운 상황은 질병과 장애를 악화시켜 빈곤을 더욱 지속화시킨다. 동시에 의료수가의 상승으로 인하여 빈곤한 사람들에게 질병과 빈곤을 더욱 가속화시키는 상승작용의 경향을 가진다. 그러므로 적절한 수준의 의료서비스 혹은 의료보장(건강보장)은 소득보장과 함께 공공부조의 양대 지주로 파악되고, 현대사회에서는 이를 위하여 구체적인 제도적 장치를 마련하고 있다.

나. 지급 대상의 선정 등

1) 수급권자의 인정절차

수급권자가 되려는 사람은 보건복지부령으로 정하는 바에 따라 특별자치시장·특별자치도지사·시장(특별자치도의 행정시장은 제외)·군수·구청장(구청장은 자치구의 구청장을 말하며, 이하 "시장·군수·구청장"이라 한다)에게 수급권자 인정 신청을 하여야 한다(법 제3조의3 제1항). 시장·군수·구청장은 신청인을 수급권자로 인정하는 것이 타당한지를 확인하기 위하여 필요한 경우 그 신청인에게 자료 또는 정보의 제공에 동의한다는 서면을 제출하게 할 수 있다(법 제3조의3 제2항). 신청에 따른 조사, 확인조사, 금융정보 등의 제공 등에 관하여는 「국민기초생활보장법」의 관련 조항(제22조, 제23조 및 제23조의2)을 준용한다(법 제3조의3 제3항). 시장·군수·구청장은 인정 신청을 한 사람(의상자 및 의사자유족 중에서 의료급여를 받는 사람 및 국내에 입양된 18세 미만의

32) 소득계층의 보험원리에 의해서 제공되는 건강보험과는 달리, 빈곤계층에 대하여는 무료로 혹은 공공부조의 원리에 의하여 적절한 수준의 의료서비스를 제공하는 경향이 전 세계적으로 일반화되고 있다. 또 다른 측면으로는 인간다운 생활 혹은 생존권의 보장이 단순히 생계보호와 물질적 소득의 확보에 그치지 않고 건강회복을 위한 의료서비스 제공을 포함해야 한다는 요청이 높아지고 있다.

아동은 제외한다) 중에서 수급권자의 인정 기준에 따라 수급권자를 정하여야 한다(법 제3조의3 제5항).

2) 수급권자의 범위

「의료급여법」에 의한 수급권자는 다음과 같다(법 제3조 제1항 제1호~제10호, 법 제3조의2).

- 「국민기초생활보장법」에 의한 의료급여 수급자
- 「재해구호법」에 의한 이재민으로서 보건복지부장관이 의료급여가 필요하다고 인정한 사람
- 「의사상자 예우 및 지원에 관한 법률」에 따라 의료급여를 받는 사람
- 「입양 특례법」에 의하여 국내에 입양된 18세 미만의 아동
- 「독립유공자예우에 관한 법률」, 「국가유공자 등 예우 및 지원에 관한 법률」 및 「보훈보상대상자 지원에 관한 법률」의 적용을 받고 있는 자와 그 가족으로 국가보훈처장이 의료급여가 필요하다고 추천한 사람 중에서 보건복지부장관이 의료급여가 필요하다고 인정한 자
- 「무형문화재 보전 및 진흥에 관한 법률」에 의하여 지정된 중요 국가 무형문화재의 보유자와 그 가족으로서 문화재청장이 의료급여가 필요하다고 추천한 사람 중에서 보건복지부장관이 의료급여가 필요하다고 인정한 자
- 「북한이탈주민의 보호 및 정착 지원에 관한 법률」의 적용을 받고 있는 자와 그 가족으로 보건복지부장관이 의료급여가 필요하다고 인정한 자
- 「5·18 민주화운동 관련자 보상 등에 관한 법률」 제8조에 따라 보상금 등을 받은 자와 그 가족으로서 보건복지부장관이 의료급여가 필요하다고 인정한 자
- 「노숙인 등의 복지 및 자립지원에 관한 법률」에 따른 노숙인 등으로서 보건복지부장관이 의료급여가 필요하다고 인정한 자
- 그 밖에 생활유지의 능력이 없거나 생활이 어려운 자로서 대통령령으로 정하는 자(거소가 없는 사람으로 경찰관서에서 무연고자로 확인된 사람)
- 「난민법」에 따른 난민 인정자로서 「국민기초생활보장법」에 따른 의료급여

수급권자의 범위에 해당되는 사람은 수급권자로 본다(법 제3조의2).

3) 수급권자의 구분

수급권자는 1종 수급권자와 2종 수급권자로 구분하고 있다(법 시행령 제3조 제1항).

(가) 1종 수급권자(법 시행령 제3조 제2항)

① **「국민기초생활보장법」에 의한 수급자 중 다음에 해당하는 자**

- 다음에 해당하는 자 또는 근로능력이 없거나 근로가 곤란하다고 인정하여 보건복지부장관이 정하는 자만으로 구성된 세대의 구성원
  - 18세 미만인 자
  - 65세 이상인 자
  - 「장애인고용촉진 및 직업재활법」 제2조 제2호에 해당하는 중증장애인(장애인 중 근로능력이 현저하게 상실된 자)
  - 「국민기초생활보장법」 시행령 제7조 제1항 제2호에 해당하는 자(보건복지부장관이 정하는 질병 또는 부상에 해당하지 아니하는 질병·부상 또는 그 후유증으로 인하여 3개월 이상의 치료 또는 요양이 필요한 자)
  - 임신 중에 있거나 분만 후 6개월 미만의 여자
  - 「병역법」에 의한 병역의무를 이행 중인 자
- 「국민기초생활보장법」 시행령 제32조의 규정에 의한 보장시설에서 급여를 받고 있는 자
- 보건복지부장관이 정하여 고시하는 희귀난치성질환 또는 중증질환을 가진 자

② **타법에 의한 의료급여 수급권자**(법 제3조 제1항 제2호 내지 제9호의 규정에 해당하는 자)

- 이재민, 의상자 및 의사자의 유족, 입양아동(18세 미만), 국가유공자, 중요 무형문화재 보유자, 북한이탈주민, 5·18 민주화운동 관련자, 노숙인

③ **제2조 제1호에 해당하는 수급권자**

- 일정한 거소가 없는 사람으로서 경찰관서에서 무연고자로 확인된 사람

④ 제2조 제2호에 해당하는 자로서 보건복지부장관이 1종 의료급여가 필요하다고 인정하는 자

(나) 2종 수급권자(법 시행령 제3조 제3항 제1호~제3호)

- 법 제3조 제1항 제1호의 규정에 해당하는 자 중 제2항 제1호에 해당하지 아니하는 자(「국민기초생활보장법」에 의한 수급자 중 1종 수급권자에 해당하지 아니하는 자)
- 제2조 제2호에 해당하는 자로서 보건복지부장관이 2종 의료급여가 필요하다고 인정하는 자

4) 수급권자에 대한 특례 등

수급권자가 다른 법령에 따라 의료급여를 받고 있는 경우에는 이 법에 의한 의료급여를 행하지 아니한다(법 제4조). 시장·군수·구청장은 수급권자에게 의료급여증을 발급하여야 한다. 다만, 부득이한 사유가 있는 경우에는 의료급여증에 갈음하는 의료급여증명서를 발급하거나 보건복지부령으로 정하는 바에 따라 의료급여증을 발급하지 아니할 수 있다(제8조 제1항). 수급권자가 의료급여를 받을 때에는 의료급여증 또는 의료급여증명서를 의료급여기관에 제출하여야 한다. 다만, 천재지변이나 그 밖의 부득이한 사유가 있으면 그러지 아니하다(제8조 제2항). 수급권자는 주민등록증, 운전면허증, 여권, 그 밖의 본인 여부를 확인할 수 있는 보건복지부령으로 정하는 신분증명서로 의료급여기관이 그 자격을 확인할 수 있으면 의료급여증 또는 의료급여증명서를 제출하지 아니할 수 있다(제8조 제3항). 의료급여증 및 의료급여증명서의 서식과 그 사용 등에 관하여 필요한 사항은 보건복지부령으로 정하고 있다(제8조 제4항).

다. 의료급여의 내용

1) 의료급여의 범위

의료급여법에 의한 수급권자의 질병·부상·출산 등에 대한 의료급여의 내용은 “진찰·검사, 약제·치료재료의 지급, 처치·수술과 그 밖의 치료, 예방·재활, 입원,

간호, 이송과 그 밖의 의료목적의 달성을 위한 조치"이다(법 제7조 제1항). 의료급여와 별도로 시장·군수·구청장은 수급권자에 대하여 질병의 조기발견과 그에 따른 의료급여를 하기 위하여 건강검진을 할 수 있으며(법 제14조 제1항), 건강검진의 대상·횟수·절차 그 밖의 필요한 사항은 보건복지부장관이 정하고 있다(법 제14조 제2항). 또 시장·군수·구청장은 장애인복지법에 따라 등록한 장애인인 수급권자에게 보장구(補裝具)에 대하여 급여를 실시할 수 있으며(법 제13조 제1항), 보장구에 대한 급여의 방법·절차·범위·한도 등에 관하여 필요한 사항은 보건복지부령으로 정하고 있다(법 제13조 제3항).

의료급여의 방법·절차·범위·한도 등 의료급여의 기준에 관하여는 보건복지부령으로 정하고, 의료수가 기준과 그 계산방법 등에 관하여는 보건복지부장관이 정하고 있고(법 제7조 제2항), 보건복지부장관은 의료급여의 기준을 정함에 있어 업무 또는 일상생활에 지장이 없는 질환 등 보건복지부령이 정하는 사항은 의료급여의 대상에서 제외할 수 있다(법 제7조 제3항). 이에 따라 국민건강보험요양급여의 기준에 관한 규칙으로 별표 2에 규정된 비급여대상에 대해서는 의료급여를 행하지 아니한다(법 시행규칙 제8조).

2) 의료급여의 상한－의료급여기간

수급권자가 의료급여기금의 부담으로 의료급여를 받을 수 있는 일수는 ① 희귀난치성질환 및 중증질환: 각 질환별로 연간 365일(윤년의 경우 366일로 한다), ② 정신 및 행동장애(뇌전증을 포함한다) 등 보건복지부장관이 정하여 고시하는 질환: 각 질환별로 연간 365일, ③ 앞의 ①, ② 외의 질환: 모든 질환의 의료급여 일수를 합하여 연간 365일로 하고 있다. 다만, 인체면역결핍증바이러스 질환자에 대하여는 상한일수를 제한하지 아니한다(법 시행규칙 제8조의3 제1항). 수급권자가 장기간 입원 또는 복합적인 투약 등으로 불가피하게 의료급여를 받아야 할 사유가 발생한 경우에는 보건복지부장관이 정하는 기준에 따라 시장·군수·구청장의 승인을 얻어 상한일수를 초과하여 의료급여를 받을 수 있다. 이 경우 시장·군수·구청장은 법 제6조의 규정에 의한 시·군·구 의료급여심의위원회의 심의를 거쳐야 한다(법 시행규칙 제

8조의3 제2항). 시장·군수·구청장은 상한일수를 초과하여 의료급여를 받으려는 자 중 중복투약으로 인하여 건강상 위해가 발생할 우려가 있는 자로서 보건복지부장관이 정하여 고시하는 기준에 해당하는 자에 대하여는 의료급여를 받을 수 있는 의료급여기관의 선택 범위를 차기연도 말까지 제한하는 것을 조건으로 승인할 수 있다(법 시행규칙 제8조의3 제3항).

3) 의료급여일수의 산정

의료급여일수는 매년 1월 1일부터 12월 31일까지의 입원일수, 투약일수, 투약 없이 외래로 의료급여를 받는 경우의 급여일수 및 경구약제만을 투여받는 경우의 급여일수를 합하여 산정한다. 다만, 다음의 일수를 제외하며(법 시행규칙 제8조의4 제1항), 급여일수는 의료급여를 받는 날짜의 순서에 따라 산정한다(법 시행규칙 제8조의4 제2항).

- 입원 중 입원한 의료급여기관에서 투약받는 경우 그 입원기간 중의 투약일수
- 동일 처방에 의하여 원내투약과 원외투약이 동시에 이루어지는 경우 중복되는 투약일수
- 혈액투석 또는 복막투석을 받고 있는 만성신부전증환자와 장기이식을 받은 환자가 국민건강보험 요양급여의 기준에 관한 규칙 제5조 제2항에 따라 보건복지부장관이 정하여 고시하는 필수적인 경구약제를 투여받는 경우 그 투약일수

라. 실시기관

「의료급여법」상 실시기관은 의료보호급여를 제공하거나 이것을 바르게 실천할 수 있도록 감시·감독 등의 전체적인 책임을 가진 기관 전체를 말한다. 그 기능에 따라 보장기관, 의료급여심의위원회, 의료급여기관 등으로 나눌 수 있다.

1) 보장기관

의료급여법에 의한 의료급여에 관한 업무는 수급권자의 거주지를 관할하는 특별시장·광역시장·도지사와 시장·군수·구청장이 행한다(법 제5조 제1항). 주거가 일정하지 아니한 수급권자에 대하여는 그가 실제 거주하는 지역을 관할하는 시장·군수·구청장이 행한다(법 제5조 제2항). 특별시장, 광역시장, 도지사 및 시장·군수·구청장은 수급권자의 건강의 유지·증진을 위하여 필요한 사업을 실시하여야 한다(법 제5조 제3항).

2) 사례관리

보건복지부장관, 특별시장·광역시장·도지사 및 시장·군수·구청장은 수급권자의 건강관리 능력 향상 및 합리적 의료이용 유도 등을 위하여 사례관리를 실시할 수 있다. 이에 따른 사례관리를 실시하기 위하여 특별시·광역시·특별자치시·도·특별자치도 및 시·군·구에 의료급여 관리사를 둔다. 보건복지부장관은 사례관리 사업의 전문적인 지원을 위하여 해당 업무를 공공 또는 민간 기관·단체 등에 위탁하여 실시할 수 있다. 이에 따른 의료급여 관리사의 자격·배치기준 등 운영에 관한 사항과 사례관리 사업 지원 업무 위탁 실시 등에 필요한 사항은 보건복지부령으로 정하고 있다.

3) 의료급여심의위원회

의료급여사업의 실시에 관한 사항을 심의하기 위하여 보건복지부, 시·도 및 시·군·구에 각각 의료급여심의위원회를 둔다. 다만, 시·도 및 시·군·구에 두는 의료급여심의위원회의 경우에는 그 기능을 담당하기에 적합한 다른 위원회가 있고 그 위원회의 위원이 그 위원회의 자격을 갖춘 경우 시·도 또는 시·군·구의 조례로 각각 정하는 바에 따라 그 위원회로 하여금 의료급여심의위원회의 기능을 수행하게 할 수 있다(법 제6조 제1항).

보건복지부에 두는 의료급여심의위원회(이하 중앙의료급여심의위원회라 한다)는 의료급여사업의 기본방향 및 대책 수립에 관한 사항, 의료급여기준 및 수가에 관한 사항, 그 밖에 보건복지부장관 또는 위원장이 부의하는 사항을 심의한다(법 제6조 제2항). 중앙의료급여심의위원회는 위원장을 포함하여 15인 이내의 위원으로 구성하고 위원은 보건복지부장관이 ① 공익을 대표하는 자(의료보장에 관한 전문가로서 대학의 조교수 이상인 자 또는 연구기관의 연구원으로 재직 중인 자), ② 의약계를 대표하는 자 및 사회복지계를 대표하는 자, ③ 관계 행정기관 소속의 3급 이상 공무원에 해당하는 자를 위촉·지명하며 위원장은 보건복지부차관으로 한다(법 제6조 제3항).

시·도에 두는 의료급여심의위원회는 법 제25조의 규정에 의한 의료급여기금의 관리·운영에 관한 주요 사항, 시·군·구의 의료급여사업의 조정에 관한 사항, 그 밖에 의료급여사업과 관련하여 특별시장·광역시장·특별자치시장·도지사·특별자치도지사가 필요하다고 인정하여 회의에 부치는 사항을 심의한다(법 시행령 제7조 제2항 제1호~제3호). 시·군·구에 두는 의료급여심의위원회는 법 제24조의 규정에 의한 대지급금 및 부당이득금 등의 결손처분에 관한 사항, 의료급여일수의 연장승인에 관한 사항, 그 밖에 의료급여사업과 관련하여 시장·군수·구청장이 필요하다고 인정하여 회의에 부치는 사항을 심의한다(법 시행령 제7조 제3항 제1호~제3호). 특별시·광역시·특별자치시·도·특별자치도에 두는 의료급여심의위원회는 위원장 및 부위원장 각 1인을 포함한 7인 이내의 위원으로 성별을 고려하여 구성하고, 시·군·구에 두는 의료급여심의위원회는 위원장 및 부위원장 각 1인을 포함한 5인 이내의 위원으로 성별을 고려하여 구성한다(법 시행령 제7조 제1항). 시·도 및 시·군·구 의료급여심의위원회의 위원은 특별시장·광역시장·도지사 또는 시장·군수·구청장이 ① 의료보장에 관한 학식과 경험이 있는 자, ② 공익을 대표하는 자, ③ 관계 행정기관 소속의 공무원에 해당하는 자 중에서 위촉·지명하며 위원장은 해당 특별시장·광역시장·도지사 또는 시장·군수·구청장으로 한다. 다만, 다른 위원회가 의료급여심의위원회의 기능을 대신하는 경우 위원장은 조례로 정한다(법 제6조 제4항).

의료급여심의위원회는 심의와 관련하여 필요한 경우 보장기관에 대하여 그 소속공무원의 출석이나 자료의 제출을 요청할 수 있다. 이 경우 당해 보장기관은 정당한 사유가 없는 한 이에 응하여야 한다(법 제6조 제5항). 보건복지부와 시·도 및 시·군·구에 두는 의료급여심의위원회의 기능과 각 의료급여심의위원회의 구성·

운영 등에 관하여 필요한 사항은 대통령령으로 정하고 있다(법 제6조 제6항). 보건복지부, 시·도 및 시·군·구에 두는 의료급여심의위원회 위원의 임기는 3년으로 하되, 연임할 수 있다. 공무원인 위원의 임기는 해당 직에 재직하는 기간으로 하고 있다(법 시행령 제8조 제1항).

4) 의료급여기관

(가) 의료급여기관

의료급여는 다음의 의료급여기관에서 행한다. 이 경우 보건복지부장관은 공익 또는 국가시책상 의료급여기관으로 적합하지 아니하다고 인정하는 때에는 대통령령이 정하는 바에 따라 의료급여기관에서 제외할 수 있다(법 제9조 제1항).

- 「의료법」에 따라 개설된 의료기관
- 「지역보건법」에 따라 설치된 보건소·보건의료원 및 보건지소
- 「농어촌 등 보건의료를 위한 특별조치법」에 따라 설치된 보건진료소
- 「약사법」에 따라 등록된 약국 및 동법 제91조의 규정에 따라 설립된 한국희귀의약품센터

(나) 의료급여기관의 구분

의료급여기관은 제1차, 제2차 및 제3차 의료급여기관으로 구분하되, 의료기관과 진료 범위는 보건복지부령으로 정하고 있다(법 제9조 제2항). 의료급여기관은 정당한 이유 없이 이 법에 의한 의료급여를 거부하지 못한다(법 제9조 제3항).

① 제1차 의료급여기관

- 「의료법」에 따라 시장·군수·구청장에게 개설신고를 한 의료기관
- 「지역보건법」에 따라 설치된 보건소·보건의료원 및 보건지소
- 「농어촌 등 보건의료를 위한 특별조치법」에 따라 설치된 보건진료소
- 「약사법」에 따라 등록된 약국 및 동법 제91조의 규정에 따라 설립된 한국희귀의약품센터

② 제2차 의료급여기관

- 「의료법」에 따라 시·도지사가 개설허가를 한 의료기관

③ 제3차 의료급여기관

- 제2차 의료급여기관 중에서 보건복지부장관이 지정하는 의료기관

5) 의료급여기금

(가) 의료급여기금의 설치 및 조성

급여비용의 재원에 충당하기 위하여 시·도에 의료급여기금을 설치한다(법 제25조 제1항). 기금은 국고보조금,[33] 지방자치단체의 출연금, 제21조의 규정에 의하여 상환 받은 대지급금, 제23조의 규정에 의하여 징수한 부당이득금, 제29조의 규정에 의하여 징수한 과징금, 당해 기금의 결산상 잉여금 및 그 밖의 수입금으로 조성한다(법 제25조 제2항). 국가와 지방자치단체는 기금운영에 필요한 충분한 예산을 확보하여야 한다(법 제25조 제3항).

(나) 의료급여기금의 관리 및 운용

기금은 일반회계와 구분하여 별도의 계정을 설정하여 관리하여야 한다(법 제26조 제1항). 기금은 급여비용, 급여비용의 대지급에 소요되는 비용, 제33조 제2항의 규정에 의한 업무위탁 시 소요되는 비용, 그 밖의 의료급여업무에 직접 소요되는 비용으로서 보건복지부령이 정하는 비용에 한하여 이를 사용하여야 한다(법 제26조 제2항). 특별시장·광역시장·특별자치시장·도지사·특별자치도지사는 기금에 여유자금이 있는 때에는 금융기관 또는 체신관서에의 예치, 국·공채의 매입의 방법으로 이를 운용할 수 있다(법 제26조 제3항). 이 법에서 정한 것 외에 기금의 관리·운용에 관하여 필요한 사항은 보건복지부령이 정하는 바에 따라 당해 지방자치단체의 조례로 정하고 있다(법 제26조 제4항).

---

33) 법 제25조 제2항 제1호의 규정에 의한 국고보조금의 비율은 보조금 관리에 관한 법률 및 관계 법령에서 정하는 바에 따른다(법 제25조 제4항).

6) 권한의 위임

(가) 건강보험심사평가원에 위탁

시장·군수·구청장의 업무 중 급여비용(건강검진비용을 포함한다. 이하 같다)의 심사·조정, 의료급여(건강검진을 포함한다)의 적정성 평가, 급여비용과 의료급여에 관련된 심사 및 평가기준의 설정 등의 업무를 심사평가원에 위탁한다(법 시행령 제20조 제1항).

(나) 국민건강보험공단에 위탁

시장·군수·구청장의 업무 중 급여비용의 지급, 전산기기에 의한 수급권자의 자격, 개인별 진료내역의 관리, 의료급여의 제한에 필요한 실태조사 및 자료수집의 업무를 보험공단에 위탁한다(법 시행령 제20조 제2항).

마. 의료급여의 비용

1) 급여비용의 부담

급여비용은 대통령령이 정하는 바에 따라 그 전부 또는 일부를 법 제25조의 규정에 의한 의료급여기금에서 부담하되, 의료급여기금에서 일부를 부담하는 경우 그 나머지의 비용은 본인이 부담한다(법 제10조). 이에 따라 「의료급여법」 시행령 제13조 제1항에서 기금에서 부담하는 급여비용의 범위를 1종 수급권자와 2종 수급권자로 나누어 별표에서 규정하고 있다(법 시행령 제13조 제1항). 의료급여가 제한되는 경우, 기금에 상당한 부담을 초래한다고 인정되는 경우 등 보건복지부령이 정하는 경우 또는 항목에 대하여는 보건복지부령이 정하는 금액을 수급권자가 부담한다(법 시행령 제13조 제3항). 이에 따라 기금에서 부담하는 급여비용 외에 수급권자가 부담하는 본인부담금(이하 '급여대상 본인부담금'이라 한다)과 수급권자가 부담하는 본인부담금은 의료급여기관의 청구에 의하여 수급권자가 의료급여기관에 지급한다(법 시행령 제13조 제4항). 이에 따라 의료급여기관에 지급한 급여대상 본인부담금이 매 30일간 ① 1종 수급권자: 2만 원, ② 2종 수급권자: 20만 원의 금액을 초과한 경우에는 그 초과한 금액의 100분의 50에 해당하는 금액을 보건복지부령이 정하는 바에 따라 시장·군수·구청장이 수급권자에게 지급한다. 다만, 지급하여야 할 금액이 2천 원 미만인 경우에는 이를 지급하지 아니한다(법 시행령 제13조 제5항).

급여대상 본인부담금에서 위 규정에 따라 지급받은 금액을 차감한 금액이 ① 1종 수급권자: 매 30일간 5만 원, ② 2종 수급권자: 연간 80만 원. 다만, 초과금액이 2천 원 미만인 경우에는 이를 수급권자가 부담한다(법 시행령 제13조 제6항). 시장·군수·구청장은 수급권자가 기금에서 부담하여야 하는 초과금액을 의료급여기관에 지급한 경우에는 보건복지부령이 정하는 바에 따라 그 초과금액을 수급권자에게 지급하여야 한다(법 시행령 제13조 제7항).

2) 급여비용의 청구와 지급

의료급여기관은 의료급여기금에서 부담하는 급여비용의 지급을 시장·군수·구청장에게 청구할 수 있다. 이 경우 의료급여기관의 급여비용심사기관에 대한 심사청구는 이를 시장·군수·구청장에 대한 급여비용의 청구로 본다(법 제11조 제1항). 급여비용의 청구를 하고자 하는 의료급여기관은 급여비용심사기관에 급여비용의 심사청구를 하여야 하며, 심사청구를 받은 급여비용심사기관은 이를 심사한 후 지체 없이 그 내용을 시장·군수·구청장 및 의료급여기관에 알려야 하며(법 제11조 제2항), 이에 따라 심사의 내용을 통보받은 시장·군수·구청장은 지체 없이 그 내용에 따라 급여비용을 의료급여기관에 지급하여야 한다. 이 경우 수급권자가 이미 납부한 본인부담금이 과다한 경우에는 의료급여기관에 지급할 금액에서 그 과다하게 납부된 금액을 공제하여 이를 수급권자에게 반환하여야 한다(법 제11조 제3항).

시장·군수·구청장은 의료급여의 적정성 여부를 평가할 수 있고, 그 평가결과에 따라 급여비용을 가산 또는 감액 조정하여 지급한다. 이 경우 평가결과에 따라 급여비용의 가감지급의 기준은 보건복지부령으로 정한다(법 제11조 제4항). 시장·군수·구청장은 제4항에 따른 적정성 평가결과를 공개할 수 있다(법 제11조 제5항). 의료급여기관은 제2항에 따른 심사청구를 "「의료법」 제28조 제1항에 따른 의사회·치과의사회·한의사회·조산사회 또는 같은 조 제6항에 따라 신고한 각각의 지부 및 분회,

「의료법」 제52조에 따른 의료기관단체, 「약사법」 제11조에 따른 대한약사회 또는 같은 법 제14조에 따라 신고한 지부 분회" 단체가 대행하게 할 수 있다(법 제11조 제6항). 청구·심사·지급 등의 방법 및 절차에 관하여 필요한 사항은 보건복지부령으로 정하고 있다(법 제11조 제7항). 시장·군수·구청장은 「산업재해보상보험법」 제10조에 따른 근로복지공단이 이 법에 따라 의료급여를 받을 수 있는 자에게 「산업재해보상보험법」 제40조에 따른 요양급여를 지급한 후 그 지급결정이 취소된 경우로서 그 요양급여의 비용을 청구하는 경우에는 그 요양급여가 이 법에 따라 실시할 수 있는 의료급여에 상당한 것으로 인정되면 그 의료급여에 해당하는 금액을 지급할 수 있다(법 제11조 제8항).

3) 급여대상 여부의 확인

수급권자는 본인부담금 외에 부담한 비용이 의료급여의 대상에서 제외되는 사항에 소요된 비용(비급여비용)인지에 대하여 급여비용심사기관에 확인을 요청할 수 있다(법 제11조의3 제1항). 이에 따라 확인요청을 받은 급여비용심사기관은 그 확인 결과를 확인을 요청한 수급권자에게 통보하여야 하며, 확인을 요청한 비용이 급여비용에 해당하는 것으로 확인된 때에는 급여비용 지급기관 및 관련 의료급여기관에도 각각 통보하여야 한다(법 제11조의3 제2항). 이에 따라 통보받은 의료급여기관은 과다 징수한 금액을 지체 없이 수급권자에게 반환하여야 한다(법 제11조의3 제3항). 이에도 불구하고 의료급여기관이 과다 징수한 금액을 반환하지 아니하면 그 의료급여기관에 지급할 급여비용에서 과다 징수한 금액을 공제하여 그 공제한 금액을 수급권자에게 지급할 수 있다(법 제11조의3 제4항).

4) 의료기관의 비용청구에 관한 금지행위

의료급여기관은 의료급여를 행하기 전에 수급권자에게 본인부담금을 청구하거나 수급권자가 이 법에 따라 부담하여야 하는 비용과 비급여비용 외에 입원보증금 등 다른 명목의 비용을 청구하여서는 아니 된다(법 제11조의4).

5) 급여비용의 대불 및 상환

급여비용의 일부를 의료급여기금에서 부담하는 경우에 그 나머지 급여비용(보건복지부장관이 정한 금액에 한한다)에 대하여는 수급권자 또는 그 부양의무자의 신청을 받아 제25조의 규정에 의한 의료급여기금에서 이를 대지급할 수 있다(법 제20조 제1항). 대지급금의 신청 및 지급방법 등에 관하여 필요한 사항은 보건복지부령으로 정하고 있다(법 제20조 제2항). 대지급금을 받은 자(그 부양의무자를 포함하며, 이하 '상환의무자'라 한다)는 보건복지부령이 정하는 바에 따라 대지급금을 그 거주지를 관할하는 시장·군수·구청장에게 상환하여야 한다. 이 경우 대지급금의 상환은 무이자로 한다(법 제21조 제1항).

6) 요양비, 건강검진

(가) 요양비

시장·군수·구청장은 수급권자가 보건복지부령이 정하는 긴급하거나 그 밖의 부득이한 사유로 인하여 의료급여기관과 동일한 기능을 수행하는 기관으로서 보건복지부령이 정하는 기관(업무정지기간 중인 의료급여기관을 포함한다)에서 질병·부상·출산 등에 대하여 의료급여를 받거나 의료급여기관 외의 장소에서 출산을 한 때에는 그 의료급여에 상당하는 금액을 보건복지부령이 정하는 바에 따라 수급권자에게 요양비로 지급한다(법 제12조 제1항).

(나) 장애인 및 임산부에 대한 특례 및 건강검진

시장·군수·구청장은 장애인복지법에 따라 등록한 장애인인 수급권자에게 보장구(補裝具)에 대하여 급여를 실시할 수 있다(법 제13조 제1항). 시장·군수·구청장은 임신한 수급자가 임신기간 중 의료급여기관에서 받는 진료에 드는 비용(출산비용을 포함한다)에 대하여 추가급여를 실시할 수 있다(법 제13조 제2항). 1항에 따른 보장구 급여 및 2항에 따른 추가급여의 방법·절차·범위·한도 등에 필요한 사항은 보건복지부령으로 정한다(법 제13조 제3항). 「의료급여법」에 의한 수급권자에 대하여 질병의 조기발견과 그에 따른 의료급여를 하기 위하여 건강검진을 할 수 있고(법 제14조

제1항), 건강검진의 대상·횟수·절차와 그 밖에 필요한 사항은 보건복지부장관이 정하고 있다(법 제14조 제2항).

바. 의료급여의 제한과 중지 등

1) 급여의 제한

시장·군수·구청장은 수급권자가 ① 자신의 고의 또는 중대한 과실로 인한 범죄행위에 기인하거나 고의로 사고를 발생시켜 의료급여가 필요하게 된 경우, ② 수급권자가 정당한 이유 없이 이 법의 규정이나 의료급여기관의 진료에 관한 지시에 따르지 아니한 경우에 해당하는 때에는 「의료급여법」에 의한 의료급여를 행하지 아니한다. 다만, 보건복지부장관이 의료급여의 필요가 있다고 인정하는 경우에는 그러하지 아니하다(법 제15조 제1항). 의료급여기관은 수급권자가 대통령령이 정하는 바에 따라 수급권자의 거주지를 관할하는 시장·군수·구청장에게 알려야 한다(법 제15조 제2항).

2) 급여의 변경

시장·군수·구청장은 수급권자의 소득·재산상황·근로능력 등에 변동이 있는 경우에는 직권으로 또는 수급권자나 그 친족, 그 밖의 관계인의 신청에 따라 급여의 내용 등을 변경할 수 있으며(법 제16조 제1항). 시장·군수·구청장은 급여의 내용 등을 변경한 때에는 서면으로 그 이유를 명시하여 수급권자에게 알려야 한다(법 제16조 제2항).

3) 급여의 중지

시장·군수·구청장은 ① 수급권자에 대한 의료급여가 필요 없게 된 경우, ② 수급권자가 의료급여를 거부한 경우에 해당하는 때에는 의료급여를 중지하여야 한다(법 제17조 제1항). 의료급여를 거부한 수급권자가 속한 세대원 전부에 대하여 의료급여를 중지시켜야 하며(법 제17조 제2항), 시장·군수·구청장은 의료급여를 중지한 때에는 서면으로 그 이유를 명시하여 수급권자에게 알려야 한다(법 제17조 제3항).

사. 수급자의 권리보호

1) 수급권자의 권리보호 및 구상권

(가) 수급권의 보호

의료급여를 받을 권리는 양도 또는 압류할 수 없다(법 제18조).

(나) 이의신청

수급권자의 자격, 의료급여 및 급여비용에 대한 시장·군수·구청장의 처분에 이의가 있는 자는 시장·군수·구청장에게 이의신청을 할 수 있다(법 제30조 제1항).

(다) 소멸시효

의료급여를 받을 권리, 급여비용을 받을 권리, 대지급금을 상환받을 권리는 3년간 행사하지 아니하면 소멸시효가 완성된다(법 제31조 제1항). 시효는 급여비용의 청구, 대지급금에 대한 납입의 고지 및 독촉의 사유로 인하여 중단된다(법 제31조 제2항). 소멸시효 및 시효중단에 관하여 의료급여법에 정한 사항 외에는 민법의 규정에 의한다(법 제31조 제3항).

(라) 구상권

시장·군수·구청장은 제3자의 행위로 인하여 수급권자에게 의료급여를 한 때에는 그 급여비용의 범위 안에서 제3자에 대한 손해배상청구의 권리를 얻는다(법 제19조 제1항). 의료급여를 받은 자가 제3자로부터 이미 손해배상을 받은 때에는 시장·군수·구청장은 그 배상액의 한도 안에서 의료급여를 하지 아니한다(법 제19조 제2항).

2) 벌칙 → 징역 또는 벌금

의료급여기관이 정당한 이유 없이 의료급여를 거부하거나, 대행청구가 아닌 자로 하여금 급여비용의 심사청구를 대행하게 한 자, 속임수나 그 밖의 부정한 방법으로 의료급여를 받은 자 또는 제3자로 하여금 의료급여를 받게 한 자는 1년 이하의 징역 또는 1천만 원 이하의 벌금에 처한다(법 제35조 제4항). 대행청구단체의 종사자로서 거짓이나 그 밖의 부정한 방법으로 급여비용을 청구한 자는 3년 이하의 징역 또는 3천만 원 이하의 벌금에 처한다(법 제35조 제2항).

제4절 「긴급복지지원법」[34)]

가. 목적 및 의의

「긴급복지지원법」은 생계곤란 등의 위기상황에 처하여 도움이 필요한 사람을 신속하게 지원함으로써 이들이 위기상황에서 벗어나 건강하고 인간다운 생활을 하게 함을 목적으로 하고 있다(법 제1조). 경제양극화 및 이혼 증가 등의 사회변화 속에서 소득상실, 질병과 같이 갑작스러운 위기상황이 발생한 경우, 누구든지 손쉽게 도움을 청하고 필요한 지원을 받을 수 있는 제도를 마련하기 위하여, 지역사회의 각종 복지자원을 활용하여 위기상황에 처한 자를 조기에 찾을 수 있는 체계를 갖추고 이들에게 필요한 지원을 신속하게 실시하며 기존의 공공부조와 사회복지서비스와 연계되도록 하려는 것이다.

나. 긴급지원의 기본원칙

긴급복지지원에 따른 긴급지원은 「재해구호법」, 「국민기초생활보장법」, 「의료급여법」, 「사회복지사업법」, 「가정폭력방지 및 피해자보호 등에 관한 법률」, 「성폭력방지 및 피해자보호 등에 관한 법률」 등 다른 법률에 따라 지원 내용과 동일한 내용의 구호·보호 또는 지원을 받고 있는 경우에는 긴급복지지원에 따른 지원을 하지 아니하며(법 제3조 제2항), 긴급복지지원에 따른 지원은 위기상황에 처한 사람에게 일시적으로 신속하게 지원하는 것을 기본원칙으로 하고 있으며 다음과 같다

34) 법률 제14319호에 의거, 2016년 12월 2일 시행한 법을 기준으로 하였으며, 이에 대한 더 구체적인 내용은 이 법의 전문을 참조하기 바란다.

(법 제3조 제1항).

1) 선지원 후처리 원칙

위기상황에 처한 자 등의 지원요청이나 신고가 있는 경우 긴급지원담당공무원의 현장 확인을 통해 긴급한 지원의 필요성이 인정되면, 우선 지원을 실시하고 나중에 소득, 재산 등을 조사하여 지원의 적정성을 심사하고 있다(법 제7조, 제8조 및 제14조).

2) 단기지원 원칙

원칙적으로 생계지원은 1개월(의료지원과 교육지원은 1회)만 지원한다. 예외적으로 연장 지원을 인정하여 최대 6개월(의료지원 총 2회와 교육지원은 총 4회)까지만 지원한다. 지원이 종료되면 몇 가지 예외적인 사유를 제외하고는 동일한 사유로 다시 지원할 수 없다(법 제10조).

3) 타 법률지원 우선 원칙

타 법률에 의하여 긴급지원의 내용과 동일한 내용의 구호·보호나 지원을 받고 있는 경우에는 긴급지원을 하지 않는다(법 제3조 제2항).

4) 현물지원 우선 원칙

생계지원(식료품비, 의복비 등 생계유지에 필요한 비용 또는 현물 지원), 의료지원(각종 검사 및 치료 등 의료서비스 지원), 주거지원(임시거소 제공 또는 이에 해당하는 비용 지원), 사회복지시설지원(「사회복지사업법」에 따른 사회복지시설 입소 또는 이용 서비스 제공이나 이에 필요한 지원), 교육지원(초·중·고등학생의 수업료, 입학금, 학교운영지원비 및 학용품비 등 필요한 비용 지원), 그 밖의 지원(연료비나 그 밖에 위기상황의 극복에 필요한 비용 또는 현물 지원)은 금전 또는 현물 등의 직접지원을 한다(법 제9조 제1항).

5) 가구단위 지원 원칙

생계지원, 주거지원, 사회복지시설 이용지원, 그 밖의 연료비지원, 전기료 지원은 가구단위로 산정하여 지원하는 것을 원칙으로 하고 있다. 다만, 의료지원, 교육지원, 해산비, 장제비의 경우에는 지원이 필요한 가구구성원에 한하여 지원하고 있다.

다. 긴급지원 대상자 및 긴급지원기관

1) 긴급지원대상자(법 제5조)

긴급지원대상자는 위기상황에 처한 사람으로서 지원이 긴급하게 필요한 사람을 말하며(법 제5조), 위기상황이란 "본인 또는 본인과 생계 및 주거를 같이 하고 있는 가구구성원이 다음에 해당하는 사유로 인하여 생계유지 등이 어렵게 된 것을 말한다"(법 제2조)고 규정하고 있다.

- 주소득자(主所得者)가 사망, 가출, 행방불명, 구금시설에 수용되는 등의 사유로 소득을 상실한 경우
- 중한 질병 또는 부상을 당한 경우
- 가구구성원으로부터 방임(放任) 또는 유기(遺棄)되거나 학대 등을 당한 경우
- 가정폭력을 당하여 가구구성원과 함께 원만한 가정생활을 하기 곤란하거나 가구구성원으로부터 성폭력을 당한 경우
- 화재 등으로 인하여 거주하는 주택 또는 건물에서 생활하기 곤란하게 된 경우
- 보건복지부령으로 정하는 기준에 따라 지방자치단체의 조례로 정한 사유가 발생한 경우
- 그 밖에 보건복지부장관이 정하여 고시하는 사유가 발생한 경우

2) 긴급지원기관

(가) 국가 및 지방자치단체의 책무

국가 및 지방자치단체는 위기상황에 처한 사람을 찾아내어 최대한 신속하게 필요한 지원을 하도록 노력하여야 하며(법 제4조 제1항), 「긴급복지지원법」에 따른 지원 후에도 위기상황이 해소되지 아니하여 계속 지원이 필요한 것으로 판단되는 사람에게는 다른 법률에 따른 구호·보호 또는 지원을 받을 수 있도록 노력하여야 한다(법 제4조 제2항). 이에 따른 구호·보호 또는 지원이 어렵다고 판단되는 경우에는

민간기관·단체와의 연계를 통하여 구호·보호 또는 지원을 받을 수 있도록 노력하여야 한다(법 제4조 제3항).

(나) 긴급지원기관

「긴급복지지원법」에 따른 지원은 긴급지원대상자의 거주지를 관할하는 시장(제주특별자치도 설치 및 국제자유도시 조성을 위한 특별법 제11조 제2항에 따른 행정시장을 포함)·군수·구청장이 한다. 다만, 긴급지원대상자의 거주지가 분명하지 아니한 경우에는 지원요청 또는 신고를 받은 시장·군수·구청장이 한다(법 제6조 제1항). 거주지가 분명하지 아니한 사람에게 지원요청 또는 신고가 특정지역에 집중되는 경우에는 보건복지부령으로 정하는 바에 따라 긴급지원기관을 달리 정할 수 있다(법 제6조 제2항). 시장·군수·구청장은 긴급복지지원법에 따른 긴급지원사업을 수행할 담당 공무원(긴급지원담당공무원)을 지정하여야 한다(법 제6조 제3항).

(다) 예산분담

국가 및 지방자치단체는 긴급지원 업무를 수행하기 위하여 필요한 비용을 분담하여야 한다(법 제17조).

라. 긴급지원요청 절차

1) 긴급지원요청 및 신고

긴급지원대상자와 친족, 그 밖의 관계인은 구술 또는 서면 등으로 관할 시장·군수·구청장에게 「긴급복지지원법」에 따른 지원을 요청할 수 있으며(법 제7조 제1항), 누구든지 긴급지원대상자를 발견한 경우에는 관할 시장·군수·구청장에게 신고하여야 한다(법 제7조 제2항). 다음에 해당하는 사람은 진료·상담 등 직무수행 과정에서 긴급지원대상자가 있음을 알게 된 경우에는 관할 시장·군수·구청장에게 이를 신고하고, 긴급지원대상자가 신속하게 지원을 받을 수 있도록 노력하여야 한다(법 제7조 제3항).

- 「의료법」에 따른 의료기관의 종사자
- 「유아교육법」, 「초·중등교육법」 및 「고등교육법」에 따른 교원
- 「사회복지사업법」에 따른 사회복지시설의 종사자 및 같은 법 제8조에 따라 위촉된 복지위원
- 「국가공무원법」 및 「지방공무원법」에 따른 공무원
- 「장애인활동 지원에 관한 법률」에 따른 활동지원기관의 장 및 종사자와 같은 법에 따른 활동지원인력
- 그 밖에 긴급지원대상자를 발견할 수 있는 자로서 보건복지부령으로 정하는 자

2) 현장확인 및 지원 실시

시장·군수·구청장은 지원요청 또는 신고를 받거나 위기상황에 처한 사람을 찾아낸 경우에는 지체 없이 긴급지원담당공무원으로 하여금 긴급지원대상자의 거주지 등을 방문하여 위기상황을 확인하여야 하며(법 제8조 제1항), 시장·군수·구청장은 위기상황을 확인하기 위하여 필요한 경우에는 관할 경찰관서, 소방관서 등 관계 행정기관의 장에게 협조를 요청할 수 있다. 이 경우 관계 행정기관의 장은 정당한 사유가 없으면 그 요청에 따라야 한다(법 제8조 제2항). 이에 따른 현장 확인 결과 위기상황의 발생이 확인된 사람에 대하여는 지체 없이 지원의 종류 및 내용을 결정하여 지원을 하여야 한다. 이 경우 긴급지원대상자에게 신속히 지원할 필요가 있다고 판단되는 경우 긴급지원담당공무원으로 하여금 우선 필요한 지원을 하도록 할 수 있다(법 제8조 제3항). 이에 따라 현장을 확인하는 긴급지원담당공무원은 권한을 표시하는 증표를 지니고 이를 관계인에게 내보여야 한다(법 제8조 제4항). 이에 따라 지원을 요청할 때 또는 긴급지원담당공무원이 위기상황을 확인할 때에 그 긴급지원대상자 및 가구구성원은 다음의 자료 또는 정보의 제공에 대하여 동의한다는 서면을 제출하여야 한다. 다만 기급지원대상자가 의식불명 등 대통령령으로 정하는 사유에 해당하여 서면제출이 사실상 불가능하다고 긴급지원담당공무원이 확인한 경우에는 필요한 지원을 받은 후에 제출할 수 있다(법 제8조의2).

- 금융실명거래 및 비밀보장에 관한 법률 제2조 제2호 및 제3호에 따른 금융자산 및 금융거래의 내용에 대한 자료 또는 정보 중 예금의 평균잔액과 그 밖에 대통령령으로 정하는 자료 또는 정보(금융정보)
- 신용정보의 이용 및 보호에 관한 법률 제2조 제1호에 따른 신용정보 중 채무액과 그 밖에 대통령령으로 정하는 자료 또는 정보(신용정보)
- 「보험업법」 제4조 제1항 각 호에 따른 보험에 가입하여 납부한 보험료와 그 밖에 대통령령으로 정하는 자료 또는 정보(보험정보)

3) 담당기구 설치 등

보건복지부장관은 위기상황에 처한 사람에게 상담·정보제공 및 관련 기관·단체 등과의 연계서비스를 제공하기 위하여 담당기구를 설치·운영할 수 있다(법 제11조 제1항). 시장·군수·구청장은 긴급지원사업을 원활하게 수행하기 위하여 「사회복지사업법」 제7조의2에 따른 지역사회복지협의체를 통하여 사회복지·보건의료 관련 기관·단체 간의 연계·협력을 강화하여야 한다(법 제11조 제3항).

마. 긴급지원의 종류 및 기간

1) 긴급지원의 종류 및 내용

「긴급복지지원법」에 따른 지원의 종류 및 내용은 다음과 같다(법 제9조 제1항).

- 금전 또는 현물(現物) 등의 직접 지원
  - 생계지원: 식료품비·의복비 등 생계유지에 필요한 비용 또는 현물 지원
  - 의료지원: 각종 검사 및 치료 등 의료서비스 지원
  - 주거지원: 임시거소(臨時居所) 제공 또는 이에 해당하는 비용 지원
  - 사회복지시설 이용 지원: 사회복지사업법에 따른 사회복지시설 입소(入所) 또는 이용 서비스 제공이나 이에 필요한 비용 지원
  - 교육지원: 초·중·고등학생의 수업료, 입학금, 학교운영지원비 및 학용품비 등 필요한 비용 지원

- 그 밖의 지원: 연료비나 그 밖에 위기상황의 극복에 필요한 비용 또는 현물 지원

- 민간기관·단체와의 연계 등의 지원
  - 대한적십자사 조직법에 따른 대한적십자사, 사회복지공동모금회법에 따른 사회복지공동모금회 등의 사회복지기관·단체와의 연계 지원
  - 상담·정보제공, 그 밖의 지원

이에 대한 구체적인 지원기준·방법 및 절차 등에 관하여 필요한 사항은 대통령령으로 정하고 있다. 이 경우 생계지원 및 주거지원은 「국민기초생활보장법」 제2조 제11호에 따른 기준 중위소득의 100분의 40을 각각 한도로 한다(법 제9조 제2항). 시장·군수·구청장은 사회복지시설 이용 지원을 하는 경우 관할 사회복지시설의 장에게 지원을 요청할 수 있다. 이 경우 지원요청을 받은 사회복지시설의 장은 정당한 사유가 없으면 해당 시설의 입소기준에도 불구하고 긴급지원대상자가 긴급지원의 기간에 그 시설을 이용할 수 있도록 조치하여야 한다(법 제9조 제3항).

2) 긴급지원의 기간 등

(가) 긴급지원의 기간

생계지원, 주거지원, 사회복지시설 이용지원, 교육지원 및 그 밖의 지원에 따른 긴급지원은 1개월간의 생계유지 등에 필요한 지원으로 한다. 다만, 시장·군수·구청장이 긴급지원대상자의 위기상황이 계속된다고 판단하는 경우에는 1개월씩 2번의 범위에서 기간을 연장할 수 있다(법 제10조 제1항). 의료지원은 위기상황의 원인이 되는 질병 또는 부상을 검사·치료하기 위한 범위에서 1번 실시하며, 교육지원도 1번 실시한다(법 제10조 제2항). 시장·군수·구청장은 지원에도 불구하고 위기상황이 계속되는 경우에 긴급지원심의위원회의 심의를 거쳐 지원을 연장할 수 있다. 이 경우 생계지원, 주거지원, 사회복지시설 이용지원, 교육지원 및 그 밖의 지원에 의한 지원은 규정된 지원기간을 합하여 총 6개월을 초과하여서는 아니 되고, 주거지원은 1항에 따른 지원기간을 합하여 12개월을 초과하여서는 아니 되며, 의료지원은

제2항에 따른 횟수를 합하여 총 2번, 교육지원은 제2항에 따른 지원 횟수를 합하여 총 4번을 초과하여서는 아니 된다(법 제10조 제3항). 이에 따른 지원연장에 관한 긴급지원심의위원회의 심의 시기 및 절차는 보건복지부령으로 정하고 있다(법 제10조 제4항).

(나) 지원연장

① 지원연장 결정

시장·군수·구청장은 긴급지원대상자에 대한 지원기간을 연장(법 제10조 제1항 단서에 따라)하려는 경우에는 지원기간이 끝나기 3일 전까지 연장 여부를 결정하여야 하고, 지원연장을 결정한 때에는 지원연장 기간 및 지원 내용과 그 밖에 지원에 필요한 사항을 긴급지원대상자에게 지체 없이 알려야 한다(법 시행규칙 제3조).

② 긴급지원의 추가연장

시장·군수·구청장은 위기상황이 계속되는 긴급지원대상자에 대하여 지원연장이 필요한 사유, 지원연장 기간 및 지원 내용 등을 기재하여 긴급지원심의위원회(이하 "위원회"라 한다)의 심의에 부쳐야 한다. 위원회는 심의를 요청한 긴급지원대상자의 지원연장 여부에 대하여 지원기간이 끝나기 3일 전까지 심의를 마쳐야 하며, 시장·군수·구청장은 지원연장을 하기로 결정한 긴급지원대상자에게 지원연장 기간 및 지원 내용과 그 밖에 지원에 필요한 사항을 지체 없이 알려야 한다(법 시행규칙 제4조).

바. 사후조사 및 적정성 심사 등

1) 사후조사의 시기 및 기준

시장·군수·구청장은 지원을 받았거나 받고 있는 긴급지원대상자에 대하여 지원결정일로부터 1월 이내에 소득 또는 재산 등 대통령령이 정하는 기준이 적정한지의 여부를 조사하여야 하며, 그 기준은 다음의 요건을 충족하여야 한다(법 제13조 및 법 시행령 제7조).

- 소득이 「국민기초생활보장법」 제2조 제11호에 따른 최저생계비의 100분의

75 이하일 것. 다만, 생계지원의 경우에는 최저생계비 이하일 것

- 재산의 합계액 및 금융재산이 각각 보건복지부장관이 정하여 고시하는 금액 이하일 것

2) 긴급지원심의위원회

다음 각 호의 사항을 심의·의결하기 위하여 시(「제주특별자치도 설치 및 국제자유도시 조성을 위한 특별법」 제10조 제2항에 따른 행정시를 포함한다. 이하 같다)·군·구(자치구를 말한다. 이하 같다)에 긴급지원심의위원회를 둔다(법 제12조 제1항).

- 긴급지원연장 결정
- 긴급지원의 적정성 심사
- 긴급지원의 중단 또는 지원비용의 환수 결정
- 그 밖에 긴급지원심의위원회의 위원장이 회의에 부치는 사항

긴급지원심의위원회는 위원장 1명을 포함한 15명 이내의 위원으로 구성하며(법 제12조 제2항), 위원장은 시장·군수·구청장이 되고, 위원은 다음에 해당하는 사람 중에서 시장·군수·구청장이 임명하거나 위촉한다. 이 경우 ① 및 ②에 해당하는 사람이 2분의 1 이상 되도록 구성하여야 한다(법 제12조 제3항).

① 사회보장에 관한 학식과 경험이 있는 사람
② 비영리민간단체지원법 제2조에 따른 비영리민간단체에서 추천한 사람
③ 해당 시·군·구 또는 관계 행정기관 소속의 공무원
④ 해당 시·군·구 지방의회가 추천하는 사람

그리고 시·군·구에 「국민기초생활보장법」 제20조 제1항 본문에 따른 생활보장위원회가 있는 경우 그 위원회는 조례로 정하는 바에 따라 긴급지원심의위원회의 기능을 대신할 수 있다(법 제12조 제4항).

3) 긴급지원의 적정성 심사

긴급지원심의위원회는 시장·군수·구청장이 한 사후조사 결과를 참고하여 긴급지원의 적정성을 심사하며(법 제14조 제1항), 긴급지원심의위원회는 긴급지원대상자가 「국민기초생활보장법」 또는 「의료급여법」에 따른 수급권자로 결정된 경우에는 심사를 하지 아니할 수 있다(법 제14조 제2항). 시장·군수·구청장은 심사결과 긴급지원대상자에 대한 지원이 적정하지 아니한 것으로 결정된 경우에도 긴급지원담당공무원의 고의 또는 중대한 과실이 없으면 이를 이유로 긴급지원담당공무원에 대하여 불리한 처분이나 대우를 하여서는 아니 된다(법 제14조 제3항).

4) 긴급지원의 중단 또는 환수

시장·군수·구청장은 심사결과 거짓이나 그 밖의 부정한 방법으로 지원을 받은 것으로 결정된 사람에게는 긴급지원심의위원회의 결정에 따라 지체 없이 지원을 중단하고 지원한 비용의 전부 또는 일부를 반환하게 하여야 하며(법 제15조 제1항), 시장·군수·구청장은 심사결과 긴급지원이 적정하지 아니한 것으로 결정된 사람에게는 지원을 중단하고 지원한 비용의 전부 또는 일부를 반환하게 할 수 있다(법 제15조 제2항). 시장·군수·구청장은 지원기준을 초과하여 지원받은 사람에게는 그 초과 지원 상당분을 반환하게 할 수 있고(법 제15조 제3항), 시장·군수·구청장은 반환명령에 따르지 아니하는 사람에게는 지방세 체납처분의 예에 따라 징수하고 있다(법 제15조 제4항).

사. 이의신청 및 압류 등

1) 이의신청

반환명령에 이의가 있는 사람은 그 처분을 고지받은 날부터 30일 이내에 해당 시장·군수·구청장을 거쳐 특별시장·광역시장·도지사·특별자치도지사에게 서면으로 이의신청할 수 있다. 이 경우 시장·군수·구청장은 이의신청을 받은 날부터 10일 이내에 의견서와 관련 서류를 첨부하여 시·도지사에게 송부하여야 한다(법 제16조

제1항). 시·도지사는 송부를 받은 날부터 15일 이내에 이를 검토하고 처분이 위법·부당하다고 인정되는 때는 시정, 그 밖에 필요한 조치를 하여야 한다(법 제16조 제2항).

2) 압류, 양도 및 담보제공의 금지

긴급지원대상자에게 지급되는 금전 또는 현물은 압류할 수 없으며(법 제18조 제1항), 긴급지원수급계좌의 긴급지원금과 이에 관한 채권은 압류할 수 없다(법 제18조 제2항). 긴급지원대상자는 지급되는 금전 또는 현물을 생계유지 등의 목적 외의 다른 용도로 사용하기 위하여 양도하거나 담보로 제공할 수 없다(법 제18조 제3항).

아. 벌칙 → 징역 또는 벌금

긴급지원담당공무원 또는 긴급지원담당공무원이었던 사람은 긴급지원대상자에 대한 소득 또는 재산조사를 통해 얻은 정보와 자료를 「긴급복지지원법」에서 정한 지원 목적 외에 다른 용도로 사용하거나 다른 사람 또는 기관에 제공한 사람은 3년 이하의 징역 또는 3천만 원 이하의 벌금에 처한다(법 제19조).

제5절 「장애인연금법」[35)]

가. 의의

「장애인연금법」은 "장애로 인하여 생활이 어려운 중증장애인에게 장애인연금을 지급함으로써 중증장애인의 생활 안정 지원과 복지 증진 및 사회통합을 도모하는 데 이바지함을 목적으로 한다"고 규정하고 있다(법 제1조). 장애인연금의 도입은 중증장애인의 실질적인 소득보장을 지원할 수 있는 제도적 기틀을 마련하였다는 데 큰 의의가 있다.

---

35) 법률 제15522호에 의거, 2018년 9월 21일 시행한 법을 기준으로 하였으며, 이에 대한 더 구체적인 내용은 이 법의 전문을 참조하기 바란다.

나. 입법배경 및 연혁

경제활동이 어려운 근로무능력 중증장애인은 생활수준이 열악하고 국민연금 등 공적 소득보장의 사각지대에 놓인 경우가 많으므로, 18세 이상의 중증장애인으로서 소득인정액이 일정 수준 이하인 사람에게 매월 일정액의 무기여(無寄與) 연금을 지급하는 장애인연금 제도를 도입하여 중증장애인에 대한 사회보장 사각지대를 해소하고 사회통합을 강화하기 위하여 2010년 4월 12일에 제정되어 2010년 7월 1일에 시행되었으며 2014년 5월 20일에 일부 개정되어 2014년 7월 1일 시행되고 있다.

다. 국가 및 지방자치단체의 책무

국가 및 지방자치단체는 장애인연금이 중증장애인의 생활 안정을 지원하고 복지를 증진하는 데 필요한 수준이 되도록 최대한 노력하여야 하며, 매년 필요한 재원(財源)을 조달하여야 하고(법 제3조 제1항), 국가 및 지방자치단체는 장애인연금의 지급에 따라 계층 간 소득 역전(逆轉) 현상이 발생하지 아니하고 근로 의욕 및 저축 유인이 저하되지 아니하도록 최대한 노력하여야 한다(법 제3조 제2항).

라. 장애인연금정보시스템의 구축 및 운영

보건복지부장관은 장애인연금 사업에 필요한 각종 자료 또는 정보의 효율적 처리와 기록·관리 업무의 전산화를 위하여 대통령령으로 정하는 바에 따라 장애인연금정보시스템을 구축·운영할 수 있다(법 제22조).

마. 장애인연금

1) 장애인연금의 지급대상(법 제4조) → 수급권자의 범위

수급권자는 18세 이상의 중증장애인으로서 소득인정액이 그 중증장애인의 소득·재산·생활수준과 물가상승률 등을 고려하여 보건복지부장관이 정하는 금액 이하인 사람으로 한다. 다만, 20세 이하로서 「초·중등교육법」 제2조에 따른 학교에 재학 중인 사람은 제외한다(법 제4조 제1항). 선정기준액을 정할 때 배우자가 있는 중증장애인의 선정기준액은 배우자가 없는 중증장애인의 선정기준액에 100분의 160을 곱한 금액으로 하며(법 시행령 제4조 제2항), 선정기준액은 다음 해 1월 1일부터 12월 31일까지 적용한다(법 시행령 제4조 제3항). 보건복지부장관은 선정기준액을 정할 때에는 관계 중앙행정기관의 장과 협의하여야 한다(법 시행령 제4조 제4항).

2) 장애인연금의 신청 및 조사

(가) 장애인연금의 신청

장애인연금을 지급받으려는 사람(이하"수급희망자"라 한다)은 관할 특별자치시장·특별자치도지사·시장·군수·구청장에게 장애인연금의 지급을 신청할 수 있고(법 제8조 제1항), 특별자치시·특별자치도·시·군·구 소속 공무원은 「장애인연금법」에 따른 장애인연금을 필요로 하는 사람이 누락되지 아니하도록 하기 위하여 관할 지역에 거주하는 수급희망자 또는 수급권자에 대한 장애인연금의 지급을 신청할 수 있다. 이 경우 그 수급희망자 또는 수급권자의 동의를 받아야 하며, 그 동의는 수급희망자 또는 수급권자의 신청으로 본다(법 제8조 제2항). 이에 따라 장애인연금을 신청할 때나 특별자치시·특별자치도·시·군·구 소속 공무원이 장애인연금을 신청하는 것에 수급희망자 또는 수급권자가 동의하였을 때에는 수급희망자 또는 수급권자와 그 배우자는 다음의 자료 또는 정보의 제공에 동의한다는 뜻을 서면으로 제출하여야 한다(법 제8조 제3항).

- 「금융실명거래 및 비밀보장에 관한 법률」 제2조 제2호 및 제3호에 따른 금융자산 및 금융거래의 내용에 대한 자료 또는 정보 중 예금의 평균잔액과 그 밖에 대통령령으로 정하는 자료 또는 정보(금융정보)
- 「신용정보의 이용 및 보호에 관한 법률」 제2조 제1호에 따른 신용정보 중 채무액과 그 밖에 대통령령으로 정하는 자료 또는 정보(신용정보)
- 「보험업법」 제4조 제1항 각 호에 따른 보험에 가입하여 납부한 보험료와 그 밖에 대통령령으로 정하는 자료 또는 정보(보험정보)

그리고 이에 따른 장애인연금 신청의 방법 및 절차와 동의의 방법 및 절차 등에 관하여 필요한 사항은 대통령령으로 정하고 있다(법 제8조 제4항).

(나) 장애인연금 신청에 따른 조사

보건복지부장관 또는 특별자치시장·특별자치도지사·시장·군수·구청장은 장애인연금의 신청을 받으면 소속 공무원으로 하여금 장애인연금의 지급 결정 및 실시 등에 필요한 다음의 사항을 조사하게 할 수 있다(법 제9조 제1항).

- 수급희망자 또는 수급권자와 그 배우자의 소득 및 재산에 관한 사항
- 수급희망자 또는 수급권자의 가구 특성 및 장애등급에 관한 사항
- 수급희망자 또는 수급권자의 지급계좌 등 장애인연금의 지급에 필요한 사항

이에 따라 조사를 하는 공무원은 그 권한을 표시하는 증표를 지니고 이를 관계인에게 보여 주어야 한다(법 제9조 제5항). 보건복지부장관 또는 특별자치시장·특별자치도지사·시장·군수·구청장은 신청을 받은 경우에는 해당 수급희망자 또는 수급권자의 장애 상태와 장애등급을 확인하기 위하여 장애등급을 재심사할 수 있다(법 제9조 제2항). 이에 따른 장애등급 재심사의 대상·방법 및 절차 등에 관하여 필요한 사항은 대통령령으로 정한다(법 제9조 제10항).

(다) 장애인연금 지급의 결정

특별자치시장·특별자치도지사·시장·군수·구청장은 조사를 하였을 때에는 지체 없이 장애인연금 지급의 여부와 내용을 결정하여야 하고(법 제10조 제1항), 특별자치시장·특별자치도지사·시장·군수·구청장은 장애인연금 지급의 여부와 내용을 결정하였을 때에는 그 결정의 요지, 장애인연금의 종류 및 지급 개시시기 등을 서면으로 해당 수급희망자 또는 수급권자에게 통지하여야 한다(법 제10조 제2항). 수급희망자 또는 수급권자에 대한 통지는 장애인연금 지급의 신청일부터 30일 이내에 하여야 한다(법 제10조 제3항). 다만, 다음에 해당하는 경우에는 신청일부터 60일 이내에 통지할 수 있다. 이 경우 통지서에 그 사유를 분명하게 밝혀야 한다(법 제10조 제4항).

- 수급희망자 또는 수급권자와 그 배우자의 소득·재산의 조사나 수급희망자 또는 수급권자의 장애등급의 재심사에 시일이 필요한 특별한 사유가 있는 경우
- 수급권자 등이 조사나 자료제출 요구를 거부·방해 또는 기피하는 경우

(라) 장애인연금의 지급기간 및 지급시기

특별자치시장·특별자치도지사·시장·군수·구청장은 장애인연금의 지급이 결정되면 해당 수급권자에게 장애인연금을 신청한 날이 속하는 달부터 수급권이 소멸한 날이 속하는 달까지 매월 정기적으로 지급한다(법 제13조 제1항). 장애인연금은 매월 20일(토요일이거나 공휴일인 경우에는 그 전날로 한다. 이하 같다)에 수급자가 지정하는 수급자 명의의 금융회사계좌(우체국 예금·보험에 관한 법률에 따른 체신관서 또는 은행법에 따른 은행의 계좌를 말한다)에 입금하는 방법으로 지급한다(법 시행령 제11조 제1항). 수급자가 지정한 금융회사계좌가 존재하지 아니하거나, 타인 명의인 경우 등의 사유로 매월 20일에 입금되지 아니한 경우에는 수급자 명의의 금융회사계좌를 다시 지정받아 매월 말일에 입금할 수 있다(법 시행령 제11조 제2항). 수급자가 다음에 해당하는 경우에는 수급자의 배우자, 직계혈족 또는 3촌 이내 방계혈족 명의의 계좌에 입금할 수 있다(법 시행령 제11조 제3항).

- 성년후견개시, 한정후견개시 또는 특정후견개시 심판이 확정된 경우
- 채무불이행으로 인하여 금전채권이 압류된 경우
- 치매 또는 보건복지부장관이 정하는 거동불가의 사유로 인하여 본인 명의의 계좌를 개설하거나 사용하기 어려운 경우

장애인연금은 그 지급을 정지하여야 할 사유가 발생한 경우에는 그 사유가 발생한 날이 속하는 달의 다음 달부터 그 사유가 소멸한 날이 속하는 달까지는 지급하지 아니한다. 다만, 정지 사유가 발생한 날과 그 사유가 소멸한 날이 같은 달에 속하는 경우에는 그 지급을 정지하지 아니한다(법 제13조 제2항). 장애인연금 지급의 방법 및 절차에 필요한 사항은 대통령령으로 정하고 있다(법 제13조 제3항).

(마) 지급되지 아니한 장애인 연금

수급자가 사망한 경우 그 수급자에게 지급되어야 할 장애인연금으로서 아직 지급되지 아니한 것이 있을 때에는 수급자의 사망 당시 생계를 같이 한 유족의 청구에 의하여 그 미지급 장애인연금을 지급한다(법 제14조 제1항). 이에 따른 미지급 장애인연금의 청구 절차·방법, 유족의 범위와 지급순위 등에 관하여 필요한 사항은 대통령령으로 정하고 있다(법 제14조 제2항).

(바) 수급자에 대한 사후관리

보건복지부장관은 수급자에 대한 장애인연금 지급의 적정성을 확인하기 위하여 매년 연간조사계획을 수립하고, 전국의 수급자를 대상으로 '신청에 따른 조사'에 규정된 사항을 조사하여야 한다(법 제11조 제1항). 특별자치시장·특별자치도지사·시장·군수·구청장은 연간조사계획에 따라 관할 지역의 연간조사계획을 수립하고, 관할 지역의 수급자를 대상으로 '신청에 따른 조사'에 규정된 사항을 조사하여야 한다(법 제11조 제2항).

3) 장애인연금의 종류 및 금액

(가) 장애인연금의 종류

「장애인연금법」에 따른 장애인연금의 종류 및 내용은 다음과 같다(법 제5조).

- 기초급여: 근로능력의 상실 또는 현저한 감소로 인하여 줄어드는 소득을 보전(補塡)하여 주기 위하여 지급하는 급여
- 부가급여: 장애로 인하여 추가로 드는 비용의 전부 또는 일부를 보전하여 주기 위하여 지급하는 급여

(나) 급여액

① 기초급여액

기초급여의 금액(이하 "기초급여액"이라 한다)은 보건복지부장관이 그 전년도 기초급여액에 대통령령으로 정하는 바에 따라 전국소비자물가변동률(「통계법」 제3조에

따라 통계청장이 매년 고시하는 전국소비자물가변동률을 말한다)을 반영하여 매년 고시한다(법 제6조 제1항). 제1항에도 불구하고 「기초연금법」 제9조 제3항에 따라 기준연금액을 고시한 경우 그 기준연금액을 기초급여액으로 한다(법 제6조 제2항). 수급권자와 그 배우자가 모두 기초급여를 받는 경우에는 각각의 기초급여액에서 기초급여액의 100분의 20에 해당하는 금액을 감액한다(법 제6조 제3항). 제1항 및 제2항에도 불구하고 소득인정액과 기초급여액을 합한 금액이 선정기준액 이상인 경우에는 대통령령으로 정하는 바에 따라 기초급여액의 일부를 감액하여 지급할 수 있다(법 제6조 제4항). 수급권자 중 「기초연금법」에 따른 기초연금 수급권자에게는 기초급여를 지급하지 아니하며(법 제6조 제5항), 기초급여액의 적용기간은 「국민연금법」 제51조 제3항을 준용한다.

② 부가급여액

부가급여액은 월정액으로 하며, 수급권자와 그 배우자의 소득 수준 및 장애로 인한 추가비용 등을 고려하여 대통령령으로 정하고 있다(법 제7조). 법 시행령 제6조에 따른 부가급여액은 별표와 같다.

[별표] 부가급여액

〈개정 2014.6.30〉

구 분	월 지급액
1. 수급권자가 「국민기초생활보장법」 제2조 제2호에 따른 수급자인 경우. 다만, 「국민기초생활보장법」 제32조에 따른 보장시설에서 같은 법에 따른 급여를 받는 사람과 제3호에 해당하는 사람은 제외한다.	
가. 65세 미만인 사람	8만 원
나. 65세 이상인 사람	28만 원
2. 수급권자가 「국민기초생활보장법」 제2조 제11호에 따른 차상위계층인 경우	
가. 65세 미만인 사람	7만 원
나. 65세 이상인 사람. 다만, 2010년 7월 1일 당시 차상위계층인 사람에게는 7만 원을 추가로 지급한다.	7만 원
3. 수급권자가 2010년 7월 1일 당시 65세 이상인 사람으로서 「국민기초생활보장법」 제32조에 따른 보장시설에서 같은 법에 따른 급여를 받는 사람	7만 원
4. 수급권자가 제1호부터 제3호까지에 속하지 아니하는 사람	
가. 65세 이상인 사람	2만 원
나. 65세 이상인 사람	4만 원

4) 비용부담

장애인연금은 지방자치단체의 재정 여건 등을 고려하여 대통령령으로 정하는 바에 따라 국가, 특별시·광역시·도 또는 특별자치시·특별자치도·시·군·구가 부담한다(법 제21조). 국가가 특별시·광역시·도·특별자치시·특별자치도별로 부담하는 장애인연금 비용의 비율은 ① 특별시: 100분의 50, ② 광역시·도·특별자치시·특별자치도: 100분의 70이다(법 시행령 제14조 제1항). 이에 따라 국가가 부담한 금액을 뺀 금액에 대해서는 특별시·광역시·도·특별자치시·특별자치도 및 시·군·구가 상호 분담하되, 그 부담비율은 특별시·광역시·도의 조례로 정한다(법 시행령 제14조 제2항).

5) 업무의 위탁

「장애인연금법」에 따른 보건복지부장관 또는 특별자치시장·특별자치도지사·시장·군수·구청장의 업무는 그 일부를 대통령령으로 정하는 바에 따라 관계 전문기관에 위탁할 수 있다(법 제23조). 보건복지부장관은 ① 정보와 자료의 제공 요청 및 제공에 관한 사항, ② 수급자의 조사에 관한 사항, ③ 금융정보 등의 제공 요청 및 제공에 관한 사항의 업무를 「사회보장급여의 이용·제공 및 수급권자 발굴에 관한 법률」 제29조에 따른 전담기구에 위탁한다(법 시행령 제16조 제1항). 보건복지부장관 및 특별자치시장·특별자치도지사·시장·군수·구청장은 장애등급 재심사에 관한 업무를 「국민연금법」 제24조에 따른 국민연금공단에 위탁한다(법 시행령 제16조 제2항).

바. 수급자의 권리보호 및 벌칙 등

1) 수급자의 권리보호

(가) 수급권의 소멸

수급권자가 ① 사망한 경우, ② 국적을 상실하거나 외국으로 이주하기 위하여 출국하는 경우, ③ 18세 이상의 중증장애인으로서 소득인정액이 그 중증장애인의 소득, 재산, 생활수준과 물가상승률 등을 고려하여 보건복지부장관이 정하여 고시하는 금액 이하인 사람으로 단, 20세 이하로서 학교에(초등학교, 공민학교, 중학교, 고등공민학교, 고등학교, 고등기술학교, 특수학교, 각종 학교) 재학 중인 사람, ④ 장애 정도의 변경 등으로 중증장애인에 해당하지 아니하게 된 경우에 해당하게 되면 그 수급권은 소멸한다(법 제15조 제1항).

(나) 지급정지

특별자치시장·특별자치도지사·시장·군수·구청장은 수급자가 다음 각 호의 어느 하나에 해당하게 되면 장애인연금의 지급을 정지한다(법 제15조 제2항).

- 수급자가 금고 이상의 실형을 선고받고 「형의 집행 및 수용자의 처우에 관한 법률」 또는 「치료감호법」에 따른 교정시설 또는 치료감호시설에 수용 중인 경우
- 수급자가 행방불명 또는 실종 등의 사유로 사망한 것으로 추정되는 경우
- 수급자의 국외 체류기간이 60일 이상 지속되는 경우. 이 경우 국외 체류 60일이 되는 날을 지급 정지의 사유가 발생한 날로 본다.

특별자치시장·특별자치도지사·시장·군수·구청장은 장애인연금의 지급을 정지하는 경우에는 서면으로 그 이유를 분명하게 밝혀 수급권자 또는 수급자나 그 배우자에게 통지하여야 한다(법 제15조 제3항).

(다) 신고의무

수급자는 수급권의 소멸 사유가 발생하였을 때에는 보건복지부령으로 정하는 바에 따라 특별자치시장·특별자치도지사·시장·군수·구청장에게 신고하여야 한다. 이 경우 수급자가 사망한 경우에는 가족관계의 등록 등에 관한 법률 제85조에 따른 신고의무자가 30일 이내에 그 사망 사실을 특별자치시장·특별자치도지사·시장·군수·구청장에게 신고하여야 한다(법 제16조).

(라) 장애인연금의 환수 및 시효

특별자치시장·특별자치도지사·시장·군수·구청장은 「장애인연금법」에 따라 장애인연금을 받은 자가 ① 거짓이나 그 밖의 부정한 방법으로 장애인연금을 받은 경우, ② 장애인연금을 받은 후 그 장애인연금을 받게 된 사유가 소급하여 소멸한 경우,

③ 잘못 지급된 경우에 해당되면 그가 받은 장애인연금의 전부 또는 일부를 환수하여야 한다. 다만, 거짓이나 그 밖의 부정한 방법으로 장애인연금을 받은 경우에는 대통령령으로 정하는 이자를 가산하여 환수하여야 한다(법 제17조 제1항). 이에 따라 환수하여야 할 장애인연금을 받은 사람(그 사람이 사망한 경우에는 제14조에 따른 유족을 말한다)에게 지급할 장애인연금이 있는 경우 그 지급할 장애인연금을 환수할 장애인연금과 상계(相計)할 수 있다(법 제17조 제2항).

특별자치시장·특별자치도지사·시장·군수·구청장은 장애인연금을 반환하여야 할 사람이 기간 내에 이를 반환하지 아니하면 국세 또는 지방세 체납처분의 예에 따라 징수할 수 있고(법 제17조 제3항), 특별자치시장·특별자치도지사·시장·군수·구청장은 장애인연금을 징수할 때 반환하여야 할 자가 행방불명되거나 재산이 없거나 그 밖의 불가피한 사유가 있어 환수가 불가능하다고 인정할 때에는 결손처분할 수 있다(법 제17조 제4항). 이 법에 따라 지급하거나 환수할 장애인연금의 금액 등을 산정하는 경우 10원 미만은 계산하지 아니한다(법 제20조의 2).

(마) 이의신청

장애인연금의 지급 결정이나 그 밖에 이 법에 따른 처분에 이의가 있는 사람은 특별자치시장·특별자치도지사·시장·군수·구청장에게 이의신청을 할 수 있고(법 제18조 제1항), 이에 따른 이의신청은 그 처분이 있음을 안 날부터 90일 이내에 서면으로 할 수 있다. 다만, 정당한 사유로 그 기간 내에 이의신청을 할 수 없음을 증명한 경우에는 그 사유가 소멸한 날부터 60일 이내에 이의신청을 할 수 있다(법 제18조 제2항). 이에 따른 이의신청의 방법 및 절차 등에 관하여 필요한 사항은 보건복지부령으로 정하고 있다(법 제18조 제3항).

(바) 수급권의 보호

수급자의 장애인연금을 받을 권리는 5년간 행사하지 아니하면 시효의 완성으로 소멸된다(법 제20조). 수급자에게 장애인연금으로 지급된 금품이나 이를 받을 권리는 압류할 수 없고(법 제19조 제1항), 수급자는 장애인연금을 받을 권리를 다른 사람에게 양도하거나 담보로 제공할 수 없다(법 제19조 제3항).

2) 벌칙 및 양벌규정, 과태료

(가) 징역 또는 벌금

금융정보 등을 사용, 제공 또는 누설한 자는 5년 이하의 징역 또는 5천만 원 이하의 벌금에 처하고(법 제25조 제1항), 정보 또는 자료를 사용·제공 또는 누설한 사람은 3년 이하의 징역 또는 3천만 원 이하의 벌금에 처한다(법 제25조 제2항). 그리고 거짓이나 그 밖의 부정한 방법으로 장애인연금을 받거나 다른 사람으로 하여금 장애인연금을 받게 한 자는 1년 이하의 징역 또는 1천만 원 이하의 벌금에 처한다(법 제25조 제3항).

(나) 양벌규정

법인의 대표자나 법인 또는 개인의 대리인, 사용인, 그 밖의 종업원이 그 법인 또는 개인의 업무에 관하여 위반행위를 하면 그 행위자를 벌하는 외에 그 법인 또는 개인에게도 해당 조문의 벌금을 과(科)한다. 다만, 법인 또는 개인이 그 위반행위를 방지하기 위하여 해당 업무에 관하여 상당한 주의와 감독을 게을리하지 아니한 경우에는 그러하지 아니하다(법 제26조).

(다) 과태료

서류나 그 밖에 소득·재산 및 장애등급 등에 대한 자료를 제출하지 아니하거나 거짓 자료를 제출한 자 또는 조사·질문을 거부·방해 또는 기피하거나 거짓 답변을 한 자에게는 20만 원 이하의 과태료를 부과하고(법 제27조 제1항), 정당한 사유 없이 신고를 하지 아니한 사람에게는 10만 원 이하의 과태료를 부과한다(법 제27조 제2항). 이에 따른 과태료는 대통령령으로 정하는 기준에 따라 특별자치시장·특별자치도지사·시장·군수·구청장이 부과·징수한다(법 제27조 제3항).

· CHAPTER 11 ·

사회서비스법

제1절 「영유아보육법」

가. 「영유아보육법」의 의의

「영유아보육법」은 영유아보육에 관한 법이다. 여기서 영유아(嬰幼兒)란 6세 미만의 취학 전 아동을 말한다(법 제2조 제1호). 그리고 보육이라 함은 영유아를 건강하고 안전하게 보호·양육하고 영유아의 발달 특성에 적합한 교육을 제공하는 사회복지서비스를 말한다. 대한민국 사회에서 자녀의 양육문제는 전통적인 가정의 기능으로 여겨져 왔으나, 도시화·산업화의 과정을 거치면서 자녀양육문제를 가정 내에서 해결하는 것이 어렵게 되었다. 그러므로 부모의 질병이나 장애로 인해 자녀를 보호하고 교육시키기 어려운 가정에 대한 국가적 차원에서 접근을 확대하는 것이 「영유아보육법」의 의의라고 볼 수 있다. 이에 따라서 「영유아보육법」은 "영유아(嬰幼兒)의 심신을 보호하고 건전하게 교육하여 건강한 사회 구성원으로 육성함과 아울러 보호자의 경제적·사회적 활동이 원활하게 이루어지도록 함으로써 영유아 및 가정의 복지 증진에 이바지함을 목적으로 한다"(법 제1조)고 규정하고 있다.

나. 「유아교육법」과의 관계

「유아교육법」은 「교육기본법」 제9조의 규정에 따라 유아교육에 관한 사항을 정함을 목적으로 하는 법이며, 이는 교육기관의 하나로서의 유치원 교육에 관하여 정하는 법이다. 이에 대하여 「영유아보육법」은 사회복지서비스 사업의 하나로서 영유아를 영유아어린이집을 통해서 보육하고자 하는 데 그 목적이 있다. 그러나 영유아 보육도 영유아의 발달 특성에 따라 실시하는 교육을 포함하므로 양자는 관련성이 많다. 이와 같이 「유아교육법」 제4조에서 유아교육·보육위원회는 유아교육 및 「영유아보육법」 제2조의 규정에 의한 보육에 관한 사항을 심의하기 위하여 국무총리 소속하에 유아교육·보육위원회를 둔다고 규정하고 있는 것이 그 예에 속한다. 이 위원회는 유아교육과 영유아의 보육을 심의한다. 또한 어린이집의 원장은 보육교사 1급 자격자뿐만 아니라 「유아교육법」에 의한 유치원 정교사 1급 자격을 취득한 후 3년 이상의 보육 등 아동복지업무 경력이 있는 자, 유치원 원장의 자격자도 될 수 있음(「영유아보육법」 시행령 제21조 별표1)은 양자의 관련성을 나타내고 있다.

다. 「영유아보육법」의 주요 내용[36)]

1) 영유아보육의 이념 및 주체

(가) 영유아보육의 이념

보육은 영유아의 이익을 최우선적으로 고려하여 제공되어야 하며, 보육은 영유아가 안전하고 쾌적한 환경에서 건강하게 성장할 수 있도록 하여야 한다. 영유아는 자신이나 보호자의 성, 연령, 종교, 사회적 신분, 재산, 장애, 인종 및 출생지역 등에 따른 어떠한 종류의 차별도 받지 아니하고 보육되어야 한다(법 제3조).

(나) 영유아보육에 대한 책임 주체

모든 국민은 영유아를 건전하게 보육할 책임을 지며, 국가와 지방자치단체는 보

36) 법률 제14597호에 의거, 2017년 9월 15일 시행한 법을 기준으로 하였으며, 이에 대한 더 구체적인 내용은 이 법의 전문을 참조하기 바란다.

호자와 더불어 영유아를 건전하게 보육할 책임을 지며, 이에 필요한 재원을 안정적으로 확보하도록 노력하여야 한다(법 제4조 제1항, 제2항). 또한 특별자치도지사·시장·군수·구청장은 영유아의 보육을 위한 적절한 어린이집을 확보하여야 한다(법 제4조 제3항). 보건복지부장관은 「영유아보육법」의 적절한 시행을 위하여 보육 실태 조사를 3년마다 하여야 한다. 이에 따른 보육 실태 조사의 방법과 내용 등에 필요한 사항은 보건복지부령으로 정하고 있다(법 제9조).

2) 영유아보육 서비스의 시행 주체 및 기관

영유아보육정책과 관련된 보육 서비스의 시행 주체 및 기관(행정기관의 종류)과 각 기관의 업무를 알아두어야 한다. 영유아보육의 실시기관은 원칙적으로 국가 또는 지방자치단체가 된다. 이의 보육 서비스의 시행 주체 및 기관은 보육정책조정위원회, 보육정책위원회(중앙보육정책위원회, 지방보육정책위원회), 육아종합지원센터(중앙육아종합지원센터, 지방육아종합지원센터), 보육개발원, 어린이집연합회 등을 들 수 있다.

(가) 보육정책조정위원회

보육정책에 관한 관계 부처 간의 의견을 조정하기 위하여 국무총리 소속으로 보육정책조정위원회(보육정책조정위원회)를 두며(법 제5조 제1항), 보육정책조정위원회는 ① 보육정책의 기본 방향에 관한 사항, ② 보육 관련 제도 개선과 예산지원에 관한 사항, ③ 보육에 관한 관계 부처 간 협조 사항, ④ 그 밖에 위원장이 회의에 부치는 사항을 심의·조정한다(법 제5조 제2항). 보육정책조정위원회는 위원장을 포함한 12명 이내의 위원으로 구성하되, 위원장은 국무조정실장이 되고 위원은 ① 기획재정부차관, 교육부차관, 보건복지부차관, 고용노동부차관 및 여성가족부차관, ② 위의 위원이 추천하여 위원장이 위촉하는 보육계·유아교육계·여성계·사회복지계·시민단체 및 보호자를 대표하는 자 각 1명이 되며(법 제5조 제3항), 보육정책조정위원회의 구성과 운영 등에 필요한 사항은 대통령령으로 정하고 있다(법 제5조 제4항).

(나) 보육정책위원회

보육에 관한 각종 정책·사업·보육지도 및 어린이집 평가인증사항 등을 심의하기 위하여 보건복지부에 중앙보육정책위원회를, 특별시·광역시·도·특별자치도 및 시·군·구에 지방보육정책위원회를 둔다. 다만, 지방보육정책위원회는 그 기능을 담당하기에 적합한 다른 위원회가 있고 그 위원회의 위원이 자격을 갖춘 경우에는 시·도 또는 시·군·구의 조례로 정하는 바에 따라 그 위원회가 지방보육정책위원회의 기능을 대신할 수 있다(법 제6조 제1항). 이에 따른 중앙보육정책위원회와 지방보육정책위원회(이하 보육정책위원회라 한다)의 위원은 보육전문가, 어린이집의 원장 및 보육교사 대표, 보호자 대표 또는 공익을 대표하는 자, 관계공무원 등으로 구성한다(법 제6조 제2항). 보육정책위원회의 구성·기능 및 운영 등에 필요한 사항은 대통령령으로 정하고 있다(법 제6조 제3항).

(다) 육아종합지원센터(법 제7조)

일시보육 서비스를 제공하거나 보육에 정보의 수집·제공 및 상담을 위하여 보건복지부장관은 중앙육아종합지원센터를, 특별시장·광역시장·도지사·특별자치시장·도지사·특별자치도지사(이하 '시·도지사'라 한다) 및 시장·군수·구청장은 지방육아종합지원센터를 설치·운영하여야 한다. 이 경우 필요하다고 인정하는 경우에는 영아·장애아 보육 등에 관한 육아종합지원센터를 별도로 설치·운영할 수 있다. 이에 따른 중앙육아종합지원센터와 지방육아종합지원센터(이하 '육아종합지원센터'라 한다)에는 육아종합지원센터의 장과 보육에 관한 정보를 제공하는 보육전문요원 및 보육교직원의 정서적·심리적 상담 등의 업무를 하는 상담전문요원 등을 둔다. 육아종합지원센터의 설치·운영 및 기능, 육아종합지원센터의 장과 보육전문요원의 자격 및 직무 등에 필요한 사항은 대통령령으로 정하고 있다.

(라) 보육개발원(법 제8조)

보건복지부장관은 보육에 관한 연구와 정보제공, 프로그램 및 교재 개발, 평가척도 개발 및 보육교직원 연수 등의 업무를 위하여 보육개발원을 설치하거나 그 업무를 관련 연구기관 등에 위탁할 수 있으며, 이에 따른 보육개발원의 설치·운영 및 위탁 등에 필요한 사항은 대통령령으로 정하고 있다.

(마) 어린이집연합회(법 제53조)

보육사업의 원활한 추진과 어린이집의 균형적인 발전, 어린이집 간의 정보 교류 및 상호 협조 증진을 위하여 어린이집연합회를 설립할 수 있다. 어린이집연합회의 조직과 운영, 기능 등에 필요한 사항은 보건복지부령으로 정하고 있다.

어린이집연합회는 ① 보육에 관한 자료 수집 및 홍보, ② 영유아의 권익보호, ③ 보육교직원의 복리 증진, ④ 그 밖에 어린이집 간의 국제교류 등 연합회의 목적 달성에 필요한 사항을 수행할 수 있다(법 시행규칙 제41조 제3항).

3) 어린이집 시설(영유아어린이집)

어린이집 종류(영유아어린이집)는 국공립 어린이집, 사회복지법인어린이집, 법인·단체 등 어린이집, 직장어린이집, 가정어린이집, 부모협동어린이집, 민간어린이집 등이 있다(법 제10조).

(가) 어린이집(영유아어린이집)의 종류

어린이집의 종류는 다음과 같다(법 제10조).

- 국공립어린이집: 국가나 지방자치단체가 설치·운영하는 어린이집
- 사회복지법인어린이집: 「사회복지사업법」에 따른 사회복지법인(이하 '사회복지법인'이라 한다)이 설치·운영하는 어린이집
- 법인·단체 등 어린이집: 각종 법인(사회복지법인을 제외한 비영리법인)이나 단체 등이 설치·운영하는 어린이집으로서 대통령령으로 정하는 어린이집
- 직장어린이집: 사업주가 사업장의 근로자를 위하여 설치·운영하는 어린이집(국가나 지방자치단체의 장이 소속 공무원을 위하여 설치·운영하는 어린이집을 포함한다)
- 가정어린이집: 개인이 가정이나 그에 준하는 곳에 설치·운영하는 어린이집
- 부모협동어린이집: 보호자들이 조합을 결성하여 설치·운영하는 어린이집
- 민간어린이집: 제1호부터 제6호까지의 규정에 해당하지 아니하는 어린이집

(나) 어린이집(영유아어린이집)의 설치 및 시설기준

① 어린이집 또는 어린이집 용지 확보

시·도지사, 시장·군수·구청장은 「도시개발법」, 「도시 및 주거환경정비법」, 「택지개발촉진법」, 「산업입지 및 개발에 관한 법률」 및 「공공주택특별법」 등에 따라 시행하는 개발·정비·조성사업에 어린이집 또는 어린이집 용지가 확보될 수 있도록 노력하여야 한다(법 제11조의2).

② 국공립어린이집의 설치기준

국가나 지방자치단체는 국공립어린이집을 설치·운영하여야 한다. 이 경우 국공립어린이집은 보육계획(법 제11조)에 따라 도시 저소득 주민 밀집 주거지역 및 농어촌지역 등 취약지역, 건축법에 따른 공동주택 중 대통령령으로 정하는 일정 세대 이상의 공동주택을 건설하는 주택단지 지역에 우선적으로 설치하여야 한다(법 제12조).

③ 국공립어린이집 외의 어린이집의 설치

국공립어린이집 외의 어린이집을 설치·운영하려는 자는 특별자치도지사·시장·군수·구청장의 인가를 받아야 한다. 인가받은 사항 중 중요 사항을 변경하려는 경우에도 또한 같다. 이에 따라 어린이집의 설치인가를 받은 자는 어린이집 방문자 등이 볼 수 있는 곳에 어린이집 인가증을 게시하여야 한다. 이에 따른 인가에 필요한 사항은 보건복지부령으로 정하고 있다(법 제13조).

④ 직장어린이집의 설치 등

대통령령으로 정하는 일정 규모 이상의 사업장의 사업주는 직장어린이집을 설치하여야 한다. 다만, 사업장의 사업주가 직장어린이집을 단독으로 설치할 수 없을 때에는 사업주 공동으로 직장어린이집을 설치·운영하거나, 지역의 어린이집과 위탁계약을 맺어 근로자 자녀의 보육을 지원하여야 한다(법 제14조 제1항). 사업장의 사업주가 위탁보육을 하는 경우에는 사업장 내 보육대상이 되는 근로자 자녀 중에서 위탁보육을 받는 근로자 자녀가 보건복지부령으로 정하는 일정 비율 이상이 되도록 하여야 한다(법 제14조 제2항). 이에 따른 어린이집의 설치 및 위탁보육에 필요한 사항은 보건복지부령으로 정하고 있다(법 제14조 제3항). 시·도지사, 시장·군수·구청장은 이에 따른 사업장의 사업주가 직장어린이집의 설치 등 의무를 이행하지 아니하는 경우에는 상당한 기간을 정하여 그 의무를 이행할 것을 명할 수 있다(법 제44조의2).

⑤ 어린이집 설치기준 및 결격사유

어린이집을 설치·운영하려는 자는 보건복지부령으로 정하는 설치기준을 갖추어야 한다. 다만, 놀이터 설치와 비상재해대비시설과 관련된 사항은 법 제15조의2와 법 제15조의3에 따른다(법 제15조). 여기서 말하는 법 제15조의2에 따른다는 것은 "어린이집을 설치·운영하는 자는 놀이터를 설치하여야 하며 설치에 관한 기준은 보건복지부령으로 정한다"는 것이다. 다만, ① 보육 정원 50명 미만인 어린이집, ② 100미터 이내에 보건복지부령으로 정하는 기준을 충족하는 놀이터가 설치되어 있는 어린이집에 해당하는 어린이집은 그러하지 아니한다(법 제15조의2 제1항).

특별자치도지사·시장·군수·구청장은 법 제6조 제1항에 따른 지방보육정책위원회의 심의를 거쳐 2005년 1월 29일 이전에 인가받은 어린이집이 도심지 및 도서·벽지 등 지역의 여건상 놀이터를 설치하기 곤란한 경우로서 보육상 지장이 없다고 인정하는 경우에는 놀이터를 설치하지 아니하거나 놀이터 설치 기준을 완화하여 변경인가할 수 있게 하였다(법 제15조2 제2항). 법 제15조의3에 따르면 "어린이집을 설치·운영하는 자는 반드시 1층과 2층 이상 등 종류별 비상재해대비시설을 설치하여야 하며 설치에 관한 기준은 보건복지부령으로 정한다"는 것이다(법 제15조의3 제1항). 특별자치도지사·시장·군수·구청장은 2009년 7월 3일 이전에 이미 인가받은 어린이집이 비상재해 대비에 지장이 없다고 판단할 경우 인가 당시 기준을 적용할 수 있다. 이 경우, 특별자치도지사·시장·군수·구청장은 기인가 어린이집이 비상재해 대비에 지장이 없는지 여부를 판단하기 위해 비상재해대비시설기준 심의위원회를 구성·운영하여야 하며 해당 위원회의 심의를 반드시 거쳐야 한다(법 제15조의3 제2항). 이에 따른 비상재해대비시설기준 심의위원회의 위원은 다음에 해당하는 자(• 1호-소방공무원, • 2호-소방기술사, • 3호-소방시설관리사, • 4호-소방시설 설치·유지 및 안전관리에 관한 법률 제4조의2에 따른 소방·방재 분야에 관한 전문지식을 갖춘 사람, • 5호-보육 관련 업무를 담당하는 공무원, • 6호-「고등교육법」 제2조에 따른 학교에 재직하고 있는 보육 관련 분야 교수) 중에서 특별자치도지사·시장·군수·구청장이 임명하거나 위촉하며 이 경우 전체 인원의 2분의 1 이상은 1호부터 4호까지에 해당하는 자로 구성하여야 하며 위원장은 위원 중에서 호선한다(법 제15조의3 제3항). 위원의 임기, 운영 및 회의 등에 필요한 사항은 지방보육정책위원회 관련 규정을 준용하고 있다(법 제15조의3 제4항).

다음의 어느 하나에 해당하는 자는 어린이집을 설치·운영할 수 없다(법 제16조).

- 미성년자·피성년후견인 또는 피한정후견인
- 「정신보건법」 제3조 제1호의 정신질환자
- 「마약류 관리에 관한 법률」 제2조 제1호의 마약류에 중독된 자
- 파산선고를 받고 복권되지 아니한 자
- 금고 이상의 실형을 선고받고 그 집행이 종료(집행이 종료된 것으로 보는 경우를 포함한다)되거나 집행이 면제된 날부터 5년(「아동복지법」 제3조 제7호의2에 따른 아동학대 관련 범죄를 저지른 경우에는 20년)이 경과되지 아니한 자
- 금고 이상의 형의 집행유예를 선고받고 그 유예기간 중에 있는 사람. 다만, 「아동복지법」 제3조 제7호의2에 따른 아동학대 관련 범죄로 금고 이상의 형의 집행유예를 선고받은 경우에는 그 집행유예가 확정된 날부터 20년이 지나지 아니한 사람
- 어린이집의 폐쇄명령을 받고 5년이 경과되지 아니한 자
- 300만 원 이상의 벌금형이 확정된 날부터 2년이 지나지 아니한 사람 또는 「아동복지법」 제3조 제7호의2에 따른 아동학대 관련 범죄로 벌금형이 확정된 날부터 10년이 지나지 아니한 사람
- 교육명령을 이행하지 아니한 자

4) 보육교직원(2011년 6월 7일 개정)

(가) 보육교직원의 배치 및 임면 등

어린이집에는 보육교직원을 두어야 하며(법 제17조 제1항), 어린이집에는 보육교사의 업무 부담을 경감할 수 있도록 보조교사 등을 둔다(법 제17조 제2항). 휴가 또는 보수교육 등으로 보육교사의 업무에 공백이 생기는 경우에는 이에 대체할 수 있는 대체교사를 배치한다(법 제17조 제3항). 보육교직원의 배치기준 등에 필요한 사항은 보건복지부령으로 정하고 있다(법 제17조 제4항). 특별자치도지사·시장·군수·구청

장은 보육교직원의 권익 보장과 근로여건 개선을 위하여 보육교직원의 임면(任免)과 경력 등에 관한 사항을 관리하여야 하며, 어린이집의 원장은 보건복지부령으로 정하는 바에 따라 보육교직원의 임면에 관한 사항을 특별자치도지사·시장·군수·구청장에게 보고하여야 한다(법 제19조 제1항, 제2항).

(나) 보육교직원의 직무

어린이집의 원장은 어린이집을 총괄하고 보육교사와 그 밖의 직원을 지도·감독하고 영유아를 보육하며, 보육교사는 영유아를 보육하고 어린이집의 원장이 불가피한 사유로 직무를 수행할 수 없을 때에는 그 직무를 대행한다(법 제18조 제1항, 제2항).

(다) 결격사유

다음의 어느 하나에 해당하는 자는 어린이집에 근무할 수 없다(법 20조).

- 법 제16호의 어느 하나에 해당하는 자
- 법 제46조(어린이집 원장의 자격정지)나 법 제47조(보육교사의 자격정지)에 따라 자격정지 중인 자
- 법 제48조 제1항(어린이집의 원장 또는 보육교사의 자격취소)에 따라 자격이 취소된 경우 자격 재교부 기한이 경과되지 아니한 자

(라) 어린이집의 원장 또는 보육교사의 자격증의 교부 등

보건복지부장관은 법 제21조 제1항 및 제2항에 따라 어린이집의 원장 또는 보육교사의 자격을 검정하고 자격증을 교부하여야 하며, 보건복지부장관은 어린이집의 원장 또는 보육교사의 자격증을 교부받거나 재교부(보육자격증 교부 등)를 받으려는 사람에게 보건복지부령으로 정하는 바에 따라 수수료를 받을 수 있다. 법 제51조의 2 제1항 제2호에 따라 보육자격증 교부 등에 관한 업무를 위탁받은 공공 또는 민간 기관·단체는 납부받은 수수료를 보건복지부장관의 승인을 받아 보육자격증 교부 등에 필요한 경비에 직접 충당할 수 있다. 보육자격증 교부 등에 필요한 사항은 보건복지부령으로 정하고 있다(법 제22조). 「영유아보육법」 제21조 제1항 및 제3항에 따른 어린이집의 원장과 보육교사의 자격기준은 별표 1과 같다(법 시행령 제21조).

[별표 1]

어린이집의 원장과 보육교사의 자격기준
(제21조 관련)

1. 어린이집의 원장의 자격기준

가. 일반기준
1) 보육교사 1급 자격을 취득한 후 3년 이상의 보육 등 아동복지업무 경력이 있는 사람
2) 「유아교육법」에 따른 유치원 정교사 1급 자격을 취득한 후 3년 이상의 보육 등 아동복지업무 경력이 있는 사람
3) 유치원 원장의 자격을 가진 사람
4) 「초·중등교육법」에 따른 초등학교 정교사 자격을 취득한 후 5년 이상의 보육 등 아동복지업무 경력이 있는 사람
5) 「사회복지사업법」에 따른 사회복지사 1급 자격을 취득한 후 5년 이상의 보육 등 아동복지업무 경력이 있는 사람
6) 「의료법」에 따른 간호사 면허를 취득한 후 7년 이상의 보육 등 아동복지업무 경력이 있는 사람
7) 국가 또는 지방자치단체에서 7급 이상의 공무원으로 보육 등 아동복지업무에 5년 이상 근무한 경력이 있는 사람

나. 가정어린이집
1) 일반기준에서 정한 자격을 갖춘 사람
2) 보육교사 1급 이상의 자격을 취득한 후 1년 이상의 보육업무 경력이 있는 사람

다. 영아전담어린이집: 만 3세 미만의 영아만을 20명 이상 보육하는 시설
1) 일반기준에서 정한 자격을 갖춘 사람
2) 간호사 면허를 취득한 후 5년 이상의 아동간호업무 경력이 있는 사람

라. 장애아전담어린이집: 「장애인복지법」 제32조에 따라 장애영유아 어린이집 중 12명 이상의 장애영유아를 보육할 수 있는 어린이집
1) 일반기준에서 정한 자격을 갖춘 사람으로서 대학(전문대학 포함)에서 장애인 복지 및 재활 관련 학과를 전공한 사람
2) 일반기준에서 정한 자격을 갖춘 사람으로서 장애영유아 어린이집에서 2년 이상의 보육업무 경력이 있는 사람

마. 「고등교육법」에 따른 대학(전문대학 포함) 또는 법 제21조 제2항 제2호에 따른 교육훈련시설이 운영(위탁 또는 부설 운영을 말함)하는 어린이집
1) 가목에 따른 일반기준에서 정한 자격을 갖춘 사람
2) 어린이집을 운영하는 대학의 조교수 또는 교육훈련시설의 전임교수 이상으로서 보육 관련 교과목에 대하여 3년 이상의 교육 경력이 있는 사람

바. 가목부터 라목까지의 어느 하나에 해당하는 사람은 보건복지부령으로 정하는 사전직무교육을 받아야 한다.

2. 보육교사의 등급별 자격기준

등급	자격기준
보육교사 1급	가. 보육교사 2급 자격을 취득한 후 3년 이상의 보육업무 경력이 있는 사람으로서 보건복지부장관이 정하는 승급교육을 받은 사람 나. 보육교사 2급 자격을 취득한 후 보육 관련 대학원에서 석사학위를 취득하고 1년 이상의 보육업무 경력이 있는 사람으로서 보건복지부장관이 정하는 승급교육을 받은 사람
보육교사 2급	가. 전문대학 또는 이와 같은 수준 이상의 학교에서 보건복지부령으로 정하는 보육 관련 교과목 및 학점을 이수하고 졸업한 사람 나. 보육교사 3급 자격을 취득한 후 1년 이상의 보육업무 경력이 있는 사람으로서 보건복지부장관이 정하는 승급교육을 받은 사람
보육교사 3급	고등학교 또는 이와 같은 수준 이상의 학교를 졸업한 사람으로서 보건복지부령으로 정하는 교육훈련시설에서 정해진 교육과정을 수료한 사람

※ 비고

1. "보육 등 아동복지업무 경력"이란 다음의 어느 하나에 해당하는 경력을 말한다.

가. 다음의 어느 하나에 해당하는 경력

1) 어린이집에서 어린이집의 원장, 보육교사, 특수교사(「초·중등교육법」 제21조 제2항에 따라 특수학교의 정교사, 준교사 또는 실기교사(담당과목이 재활복지과인 경우만 해당)의 자격증을 가진 사람과 이에 준하는 사람으로 보건복지부장관이 인정하는 사람을 말한다. 이하 같다) 또는 치료사로 근무한 경력

2) 육아종합지원센터에서 육아종합지원센터의 장, 보육전문요원, 특수교사, 대체교사 또는 일시보육 담당 보육교사로 근무한 경력

3) 법 제26조의 제2항에 따른 일시보육서비스지정기관에서 기관의 장 또는 일시보육 담당 교사로 근무한 경력

나. 「유아교육법」에 따른 유치원에서 원장, 원감, 수석교사 또는 교사로 근무한 경력

다. 「아동복지법」에 따른 아동복지시설에서 시설장, 총무, 보육사, 생활복지사, 상담지도원 또는 자립지원전담요원으로근무한 경력

라. 「장애인복지법」에 따른 장애영유아 거주시설에서 장애영유아와 관련된 업무에 종사한 경력

마. 「유아교육법」 및 「초·중등교육법」에 따른 특수학교(유치원 과정)에서 특수학교 교원으로 근무한 경력

바. 법률 제7120호 「유아교육법」 제정으로 폐지되기 전 「유아교육진흥법」에 따른 새마을유아원에서 근무한 경력

사. 가목부터 바목까지의 아동복지업무를 수행하는 시설 등에서 간호사로 근무한 경력

아. 국가 또는 지방자치단체에서 7급 이상의 공무원으로 보육 등 아동복지에 관한 행정업무에 종사한 경력

2. "보육업무 경력"이란 다음의 어느 하나에 해당하는 경력을 말한다.

가. 다음의 어느 하나에 해당하는 경력

1) 어린이집에서 어린이집의 원장, 보육교사, 특수교사 또는 치료사로 근무한 경력

2) 육아종합지원센터에서 육아종합지원센터의 장, 보육전문요원, 특수교사, 대체교사 또는 일시 보육 담당 보육교사로 근무한 경력

3) 법 제26조의 제2항에 따른 일시보육서비스지정기관에서 기관의 장 또는 일시보육 담당 교사로 근무한 경력

나. 「유아교육법」에 따른 교육과정과 방과후 과정을 운영하는 유치원에서 원장, 원감, 수석교사 또는 교사로 근무한 경력

3. "아동간호업무 경력"이란 병원의 소아청소년과나 신생아실, 보건소 모자보건센터, 초등학교 보건실 등에서 근무한 경력을 말한다.

(마) 명의대여 등의 금지

어린이집의 원장 또는 보육교사는 다른 사람에게 자기의 성명이나 어린이집의 명칭을 사용하여 어린이집의 원장 또는 보육교사의 업무를 수행하게 하거나 자격증을 대여하여서는 아니 된다(법 제22조의2).

(바) 보수교육

보건복지부장관은 어린이집 원장의 자질 향상을 위한 보수교육(補修敎育)을 실시하여야 하며, 이에 따른 보수교육은 사전직무교육과 직무교육으로 구분하고, 이에 따른 보수교육의 기간·방법·내용 등에 필요한 사항은 보건복지부령으로 정하고 있다(법 제23조). 보건복지부장관은 보육교사의 자질 향상을 위한 보수교육(補修敎育)을 실시하여야 하며, 이에 따른 보수교육은 직무교육과 승급교육으로 구분하고, 이에 따른 보수교육의 기간·방법·내용 등에 필요한 사항은 보건복지부령으로 정하고 있다(법 제23조의2).

법 제23조2 제2항에 따른 직무교육은 보육에 필요한 지식과 능력을 유지·개발하기 위하여 보육교직원이 정기적으로 받는 교육으로서 교육시간은 40시간을 원칙으로 한다. 법 제23조2 제2항에 따른 승급교육은 보육교사가 3급에서 2급 또는 2급에서 1급으로 승급하기 위하여 필요한 교육으로서 교육시간은 80시간을 원칙으로 한다. 이에 따른 보수교육의 내용은 성폭력 및 아동학대 예방, 실종·유괴의 예방과 방지, 감염병 및 약물의 오남용 예방 등 보건위생 관리, 재난대비 안전, 교통안전, 보육교사의 인성 함양(영유아의 인권보호 교육을 포함한다)으로 그 구체적인 내용은 보건복지부장관이 정하고, 이에 따른 직무교육 및 승급교육의 대상자, 교육평가, 교육비 등에 관한 구체적인 내용은 별표 7과 같다. 시·도지사는 매년 2월 말일까지 보수교육의 수요를 파악하여 보수교육계획을 수립하여야 한다(법 시행규칙 제20조 제1항~제5항).

5) 어린이집의 운영(영유아어린이집의 운영)

(가) 어린이집의 운영기준 등(법 제24조)

어린이집을 설치·운영하는 자는 보건복지부령으로 정하는 운영기준에 따라 어린이집을 운영하여야 하며, 국가나 지방자치단체는 국공립 어린이집(법 제12조에 따라 설치된)을 법인·단체 또는 개인에게 위탁하여 운영할 수 있다. 이 경우 최초 위탁은 보건복지부령으로 정하는 국공립어린이집 위탁제 선정관리 기준에 따라 심의하며, 공개경쟁의 방법에 따른다. 다만, ① 민간어린이집을 국가 또는 지방자치단체에 기부 채납하여 국공립어린이집으로 전환하는 경우 기부 채납 전에 그 어린이집을 설치·운영한 자, ② 국공립어린이집 설치 시 해당 부지 또는 건물을 국가 또는 지방자치단체에 기부 채납하거나 무상으로 사용하게 한 자, ③ 「주택법」에 따라 설치된 민간어린이집을 국공립어린이집으로 전환하는 경우 전환하기 전에 그 어린이집을 설치·운영한 자에 해당하는 자에게 위탁하는 경우에는 그러하지 아니하다. 「영유아보육법」 제14조에 따라 직장어린이집을 설치한 사업주는 이를 법인·단체 또는 개인에게 위탁하여 운영할 수 있다. 이에 따른 어린이집 위탁 등에 필요한 사항은 보건복지부령으로 정하고 있다.

(나) 어린이집 운영위원회(법 제25조)

어린이집의 원장은 어린이집 운영의 자율성과 투명성을 높이고 지역사회와의 연계를 강화하여 지역 실정과 특성에 맞는 보육을 실시하기 위하여 어린이집에 어린이집운영위원회를 설치·운영할 수 있다. 다만, 「영유아보육법」 제26조에 따른 취약보육(脆弱保育)을 우선적으로 실시하여야 하는 어린이집과 대통령령으로 정하는 어린이집은 어린이집운영위원회를 설치·운영하여야 한다. 여기서 법 제25조 제1항 단서에서 "대통령령으로 정하는 어린이집"이란 부모협동어린이집을 제외한 모든 어린이집을 말한(법 시행령 제21조의2). 어린이집운영위원회는 그 어린이집의 원장, 보육교사 대표, 학부모 대표 및 지역사회 인사(직장어린이집의 경우에는 그 직장의 어린이집 업무 담당자로 한다)로 구성한다. 어린이집의 원장은 어린이집운영위원회의 위원 정수를 5명 이상 10명 이내의 범위에서 어린이집의 규모 등을 고려하여 정할 수 있다.

어린이집운영위원회는 ① 어린이집 운영 규정의 제정이나 개정에 관한 사항, ② 어린이집 예산 및 결산의 보고에 관한 사항, ③ 영유아의 건강·영양 및 안전에 관한 사항, ④ 보육시간, 보육과정의 운영 방법 등 어린이집의 운영에 관한 사항, ⑤ 보육교직원의 근무환경 개선에 관한 사항, ⑥ 영유아의 보육환경 개선에 관한 사항, ⑦ 어린이집과 지역사회의 협력에 관한 사항, ⑧ 보육료 외의 필요경비를 받는 경우 제38조에 따른 범위에서 그 수납액 결정에 관한 사항, ⑨ 그 밖에 어린이집 운영에 대한 제안 및 건의사항을 심의한다. 그 밖에 어린이집운영위원회의 설치·운영에 필요한 사항은 보건복지부령으로 정하고 있다.

(다) 부모모니터링단(법 제25조의2)

시·도지사 또는 시장·군수·구청장은 어린이집 보육환경을 모니터링하고 개선을 위한 컨설팅을 하기 위하여 부모, 보육·보건 전문가로 점검단을 구성·운영할 수 있다. 이는 다음의 업무 ① 어린이집 급식, 위생, 건강 및 안전관리 등 운영상황 모니터링, ② 어린이집 보육환경 개선을 위한 컨설팅, ③ 그 밖에 보육 관련 사항으로서 보건복지부령으로 정하는 사항을 수행한다. 부모모니터링단은 10명 이내로 구성하며 시·도지사 또는 시장·군수·구청장이 위촉하고 위촉된 자는 직무 수행에 필요한 교육을 실시할 수 있으며, 국가와 지방자치단체는 부모모니터링단의 구성·운영 및 교육 등에 필요한 비용의 전부 또는 일부를 예산의 범위에서 지원할 수 있다. 부모모니터링단은 어린이집 보육환경 개선을 위한 컨설팅의 직무를 수행하기 위하여 어린이집에 출입할 수 있으며 이 경우 미리 시·도지사 또는 시장·군수·구청장의 승인을 받아야 하며, 승인을 받아 어린이집에 출입하는 경우에는 승인서와 신분을 표시하는 증표를 어린이집 원장 등 관계자에게 내보여야 한다. 공무원이 어린이집 운영상황을 조사하기 위하여 어린이집에 출입하는 경우 부모모니터링단은 공무원과 함께 출입할 수 있고 이 경우 시·도지사 또는 시장·군수·구청장의 승인을 생략할 수 있다. 부모모니터링단의 구성·운영, 교육, 비용 지원, 직무수행 등에 필요한 세부사항은 보건복지부령으로 정하고 있다.

(라) 취약보육의 우선 실시(법 제26조)

국가나 지방자치단체, 사회복지법인, 그 밖의 비영리법인이 설치한 어린이집과 대통령령으로 정하는 어린이집의 원장은 영아·장애아·「다문화가족지원법」 제2조 제1호에 따른 다문화가족의 아동 등에 대한 보육(이하 '취약보육'이라 한다)을 우선적으로 실시하여야 하며, 보건복지부장관, 시·도지사 및 시장·군수·구청장은 취약보육을 활성화하는 데에 필요한 각종 시책을 수립·시행하여야 하고, 이에 대한 취약보육의 종류와 실시 등에 필요한 사항은 보건복지부령으로 정하고 있다. 「영유아보육법」 제26조 제1항에 따른 취약보육의 종류는 다음의 보육을 포함한다(법 시행규칙 제28조 제1항).

- 영아보육: 만 3세 미만의 영아를 대상으로 보육 서비스를 제공하는 것
- 장애아보육: 「장애인복지법」 제32조에 따라 장애인으로 등록된 영유아 등에게 보육 서비스를 제공하는 것
- 다문화아동보육: 「다문화가족지원법」 제2조 제1호에 따른 다문화가족의 영유아 등에게 보육 서비스를 제공하는 것
- 시간연장형 보육: 기준 보육시간 외에 시간을 연장하여 보육 서비스를 제공하는 것

취약보육의 정원 책정 등 취약보육에 대한 구체적인 사항은 보건복지부장관이 정하고 있다(법 시행규칙 제28조 제2항).

(마) 어린이집 이용대상(법 제27조)

어린이집의 이용대상은 보육이 필요한 영유아를 원칙으로 한다. 다만, 필요한 경우 어린이집의 원장은 만 12세까지 연장하여 보육할 수 있다.

(바) 보육의 우선 제공(법 제28조)

국가나 지방자치단체, 사회복지법인, 그 밖의 비영리법인이 설치한 어린이집과 대통령령으로 정하는 어린이집의 원장은 ① 「국민기초생활보장법」에 따른 수급자, ② 「한부모가족지원법」 제5조에 따른 보호대상자의 자녀, ③ 「국민기초생활보장법」 제24조에 따른 차상위계층의 자녀, ④ 「장애인복지법」 제2조에 따른 장애인 중 보건복지부령[37]으로 정하는 장애등급 이상에 해당하는 자의 자녀, ⑤ 「다문화

---

37) 「영유아보육법」 시행규칙 제29조(보육의 우선 제공) ① 법 제28조 제1항 제4호에서 "보건복지부령으로 정하는 장애등급 이상에 해당하는 자"란 다음 각 호의 사람을 말한다. 〈개정 2010. 3.19〉

가족지원법」 제2조 제1호에 따른 다문화가족의 자녀, ⑥ 그 밖에 소득수준 등을 고려하여 보건복지부령[38]으로 정하는 자의 자녀가 우선적으로 어린이집을 이용할 수 있도록 하여야 한다. 다만, 「고용정책 기본법」 제40조 제2항에 따라 고용촉진시설의 설치·운영을 위탁받은 공공단체 또는 비영리법인이 설치·운영하는 어린이집의 원장은 근로자의 자녀가 우선적으로 어린이집을 이용하게 할 수 있다. 사업주는 사업장 근로자의 자녀가 우선적으로 직장어린이집을 이용할 수 있도록 하여야 하며, 사업주는 사업장 근로자의 자녀가 우선적으로 직장어린이집을 이용할 수 있도록 하여야 한다.

(사) 보육과정

보육과정은 영유아의 신체·정서·언어·사회성 및 인지적 발달을 도모할 수 있는 내용을 포함하여야 하며, 보건복지부장관은 표준보육과정을 개발·보급하여야 하고 필요하면 그 내용을 검토하여 수정·보완하여야 한다. 어린이집의 원장은 표준보육과정에 따라 영유아를 보육하도록 노력하여야 하며, 어린이집의 원장은 보호자의 동의를 받아 일정 연령 이상의 영유아에게 보건복지부령으로 정하는 특정한 시간대에 한정하여 보육과정 외에 어린이집 내외에서 이루어지는 특별활동프로그램을 실시할 수 있고, 이 경우 어린이집의 원장은 특별활동에 참여하지 아니하는

---

1. 「장애인복지법」 시행규칙 별표 1의 장애등급 중 1급 또는 2급에 해당하는 사람, 2. 「장애인복지법」 시행규칙 별표 1의 장애등급 중 3급에 해당하는 지적장애인 또는 자폐성 장애인으로서 다른 장애가 중복된 사람

38) 「영유아보육법」 시행규칙 제29조(보육의 우선 제공) ② 법 제28조 제1항 제6호에서 "보건복지부령으로 정하는 자의 자녀"란 다음 각 호의 영유아를 말한다. 〈개정 2009.12.31, 2010.3.19, 2012.8.17, 2013.8.5., 2015.1.28, 2017.9.15〉 1. 「아동복지법」 제52조에 따른 아동복지시설에서 생활 중인 영유아, 2. 부모가 모두 취업 중이거나 취업을 준비 중인 영유아, 3. 자녀가 3명 이상인 가구의 영유아 자녀가 2명 이상인 가구의 영유아, 4. 산업단지 입주기업체 및 지원기관 근로자의 자녀로서 산업단지에 설치된 어린이집을 이용하는 영유아, 5. 법인·단체 등이 어린이집을 국가 또는 지방자치단체에 기부채납하여 국공립어린이집으로 전환된 경우 해당 법인·단체 등의 근로자 자녀로서 그 어린이집을 이용하는 영유아, 6. 법 제24조 제2항 제3호에 따라 「주택법」 제2조 제3호에 따라 설치하여야 하는 어린이집의 부지 또는 건물을 국가 또는 지방자치단체에 기부채납하거나 무상임대하여 국공립어린이집으로 운영하는 경우 해당 공동주택의 거주자 자녀로서 어린이집을 이용하는 영유아[전문개정 2009.7.3.]

영유아를 위하여 특별활동을 대체할 수 있는 프로그램을 마련하여야 한다. 이에 따른 보육과정 및 특별활동 대상 영유아의 연령 및 특별활동의 내용 등에 필요한 사항은 보건복지부령으로 정하고 있다(법 제29조).

(아) 생활기록부의 작성의무

어린이집의 원장은 영유아 생활지도 및 초등학교 교육과의 연계 지도에 활용할 수 있도록 영유아의 발달상황 등을 종합적으로 관찰·평가하여 보건복지부장관이 정하는 기준에 따라 생활기록부를 작성·관리하여야 한다(법 제29조의2).

(자) 어린이집의 평가인증(법 제30조)

보건복지부장관은 보육서비스의 질적 수준을 향상시키기 위하여 어린이집 설치·운영자의 신청에 따라 어린이집의 보육환경, 보육과정 운영 및 보육인력의 전문성을 평가하여 해당 어린이집에 대한 평가인증을 실시할 수 있고, 보건복지부장관은 평가인증을 받으려는 어린이집 설치·운영자에게 보건복지부령으로 정하는 바에 따라 평가인증에 필요한 비용을 받을 수 있다. 보건복지부장관은 평가인증의 결과에 따라 보육사업 실시에 필요한 지원을 할 수 있고, 평가인증의 결과를 보건복지부령으로 정하는 바에 따라 공표할 수 있다. 평가인증을 받은 어린이집의 설치·운영자가 ① 거짓이나 그 밖의 부정한 방법으로 평가인증을 받은 경우, ② 어린이집의 설치·운영자가 이 법을 위반하여 금고 이상의 형을 선고받고 그 형이 확정된 경우, ③ 보조금의 반환명령을 받았거나, 행정처분을 받은 경우, ④ 그 밖에 평가인증을 유지하기 어렵다고 인정되는 경우로서 보건복지부령으로 정하는 경우에 해당하는 경우에는 그 평가인증을 취소할 수 있고, 거짓이나 그 밖의 부정한 방법으로 평가인증을 받은 경우에 해당하는 경우에는 인증을 취소하여야 한다. 보건복지부장관은 어린이집 평가인증에 관한 업무를 공공 또는 민간 기관·단체 등에 위탁하여 실시할 수 있다. 이에 따라 평가인증에 관한 업무를 위탁받은 공공 또는 민간 기관·단체는 납부 받은 수수료를 보건복지부장관의 승인을 받아 평가인증에 필요한 경비에 직접 충당할 수 있다.

이에 따른 어린이집 평가인증의 실시 및 유효기간 등에 필요한 사항은 보건복지부령으로 정하고 있다. 평가인증의 절차 및 서식 등에 관한 구체적인 사항은 보건복지부장관이 정하고 있다(법 시행규칙 제31조 제5항). 보건복지부장관은 법 제30조 제2항에 따라 평가인증을 받으려는 어린이집이 납부하여야 하는 수수료를 매년 정하여 고시하여야 한다(법 시행규칙 제32조). 평가인증의 유효기간은 3년으로 한다. 다만, 평가인증을 받은 날부터 3년 이내 양도, 상속 또는 합병 등으로 어린이집의 대표자가 변경되는 경우에는 대표자가 변경되기 전까지의 기간으로 하며, 보건복지부장관은 평가지표에 따라 평가결과가 우수한 경우 등 보건복지부장관이 정하는 사유에 해당하는 경우에는 3년을 초과하지 아니하는 범위에서 1회에 한하여 유효기간을 연장할 수 있다(법 시행규칙 제32조의3).

(차) 건강 및 영양관리

① **건강관리 및 응급조치**(법 제31조)

어린이집의 원장은 영유아와 보육교직원에 대하여 정기적으로 건강진단을 실시하는 등 건강관리를 하여야 하며, 어린이집의 원장은 영유아에게 질병·사고 또는 재해 등으로 인하여 위급 상태가 발생한 경우 즉시 응급의료기관에 이송하여야 한다.

이에 따른 건강진단 등에 필요한 사항은 보건복지부령으로 정하고 있다. 즉, 법 제31조 제1항에 따라 어린이집의 원장은 보육하고 있는 영유아 및 보육교직원(가정어린이집 경우 어린이집에서 함께 거주하는 사람을 포함한다)에 대하여 1년에 한 번 이상 건강진단을 실시하여야 한다. 제1항에 따른 영유아 및 보육교직원에 대한 건강진단 항목은 「국민건강보험」 제52조, 같은 법 시행령 제25조 제7항 및 「의료급여법」 제14조 제2항에 따라 보건복지부장관이 고시하는 기준에 따르되, 보육교직원(보육교직원)의 건강진단 항목에는 결핵 등 전염성 질환이 포함되어야 한다. 어린이집의 원장은 건강진단을 실시한 결과 치료가 필요한 영유아에 대해서는 그 보호자와 협의하여 필요한 조치를 하여야 한다. 어린이집의 원장은 건강진단을 실시한 결과 전염성 질환에 감염된 것으로 밝혀지거나 의심되는 영유아 및 어린이집(어린이집) 거주자를 어린이집으로부터 격리시키고, 전염성 질환에 감염된 것으로 밝혀지거나 의심되는 보육교직원을 즉시 휴직시키거나 면직시키는 등의 조치를 하여야 한다(법 시행규칙 제33조 제1항~제5항).

② **어린이집 안전공제 사업 등**(법 제31조2)

어린이집 상호 간의 협동조직을 통하여 어린이집의 안전사고를 예방하고 어린이집 안전사고로 인하여 생명·신체 또는 재산상의 피해를 입은 영유아 및 보육교직원 등에 대한 보상을 하기 위하여 보건복지부장관의 허가를 받아 어린이집 안전공제사업(이하 "공제사업"이라 한다)을 할 수 있다. 공제사업을 위하여 설립되는 어린이집 안전공제회(이하 "공제회"라 한다)는 법인으로 하며, 주된 사무소의 소재지에 설립등기를 함으로써 성립한다. 어린이집의 원장은 공제회의 가입자가 되고 공제회에 가입한 어린이집의 원장은 공제사업의 수행에 필요한 출자금과 다음 ① 영유아의 생명·신체에 대한 피해를 보상하기 위한 공제료, ② 보육교직원 등의 생명·신체에 대한 피해를 보상하기 위한 공제료, ③ 어린이집의 재산상의 피해를 보상하기 위한 공제료 등을 공제회에 납부하여야 하고 다만, 제②호와 제③호의 공제료는 어린이집의 원장이 선택하여 납부할 수 있다. 공제회의 기본재산은 회원의 출자금 등으로 조성한다. 다만, 보건복지부장관은 공제회의 주된 사무소의 설치 및 운영에 필요한 비용의 일부를 지원할 수 있다. 공제회의 회원자격, 임원에 관한 사항 및 출자금의 부담기준에 관한 사항은 정관으로 정하고, 공제회의 설립허가 기준 및 절차, 정관기재사항, 운영 및 감독 등에 관하여 필요한 사항은 대통령령으로 정한다. 공제회는 공제사업의 범위, 공제료, 공제사업에 충당하기 위한 책임준비금 등 공제사업의 운영에 관하여 필요한 사항을 포함한 공제규정을 정하여 보건복지부장관의 허가를 받아야 한다. 공제규정을 변경하고자 하는 때에도 또한 같다. 공제회에 관하여 이 법에 규정된 것을 제외하고는 민법 중 재단법인에 관한 규정을 준용하고, 이 법에 따른 공제회의 사업에 대하여는 「보험업법」을 적용하지 아니한다. 어린이집의 원장이 공제료를 납부하는 경우 「사회복지사업법」 제34조의2에 따른 보험가입의무를 이행한 것으로 본다.

③ **예방접종 여부의 확인**(법 제31조의3)

어린이집의 원장은 영유아에 대하여 최초로 보육을 실시한 날부터 30일 이내에 특별자치도지사·시장·군수·구청장 또는 영유아의 보호자로부터 「감염병의 예방 및 관리에 관한 법률」 제27조에 따라 특별자치도지사·시장·군수·구청장 또는 예방접종을 한 자가 발급한 예방접종증명서 또는 그 밖에 이에 준하는 증명자료를 제출받아 영유아의 예방접종에 관한 사실을 확인할 수 있다. 어린이집의 원장은 예방접종을 받지 아니한 영유아에게는 필요한 예방접종을 받도록 보호자를 지도할 수 있으며, 필요한 경우 관할 보건소장에게 예방접종 지원 등의 협조를 요청할 수 있다. 어린이집의 원장은 영유아의 예방접종 여부 확인 및 관리를 위하여 제29조의2에 따른 어린이집 생활기록에 예방접종 여부 및 내역에 관한 사항을 기록하여 관리하여야 한다.

④ **치료 및 예방조치**(법 제32조)

어린이집의 원장은 법 제31조에 따른 건강진단 결과 질병에 감염되었거나 감염될 우려가 있는 영유아에 대하여 그 보호자와 협의하여 질병의 치료와 예방에 필요한 조치를 하여야 하고, 어린이집의 원장은 건강진단의 결과나 그 밖에 의사의 진단 결과 감염병에 감염 또는 감염된 것으로 의심되거나 감염될 우려가 있는 영유아, 어린이집 거주자 및 보육교직원을 보건복지부령으로 정하는 바에 따라 어린이집으로부터 격리시키는 등 필요한 조치를 할 수 있다. 질병의 치료와 예방에 필요한 조치를 위하여 필요하면 「지역보건법」 제10조와 제13조에 따른 보건소 및 보건지소, 「의료법」 제3조에 따른 의료기관에 협조를 구할 수 있다. 이에 따라 협조를 요청받은 보건소·보건지소 및 의료기관의 장은 적절한 조치를 취하여야 한다.

⑤ **급식관리**(법 제33조)

어린이집의 원장은 영유아에게 보건복지부령으로 정하는 바에 따라 균형 있고 위생적이며 안전한 급식을 하여야 한다. 법 제33조에 따른 급식은 영유아가 필요한 영양을 섭취할 수 있도록 영양사가 작성한 식단에 따라 공급하여야 한다. 이 경우 영양사(5개 이내의 어린이집이 공동으로 두는 영양사를 포함한다)를 두고 있지 아니한 100명 미만의 영유아를 보육하고 있는 어린이집은 육아종합지원센터 및 보건소 및 「어린이 식생활안전관리 특별법」 제21조에 따른 어린이집 급식관리지원센터 등에서 근무하는 영양사의 지도를 받아 식단을 작성하여야 한다(법 시행규칙 제34조). 원장 등은 영유아에 대한 급식을 어린이집에서 직접 조리하여 제공하여야 한다. 다만, 공공기관이나 사회복지관 안에 설치된 어린이집의 경우에는 같은 건물에 있는 조리실을 사용하여 급식을 제공할 수 있다(법 시행규칙 제34조).

⑥ **어린이집 차량안전관리**(법 제33조의2)

어린이집의 원장은 영유아의 통학을 위하여 차량을 운영하는 경우 「도로교통법」 제52조에 따라 미리 어린이통학버스로 관할 경찰서장에게 신고하여야 한다.

6) 비용의 보조 및 부담

(가) 비용의 부담(법 제34조)

국가와 지방자치단체는 영유아에 대한 보육을 무상으로 하되, 그 내용 및 범위는 대통령령으로 정한다. 국가와 지방자치단체는 장애아 및 「다문화가족지원법」에 따른 다문화가족의 자녀의 무상보육에 대하여는 대통령령으로 정하는 바에 따라 그 대상의 여건과 특성을 고려하여 지원할 수 있다. 이에 따른 무상보육 실시에 드는 비용은 대통령령으로 정하는 바에 따라 국가나 지방자치단체가 부담하거나 보조하여야 한다. 보건복지부장관은 어린이집 표준보육비용 등을 조사하고 그 결과를 바탕으로 예산의 범위에서 관계 행정기관의 장과 협의하여 국가 및 지방자치단체가 부담하는 비용을 정할 수 있고, 국가와 지방자치단체는 자녀가 2명 이상인 경우에 대하여 추가적으로 지원할 수 있다. 국가와 지방자치단체는 무상보육을 받으려는 영유아와 장애아 및 다문화가족의 자녀를 보육하기 위하여 필요한 어린이집을 설치·운영하여야 한다.

「영유아보육법」 시행규칙 제35조(보육료 지원 대상)는 법 제34조 제1항에 따라 국가 또는 지방자치단체가 보육에 필요한 비용을 부담하여야 하는 가정의 소득수준 및 보조 범위는 재산 등을 고려하여 보건복지부장관이 매년 정하고 있다.

(나) 양육수당(법 제34조의2)

국가와 지방자치단체는 어린이집이나 「유아교육법」 제2조에 따른 유치원을 이용하지 아니하는 영유아에 대하여 영유아의 연령과 보호자의 경제적 수준을 고려하여 양육에 필요한 비용을 지원할 수 있다. 이에 따른 영유아가 제26조의2에 따른 일시보육 서비스를 이용하는 경우에도 그 영유아에 대하여는 제1항에 따른 양육에 필요한 비용을 지원할 수 있다. 비용 지원의 대상·기준 등에 대하여 필요한 사항은 대통령령으로 정하고 있다.

(다) 보육서비스 이용권(법 제34조의3)

국가와 지방자치단체는 법 제34조 및 제34조의2에 따른 비용 지원을 위하여 보육서비스 이용권(이하 '이용권'이라 한다)을 영유아의 보호자에게 지급할 수 있고, 이용권의 지급 및 이용 절차 등에 관하여 필요한 사항은 보건복지부령으로 정한다.

보육서비스 이용권의 신청 및 발급에 있어서 영유아의 보호자는 법 제34조의3에 따른 보육서비스 이용권(이하 '보육서비스 이용권'이라 한다)을 발급 받으려면 특별자치도지사·시장·군수·구청장에게 보육서비스 이용권 발급신청서를 제출하여야 하며, 영유아의 보호자는 법 제34조 제1항에 따른 비용을 지원받으려면 보육서비스 이용권을 어린이집에 제시하여야 한다. 이 경우 어린이집의 원장은 보육서비스 이용권이 이용자 본인에 의하여 정당하게 사용되고 있는지를 확인하여야 한다. 국가와 지방자치단체는 영유아의 보호자가 보육서비스 이용권을 사용한 경우, 그 사용한 금액에 해당하는 비용을 해당 어린이집에 지급하여야 한다. 이외에 보육서비스 이용권의 신청과 지급 및 사용에 필요한 사항은 보건복지부장관이 정하고 있다(법 시행규칙 제35조의3).

(라) 비용보조(법 제36조)

국가나 지방자치단체는 대통령령으로 정하는 바에 따라 법 제10조에 따른 어린이집의 설치, 보육교사(대체교사를 포함한다)의 인건비, 초과보육(超過保育)에 드는 비용 등 운영 경비 또는 지방육아종합지원센터의 설치·운영, 보육교직원의 복지 증진, 취약보육의 실시 등 보육사업에 드는 비용의 전부 또는 일부를 보조한다.

(마) 사업주의 비용부담(법 제37조)

법 제14조에 따라 어린이집을 설치한 사업주는 대통령령으로 정하는 바에 따라 그 어린이집의 운영과 보육에 필요한 비용의 전부 또는 일부를 부담하여야 한다.

법 제14조 제1항에 따라 직장어린이집을 설치(둘 이상의 사업주가 공동으로 직장어린이집을 설치하는 경우를 포함한다)하거나, 지역의 어린이집과 위탁계약을 맺은 사업주는 법 제37조에 따라 그 어린이집의 운영 및 수탁 보육 중인 영유아의 보육에 필요한 비용의 100분의 50 이상을 부담하여야 한다(법 시행령 제25조).

(바) 보육료의 수납

법 제12조부터 법 제14조까지의 규정에 따라 어린이집을 설치·운영하는 자는 그 어린이집의 소재지를 관할하는 시·도지사가 정하는 범위에서 그 어린이집을 이용하는 자로부터 보육료와 그 밖의 필요경비 등을 받을 수 있다. 다만, 시·도지사는 필요시 어린이집 유형과 지역적 여건을 고려하여 그 기준을 다르게 정할 수 있다(법 제38조).

(사) 세제지원

법 제14조와 법 제37조에 따라 사업주가 직장어린이집을 설치·운영하는 데에 드는 비용과 보호자가 영유아의 보육을 위하여 지출한 보육료와 그 밖의 보육에 드는 비용에 관하여는 「조세특례제한법」에서 정하는 바에 따라 조세를 감면한다. 법 제10조 제4호의 직장어린이집을 제외한 어린이집의 운영비에 대하여도 「조세특례제한법」에서 정하는 바에 따라 조세를 감면한다(법 제39조).

(아) 비용 및 보조금의 반환명령(법 제40조)

국가나 지방자치단체는 어린이집의 설치·운영자, 육아종합지원센터의 장, 보수교육 위탁실시자 등이 ① 어린이집 운영이 정지·폐쇄 또는 취소된 경우, ② 사업 목적 외의 용도에 보조금을 사용한 경우, ③ 거짓이나 그 밖의 부정한 방법으로 보조금을 교부받은 경우, ④ 착오 또는 경미한 과실로 보조금을 교부받은 경우로서 보건복지부령으로 정하는 사유에 해당하는 경우에는 이미 교부한 비용과 보조금의 전부 또는 일부의 반환을 명할 수 있다.

(자) 보육비용 지원액의 환수

국가 또는 지방자치단체는 보호자가 거짓이나 그 밖의 부정한 방법으로 법 제34조 및 법 제34조의2에 따른 비용을 지원받은 경우에는 그 비용의 전부 또는 일부를 환수할 수 있다. 이에 따라 환수하는 경우에 비용을 반환할 자가 기한 내에 반환하지 아니한 때에는 국세 또는 지방세 체납처분의 예에 따라 징수한다(법 제40조의2).

7) 지도 및 감독

(가) 지도와 명령

보건복지부장관, 시·도지사 및 시장·군수·구청장은 보육사업의 원활한 수행을 위하여 어린이집 설치·운영자 및 보육교직원에 대하여 필요한 지도와 명령을 할 수 있다(법 제41조).

(나) 보고와 검사

보건복지부장관, 시·도지사 또는 시장·군수·구청장은 어린이집을 설치·운영하는 자로 하여금 그 어린이집에 관하여 필요한 보고를 하게 하거나 관계공무원으로 하여금 그 어린이집의 운영 상황을 조사하게 하거나 장부와 그 밖의 서류를 검사하게 할 수 있다. 이에 따라 관계공무원이 그 직무를 수행할 때에는 그 권한을 표시하는 증표를 지니고 이를 관계인에게 내보여야 한다(법 제42조).

(다) 어린이집의 폐지·휴지 및 재개 등의 신고

「영유아보육법」 제13조 제1항에 따라 인가된 어린이집을 폐지하거나 일정 기간 운영을 중단하거나 운영을 재개하려는 자는 보건복지부령으로 정하는 바에 따라 미리 특별자치도지사·시장·군수·구청장에게 신고하여야 한다. 어린이집의 원장은 어린이집이 폐지되거나 일정 기간 운영이 중단되는 경우에는 보건복지부령으로 정하는 바에 따라 그 어린이집에서 보육 중인 영유아가 다른 어린이집으로 옮길 수 있도록 하는 등 영유아의 권익을 보호하기 위한 조치를 취하여야 한다(법 제43조).

(라) 어린이집의 폐쇄 등

보건복지부장관, 시·도지사 및 시장·군수·구청장은 어린이집을 설치·운영하는 자가 ① 거짓이나 그 밖의 부정한 방법으로 보조금을 교부받거나 보조금을 유용(流用)한 경우, ② 법 제40조에 따른 비용 또는 보조금의 반환명령을 받고 반환하지 아니한 경우, ③ 제44조에 따른 시정 또는 변경 명령을 위반한 경우, ④「아동복지법」 제3조 제7호에 따른 아동학대 행위를 한 경우, ⑤「도로교통법」 제53조 제3항을 위반하여 어린이 통학버스에 보육교직원을 함께 태우지 아니한 채 어린이통학버스 운행 중 발생한 교통사고로 영유아가 사망하거나 신체에 보건복지부령으로 정하는 중상해를 입은 경우에 해당하면 1년 이내의 어린이집 운영정지를 명하거나 어린이집의 폐쇄를 명할 수 있다(법 제45조 제1항). 특별자치시장·특별자치도지사·시장·군수·구청장은 설치·운영자 또는 보육교직원이 제1항 제4호에 따른 아동학대 행위를 한 것으로 의심되는 경우 즉시 제42조에 따른 보고를 받거나 조사·검사를 실시하여야 한다(법 제45조 제3항). 특별자치시장·특별자치도지사·시장·군수·구청장은 제3항에 따른 보고나 조사·검사를 실시한 후 지체 없이「아동복지법」 제45조에 따른 아동보호전문기관 등 관계 기관과 협의하여 제1항에 따른 행정처분 여부를 결정하여야 한다(법 제45조 제4항). 특별자치도지사·시장·군수·구청장은 어린이집 운영정지 또는 폐쇄되는 경우에는 어린이집에 보육 중인 영유아를 다른 어린이집으로 옮기도록 하는 등 영유아의 권익을 보호하기 위하여 필요한 조치를 하여야 한다(법 제45조 제5항).

이에 따른 행정처분의 세부기준은 보건복지부령으로 정하고 있다(법 제45조 제6항). 행정처분의 세부기준(법 제45조 제1항에 따른 어린이집에 대한)은 별표 9와 같다(법 시행규칙 제38조 제1항). 이에 따른 행정처분이 운영정지에 해당하는 경우 특별자치도지사·시장·군수·구청장은 위반행위의 동기·내용 및 횟수 등을 고려하여 운영정지 기간을 2분의 1의 범위에서 가중하거나 감경할 수 있으며, 가중하는 경우에는 운영정지의 총 기간이 1년을 초과할 수 없다(법 시행규칙 제38조 제2항). 법 제45조 제1항 제5호에서 보건복지부령으로 정하는 중상해를 입은 경우란 영유아의 신체를 상해하여 생명에 대한 위험을 발생하게 하거나, 신체의 상해로 인하여 불구(不具) 또는 불치(不治)나 난치(難治)의 질병에 이르게 한 경우를 말한다(법 시행규칙 제38조 제3항).

(마) 어린이집의 원장의 자격정지

보건복지부장관은 어린이집의 원장이 ① 업무 수행 중 고의나 중대한 과실로 손해를 입힌 경우, ② 해당 업무 수행에 필요한 자격이 없는 자를 채용하여 보육교사·간호사 또는 영양사 등의 업무를 수행하게 한 경우, ③ 보수교육을 연속하여 3회 이상 받지 아니한 경우, ④ 거짓이나 그 밖의 부정한 방법으로 보조금을 교부받거나 보조금을 유용한 경우에 해당하면 1년 이내의 범위에서 보건복지부령으로 정하는 바에 따라 그 자격을 정지시킬 수 있다(법 제46조).

(바) 보육교사의 자격정지

보건복지부장관은 보육교사가 ① 업무 수행 중 그 자격과 관련하여 고의나 중대한 과실로 손해를 입힌 경우, ② 보수교육을 연속하여 3회 이상 받지 아니한 경우에 해당하면 1년 이내의 범위에서 보건복지부령으로 정하는 바에 따라 그 자격을 정지시킬 수 있다(법 제47조).

(사) 어린이집의 원장 및 보육교사에 대한 행정처분(법 시행규칙 제39조)

어린이집의 원장 및 보육교사에 대한 행정처분의 세부기준은 별표 10과 같다. 다만, 특별자치도지사·시장·군수·구청장은 위반행위의 동기·내용 및 횟수 등을 고려하여 별표 10에 따른 자격정지기간을 2분의 1의 범위에서 가중하거나 감경할 수 있으며, 가중하는 경우에는 자격정지의 총 기간이 1년을 초과할 수 없다. 어린이집의 대표자는 어린이집의 원장이나 보육교사의 자격이 정지된 경우 정지된 기간 동안 직을 대신할 수 있는 원장 또는 보육교사를 채용하여야 한다.

(아) 어린이집의 원장 또는 보육교사의 자격 취소

보건복지부장관은 어린이집의 원장 또는 보육교사가 ① 거짓이나 그 밖의 부정한 방법으로 자격증을 취득한 경우, ② 자격 취득자가 업무 수행 중 그 자격과 관련하여 고의나 중대한 과실로 손해를 입히고 금고 이상의 형을 선고받은 경우, ③ 「아동복지법」 제3조 제7호의2에 따른 아동학대 관련 범죄로 처벌을 받은 경우, ④ 법 제22조의2에 따른 명의대여 금지 등의 의무를 위반한 경우, ⑤ 자격정지처분기간 종료 후 3년 이내에 자격정지처분에 해당하는 행위를 한 경우, ⑥ 자격정지처분을 받고도 자격정지처분기간 이내에 자격증을 사용하여 자격 관련 업무를 수행한 경우, ⑦ 자격정지처분을 3회 이상 받은 경우, ⑧ 법 제46조 제4호에 해당하여 금고 이상의 형을 선고받은 경우에 해당하면 그 자격을 취소할 수 있다(법 제48조 제1항). 보건복지부장관은 제1항에 따른 자격이 취소된 사람에게는 그 취소된 날부터 2년 이내에는 자격을 재교부하지 못한다. 다만, 제1항 제3호에 따라 자격이 취소된 경우에는 그 취소된 날부터 10년 이내에는 자격을 재교부하지 못한다(법 제48조 제2항).

8) 교육경력 및 보육경력의 인정(법 제50조)

어린이집에 근무하는 자 중 「유아교육법」에 따른 유치원 교원의 자격을 가진 자에 대하여는 어린이집에서의 근무경력을 「유아교육법」에 따른 교육경력으로 인정하며, 유치원(「유아교육법」 제2조 제6호에 따른 종일제 수업과정을 운영하고 있는 유치원을 말한다)에 근무하는 자 중 이 법에 따른 보육교사의 자격을 가진 자에 대하여는 유치원에서의 근무경력을 이 법에 따른 보육경력으로 인정한다.

라. 벌칙

1) 5년 이하의 징역 또는 5천만 원 이하의 벌금(법 제54조 제1항)

업무에 종사하거나 종사하였던 자는 업무를 수행하면서 취득한 금융정보 등을 이 법으로 정한 목적 이외의 다른 용도로 사용하거나 다른 사람 또는 기관에 제공하거나 누설한 자는 5년 이하의 징역 또는 5천만 원 이하의 벌금에 처한다. 이 경우 징역형과 벌금형은 병과(倂科)할 수 있다.

2) 3년 이하의 징역 또는 3천만 원 이하의 벌금

거짓이나 그 밖의 부정한 방법으로 보조금을 교부받거나 보조금을 유용한 자는 3년 이하의 징역 또는 3천만 원 이하의 벌금에 처한다(법 제54조 제2항).

3) 1년 이하의 징역 또는 1천만 원 이하의 벌금

다음의 어느 하나에 해당하는 자는 1년 이하의 징역 또는 1천만 원 이하의 벌금에 처한다(법 제45조 제3항).

- 설치인가를 받지 아니하고 어린이집의 명칭을 사용하거나 사실상 어린이집의 형태로 운영한 자
- 거짓이나 그 밖의 부정한 방법으로 어린이집의 설치인가 또는 변경인가를 받은 자
- 자기의 성명이나 어린이집의 명칭을 사용하여 어린이집의 원장 또는 보육교사의 업무를 수행하게 하거나 자격증을 대여한 자 및 그 상대방
- 거짓이나 그 밖의 부정한 방법으로 비용을 지원받거나 타인으로 하여금 지원을 받게 한 자
- 보육서비스 이용권을 부정 사용한 자
- 거짓이나 그 밖의 부정한 방법으로 보육료 등을 수납한 어린이집의 설치·운영자
- 어린이집 운영정지명령 또는 어린이집의 폐쇄 명령을 위반하여 사업을 계속한 자

4) 과태료

법 제43조 제1항에 따른 신고를 하지 아니하고 어린이집을 폐지하거나 일정 기간 운영을 중단하거나 운영을 재개한 자에게는 500만 원 이하의 과태료를 부과한다(법 제56조 제1항). 다음의 어느 하나에 해당하는 자에게는 300만 원 이하의 과태료를 부과한다(법 제56조 제2항). ① 취약보육을 우선적으로 실시하지 아니한 자, ② 보육의 우선 제공 대상자에 해당하는 자를 우선적으로 보육하지 아니한 자, ③ 건강진단 또는 응급조치 등을 이행하지 아니한 자, 이에 따른 과태료는 대통령령으로 정하는 바에 따라 보건복지부장관, 시·도지사 또는 시장·군수·구청장이 부과·징수한다(법 제56조 제3항). 법 제56조 제1항 및 제2항에 따른 과태료의 부과기준은 별표 2와 같다(법 시행령 제27조).

제2절 「아동복지법」

가. 「아동복지법」의 의의와 목적

아동복지는 사회구성원으로서 아동의 기본적 욕구를 충족시키고 건전한 성장과 발달을 도모하기 위한 복지서비스라고 할 수 있다. 그리고 아동복지관련법은 이러한 아동복지의 목표를 국가 및 지방자치단체와 사회의 구성원에 강제하여, 아동의 권리를 지켜 주기 위한 공적인 방법과 절차라고 할 수 있다. 「아동복지법」은 아동이 건강하게 출생하여 행복하고 안전하게 자라나도록 그 복지를 보장함을 목적으로 하는 법이다. 현행 「아동복지법」은 구법인 「아동복리법」이 요보호 아동을 위한 소극적인 대책을 중심으로 입법된 것을, 보호를 필요로 하는 아동뿐만 아니라 일반 아동이 건강하게 출생하여 행복하고 안전하게 자라도록 하기 위한 적극적인 복지정책을 실시하려는 데 실질적인 의의가 있다. 「아동복지법」은 "아동이 건강하게 출생하여 행복하고 안전하게 자라나도록 그 복지를 보장함을 목적으로 한다(법 제1조)"고 규정하고 있으며, 여기에서 아동이라 함은 '18세 미만의 자'를 말한다(법 제3조 제1호). 즉, 「아동복지법」에서는 보호를 필요로 하는 아동을 포함한 모든 아동이 가진 사회문제의 해결을 통하여 건전하게 자랄 수 있도록 지원함을 목적으로 하고 있다.

이와 같이 아동의 기본적 욕구를 충족시키고 건전한 성장과 발달을 도모하는 아동복지관련법에는 「아동복지법」, 「입양촉진 및 절차에 관한 특례법」, 「영유아보육법」 등이 있다.

「아동복지법」은 어린이에 대한 사랑과 보호의 정신을 높임으로써 이들을 옳고 아름답고 슬기로우며 씩씩하게 자라나도록 하기 위하여 매년 5월 5일을 어린이날로 하며, 5월 1일부터 5월 7일까지를 어린이주간으로 정하였다(법 제6조).

나. 「아동복지법」의 주요 내용

1) 「아동복지법」의 기본이념

「아동복지법」의 기본이념은 다음과 같다. 첫째, "아동은 자신 또는 부모의 성별,

연령, 종교, 사회적 신분, 재산, 장애유무, 출생지역, 인종 등에 따른 어떠한 종류의 차별도 받지 아니하고 자라나야 한다(법 제2조 제1항)"는 무차별 평등이념이며, 둘째, "아동은 완전하고 조화로운 인격발달을 위하여 안정된 가정환경에서 행복하게 자라나야 한다(법 제2조 제2항)"는 안정된 가정환경의 중요성을 강조한 것이다. 셋째, "아동에 관한 모든 활동에 있어서 아동의 이익이 최우선적으로 고려되어야 한다(법 제2조 제3항)." 넷째, "아동은 아동의 권리보장과 복지증진을 위하여 이 법에 따른 보호와 지원을 받을 권리를 지닌다(법 제2조 제4항)"는 아동 중심적 활동이념을 밝힘으로써 「아동복지법」이 가지는 기본이념으로 제시하고 있다.

2) 아동복지의 책임 주체

「아동복지법」은 아동의 복지 증진 및 보호책임의 주체를 국가와 지방자치단체, 아동의 보호자, 국민 등으로 구분하여 각각의 책임을 규정하고 있다.

(가) 국가와 지방자치단체

국가와 지방자치단체는 아동의 안전·건강 및 복지 증진을 위하여 아동과 그 보호자 및 가정을 지원하기 위한 정책을 수립하여야 하며(법 제4조 제1항), 보호대상아동 및 지원대상아동의 권익을 증진하기 위한 정책을 수립·시행하여야 한다(법 제4조 제2항). 국가와 지방자치단체는 보호대상아동 및 지원대상아동의 권익을 증진하기 위한 정책을 수립·시행하여야 한다(법 제4조 제3항). 그리고 국가와 지방자치단체는 장애아동의 권익을 보호하기 위하여 필요한 시책을 강구하여야 한다(법 제4조 제4항). 또한 국가와 지방자치단체는 아동이 자신 또는 부모의 성별, 연령, 종교, 사회적 신분, 재산, 장애유무, 출생지역 또는 인종 등에 따른 어떠한 종류의 차별도 받지 아니하도록 필요한 시책을 강구하여야 한다(법 제4조 제5항). 아동의 권리에 관한 협약에서 규정한 아동의 권리 및 복지증진 등을 위하여 필요한 시책을 수립·시행하고, 이에 필요한 교육과 홍보를 하여야 한다(법 제4조 제6항). 국가와 지방자치단체는 아동의 보호자가 아동을 행복하고 안전하게 양육하기 위하여 필요한 교육을 지원하여야 한다(법 제4조 제7항).

(나) 아동의 보호자

아동의 보호자는 "아동을 가정 안에서 그의 성장 시기에 맞추어 건강하고 안전하게 양육하여야 한다(법 제5조 제1항)"고 하여 가정의 중요성을 강조하고 있다. 아동의 보호자는 아동에게 신체적 고통이나 폭언 등의 정신적 고통을 가하여서는 아니 된다(법 제5조 제2항). 여기서 아동의 보호자는 친권자, 후견인, 아동을 보호·양육·교육하거나 그 의무가 있는 자 또는 업무·고용 등의 관계로 사실상 아동을 보호·감독하는 자를 말한다(법 제3조 제3호).

(다) 모든 국민

모든 국민은 아동의 권익과 안전을 존중하여야 하며, 아동을 건강하게 양육하여야 한다(법 제5조 제3항). 사회적 책임으로서 지역사회 주민은 물론 모든 국민은 아동이 건강하게 양육될 수 있도록 공동책무를 지는 것이다. 「아동복지법」의 대상이 되는 아동은 18세 미만의 자를 말한다(법 제3조 제1호).

3) 아동복지의 실천기관(아동 관련 행정기관, 전달체계)

아동복지의 실천기관(전달체계)은 아동정책의 심의 및 조정을 위한 자문기구인 아동정책조정위원회, 행정공무원인 아동복지전담공무원, 협의위원인 아동위원, 보건소, 가정위탁지원센터 등이 있다.

(가) 아동정책조정위원회

아동정책조정위원회는 보건복지부장관 소속이 아닌 국무총리 소속 아래에 두고 있다. 즉, 아동의 권리 증진과 건강한 출생 및 성장을 위하여 종합적인 아동정책을 수립하고 관계 부처의 의견을 조정하며, 그 정책의 이행을 감독하고 평가하기 위하여 국무총리 소속하에 아동정책조정위원회(위원회)를 둔다(법 제10조 제1항).

아동정책조정위원회는 ① 기본계획의 수립에 관한 사항, ② 아동정책의 권익 및 복지 증진을 위한 기본방향에 관한 사항, ③ 아동정책의 개선과 예산지원에 관한 사항, ④ 아동 관련 국제조약의 이행 및 평가·조정에 관한 사항, ⑤ 아동정책에 관한 관련부처 간 협조에 관한 사항, ⑥ 그 밖에 위원장이 부의하는 사항을 심의·조정한다(법 제10조 제2항). 아동정책조정위원회는 위원장을 포함한 25인 이내의 위원으로 구성하되, 위원장은 국무총리가 되고 위원은 ① 기획재정부장관·교육부장관·법무부장관·행정안전부장관·문화체육관광부장관·산업통상자원부장관·보건복지부장관·고용노동부장관·여성가족부장관, ② 아동 관련 단체의 장이나 아동에 대한 학식과 경험이 풍부한 자 중 위원장이 위촉하는 15인 이내의 위원이 된다(법 제10조 제3항).

아동정책조정위원회는 국제조약의 이행 확인을 위하여 필요한 업무를 관계 전문기관 또는 단체에게 위탁할 수 있고(법 제10조 제4항), 아동정책조정위원회는 필요하다고 인정하는 때에는 관계 행정기관에 대하여 그 소속직원의 출석·설명과 자료의 제출을 요구할 수 있다(법 제10조 제5항). 이외에 아동정책조정위원회의 구성 및 운영 등에 관하여 필요한 사항은 대통령령으로 정한다(법 제10조 제6항). 아동정책조정위원회의 위원의 임기는 2년으로 하되 연임할 수 있고(법 시행령 제5조), 아동정책조정위원회 내에 아동정책실무위원회를 두며, 실무위원회의 위원장은 보건복지부차관이다(법 시행령 제11조 제3항).

(나) 아동복지전담공무원(법 제13조)

아동복지에 관한 업무를 담당하기 위하여 특별시·광역시·도·특별자치도(이하 "시·도"라 한다) 및 시·군·구(자치구를 말한다. 이하 같다)에 각각 아동복지전담공무원(이하 "전담공무원"이라 한다)을 둘 수 있다. 전담공무원은 「사회복지사업법」 제11조에 따른 사회복지사의 자격을 가진 사람으로 하고 그 임용 등에 필요한 사항은 해당 시·도 및 시·군·구의 조례로 정하고, 전담공무원은 아동에 대한 상담 및 보호조치, 가정환경에 대한 조사, 아동복지시설에 대한 지도·감독, 아동범죄 예방을 위한 현장확인 및 지도·감독 등 지역 단위에서 아동의 복지증진을 위한 업무를 수행한다. 관계 행정기관, 아동복지시설 및 아동복지단체(아동의 권리를 보장하고 복지증진을 목적으로 설립된 기관 및 단체를 말한다. 이하 같다)를 설치·운영하는 자는 전담공무원이 협조를 요청하는 경우 정당한 사유가 없는 한 이에 따라야 한다.

(다) 아동위원(법 제14조)

아동위원은 시·군·구에서 그 관할 구역 안의 아동에 대하여 항상 그 생활상태 및 가정환경을 상세히 파악하고 아동복지에 관하여 필요한 원조와 지도를 행하며 전담공무원 및 관계 행정기관과 협력하여야 한다. 아동위원은 명예직으로 하되, 아동위원에 대하여는 수당을 지급할 수 있다. 아동위원은 그 업무의 원활한 수행을 위하여 적절한 교육을 받을 수 있다. 아동위원에 관하여 필요한 사항은 당해 시·군·구의 조례로 정하고 있다.

(라) 보건소(법 제36조)

보건소는 「아동복지법」에 의하여 ① 아동의 전염병 예방조치, ② 아동의 건강 상담, 신체검사와 보건위생에 관한 지도, ③ 아동의 영양개선의 업무를 행하고 있다.

(마) 가정위탁지원센터

가정위탁이라 함은 보호대상아동의 보호를 위하여 성범죄, 가정폭력, 아동학대, 정신질환 등의 전력이 없는 보건복지부령으로 정하는 기준에 적합한 가정에 보호대상아동을 일정기간 위탁하는 것을 말한다(법 제3조 제6호). 국가는 가정위탁사업을 활성화하고 지역 간 연계체계를 구축하기 위하여 중앙가정위탁지원센터를 두어야 하고(법 제48조 제1항), 지방자치단체는 보호대상아동에 대한 가정위탁사업을 활성화하기 위하여 시·도 및 시·군·구에 지역가정위탁지원센터를 두어야 한다(법 제48조 제2항). 이에 따른 지역가정위탁지원센터를 통합하여 설치·운영하는 경우 시·도지사는 지역가정위탁지원센터의 설치·운영에 필요한 비용을 관할 구역의 아동의 수 등을 고려하여 시장·군수·구청장에게 공동으로 부담하게 할 수 있다(법 제48조 제3항). 보건복지부장관, 시·도지사 및 시장·군수·구청장은 가정위탁지원을 목적으로 하는 비영리법인을 지정하여 중앙가정위탁지원센터 및 지역가정위탁지원센터의 운영을 위탁할 수 있다(법 제48조 제4항). 가정위탁지원센터의 설치기준과 운영, 상담원 등 직원의 자격과 배치기준, 지정의 요건 등에 관하여 필요한 사항은 대통령령으로 정하고 있다(법 제48조 제5항).

중앙가정위탁지원센터는 ① 지역가정위탁지원센터에 대한 지원, ② 효과적인 가정위탁사업을 위한 연계체계 구축, ③ 가정위탁사업과 관련된 연구 및 자료 발간, ④ 가정위탁사업을 위한 프로그램의 개발 및 평가, ⑤ 상담원에 대한 교육 등 가정위탁에 관한 교육 및 홍보, ⑥ 가정위탁사업을 위한 정보기반 구축 및 정보제공, ⑦ 그 밖에 대통령령이 정하는 가정위탁사업과 관련된 업무를 수행한다(법 제49조 제1항).

지역가정위탁지원센터는 ① 가정위탁사업의 홍보 및 위탁가정의 발굴, ② 가정위탁을 하고자 하는 가정에 대한 조사 및 가정위탁 대상 아동에 대한 상담, ③ 가정위탁을 하고자 하는 사람과 위탁가정 부모에 대한 교육, ④ 위탁가정의 사례관리, ⑤ 친부모 가정으로의 복귀 지원, ⑥ 관할 구역 내 가정위탁 관련 정보 제공, ⑦ 그 밖에 대통령령으로 정하는 가정위탁사업과 관련된 업무를 수행한다(법 제49조 제2항).

4) 아동의 보호조치

(가) 아동의 건강 및 안전보호

아동의 보호자는 아동의 건강유지와 향상을 위하여 최선의 주의와 노력을 하여야 하며, 국가는 대통령령이 정하는 바에 따라 아동복지시설과 아동용품에 대한 안전기준을 정하고 아동용품을 제작·설치·관리하는 자에게 이를 준수하도록 하여야 하고(법 제30조), 이에 따라 아동복지시설의 장, 어린이집의 원장, 유치원의 원장 및 「초·중등교육법」에 따른 학교의 장은 교육대상 아동의 연령을 고려하여 교육기준에 따라 매년 ① 성폭력 및 아동학대 예방, ② 실종·유괴의 예방과 방지, ③ 감염병 및 약물의 오남용 예방 등 보건위생관리, ④ 재난대비 안전, ⑤ 교통안전의 사항에 관한 교육계획을 수립하여 교육을 실시하여야 한다(법 제31조 제1항).

아동복지시설의 장 및 어린이집의 원장은 교육계획 및 교육실시 결과를 관할 시장·군수·구청장에게 매년 1회 보고하여야 하며(법 제31조 제2항), 「유아교육법」에 따른 유치원의 원장 및 초·중·고등학교의 장은 교육계획 및 교육실시 결과를 대통령령으로 정하는 바에 따라 관할 교육감에게 매년 1회 보고하여야 한다(법 제31조 제3항).

(나) 아동보호구역에서의 영상정보처리기기 설치 등(법 제32조)

국가와 지방자치단체는 유괴 등 범죄의 위험으로부터 아동을 보호하기 위하여 필요하다고 인정하는 때에는 ①「도시공원 및 녹지 등에 관한 법률」 제15조에 따른 도시공원, ②「영유아보육법」 제10조에 따른 어린이집, ③ 초등학교 및 특수학교, ④「유아교육법」에 따른 유치원에 해당되는 시설의 주변구역을 아동보호구역으로 지정하여 범죄의 예방을 위한 순찰 및 아동지도 업무 등 필요한 조치를 할 수 있다. 이에 따른 아동보호구역의 지정기준 및 절차 등에 관하여 필요한 사항은 대통령령으로 정하고 있고, 국가와 지방자치단체는 지정된 보호구역에 영상정보처리기기를 설치하여야 한다.「아동복지법」으로 정한 것 외에 영상정보처리기기의 설치 등에 관한 사항은「개인정보 보호법」에 따른다.

(다) 아동보호조치

① 보호를 필요로 하는 아동의 보호조치

시·도지사 또는 시장·군수·구청장은 그 관할 구역에서 보호대상아동을 발견하거나 보호자의 의뢰를 받은 때에는 아동의 최상의 이익을 위하여 대통령령이 정하는 바에 따라 ① 전담공무원 또는 아동위원에게 보호대상아동 또는 그 보호자에 대한 상담·지도를 수행하게 하는 것, ② 보호자 또는 대리양육을 원하는 연고자에 대하여 그 가정에서 보호·양육할 수 있도록 필요한 조치를 하는 것, ③ 아동의 보호를 희망하는 자에게 가정위탁하는 것, ④ 보호대상아동을 그 보호조치에 적합한 아동복지시설에 입소시키는 것, ⑤ 약물 및 알코올중독, 정서·행동·발달 장애, 성폭력·아동학대 피해 등으로 특수한 치료나 요양 등의 보호를 필요로 하는 아동에 대하여 전문치료기관 또는 요양소에 입원 또는 입소시키는 것, ⑥「입양특례법」에 따른 입양과 관련하여 필요한 조치를 하는 것의 필요한 보호조치를 하여야 한다(법 제15조 제1항).

시·도지사 또는 시장·군수·구청장은 위의 가정위탁 및 전문치료 등의 조치를 할 때까지 필요한 경우에는 적당하다고 인정하는 자에게 일시 위탁하여 그 보호를 필요로 하는 아동을 보호하게 할 수 있으며(법 제15조 제5항), 시·도지사 또는 시장·군수·구청장은 보호조치를 하려는 경우 보호대상아동의 개별 보호·관리 계획을 세워 보호하여야 하며, 그 계획을 수립할 때 해당 보호대상아동의 보호자를 참여시킬 수 있다(법 제15조 제3항).

② **시설보호아동에 대한 퇴소조치**(법 제16조)

아동복지시설(법 제16조)에 보호조치 중인 보호대상의 아동의 연령이 18세에 달하였거나, 보호의 목적을 달성하였다고 인정될 때에는 당해 시·도지사, 시장·군수·구청장은 대통령령으로 정하는 절차와 방법에 따라 그 보호 중인 아동의 보호조치를 종료하거나 퇴소시켜야 한다. 보호조치 중인 보호대상아동의 친권자, 후견인 등 보건복지부령으로 정하는 자는 관할 시·도지사 또는 시장·군수·구청장에게 해당 보호대상아동의 가정복귀를 신청할 수 있으며, 가정복귀신청을 받은 경우에는 아동복지시설의 장의 의견을 들은 후 보호조치의 종료 또는 퇴소조치가 보호대상아동의 복리에 반하지 아니한다고 인정되면 해당 보호대상아동을 가정으로 복귀시킬 수 있다. 아동이 ①「고등교육법」 제2조의 규정에 따른 대학 이하의 학교에 재학 중인 경우, ②「아동복지법」 제52조 제1항 제1호의 아동양육시설 또는「근로자직업능력개발법」 제2조 제3호의 직업능력개발훈련시설에서 교육·훈련 중인 경우, ③ 그 밖에 위탁가정 및 각종 아동복지시설에서 계속 보호·양육이 필요하다고 인정하여 대통령령이 정하는 경우에 해당 아동의 보호기간을 연장할 수 있다.

③ **친권상실의 선고와 후견인 선임청구**

시·도지사 또는 시장·군수·구청장 또는 검사는 아동의 친권자가 그 친권을 남용하거나 현저한 비행, 기타 친권을 행사할 수 없는 중대한 사유가 있는 것을 발견한 경우 아동의 복지를 위하여 필요하다고 인정할 때에는 법원에 친권행사의 제한 또는 친권상실의 선고를 청구하여야 하며(법 제18조 제1항), 이때 아동보호전문기관의 장은 시·도지사 또는 시장·군수·구청장에 대하여 친권행사 제한 또는 친권상실의 선고를 청구하도록 요청할 수 있다(법 제18조 제2항). 시·도지사 또는 시장·군수·구청장은 친권자 또는 후견인이 없는 아동을 발견한 경우 그 복지를 위하여 필요하다고 인정할 때에는 법원에 후견인의 선임 또는 그 변경을 청구하여야 한다. 이 경우 당해 아동의 의견을 존중하여야 한다. 아동복지시설에 입소 중인 보호를 필요로 하는 아동에 대하여는「보호시설에 있는 미성년자의 후견직무에 관한 법률」을 적용한다(법 제19조 제4항).

다. 아동복지시설의 설치와 운영

1) 아동복지시설의 설치, 휴지 및 폐지

국가 또는 지방자치단체는 아동복지시설을 설치할 수 있으며(법 제50조 제1항), 국가 또는 지방자치단체 외의 자는 관할 시장·군수·구청장에게 신고하고 아동복지시설을 설치할 수 있다(법 제50조 제2항). 아동복지시설의 시설기준 및 설치 등에 관하여 필요한 사항은 보건복지부령으로 정하고 있다(법 제50조 제3항). 대부분 아동복지시설은 소위 법인, 특히 그중에서도 사회복지법인에서 설치 및 운영하는 경향이 있고, 소규모의 아동복지시설을 비인가 법인에서 설치하여 운영하는 경우도 늘고 있다. 그리고「아동복지법」제50조 제2항의 규정에 의하여 신고한 아동복지시설을 폐지 또는 휴지(休止)하거나 그 운영을 재개하고자 하는 자는 보건복지부령이 정하는 바에 따라 미리 시장·군수·구청장에게 신고하여야 한다(법 제51조).

2) 아동복지시설의 종류

(가) 아동복지시설의 종류

아동복지시설의 종류는 다음과 같으며(법 제52조 제1항), 이에 따른 아동복지시설은 통합하여 설치할 수 있다(법 제52조 제2항).

- 아동양육시설: 보호대상아동을 입소시켜 보호, 양육 및 취업훈련, 자립지원 서비스 등을 제공하는 것을 목적으로 하는 시설
- 아동일시보호시설: 보호대상아동을 일시보호하고 아동에 대한 향후의 양육대책수립 및 보호조치를 행하는 것을 목적으로 하는 시설
- 아동보호치료시설: 불량행위를 하거나 불량행위를 할 우려가 있는 아동으로서 보호자가 없거나 친권자나 후견인이 입소를 신청한 아동 또는 가정법원, 지방법원소년부지원에서 보호 위탁된 19세 미만인 사람을 입소시켜 치료와 선도를 통하여 건전한 사회인으로 육성하는 것을 목적으로 하는 시설 및 정서적·행동적 장애로 인하여 어려움을 겪고 있는 아동 또는 학대로 인하여 부모로부터 일시 격리되어 치료받을 필요가 있는 아동을 보호·치료하는 시설

- 공동생활가정: 보호대상아동에게 가정과 같은 주거여건과 보호, 양육, 자립지원 서비스를 제공하는 것을 목적으로 하는 시설
- 자립지원시설: 아동복지시설에서 퇴소한 자에게 취업준비기간 또는 취업 후 일정 기간 보호함으로써 자립을 지원하는 것을 목적으로 하는 시설
- 아동상담소: 아동과 그 가족의 문제에 관한 상담, 치료, 예방 및 연구 등을 목적으로 하는 시설
- 아동전용시설: 어린이공원, 어린이놀이터, 아동회관, 체육, 연극, 영화, 과학실험전시시설, 아동휴게숙박시설, 야영장 등 아동에게 건전한 놀이·오락 기타 각종 편의를 제공하여 심신의 건강유지와 복지 증진에 필요한 서비스를 제공하는 것을 목적으로 하는 시설
- 지역아동센터: 지역사회 아동의 보호·교육, 건전한 놀이와 오락의 제공, 보호자와 지역사회의 연계 등 아동의 건전 육성을 위하여 종합적인 아동복지서비스를 제공하는 시설

(나) 아동복지시설의 고유업무 외 사업

아동복지시설은 각 시설의 고유업무 외에도 다음의 사업을 실시할 수 있다(법 제50조 제3항).

- 아동가정지원사업: 지역사회 아동의 건전한 발달을 위하여 아동, 가정, 지역주민에게 상담, 조언 및 정보를 제공해 주는 사업
- 아동주간보호사업: 부득이한 사유로 가정에서 낮 동안 보호받을 수 없는 아동을 대상으로 개별적인 보호와 교육을 통하여 아동의 건전한 성장을 도모하는 사업
- 아동전문상담사업: 학교부적응아동 등을 대상으로 올바른 인격형성을 위한 상담, 치료 및 학교폭력 예방을 실시하는 사업
- 학대아동보호사업: 학대아동의 발견, 보호, 치료 및 아동학대의 예방 등을 전문적으로 실시하는 사업
- 공동생활가정사업: 보호대상아동에게 가정과 같은 주거여건과 보호를 제공하

는 것을 목적으로 하는 사업

- 방과 후 아동지도사업: 저소득층 아동을 대상으로 방과 후 개별적인 보호와 교육을 통하여 건전한 인격형성을 목적으로 하는 사업

3) 아동전용시설의 설치(법 제53조)

국가와 지방자치단체는 아동이 항상 이용할 수 있는 아동전용시설을 설치하도록 노력하여야 하며, 아동이 이용할 수 있는 문화·오락시설·교통 기타 서비스시설 등을 설치·운영하는 자는 대통령령이 정하는 바에 의하여 아동의 이용편의를 고려한 편익설비를 갖추고 아동에 대한 입장료와 이용료 등을 감면할 수 있다. 아동전용시설의 설치기준 등에 관하여 필요한 사항은 보건복지부령으로 정하고 있다.

4) 시설장과 종사자

아동복지시설의 장은 보호아동의 권리를 최대한 보장하여야 하며 친권자가 있는 경우 보호아동의 가정 복귀를 위하여 적절한 상담과 지도를 병행하여야 한다(법 제57조). 아동복지시설에는 필요한 전문인력을 배치하여야 하며, 아동복지시설 종사자의 직종과 수, 그 자격 및 배치기준은 대통령령으로 정하고 있다(법 제54조 제1항, 제2항). 이에 따라 「아동복지법」 시행령 제52조는 별표 14에서 종사자의 직종·수 및 배치기준을, 별표 15에서 종사자의 자격기준을 규정하고 있다(별표 14, 별표 15 참조). 시·도지사 또는 시장·군수·구청장은 아동복지시설 종사자의 양성 및 자질향상을 위한 교육·훈련을 실시하여야 한다(법 제55조 제1항). 시·도지사 또는 시장·군수·구청장은 교육훈련을 대학(전문대학을 포함한다) 또는 아동복지단체 기타 교육훈련시설에 위탁하여 실시할 수 있다(법 제55조 제2항).

라. 아동학대 보호조치와 아동보호전문기관의 설치와 운영

아동학대에 대해 누구나 신고할 수 있으며, 신고의무자는 따로 정하고 있으나 누구인지 반드시 알아 두어야 한다. 노인학대의 내용과 구분해서 고찰하여야 한다.

1) 아동학대의 예방과 방지(법 제22조)

국가와 지방자치단체는 아동학대의 예방과 방지를 위하여 ① 아동학대의 예방과 방지를 위한 각종 정책의 수립 및 시행, ② 아동학대의 예방과 방지를 위한 연구·교육·홍보 및 아동학대 실태조사, ③ 아동학대에 관한 신고체제의 구축·운영, ④ 피해아동의 보호와 치료 및 피해아동의 가정에 대한 지원, ⑤ 그 밖에 대통령령으로 정하는 아동학대의 예방과 방지를 위한 사항의 조치를 취하여야 한다.

지방자치단체는 아동학대를 예방하고 수시로 신고받을 수 있도록 긴급전화를 설치하여야 한다. 이 경우 그 설치·운영에 관하여 필요한 사항은 대통령령으로 정하고 있으며, 국가와 지방자치단체는 아동보호전문기관의 장이 피해아동의 보호, 치료 등의 업무를 수행함에 있어서 피해아동, 그 보호자 또는 아동학대행위자에 대한 신분조회 등 필요한 조치의 협조를 요청할 경우 정당한 사유가 없는 한 이에 적극 따라야 한다. 신분조회 요청절차·범위 등에 관한 사항은 대통령령으로 정하고 있다.

보건복지부장관은 5년마다 아동의 양육 및 생활환경, 언어 및 인지 발달, 정서적·신체적 건강, 아동안전, 아동학대 등 아동의 종합실태를 조사하여 그 결과를 공표하고, 이를 기본계획과 시행계획에 반영하여야 한다. 다만, 보건복지부장관은 필요한 경우 보건복지부령으로 정하는 바에 따라 분야별 실태조사를 할 수 있다(법 제11조 제1항).

2) 아동보호를 위한 절대적 금지행위(법 제17조)

누구든지 ① 아동을 매매하는 행위, ② 아동에게 음란한 행위를 시키거나 이를 매개하는 행위 또는 아동에게 성적 수치심을 주는 성희롱 등의 학대행위, ③ 아동의 신체에 손상을 주거나 신체의 건강 및 발달을 해치는 신체적 학대행위, ④ 아동의 정신건강 및 발달에 해를 끼치는 정서적 학대행위, ⑤ 자신의 보호·감독을 받는 아동을 유기하거나 의식주를 포함한 기본적 보호·양육·치료 및 교육을 소홀히 하는 방임행위, ⑥ 장애를 가진 아동을 공중에 관람시키는 행위, ⑦ 아동에게 구걸을 시키거나 아동을 이용하여 구걸하는 행위, ⑧ 공중의 오락 또는 흥행을 목적으로 아동의 건강 또는 안전에 유해한 곡예를 시키는 행위 또는 이를 위하여 아동을 제3자에게 인도하는 행위, ⑨ 정당한 권한을 가진 알선기관 외의 자가 아동의 양육을 알선하고 금품을 취득하는 행위, ⑩ 아동을 위하여 증여 또는 급여된 금품을 그 목적 외의 용도에 사용하는 행위를 하여서는 아니 된다.

3) 아동보호전문기관의 설치와 업무

(가) 아동보호전문기관의 설치

국가는 아동학대예방사업을 활성화하고 지역 간 연계체계를 구축하기 위하여 중앙아동보호전문기관을 두며, 지방자치단체는 학대받은 아동의 발견, 보호, 치료에 대한 신속처리 및 아동학대예방을 담당하는 지역아동보호전문기관을 시·도 및 시·군·구에 1개소 이상 두어야 한다. 이에 대하여 보건복지부장관, 시·도지사 및 시장·군수·구청장은 아동학대예방사업을 목적으로 하는 비영리법인을 지정하여 중앙아동보호전문기관, 지역아동보호전문기관의 운영을 위탁할 수 있고, 아동보호전문기관의 설치기준과 운영, 상담원의 자격과 배치기준, 위탁운영에 따른 지정의 요건 등에 관하여 필요한 사항은 대통령령으로 정하고 있다(법 제45조 제1항~제5항).

(나) 아동보호전문기관의 업무

아동보호전문기관의 업무는 다음과 같다

첫째, 중앙아동보호전문기관은 ① 지역아동보호전문기관에 대한 지원, ② 아동학대예방사업과 관련된 연구 및 자료 발간, ③ 효율적인 아동학대예방사업을 위한 연계체제 구축, ④ 아동학대예방사업을 위한 프로그램 개발 및 평가, ⑤ 상담원 직무교육, 아동학대예방 관련 교육 및 홍보, ⑥ 아동보호전문기관 전산시스템 구축 및 운영, ⑥의2. 위탁받은 아동학대정보시스템의 운영, ⑦ 그 밖에 대통령령으로 정하는 아동학대예방사업과 관련된 업무를 수행한다(법 제46조 제1항).

둘째, 지역아동보호전문기관은 ① 아동학대 신고접수, 현장조사 및 응급보호, ② 피해아동 상담·조사를 위한 진술녹화실 설치·운영, ③ 피해아동, 피해아동의 가족 및 아동학대행위자를 위한 상담·치료 및 교육, ④ 아동학대예방 교육 및 홍보, ⑤ 피해아동 가정의 사후관리, ⑥ 아동학대사례전문위원회 설치·운영 및 자체사례회의 운영, ⑦ 그 밖에 대통령령으로 정하는 아동학대예방사업과 관련된 업무를 수행한다(법 제46조 제2항).

4) 긴급전화의 설치

지방자치단체는 아동학대를 예방하고 수시로 신고받을 수 있도록 긴급전화를 설치하여야 한다. 이 경우 그 설치·운영에 관하여 필요한 사항은 대통령령으로 정하고 있다(법 제22조 제2항). 이에 대하여 보건복지부장관, 시·도지사 및 시장·군수·구청장은 법 제22조 제2항에 따라 법 제45조에 따른 아동보호전문기관에 긴급전화를 설치하여야 한다. 이 경우 긴급전화는 전용회선으로 설치·운영하여야 하며(법 시행령 제24조 제1항), 긴급전화는 전국적으로 통일된 번호로 매일 24시간 동안 운영하여야 하고(법 시행령 제24조 제2항), 여기서 정한 것 외에 긴급전화의 설치 및 운영에 관하여 필요한 사항은 보건복지부장관이 정하고 있다(법 시행령 제24조 제3항).

5) 아동학대 신고의무자에 대한 교육

관계 중앙행정기관의 장은 「아동복지법」 「아동학대범죄의 처벌 등에 관한 특례법」 제10조 제2항의 신고의무자에 해당하는 자의 자격취득 과정이나 보수교육 과정에 있어 아동학대예방 및 신고의무와 관련된 교육 내용을 포함하도록 하여야 한다(법 제26조 제1항). 관계 중앙행정기관의 장 및 시·도지사는 아동학대 신고의무자에게 본인이 아동학대 신고의무자라는 사실을 고지할 수 있고, 아동학대 예방 및 신고의무와 관련한 교육을 실시할 수 있다(법 제26조 제2항). 아동학대 신고의무자가 소속된 기관·시설 등의 장은 아동학대 신고의무자에게 신고의무 교육을 실시하고, 그 결과를 관계 중앙행정기관의 장에게 제출하여야 한다(법 제26조 제3항). 이에 따른 교육 내용·시간 및 방법 등 그 밖에 필요한 사항은 대통령령으로 정하고 있다(법 제26조 제4항).

6) 보조인의 선임 등

법원의 심리과정에서 변호사, 법정대리인, 직계친족, 형제자매, 아동보호전문기관의 상담원은 학대아동사건의 심리에 있어서 보조인이 될 수 있다. 다만, 변호사가 아닌 경우에는 법원의 허가를 받아야 한다(법 제21조 제1항). 법원은 아동학대의 피해자를 증인으로 신문하는 경우 검사, 피해자 또는 아동보호전문기관의 신청이 있는 때에는 피해자와 신뢰관계에 있는 자의 동석을 허가할 수 있다(법 제21조 제2항). 수사기관이 피해자를 조사하는 경우에도 같다(법 제21조 제3항).

7) 조사 등(법 제66조)

보건복지부장관, 시·도지사 또는 시장·군수·구청장은 필요하다고 인정할 때에는 관계공무원, 전담공무원으로 하여금 아동복지시설과 아동의 주소·거소, 아동의 고용 장소 또는 「아동복지법」 제17조의 금지행위를 위반할 우려가 있는 장소에 출입하여 아동 또는 관계인에 대하여 필요한 조사를 하거나 질문을 하게 할 수 있고, 이 경우 관계공무원, 전담공무원은 그 권한을 증명하는 증표를 지니고 이를 관계인에게 내보여야 한다.

마. 비용의 부담 등

1) 비용보조

국가 및 지방자치단체는 대통령령이 정하는 바에 의하여 ① 아동복지시설의 설치 및 운영과 프로그램의 운용에 필요한 비용 또는 수탁보호 중인 아동의 양육 및 보호 관리에 필요한 비용, ② 보호대상아동의 대리양육이나 가정위탁보호에 따른 비용, ③ 아동복지사업의 지도·감독, 계몽 및 선전에 필요한 비용, ④의2. 신고의무 교육에 소요되는 비용, ④의3. 각 호의 조치에 소요되는 비용, ⑤ 취약계층 아동에 대한 통합서비스지원에 필요한 비용, ⑥ 보호대상아동의 자립지원에 필요한 비용, ⑦ 자산형성지원사업에 필요한 비용, ⑧ 아동복지단체의 지도·육성에 필요한 비용의 전부 또는 일부를 보조할 수 있다(법 제59조).

2) 보조금의 반환명령(법 제61조)

국가 또는 지방자치단체는 아동복지시설의 장 등 보호수탁자, 가정위탁지원센터의 장, 대리양육자 및 「아동복지법」에 의한 아동복지단체의 장이 ① 보조금의 교부조건에 위반한 때, ② 사위 기타 부정한 방법으로 보조금의 교부를 받은 때, ③ 아동복지전담기관 또는 아동복지시설의 경영에 관하여 개인의 영리를 도모하는 행위를 한 때, ④ 보조금의 사용 잔액이 있을 때, ⑤ 이 법 또는 이 법에 의한 명령에 위반한 때에는 이미 교부한 보조금의 전부 또는 일부의 반환을 명할 수 있다.

3) 국유재산의 무상대여

국가 또는 지방자치단체는 아동복지시설의 설치·운영을 위하여 필요하다고 인정하는 경우 국유·공유 재산을 무상으로 대부하거나 사용·수익하게 할 수 있고, 이에 대한 국유·공유 재산의 대부·사용·수익의 내용 및 조건에 관하여는 해당 재산을 사용·수익하고자 하는 자와 해당 재산의 중앙관서의 장 또는 지방자치단체의 장 간의 계약에 의한다(법 제62조).

4) 면세(免稅)

아동복지시설에서 그 보호아동을 위하여 사용하는 건물 및 토지, 시설설치 및 운영에 소요되는 비용에 대하여는 「조세특례제한법」, 기타 관계 법령이 정하는 바에 의하여 조세 기타의 공과금을 면제할 수 있다(법 제63조).

5) 비용의 징수

시·도지사, 시장·군수·구청장 또는 아동복지시설의 장은 제15조 제1항 제3호부터 제5호까지 및 같은 조 제5항 및 제6항에 따른 보호조치에 필요한 비용의 전부 또는 일부를 대통령령이 정하는 바에 의하여 각각 그 아동의 부양의무자로부터 징수할 수 있다(법 제60조).

바. 수급자의 권리보호

1) 압류금지

「아동복지법」에 의하여 지급된 금품과 이를 받을 권리는 압류하지 못한다(법 제64조).

2) 벌칙

(가) 금지행위 및 벌칙

다음의 각 행위를 위반한 자는 다음의 구분에 따라 처벌하고(법 제71조), 상습적으로 죄를 범한 자는 그 죄에 정한 형의 1/2까지 가중 처벌한다(법 제72조).

① 10년 이하의 징역 또는 1억 원 이하의 벌금

- 아동을 매매하는 행위(아동·청소년의 성을 사는 행위 또는 아동·청소년이용음란물을 제작하는 행위의 대상이 될 것을 알면서 아동·청소년을 매매 또는 국외에 이송하거나 국외에 거주하는 아동·청소년을 국내에 이송하는 행위는 제외)는 10년 이하의 징역에 처한다.
- 아동에게 음란한 행위를 시키거나 이를 매개하는 행위
- 아동에게 성적 수치심을 주는 성희롱 등의 성적 학대행위는 10년 이하의 징역 또는 1억 원 이하의 벌금에 처한다.

② 5년 이하의 징역 또는 5천만 원 이하의 벌금

- 아동의 신체에 손상을 주거나 신체의 건강 및 발달을 해치는 신체적 학대행위
- 아동의 정신건강 및 발달에 해를 끼치는 정서적 학대행위
- 자신의 보호 및 감독을 받는 아동을 유기하거나 의식주를 포함한 기본적 보호, 양육 및 치료를 소홀히 하는 방임행위
- 장애를 가진 아동을 공중에 관람시키는 행위
- 아동에게 구걸을 시키거나 아동을 이용하여 구걸하는 행위

③ 3년 이하의 징역 또는 3천만 원 이하의 벌금

- 정당한 권한을 가진 알선기관 외의 자가 아동의 양육을 알선하고 금품을 취득하거나 금품을 요구 또는 약속하는 행위
- 아동을 위하여 증여 또는 급여된 금품을 그 목적 외의 용도에 사용하는 행위

④ 1년 이하의 징역 또는 1천만 원 이하의 벌금

- 공중의 오락 또는 흥행을 목적으로 아동의 건강 또는 안전에 유해한 곡예를 시키는 행위 또는 이를 위하여 아동을 제3자에게 인도하는 행위
- 신고를 하지 아니하고 아동복지시설을 설치한 자
- 거짓으로 서류를 작성하여 아동복지시설 전문인력의 자격을 인정받은 자

- 사업의 정지, 위탁의 취소 또는 시설의 폐쇄명령을 받고도 그 시설을 운영하거나 사업을 한 자
- 비밀누설 금지의 규정을 위반한 자
- 관계 공무원이나 전담공무원의 조사를 거부·방해 또는 기피하거나 질문에 대하여 답변을 거부·기피 또는 거짓답변을 하거나, 아동에게 답변을 거부·기피 또는 거짓답변을 하게 하거나 그 답변을 방해한 자

(나) 과태료(법 제75조)

① 1천만 원 이하의 과태료

- 피해아동의 인수를 거부한 아동학대 관련 보호시설의 장
- 아동학대 관련 범죄전력자 해임요구를 정당한 사유 없이 거부하거나 1개월 이내에 이행하지 아니한 아동관련기관의 장

② 500만 원 이하의 과태료

- 아동 관련 기관의 장이 직원 채용 시 아동학대 관련 범죄 전력을 확인하지 아니하는 경우

③ 300만 원 이하의 과태료

- 아동에 대한 교육규정을 위반하여 교육을 실시하지 아니한 자
- 아동복지시설의 휴업·폐업 또는 운영 재개 신고를 하지 아니한 자
- 유사 명칭의 사용금지 규정을 위반하여 아동복지전담기관 또는 아동복지시설이라는 명칭을 사용한 자

제3절 「노인복지법」

가. 「노인복지법」의 의의

「노인복지법」은 노인복지와 관련된 활동에 관한 법을 말한다. 여기서 노인복지란 노인문제를 해결하고 노후생활을 활력 있고 행복하게 영위하도록 국가사회적

으로 도움을 제공하는 사회복지를 말한다. 「노인복지법」은 노인의 질환을 사전예방 또는 조기발견하고 질환상태에 따른 적절한 치료·요양으로 심신의 건강을 유지하고, 노후의 생활안정을 위하여 필요한 조치를 강구함으로써 노인의 보건복지 증진에 기여함을 목적으로 하고(법 제1조) 있다. 따라서 「노인복지법」은 사회복지 전문가 혹은 노인복지 전문가를 통한 실천적 개입을 중시하는 법이며, 특수한 욕구와 문제를 가진 대상에 따른 개별화 중심의 내용을 갖고 있다.

「노인복지법」은 노인에 대한 사회적 관심과 공경의식을 높이기 위하여 매년 10월 2일을 노인의 날로, 매년 10월을 경로의 달로, 부모에 대한 효 사상을 앙양(昻揚)하기 위하여 매년 5월 8일을 어버이날로 하고 있다. 현재 노인복지를 위한 대한민국의 법제로는 「노인복지법」과 「고령자고용촉진법」(「고용상 연령차별금지 및 고령자고용촉진에 관한 법률」로 법명 변경, 2008.3.21), 「장애인·노인·임산부 등의 편의 증진에 관한 법률」, 「기초연금법」, 「노인장기요양보험법」, 「고령친화산업진흥법」이 제정되어 있다.

나. 「노인복지법」의 기본이념과 가족제도의 유지

1) 「노인복지법」의 기본이념

「노인복지법」 제2조에서는 노인복지가 궁극적으로 추구하는 이념을 다음과 같이 3가지로 하고 있다. 첫째, 노후생활의 보장으로서, 노인은 후손의 양육과 국가 및 사회의 발전에 기여하여 온 자로서 존경받으며 건전하고 안정된 생활을 보장받는다. 둘째, 사회참여의 기회보장으로서, 노인은 그 능력에 따라 적당한 일에 종사하고 사회적 활동에 참여할 기회를 보장받는다. 셋째, 사회발전에 기여하는 것으로서, 노인은 노령에 따르는 심신의 변화를 자각하여 항상 심신의 건강을 유지하고 그 지식과 경험을 활용하여 사회의 발전에 기여하도록 노력하여야 한다.

2) 가족제도의 유지

국가와 국민은 경로효친의 미풍양속에 따른 건전한 가족제도가 유지·발전되도록 노력하여야 한다(법 제3조). 이는 노인복지에 있어서 선(先) 가정보호, 후(後) 사회보장이란 기본방향을 제시한 것이다. 따라서 노인복지에 대하여 일반 국민의 책임을 규정하고 있는 것이다.

다. 노인복지의 실시 주체

1) 국가와 지방자치단체 → 복지실시기관

국가와 지방자치단체는 노인의 보건 및 복지 증진의 책임이 있으며, 이를 위한 시책을 강구하여 추진하여야 하며(법 제4조 제1항), 이에 대한 시책을 강구함에 있어 「노인복지법」의 제2조에서 규정된 기본이념이 구현되도록 노력하여야 한다(법 제4조 제2항). 또한 노인의 일상생활에 관련되는 사업을 경영하는 자는 그 사업을 경영함에 있어 노인의 보건복지가 증진되도록 노력하여야 한다고 하고 있다(법 제4조 제1항~제3항). 보건복지부장관은 노인의 보건 및 복지에 관한 실태조사를 3년마다 실시하고 그 결과를 공표하여야 하며(법 제5조 제1항), 보건복지부장관은 이에 따른 실태조사를 위하여 관계기관·법인·단체·시설의 장에게 필요한 자료의 제출 또는 의견의 진술을 요청할 수 있다. 이 경우 관계기관·법인·단체·시설의 장은 정당한 사유가 없으면 그 요청에 따라야 한다(법 제5조 제2항). 이에 따른 조사의 방법과 내용 등에 관하여 필요한 사항은 보건복지부령으로 정하고 있다(법 제5조 제3항).

국가 또는 지방자치단체는 노인의 주거에 적합한 기능 및 설비를 갖춘 주거용 시설의 공급을 조장하여야 하며, 그 주거용 시설의 공급자에 대하여 적절한 지원을 할 수 있다(법 제8조). 이는 국가가 노인전용주거시설 설치에 대한 노력을 규정한 것으로서 신체적 질환으로 인해 주거생활에 불편을 겪고 있는 노인의 주거에 적합한 시설의 설치를 장려하고 있다.

2) 노인복지상담원

노인의 복지를 담당하게 하기 위하여 특별자치도와 시·군·구에 노인복지상담원을 두며, 노인복지상담원의 임용 또는 위촉, 직무 및 보수 등에 관하여 필요한 사항은 대통령령으로 정하고 있다(법 제7조 제1항, 제2항). 「노인복지법」 제7조의 규정에 의한 노인복지상담원(이하 '상담원'이라 한다)은 「사회복지사업법」 제11조의 규정에 의한 사회복지사 3급 이상의 자격증 소지자 중에서 특별자치시장·특별자치도지사·시장·군수·구청장이 공무원으로 임용한다. 다만, 부득이한 경우에는 공무원 외의 자로 위촉할 수 있다(법 시행령 제12조 제1항). 위촉한 상담원의 임기는 3년으로 하되, 연임할 수 있다(법 시행령 제12조 제2항). 특별자치시장·특별자치도지사·시장·군수·구청장은 필요하다고 인정하는 때에는 「아동복지법」 제13조의 규정에 의한 아동복지전담공무원, 「장애인복지법」 제33조에 따른 장애인복지상담원 또는 사회복지에 관한 업무를 담당하는 공무원으로 하여금 상담원을 겸직하게 할 수 있다(법 시행령 제12조 제3항).

상담원은 ① 노인 및 그 가족 또는 관계인에 대한 상담 및 지도, ② 노인복지에 필요한 가정환경 및 생활실태에 관한 조사, ③ 「노인복지법」 제28조의 규정에 의한 조치에 필요한 상담 및 지도, ④ 노인의 단체활동 및 취업의 상담, ⑤ 기타 노인의 복지 증진에 관한 사항의 직무를 담당한다(법 시행령 제13조). 상담원(공무원인 상담원과 보수 없이 봉사할 것을 자원한 상담원을 제외한다)에 대하여는 예산의 범위 안에서 지방공무원 중 일반직 8급 공무원에 상당하는 보수(직무수당·기말수당·정근수당 및 기타 수당을 포함한다)를 지급한다(법 시행령 제14조).

3) 노인복지명예지도원

복지실시기관은 「노인복지법」 제51조의 규정에 의한 노인복지명예지도원을 위촉하는 때에는 당해 지역사회의 실정에 밝고 노인복지에 관한 학식과 경험이 풍부한 자 중에서 위촉하여야 한다(법 시행령 제25조 제1항). 노인복지명예지도원의 업무는 ① 양로시설·노인공동생활가정·노인복지주택·노인요양시설 및 노인요양공동생활가정 입소노인의 의견수렴 및 수렴된 의견의 복지실시기관에의 건의, ② 양로시설·노인공동생활가정·노인복지주택·노인요양시설 및 노인요양공동생활가정에 따른 시설 운영에 관련된 위법사항의 복지실시기관에의 신고를 한다(법 시행령 제25조 제2항). 복지실시기관은 노인복지명예지도원을 위촉한 때에는 보건복지부령이 정하는 바에 따라 노인복지명예지도원증을 교부하여야 한다(법 시행령 제25조 제3항).

라. 보건 및 복지조치

1) 노인 사회참여 지원과 지역봉사지도원 위촉 및 업무

국가 또는 지방자치단체는 노인의 사회참여 확대를 위하여 노인의 지역봉사 활동 기회를 넓히고 노인에게 적합한 직종의 개발과 그 보급을 위한 시책을 강구하며 근로능력이 있는 노인에게 일할 기회를 우선적으로 제공하도록 노력하여야 하며(법 제23조 제1항), 국가 또는 지방자치단체는 노인의 지역봉사 활동 및 취업의 활성화를 기하기 위하여 노인지역봉사기관, 노인취업알선기관 등 노인복지 관계 기관에 대하여 필요한 지원을 할 수 있다(법 제23조 제2항).

이와 관련하여 국가 또는 지방자치단체는 사회적 신망과 경험이 있는 노인으로서 지역봉사를 희망하는 경우에는 이를 지역봉사지도원으로 위촉할 수 있다(법 제24조 제1항). 국가 또는 지방자치단체는 위촉한 지역봉사지도원의 활동을 지원하고 예산의 범위 안에서 활동비 등을 지급할 수 있다(법 시행령 제18조 제1항)고 규정하고 있다.

지역봉사지도원의 업무는 ① 국가 또는 지방자치단체가 행하는 업무 중 민원인에 대한 상담 및 조언, ② 도로의 교통정리, 주·정차단속의 보조, 자연보호 및 환경침해 행위 단속의 보조와 청소년 선도, ③ 충효사상, 전통의례 등 전통문화의 전수교육, ④ 문화재의 보호 및 안내, ⑤ 노인에 대한 교통안전 및 교통사고예방 교육, ⑥ 기타 대통령령이 정하는 업무이다(법 제24조 제2항).

2) 노인일자리전담기관의 설치 및 운영

노인의 능력과 적성에 맞는 일자리 지원사업을 전문적·체계적으로 수행하기 위한 전담기관(이하 '노인일자리전담기관'이라 한다)은 ① 노인인력개발기관: 노인일자리 개발·보급사업, 조사사업, 교육·홍보 및 협력사업, 프로그램인증·평가사업 등을 지원하는 기관, ② 노인일자리지원기관: 지역사회 등에서 노인일자리의 개발·지원, 창업·육성 및 노인에 의한 재화의 생산·판매 등을 직접 담당하는 기관, ③ 노인취업알선기관: 노인에게 취업 상담 및 정보를 제공하거나 노인일자리를 알선하는 기관으로 하고 있다(법 제23조의2 제1항). 국가 또는 지방자치단체는 노인일자리전담기관을 설치·운영하거나 그 운영의 전부 또는 일부를 법인·단체 등에 위탁할 수 있으며(법 제23조의2 제2항), 노인일자리전담기관의 설치·운영 또는 위탁에 관하여 필요한 사항은 대통령령으로 정하고 있다(법 제23조의2 제3항). 노인일자리지원기관의 시설 및 인력에 관한 기준은 보건복지부령으로 장하고 있다(법 제23조의2 제4항).

3) 생업지원

국가 또는 지방자치단체 기타 공공단체가 설치·운영하는 공공시설 안에 식료품·사무용품·신문 등 일상생활용품의 판매를 위한 매점이나 자동판매기의 설치를 허가 또는 위탁할 때에는 65세 이상의 자의 신청이 있는 경우 이를 우선적으로 반영하여야 한다(법 제25조). 이외에도 노인취업알선센터의 운영지원, 노인공동작업장의 설치확대를 통해 노인의 생업을 지원하고 있으며, 1991년 「고령자고용촉진법」(「고용상 연령차별금지 및 고령자고용촉진에 관한 법률」로 법명 변경, 2008. 3. 21.)을 제정하고, 노인 적합 직종의 개발 등으로 노인취업을 정책적으로 지원하고 있다.

4) 경로우대

국가 또는 지방자치단체는 65세 이상의 자에 대하여 대통령령이 정하는 바에 따라 국가 또는 지방자치단체의 수송시설 및 고궁·능원·박물관·공원 등의 공공시설을 무료로 또는 그 이용요금을 할인하여 이용하게 할 수 있고(법 제26조 제1항), 국가 또는 지방자치단체는 노인의 일상생활에 관련된 사업을 경영하는 자에게 65세 이상의 자에 대하여 그 이용요금을 할인하여 주도록 권유할 수 있다(법 제26조 제2항). 국가 또는 지방자치단체는 노인에게 이용요금을 할인하여 주는 자에 대하여 적절한 지원을 할 수 있다(법 제26조 제3항). 경로우대시설의 종류와 할인율에 대한 구체적인 내용은 다음 별표 1과 같다(법 시행령 제19조 제1항). 그리고 65세 이상의 자가 경로우대시설의 이용요금을 할인하여 이용하고자 하는 때에는 당해 시설의 관리자에게 주민등록증 기타 연령을 확인할 수 있는 신분증을 내보여야 한다(법 시행령 제19조 제2항).

[별표 1] 경로우대시설의 종류와 할인율(법 시행령 제19조 제1항 관련)

시설의 종류	할인율(일반요금에 대한 백분율)
1. 철도 가. 새마을호, 무궁화호 나. 통근열차 다. 수도권전철	 100분의 30 100분의 50 100분의 100
2. 도시철도(도시철도 구간 안의 국유전기철도를 포함한다)	100분의 100
3. 고궁	100분의 100
4. 능원	100분의 100
5. 국공립박물관	100분의 100
6. 국공립공원	100분의 100
7. 국공립미술관	100분의 100
8. 국공립국악원	100분의 50 이상
9. 국가·지방자치단체 또는 국가나 지방자치단체가 출연하거나 경비를 지원하는 법인이 설치·운영하거나 그 운영을 위탁한 공연장	100분의 50

※ 비고
1. 철도 및 도시철도의 경우에는 운임에 한한다.
2. 공연장의 경우에는 그 공연장의 운영자가 자체기획한 공연의 관람료에 한한다.
3. 새마을호의 경우 토요일과 공휴일에는 할인율을 적용하지 아니한다.

5) 건강진단 등

국가 또는 지방자치단체는 대통령령이 정하는 바에 의하여 65세 이상의 자에 대하여 건강진단과 보건교육을 실시할 수 있으며, 이 경우 보건복지부령으로 정하는 바에 따라 성별 다빈도질환 등을 반영하여야 한다(법 제27조 제1항). 국가 또는 지방자치단체는 이에 따른 건강진단 결과가 필요하다고 인정한 때에는 그 건강진단을 받은 자에 대하여 필요한 지도를 하여야 한다(법 제27조 제2항). 건강진단은 보건복지부장관, 시·도지사 또는 시장·군수·구청장(이하 '복지실시기관'이라 한다)이 2년에 1회 이상 국공립병원, 보건소 또는 보건복지부령이 정하는 건강진단기관에서 대상자의 건강상태에 따라 1차 및 2차로 구분하여 실시하며(법 시행령 제20조 제1항), 보건교육은 복지실시기관이 보건소 또는 보건·의료관련 기관·단체로 하여금 실시하게 할 수 있다(법 시행령 제20조 제2항). 보건복지부장관, 특별시장·광역시장·도지사·특별자치도지사 또는 시장·군수·구청장(이하 '복지실시기관'이라 한다)이 건강진단을 실시하고자 하는 때에는 그 실시기간·장소·진단기관 및 대상자의 범위 등을 정하여 건강진단 실시 예정일 14일 전까지 이를 공고하여야 하고(법 시행규칙 제9조 제1항), 건강진단과 보건교육에는 매년 「국민건강보험법」 제13조 및 제62조에 따른 국민건강보험공단과 건강보험심사평가원이 「통계법」 제18조에 따라 승인을 받아 작성하는 건강보험통계에 포함된 성별 다빈도질환 등을 반영하여야 한다(법 시행규칙 제9조 제2항).

보건교육을 실시한 보건·의료 관련 기관·단체에 대하여 예산의 범위 안에서 교육실시에 소요되는 비용을 지원할 수 있다(법 시행령 제20조 제3항). 현재 국민건강보험공단에서 건강진단사업이 이루어지고, 지방자치단체 주도로 보건교육이 실시되고 있다.

6) 홀로 사는 노인에 대한 지원

국가 또는 지방자치단체는 홀로 사는 노인에 대하여 방문요양서비스 등의 서비스와 안전 확인 등의 보호조치를 취하여야 하며, 이 서비스 및 보호조치의 구체적인 내용 등에 관하여는 보건복지부장관이 정하고 있다(법 제27조의2).

7) 상담 및 입소 등의 조치(법 제28조)

보건복지부장관, 특별시장·광역시장·도지사·특별자치도지사, 시장·군수·구청장은 노인에 대한 복지를 도모하기 위하여 필요하다고 인정한 때에는 ① 65세 이상의 자 또는 그를 보호하고 있는 자를 관계공무원 또는 노인복지상담원으로 하여금 상담·지도하게 하는 것, ② 65세 이상의 자로서 신체적·정신적·경제적 이유 또는 환경상의 이유로 거택에서 보호받기가 곤란한 자를 노인주거복지시설 또는 재가노인복지시설에 입소시키거나 입소를 위탁하는 것, ③ 65세 이상의 자로서 신체 또는 정신상의 현저한 결함으로 인하여 항상 보호를 필요로 하고 경제적 이유로 거택에서 보호받기가 곤란한 자를 노인의료복지시설에 입소시키거나 입소를 위탁하는 것의 조치를 하여야 한다.

위와 같은 조치는 65세 미만의 자에 대하여도 그 노쇠현상이 현저하여 특별히 보호할 필요가 있다고 인정할 때에는 상담 및 입소조치를 할 수 있다고 하는 것으로 노인의 범주를 연령으로 제한하고 있는 「노인복지법」상의 한계를 보완하고 있다. 입소조치된 자가 사망한 경우에 그자에 대한 장례를 행할 자가 없을 때에는 그 장례를 행하거나 당해 시설의 장으로 하여금 그 장례를 행하게 할 수 있다.

8) 노인재활요양사업

국가 또는 지방자치단체는 신체적·정신적으로 재활요양을 필요로 하는 노인을 위한 재활요양사업을 실시할 수 있고, 이에 대한 노인재활요양사업의 내용 및 기타 필요한 사항은 보건복지부령으로 정하고 있다(법 제30조). 보건소 또는 노인복지시설에 대하여 노인건강 증진 및 노인성질환 예방 등 노인재활요양에 필요한 전문인력 및 장비를 지원할 수 있고(법 시행규칙 제13조 제1항), 노인건강 증진 및 노인성질환 예방 등 노인재활요양을 위한 프로그램을 개발·보급하여야 한다(법 시행규칙 제13조 제2항).

마. 노인복지시설의 설치와 운영

1) 노인복지시설의 의의와 종류

(가) 노인복지시설의 의의

노인복지시설은 노인복지를 증진하기 위해 다양한 서비스를 제공하기 위한 사회적 시설로서, 「노인복지법」상의 각종 서비스를 제공하여 노인의 노후생활을 보장하는 것이므로 1차적으로 국가의 책임으로 되어 있으나, 중산층의 노인을 대상으로 하는 일종의 유료복지시설은 개인이나 기업까지도 설치 및 운영할 수 있는 길을 열어 놓고 있다.

(나) 노인복지시설의 종류

노인복지시설의 종류는 노인주거복지시설, 노인의료복지시설, 노인여가복지시설, 재가노인복지시설, 노인보호전문기관, 노인일자리지원기관으로 구분하고 있다(법 제31조).

① 노인주거복지시설

- 노인주거복지시설의 설치: 국가 또는 지방자치단체는 노인주거복지시설을 설치할 수 있고(법 제33조 제1항), 국가 또는 지방자치단체 외의 자가 노인주거복지시설을 설치하고자 하는 경우에는 특별자치시장·특별자치도지사·시장·군수·구청장에게 신고하여야 하며(법 제33조 제2항, 법 시행규칙 제16조), 노인주거복지시설의 시설, 인력 및 운영에 관한 기준과 설치신고, 설치·운영자가 준수하여야 할 사항, 그 밖에 필요한 사항은 보건복지부령으로 정하고 있다(법 제33조 제4항). 사회복지시설은 수용인원 300명을 초과할 수 없으며, 다만, 「사회복지사업법」 시행령 제19조에 의하여 양로시설과 노인복지주택, 노인의료복지시설 중 노인요양시설은 수용인원 300명을 초과할 수 있다.
- 노인주거복지시설의 종류: 노인주거복지시설은 가정을 대신하여 노인이 생활할 수 있도록 주거를 포함한 일체의 생활이 가능하도록 서비스를 제공하는 시설로서 다음의 시설로 한다(법 제32조 제1항).
  - 양로시설: 노인을 입소시켜 급식과 그 밖에 일상생활에 필요한 편의를 제공함을 목적으로 하는 시설
  - 노인공동생활가정: 노인들에게 가정과 같은 주거여건과 급식, 그 밖에 일상생활에 필요한 편의를 제공함을 목적으로 하는 시설
  - 노인복지주택: 노인에게 주거시설을 임대하여 주거의 편의·생활지도·상담 및 안전관리 등 일상생활에 필요한 편의를 제공함을 목적으로 하는 시설

노인주거복지시설의 입소대상·입소절차·입소비용 및 임대 등에 관하여 필요한 사항은 보건복지부령으로 정하고 있으며(법 제32조 제2항), 노인복지주택의 설치·관리 및 공급 등에 관하여 「노인복지법」에서 규정된 사항을 제외하고는 「주택법」 및 「공동주택관리법」의 관련 규정을 준용한다(법 제32조 제3항).

② 노인의료복지시설

- 노인의료복지시설의 설치(법 제35조): 국가 또는 지방자치단체는 노인의료복지

시설을 설치할 수 있고, 국가 또는 지방자치단체 외의 자가 노인의료복지시설을 설치하고자 하는 경우에는 시장·군수·구청장에게 신고하여야 한다.
노인의료복지시설의 시설, 인력 및 운영에 관한 기준과 설치신고 및 설치허가 등에 관하여 필요한 사항은 보건복지부령으로 정하고 있다(법 제35조 제4항).

- 노인의료복지시설의 종류: 노인의료복지시설은 주거생활은 물론, 보건의료적 서비스를 제공하는 시설로서, 다음의 시설로 나누고 있다(법 제34조 제1항).
  - 노인요양시설: 치매·중풍 등 노인성질환 등으로 심신에 상당한 장애가 발생하여 도움을 필요로 하는 노인을 입소시켜 급식·요양과 그 밖에 일상생활에 필요한 편의를 제공함을 목적으로 하는 시설
  - 노인요양공동생활가정: 치매·중풍 등 노인성질환 등으로 심신에 상당한 장애가 발생하여 도움을 필요로 하는 노인에게 가정과 같은 주거여건과 급식·요양, 그 밖에 일상생활에 필요한 편의를 제공함을 목적으로 하는 시설

노인의료복지시설의 입소대상·입소비용 및 입소절차와 설치·운영자의 준수사항 등에 관하여 필요한 사항은 보건복지부령으로 정하고 있다(법 제34조 제2항).

③ 노인여가복지시설

- 노인여가복지시설의 설치(법 제37조): 국가 또는 지방자치단체는 노인여가복지시설을 설치할 수 있고, 국가 또는 지방자치단체 외의 자가 노인여가복지시설을 설치하고자 하는 경우에는 시장·군수·구청장에게 신고하여야 한다(법 제37조 제1항, 제2항). 시장·군수·구청장은 제2항에 따른 신고를 받은 경우 그 내용을 검토하여 이 법에 적합하면 신고를 수리하여야 한다(법 제37조 제3항). 국가 또는 지방자치단체는 경로당의 활성화를 위하여 지역별·기능별 특성을 갖춘 표준모델 및 프로그램을 개발·보급하여야 한다(법 제37조 제4항). 노인여가복지시설의 시설, 인력 및 운영에 관한 기준과 설치신고 등에 관하여 필요한 사항은 보건복지부령으로 정하고 있다(법 제37조 제5항).
- 노인여가복지시설의 종류: 노인여가복지시설은 노인이 건강하고 건전한 여가활동을 할 수 있도록 제반(諸般) 서비스를 제공하는 시설로서, 그 구체적인 목

적의 차이에 따라서 다음과 같이 나누고 있다(법 제36조 제1항).

- 노인복지관: 노인의 교양·취미생활 및 사회참여활동 등에 대한 각종 정보와 서비스를 제공하고, 건강 증진 및 질병예방과 소득보장·재가복지, 그 밖에 노인의 복지 증진에 필요한 서비스를 제공함을 목적으로 하는 시설
- 경로당: 지역노인들이 자율적으로 친목도모·취미활동·공동작업장 운영 및 각종 정보교환과 기타 여가활동을 할 수 있도록 하는 장소를 제공함을 목적으로 하는 시설
- 노인교실: 노인들에 대하여 사회활동 참여욕구를 충족시키기 위하여 건전한 취미생활·노인건강유지·소득보장 기타 일상생활과 관련한 학습프로그램을 제공함을 목적으로 하는 시설

노인여가복지시설의 이용대상 및 이용절차 등에 관하여 필요한 사항은 보건복지부령으로 정하고 있다(법 제36조 제2항, 법 시행규칙 제18조).

④ 재가노인복지시설

- 재가노인복지시설의 설치(법 제39조): 국가 또는 지방자치단체는 재가노인복지시설을 설치할 수 있고, 국가 또는 지방자치단체 외의 자가 재가노인복지시설을 설치하고자 하는 경우에는 시장·군수·구청장에게 신고하여야 한다(법 제39조 제1항, 제2항). 시장·군수·구청장은 제2항에 따른 신고를 받은 경우 그 내용을 검토하여 이 법에 적합하면 신고를 수리하여야 한다(법 제39조 제3항). 재가노인복지시설의 시설, 인력 및 운영에 관한 기준과 설치신고 등에 관하여 필요한 사항은 보건복지부령으로 정하고 있다(법 제39조 제4항).
- 재가노인복지시설의 종류: 재가노인복지시설은 노인이 자신이 살고 있는 가정에 거주하면서 다음과 같은 필요한 서비스를 제공받을 수 있도록 도움을 제공하는 시설로서, 다음의 시설로 나누고 있다(법 제38조 제1항).
  - 방문요양서비스: 가정에서 일상생활을 영위하고 있는 노인(이하 '재가노인'이라 한다)으로서 신체적·정신적 장애로 어려움을 겪고 있는 노인에게 필요한 각종 편의를 제공하여 지역사회 안에서 건전하고 안정된 노후를 영위하도록

하는 서비스

- 주·야간보호서비스: 부득이한 사유로 가족의 보호를 받을 수 없는 심신이 허약한 노인과 장애노인을 주간 또는 야간 동안 보호시설에 입소시켜 필요한 각종 편의를 제공하여 이들의 생활안정과 심신기능의 유지·향상을 도모하고, 그 가족의 신체적·정신적 부담을 덜어 주기 위한 서비스
- 단기보호서비스: 부득이한 사유로 가족의 보호를 받을 수 없어 일시적으로 보호가 필요한 심신이 허약한 노인과 장애노인을 보호시설에 단기간 입소시켜 보호함으로써 노인 및 노인가정의 복지 증진을 도모하기 위한 서비스
- 방문목욕서비스: 목욕 장비를 갖추고 재가노인을 방문하여 목욕을 제공하는 서비스
- 그 밖의 서비스: 그 밖에 재가노인에게 제공하는 서비스로서 보건복지부령이 정하는 서비스

이에 따른 재가노인복지시설의 이용대상·비용부담 및 이용절차 등에 관하여 필요한 사항은 보건복지부령으로 정한다(법 제38조 제2항, 법 시행규칙 제26조, 제27조, 제27조의2, 제28조, 제29조). 또한 재가노인 지원서비스는 위의 서비스 이외의 서비스로서 재가노인에게 노인생활 및 신상에 관한 상담을 제공하고, 재가노인 및 가족 등 보호자를 교육하며 각종 편의를 제공하여 지역사회 안에서 건전하고 안정된 노후생활을 영위하도록 하는 서비스(이하 '재가노인지원서비스'라 한다)를 제공하고 있다(법 시행규칙 제26조의2).

⑤ **노인보호전문기관**

- 노인보호전문기관의 설치: 국가는 지역 간의 연계체계를 구축하고 노인학대를 예방하기 위하여 ① 노인인권보호 관련 정책제안, ② 노인인권보호를 위한 연구 및 프로그램의 개발, ③ 노인학대 예방의 홍보, 교육자료의 제작 및 보급, ④ 노인보호전문사업 관련 실적 취합, 관리 및 대외자료 제공, ⑤ 지역노인보호전문기관의 관리 및 업무지원, ⑥ 지역노인보호전문기관 상담원의 심화교육, ⑦ 관련 기관 협력체계의 구축 및 교류, ⑧ 그 밖에 노인의 보호를 위하여

대통령령으로 정하는 사항의 업무를 담당하는 중앙노인보호전문기관을 설치·운영하여야 한다(법 제39조의5 제1항).

학대받는 노인의 발견·보호·치료 등을 신속히 처리하고 노인학대를 예방하기 위하여 ① 노인학대 신고전화의 운영 및 사례접수, ② 노인학대 의심사례에 대한 현장조사, ③ 피해노인 및 노인학대자에 대한 상담, ④ 피해노인가족 관련자와 관련 기관에 대한 상담, ⑤ 상담 및 서비스제공에 따른 기록과 보관, ⑥ 일반인을 대상으로 한 노인학대 예방교육, ⑦ 노인학대행위자를 대상으로 한 재발방지 교육, ⑧ 그 밖에 노인의 보호를 위하여 보건복지부령으로 정하는 사항의 업무를 담당하는 지역노인보호전문기관을 특별시·광역시·도·특별자치도(시·도)에 두고 있다(법 제39조의5 제2항).

보건복지부장관 및 시·도지사는 노인학대예방사업을 목적으로 하는 비영리법인을 지정하여 중앙노인보호전문기관과 지역노인보호전문기관의 운영을 위탁할 수 있으며(법 제39조의5 제3항), 이에 따른 중앙노인보호전문기관과 지역노인보호전문기관의 설치기준과 운영, 상담원의 자격과 배치기준 및 제3항에 따른 위탁기관의 지정 등에 필요한 사항은 대통령령으로 정하고 있다(법 제39조의5 제4항).

• 노인학대의 정의와 범위: 「노인복지법」에서의 '노인학대'라 함은 노인에 대하여 신체적·정신적·정서적·성적 폭력 및 경제적 착취 또는 가혹행위를 하거나 유기 또는 방임을 하는 것을 말하며(법 제1조의2 제4호), 절대적으로 금지되는 구체적으로 행위들은 다음과 같다(법 제39조의9).
  - 노인의 신체에 폭행을 가하거나 상해를 입히는 행위
  - 노인에게 성적 수치심을 주는 성폭행·성희롱 등의 행위
  - 자신의 보호·감독을 받는 노인을 유기하거나 의식주를 포함한 기본적 보호 및 치료를 소홀히 하는 방임행위
  - 노인에게 구걸을 하게 하거나 노인을 이용하여 구걸하는 행위
  - 노인을 위하여 증여 또는 급여된 금품을 그 목적 외의 용도에 사용하는 행위
  - 폭언, 협박, 위협 등으로 노인의 정신건강에 해를 끼치는 정서적 학대행위

- 긴급전화의 설치 등: 국가 및 지방자치단체는 노인학대를 예방하고 수시로 신고를 받을 수 있도록 긴급전화를 설치하여야 하며, 이에 대한 긴급전화의 설치·운영에 관하여 필요한 사항은 대통령령으로 정하고 있다(법 제39조의4). 따라서 국가 및 지방자치단체는 「노인복지법」 제39조의5 제1항의 규정에 의한 노인보호전문기관에 전국적으로 통일된 번호로 매일 24시간 동안 운영되는 긴급전화를 설치하여야 한다. 긴급전화를 통한 노인학대 신고의 접수 및 상담방법과 그 밖의 세부운영 등에 관하여 필요한 사항은 보건복지부장관이 정하고 있다(법 시행령 제20조의4).
- 노인학대 신고의무와 절차: 누구든지 노인학대를 알게 된 때에는 노인보호전문기관 또는 수사기관에 신고할 수 있으며(법 제39조의6 제1항), 다음의 하나에 해당하는 자는 그 직무상 노인학대를 알게 된 때에는 즉시 노인보호전문기관 또는 수사기관에 신고하여야 한다(법 제39조의6 제2항).
  - 「의료법」 제3조 제1항의 의료기관에서 의료업을 행하는 의료인
  - 「노인복지법」 제31조에 따른 노인복지시설의 장과 그 종사자 및 제7조에 따른 노인복지상담원
  - 「장애인복지법」 제58조의 규정에 의한 장애인복지시설에서 장애노인에 대한 상담·치료·훈련 또는 요양업무를 수행하는 사람
  - 「가정폭력방지 및 피해자보호 등에 관한 법률」 제5조 및 제7조에 따른 가정폭력 관련 상담소 및 가정폭력피해자 보호시설의 장과 그 종사자
  - 「사회복지사업법」 제14조에 따른 사회복지전담공무원 및 같은 법 제34조에 따른 사회복지관, 부랑인 및 노숙인 보호를 위한 시설의 장과 그 종사자
  - 「노인장기요양보험법」 제31조에 따른 장기요양기관 및 제32조에 따른 재가장기요양기관의 장과 그 종사자
  - 「119구조·구급에 관한 법률」 제10조에 따른 119구급대의 구급대원
  - 「건강가정기본법」 제35조에 따른 건강가정지원센터의 장과 그 종사자

  신고인의 신분은 보장되어야 하며 그 의사에 반하여 신분이 노출되어서는 아니 되며(법 제39조의6 제3항), 관계 중앙행정기관의 장은 위 사항의 어느 하나에

해당하는 사람의 자격취득 교육과정이나 보수교육 과정에 노인학대 예방 및 신고의무와 관련된 교육 내용을 포함하도록 하여야 하고(법 제39조의6 제4항), 제2항에 따른 노인학대 신고의무자가 소속된 “제31조에 따른 노인시설, 「의료법」 제3조 제2항 제3호 라목 및 마목에 따른 요양병원 및 종합병원, 「노인장기요양보험법」 제2조 제4호에 따른 장기요양기관”의 장은 소속 노인학대 신고의무자에게 노인학대 예방 및 신고의무에 관한 교육을 실시하고 그 결과를 보건복지부장관에게 제출하여야 한다(법 제39조의6 제5항). 이에 따른 교육 내용·시간 및 방법 등에 관하여 필요한 사항은 보건복지부령으로 정하고 있다(법 제39조의6 제6항).

- 응급조치의무 등: 노인학대신고를 접수한 노인보호전문기관의 직원이나 사법경찰관리는 지체 없이 노인학대의 현장에 출동하여야 한다. 이 경우 노인보호전문기관의 장이나 수사기관의 장은 서로 동행하여 줄 것을 요청할 수 있고, 그 요청을 받은 때에는 정당한 사유가 없으면 소속 직원이나 사법경찰관리를 현장에 동행하도록 하여야 한다(법 제39조의7 제1항). 이에 따라 출동한 노인보호전문기관의 직원이나 사법경찰관리는 피해자를 보호하기 위하여 신고된 현장에 출입하여 관계인에 대하여 조사를 하거나 질문을 할 수 있다. 이 경우 노인보호전문기관의 직원은 피해노인의 보호를 위한 범위에서만 조사 또는 질문을 할 수 있고(법 제39조의7 제2항), 제2항에 따라 출입, 조사 또는 질문을 하는 노인보호전문기관의 직원이나 사법경찰관리는 그 권한을 표시하는 증표를 지니고 이를 관계인에게 보여 주어야 하고(법 제39조의7 제3항), 이에 따라 조사 또는 질문을 하는 노인보호전문기관의 직원이나 사법경찰관리는 피해자·신고자·목격자 등이 자유롭게 진술할 수 있도록 노인학대행위자로부터 분리된 곳에서 조사하는 등 필요한 조치를 하여야 한다(법 제39조의7 제4항). 현장에 출동한 자는 학대받은 노인을 노인학대행위자로부터 분리하거나 치료가 필요하다고 인정할 때에는 노인보호전문기관 또는 의료기관에 인도하여야 하며(법 제39조의7 제5항), 누구든지 정당한 사유 없이 노인학대 현장에 출동한 자에 대하여 현장조사를 거부하거나 업무를 방해하여서는 아니 된다(법 제39조의7 제6항).

- 보조인의 선임 등: 학대받은 노인의 법정대리인, 직계친족, 형제자매, 노인보호전문기관의 상담원 또는 변호사는 노인학대사건의 심리에 있어서 보조인이 될 수 있다. 다만, 변호사가 아닌 경우에는 법원의 허가를 받아야 한다(법 제39조의8 제1항). 법원은 학대받은 노인을 증인으로 신문하는 경우, 본인·검사 또는 노인보호전문기관의 신청이 있는 때에는 본인과 신뢰관계에 있는 자의 동석을 허가할 수 있다(법 제39조의8 제2항). 수사기관이 학대받은 노인을 조사하는 경우에도 위의 절차를 준용하고 있다(법 제39조의8 제3항).
- 비밀누설의 금지: 「노인복지법」에 의한 학대노인의 보호와 관련된 업무에 종사하였거나 종사하는 자는 그 직무상 알게 된 비밀을 누설하지 못한다(법 제39조의12 제1항). 경찰청장, 시·도지사 또는 시장·군수·구청장은 실종노인의 발견을 위하여 필요한 때에는 보호시설의 장 또는 그 종사자에게 필요한 보고 또는 자료제출을 명하거나 소속 공무원으로 하여금 보호시설에 출입하여 관계인 또는 노인에 대하여 필요한 조사 또는 질문을 하게 할 수 있다(법 제39조의11 제2항).
- 실종노인에 관한 신고의무: 누구든지 정당한 사유 없이 사고 또는 치매 등의 사유로 인하여 보호자로부터 이탈된 노인(이하 '실종노인'이라 한다)을 경찰관서 또는 지방자치단체의 장에게 신고하지 아니하고 보호하여서는 아니 되며(법 제39조의10 제1항), 「노인복지법」 제31조에 따른 노인복지시설(「사회복지사업법」 제2조 제4호에 따른 사회복지시설 및 사회복지시설에 준하는 시설로서 인가·신고 등을 하지 아니하고 노인을 보호하는 시설을 포함한다. 이하 '보호시설'이라 한다)의 장 또는 그 종사자는 그 직무를 수행하면서 실종노인임을 알게 된 때에는 지체 없이 보건복지부령으로 정하는 신상카드를 작성하여 지방자치단체의 장과 업무를 수행하는 기관의 장에게 제출하여야 한다(법 제39조의10 제2항).

  보건복지부장관은 실종노인의 발생예방, 조속한 발견과 복귀를 위하여 ① 실종노인과 관련된 조사 및 연구, ② 실종노인의 데이터베이스 구축·운영, ③ 그 밖에 실종노인의 보호 및 지원에 필요한 사항의 업무를 수행하여야 한다. 이 경우 보건복지부장관은 노인복지 관련 법인이나 단체에 그 업무의 전부 또는 일부를 위탁할 수 있다(법 제39조의10 제3항).

경찰청장은 실종노인의 조속한 발견과 복귀를 위하여 ① 실종노인에 대한 신고체계의 구축 및 운영, ② 그 밖에 실종노인의 발견과 복귀를 위하여 필요한 사항의 사항을 시행하여야 한다(법 제39조의10 제4항).

⑥ 노인일자리 전담기관

- 노인일자리전담기관의 설치: 노인의 능력과 적성에 맞는 일자리지원사업을 전문적·체계적으로 수행하기 위한 전담기관이라 하고(법 제23조의2 제1항), 국가 또는 지방자치단체는 노인일자리전담기관을 설치·운영하거나 그 운영의 전부 또는 일부를 법인·단체 등에 위탁할 수 있다(법 제23조의2 제2항). 이에 관하여 필요한 사항은 대통령령으로 정하고 있고(법 제23조의2 제3항), 시설 및 인력에 관한 기준 등은 보건복지령으로 정하고 있다(법 제23조의2 제4항).
- 노인일자리전담기관의 종류: 노인인력개발기관: 노인일자리개발·보급사업, 조사사업, 교육·홍보 및 협력사업, 프로그램인증·평가사업 등을 지원하는 기관
- 노인일자리지원기관: 지역사회 등에서 노인일자리의 개발·지원 창업·육성 및 노인에 의한 재화의 생산·판매 등을 직접 담당하는 기관
- 노인취업알선기관: 노인에게 취업 상담 및 정보를 제공하거나 노인일자리를 알선하는 기관 일부를 법인·단체 등에 위탁할 수 있다.

바. 노인복지시설의 인력 → 요양보호사

1) 요양보호사의 도입 배경과 요양보호사의 직무

재가노인복지시설에서는 여러 가지 서비스를 제공하는데, 가정봉사원 파견서비스는 가정봉사원이라는 준전문가 혹은 케어워커(care worker)에 속하는 사람이 보통 자원봉사자와 함께 노인이 살고 있는 가정에 정기적으로 직접 찾아가서, 노인에게 필요한 서비스를 제공하는 것이다. 이때 제공되는 서비스는 주로 가정봉사원에 의하여 결정된다. 그런데 종래에는 이 가정봉사원이 국가공인자격자가 아니어서 공신력이 없었다. 특히, 2008년 7월 1일부터 시행되는 노인장기요양보험의 급여에 대비하기 위하여 종래의 가정봉사원에서 한걸음을 나아가 장기노인요양급여를 할

수 있는 전문자격으로서 요양보호사를 국가공인자격으로 도입하였다. 따라서 노인 지원업무를 자격 있는 전문가가 맡게 되었다. 노인복지시설의 설치·운영자는 보건복지부령으로 정하는 바에 따라 노인 등의 신체활동 또는 가사활동 지원 등의 업무를 전문적으로 수행하는 요양보호사를 두어야 한다(법 제39조의2 제1항).

2) 요양보호사 자격증의 교부 등

요양보호사가 되려는 사람은 「노인복지법」 제39조의3에 따라 요양보호사를 교육하는 기관(요양보호사교육기관)에서 교육과정을 마치고 시·도지사가 실시하는 요양보호사 자격시험에 합격하여야 하며(법 제39조의2 제2항), 시·도지사는 요양보호사 자격시험에 합격한 사람에게 요양보호사 자격증을 교부하여야 한다(법 제39조의2 제3항). 시·도지사는 요양보호사 자격시험에 응시하고자 하는 사람과 자격증을 교부 또는 재교부 받고자 하는 사람에게 보건복지부령으로 정하는 바에 따라 수수료를 납부하게 할 수 있다(법 제39조의2 제4항). 요양보호사의 교육과정, 요양보호사 자격시험 실시 및 자격증 교부 등에 관하여 필요한 사항은 보건복지부령으로 정하고 있다(법 제39조의2 제5항).

3) 요양보호사 자격시험 응시자격 등

요양보호사 자격시험(자격시험)에 응시하려는 자는 요양보호사를 교육하는 교육기관(요양보호사교육기관)에서 소정의 교육과정을 이수하여야 하며(법 시행규칙 제29조의2 제1항), 요양보호사의 교육과정은 별표 10의2와 같다(법 시행규칙 제29조의2 제2항).

4) 요양보호사교육기관의 지정 등

시·도지사는 요양보호사의 양성을 위하여 보건복지부령으로 정하는 지정기준에 적합한 시설을 요양보호사교육기관으로 지정·운영하여야 한다(법 제39조의3 제1항).

시·도지사는 요양보호사교육기관이 ① 거짓이나 그 밖의 부정한 방법으로 요양보호사교육기관으로 지정을 받은 경우, ② 지정기준에 적합하지 아니하게 된 경우, ③ 교육과정을 1년 이상 운영하지 아니하는 경우, ④ 정당한 사유 없이 「노인복지법」 제42조에 따른 보고 또는 자료제출을 하지 아니하거나 거짓으로 한 경우 또는 조사·검사를 거부·방해하거나 기피한 경우에 해당하는 때에는 사업의 정지를 명하거나 그 지정을 취소할 수 있다. 다만, 거짓이나 그 밖의 부정한 방법으로 요양보호사교육기관으로 지정을 받은 경우에 해당하면 지정을 취소하여야 한다(법 제39조의3 제2항). 시·도지사는 지정취소를 하는 경우 청문을 실시하여야 하며(법 제39조의3 제3항), 이에 따른 요양보호사교육기관의 지정절차, 제2항에 따른 행정처분의 세부적인 기준 및 절차 등에 관하여 필요한 사항은 보건복지부령으로 정하고 있다(법 제39조의3 제4항).

사. 비용

1) 비용의 부담(법 제45조)

다음의 어느 하나에 해당하는 비용은 대통령령이 정하는 바에 따라 국가 또는 지방자치단체가 부담한다.

- 「노인복지법」 제23조의2 제2항에 따른 노인일자리전담기관의 설치·운영 또는 위탁에 소요되는 비용
- 「노인복지법」 제27조 및 제28조의 규정에 따른 건강진단 등과 상담·입소 등의 조치에 소요되는 비용
- 「노인복지법」 제33조 제1항·제35조 제1항·제37조 제1항 및 제39조 제1항의 규정에 따른 노인복지시설의 설치·운영에 소요되는 비용

2) 비용의 수납 및 청구(법 제46조)

「노인복지법」 제27조 및 제28조의 규정에 의한 복지조치에 필요한 비용을 부담한 복지실시기관은 당해 노인 또는 그 부양의무자로부터 대통령령이 정하는 바에 의하여 그 부담한 비용의 전부 또는 일부를 수납하거나 청구할 수 있다. 이는 복지조치에 의해 급부를 받은 노인이 능력이 있거나 그 부양의무자가 능력이 있는 경우에는 수익자 부담원칙에 따라 비용의 징수와 청구를 할 수 있는 규정이다. 부양의

무가 없는 자가 「노인복지법」 제28조의 규정에 의한 복지조치에 준하는 보호를 행하는 경우, 즉시 그 사실을 부양의무자 및 복지실시기관에 알려야 하고, 보호를 행한 자는 부양의무자에게 보호비용의 전부 또는 일부를 청구할 수 있다. 이에 대한 부담비용의 청구 등에 관하여 필요한 사항은 보건복지부령으로 정하고 있다

「노인복지법」 제32조 제1항에 따른 양로시설, 노인공동생활가정 및 노인복지주택, 「노인복지법」 제34조 제1항에 따른 노인요양시설 및 노인요양공동생활가정을 설치한 자는 그 시설에 입소하거나 그 시설을 이용하는 기초수급권자 외의 자로부터 그에 소요되는 비용을 수납하고자 할 때에는 시장·군수·구청장에게 신고하여야 한다. 다만, 보건복지부령이 정한 비용수납 한도액의 범위 안에서 수납할 때에는 그러하지 아니하다. 「노인복지법」 제36조 제1항의 규정에 의한 노인여가복지시설 또는 「노인복지법」 제38조 제1항의 규정에 의하여 재가노인복지시설을 설치한 자 또는 편의를 제공하는 자가 그 시설을 이용하는 자로부터 그에 소요되는 비용을 수납하고자 할 때에는 미리 시장·군수·구청장에게 신고하여야 한다.

3) 비용의 보조

국가 또는 지방자치단체는 대통령령이 정하는 바에 의하여 노인복지시설의 설치·운영에 필요한 비용을 보조할 수 있다(법 제47조). 이 규정에 의하여 국가 또는 지방자치단체가 그 설치·운영에 소요되는 비용을 보조할 수 있는 노인복지시설은 다음과 같다(법 시행령 제24조 제1항).

- 「노인복지법」 제32조 제1항에 따른 노인주거복지시설
- 「노인복지법」 제34조 제1항 제1호·제2호에 따른 노인요양시설·노인요양공동생활가정
- 「노인복지법」 제36조 제1항 각 호의 규정에 의한 노인여가복지시설
- 「노인복지법」 제38조 제1항 각 호의 규정에 의한 재가노인복지시설
- 「노인복지법」 제39조의5 제1항 및 제2항의 규정에 의한 노인보호전문기관
- 「노인복지법」 제39조의19 제1항에 따른 학대피해노인 전용쉼터

국가 또는 지방자치단체가 「노인복지법」 제47조의 규정에 의하여 노인복지시설의 설치·운영에 소요되는 비용을 보조하는 경우의 부담비율은 「보조금의 예산 및 관리에 관한 법률」 시행령 별표 1이 정하는 바에 의하고 있다(법 시행령 제24조 제2항). 이 규정에 의하여 국가 또는 지방자치단체가 노인복지시설의 운영에 소요되는 비용을 보조하는 때에는 「사회복지사업법」 제43조의2 규정에 의한 시설평가의 결과 등 당해 노인복지시설의 운영실적을 고려하여 차등하여 보조할 수 있다(법 시행령 제24조 제3항). 이는 시설 간의 경쟁을 촉진함으로써 시설과 서비스의 질 향상을 도모하고 있다.

4) 유류물품의 처분(법 제48조)

복지실시기관 또는 노인복지시설의 장은 「노인복지법」 제28조 제3항의 규정에 의한 장례를 행함에 있어서 사망자가 유류한 금전 또는 유가증권을 그 장례에 필요한 비용에 충당할 수 있으며, 부족이 있을 때에는 유류물품을 처분하여 그 대금을 이에 충당할 수 있다(법 제48조).

5) 조세감면

「노인복지법」 제31조의 규정에 의한 노인복지시설(노인주거복지시설, 노인의료복지시설, 노인여가복지시설, 재가노인복지시설, 노인보호전문기관)에서 노인을 위하여 사용하는 건물·토지 등에 대하여는 「조세감면규제법」 등 관계 법령이 정하는 바에 의하여 조세 기타 공과금을 감면할 수 있다(법 제49조).

아. 노인복지시설의 의무

1) 변경, 폐지 및 휴지 신고의무

「노인복지법」 제33조 제2항의 규정에 의하여 노인주거복지시설을 설치한 자 또는 「노인복지법」 제35조 제2항의 규정에 의하여 노인의료복지시설을 설치한 자가 그 설치신고사항 중 보건복지부령이 정하는 사항을 변경하거나 그 시설을 폐지 또는 휴지하고자 할 때에는 대통령령이 정하는 바에 의하여 시장·군수·구청장에게 미리 신고하여야 한다(법 제40조 제1항, 법 시행령 제21조 제1항). 노인여가복지시설을 설치한 자 또는 「노인복지법」 제39조 제2항의 규정에 의하여 재가노인복지시설을 설치한 자가 그 설치신고사항 중 보건복지부령이 정하는 사항을 변경하거나 그 시설을 폐지 또는 휴지하고자 할 때에는 대통령령이 정하는 바에 의하여 시장·군수·구청장에게 미리 신고하여야 한다(법 제40조 제3항, 법 시행령 제21조 제2항).

2) 수탁의무

「노인복지법」 제32조 제1항의 규정에 의한 양로시설, 노인공동생활가정 및 노인복지주택, 「노인복지법」 제34조 제1항의 규정에 의한 노인요양시설 및 노인요양공동생활가정 또는 「노인복지법」 제38조 제1항의 규정에 의한 재가노인복지시설을 설치·운영하는 자가 복지실시기관으로부터 「노인복지법」 제28조 제1항 제2호 및 제3호, 동조 제2항 또는 제3항의 규정에 의하여 노인의 입소·장례를 위탁받은 때에는 정당한 이유 없이 이를 거부하여서는 아니 된다(법 제41조).

3) 입소자 현황 제출의무

노인복지시설을 설치·운영하는 자는 보건복지부령이 정하는 바에 따라 매년도 입소자 또는 이용자 현황 등에 관한 자료를 복지실시기관에 제출하여야 한다(법 제42조 제2항).

자. 노인복지시설의 감독 등

1) 조사 및 감사

복지실시기관은 「노인복지법」 제31조의 규정에 의한 노인복지시설 또는 「노인복지법」 제39조의3 제1항에 따른 요양보호사교육기관을 설치·운영하는 자로 하여금 당해 시설 또는 사업에 관하여 필요한 보고를 하게 하거나 관계공무원으로 하여금 당해 시설 또는 사업의 운영상황을 조사하게 하거나 장부 기타 관계서류를 검사하게 할 수 있다(법 제42조 제1항). 이 규정에 의하여 조사·검사를 행하는 자는 그 권한을 표시하는 증표를 지니고 이를 관계인에게 내보여야 한다(법 제42조 제3항).

2) 사업의 정지

시·도지사 또는 시장·군수·구청장은 노인주거복지시설 또는 노인의료복지시설이 ①「노인복지법」 제33조 제4항 또는 제35조 제4항에 따른 시설 등에 관한 기준에 미달하게 된 때, ②「노인복지법」 제41조의 규정에 위반하여 수탁을 거부한 때, ③ 정당한 이유 없이 제42조의 규정에 의한 보고 또는 자료제출을 하지 아니하거나 허위로 한 때 또는 조사·검사를 거부·방해하거나 기피한 때, ④ 비용수납규정(법 제46조 제5항)에 위반한 때에는 1개월의 범위에서 그 사업의 정지 또는 폐지를 명할 수 있다(법 제43조 제1항).

시장·군수·구청장은 노인여가복지시설 또는 재가노인복지시설이 ①「노인복지법」 제37조 제4항 또는「노인복지법」 제39조 제4항의 시설 등에 관한 기준에 미달하게 된 때, ②「노인복지법」 제41조의 규정에 위반하여 수탁을 거부한 때(재가노인복지시설의 경우에 한한다), ③ 정당한 이유 없이「노인복지법」 제42조의 규정에 의한 보고 또는 자료제출을 하지 아니하거나 허위로 한 때 또는 조사·검사를 거부·방해하거나 기피한 때, ④ 비용수납(제46조 제7항) 규정에 위반한 때에는 1개월의 범위에서 그 사업의 정지 또는 폐지를 명할 수 있다(법 제43조 제2항). 시·도지사 또는 시장·군수·구청장은 노인거주복지시설 또는 노인의료복지시설이 제1항에 따라 사업이 정지 또는 폐지되거나 노인여가복지시설 또는 재가노인복지시설이 제2항에 따라 사업이 정지 또는 폐지되는 경우에는 해당 시설의 이용자를 다른 시설로 옮기도록 하는 등 시설 이용자의 권익을 보호하기 위하여 필요한 조치를 하여야 한다(법 제43조 제3항). 이에 대한 행정처분의 세부적인 기준은 위반의 정도 등을 참작하여 보건복지부령으로 정하고 있다(법 제43조 제4항).

차. 수급자의 권리보호

1) 이의신청(법 제50조)

노인 또는 그 부양의무자는 이 법에 의한 복지조치에 대하여 이의가 있을 때에는 당해 복지실시기관에 이의를 신청할 수 있고(법 제50조 제1항), 제1항에 따른 이의신청은 해당 복지조치가 있음을 안 날부터 90일 이내에 문서로 하여야 한다. 다만, 정당한 사유로 인하여 그 기간 이내에 이의신청을 할 수 없었음을 증명한 때에는 그 사유가 소멸한 날부터 60일 이내에 이의신청을 할 수 있다(법 제50조 제2항). 제1항의 이의신청을 받은 복지실시기관은 그 신청을 받은 날부터 30일 이내에 이를 심사·결정하여 청구인에게 통보하여야 한다(법 제50조 제3항). 심사·결정에 이의가 있는 자는 그 통보를 받은 날부터 90일 이내에 행정심판을 제기할 수 있다(법 제50조 제4항).

2) 조정청구

「노인복지법」 제46조 제3항의 규정에 의하여 부양의무자가 부담하여야 할 보호비용에 대하여 보호를 행한 자와 부양의무자 사이에 합의가 이루어지지 아니하는 경우로서 시장·군수·구청장은 당사자로부터 조정요청을 받은 경우에는 이를 조정할 수 있다(법 제50조 제5항). 시장·군수·구청장은 조정을 위하여 필요하다고 인정하는 경우 부양의무자에게 소득·재산 등에 관한 자료의 제출을 요구할 수 있다(법 제50조 제6항).

3) 벌칙

(가) 7년 이하의 징역 또는 2천만 원 이하의 벌금

노인의 신체에 상해를 입히는(제39조의9 제1호)(상해에 한한다) 행위를 한 자는 7년 이하의 징역 또는 7천만 원 이하의 벌금에 처한다(법 제55조의2).

(나) 5년 이하의 징역 또는 5천만 원 이하의 벌금

다음 각 호의 어느 하나에 해당하는 자는 5년 이하의 징역 또는 5천만 원 이하의 벌금에 처한다(법 제55조의3).

- 노인학대신고를 접수한 노인보호전문기관의 직원이나 사법경찰관리는 지체 없이 노인학대의 현장에 출동하여야 한다. 출동한 노인보호전문기관의 직원이나 사법경찰관리는 피해자를 보호하기 위하여 신고된 현장에 출입하여 관

계인에 대하여 조사를 하거나 질문을 할 수 있다. 이 경우 노인보호전문기관의 직원은 피해노인의 보호를 위한 범위에서만 조사 또는 질문을 할 수 있다. 이에 따른 업무를 수행 중인 노인보호전문기관의 직원에 대하여 폭행 또는 협박하거나 위계 또는 위력으로써 업무를 방해한 자

- 누구든지 65세 이상의 사람에 대하여
  - 노인의 신체에 폭행을 가하거나 상해를 입히는 행위
  - 노인에게 성적 수치심을 주는 성폭행·성희롱 등의 행위
  - 자신의 보호·감독을 받는 노인을 유기하거나 의식주를 포함한 기본적 보호 및 치료를 소홀히 하는 방임행위
  - 노인에게 구걸을 하게 하거나 노인을 이용하여 구걸하는 행위
  - 폭언, 협박, 위협 등으로 노인의 정신건강에 해를 끼치는 정서적 학대행위에 해당하는 행위를 한 자

(다) 2년 이하의 징역 또는 1천만 원 이하의 벌금

입소자격자가 아닌 자에게 노인복지주택을 분양 또는 임대한 자는 2년 이하의 징역에 처하거나 위법하게 분양 또는 임대한 세대의 수에 1천만 원을 곱한 금액 이하의 벌금에 처한다(법 제56조 제1항).

(라) 1년 이하의 징역 또는 1천만 원 이하의 벌금

다음에 해당하는 자는 1년 이하의 징역 또는 1천만 원 이하의 벌금에 처한다(법 제57조).

- 신고를 하지 아니하고 양로시설·노인공동생활가정·노인복지주택·노인요양시설·노인요양공동생활가정·노인여가복지시설 또는 재가노인복지시설을 설치하거나 운영한 자
- 노인복지주택을 임차한 자는 해당 노인주거시설을 입소자격자가 아닌 자에게 다시 임대할 수 없는데 이를 위반하여 임대한 자
- 지정을 받지 아니하고 요양보호사교육기관을 설치하거나 운영한 자
- 신고인의 신분 보호 및 신원 노출 금지 의무를 위반한 자

- 직무상 알게 된 비밀을 누설한 자
- 노인주거복지시설의 장, 노인의료복지시설의 장, 노인여가복지시설의 장 또는 재가노인복지시설의 장은 해당 시설을 폐지 또는 휴지하는 경우에는 보건복지부령으로 정하는 바에 따라 해당 시설을 이용하는 사람이 다른 시설을 이용할 수 있도록 조치계획을 수립하고 이행하는 등 시설 이용자의 권익을 보호하기 위한 조치를 취하여야 하는데 이에 따른 권익보호조치를 하지 아니한 자

(마) 과태료

명령을 위반하여 보고 또는 자료제출을 하지 아니하거나 거짓으로 보고하거나 거짓 자료를 제출한 자 또는 직무상 65세 이상의 사람에 대한 노인학대를 알게 된 때 노인학대를 신고하지 아니한 사람에게는 500만 원 이하의 과태료를 부과하며(법 제61조의2 제1항), 노인복지시설의 장 또는 종사자로서 업무 중 실종노인임을 알게 된 때 신상카드를 제출하지 아니한 자, 신고하지 아니하고 노인복지시설을 폐지 또는 휴지한 자는 200만 원 이하의 과태료를 부과한다(법 제61조의2 제3항). 이에 따른 과태료는 대통령령으로 정하는 바에 따라 보건복지부장관, 시·도지사, 시장·군수·구청장이 부과·징수한다(법 제61조의2 제4항).

제4절 「장애인복지법」

가. 「장애인복지법」의 의의

장애인복지란 신체적인 면이나 정신적인 면에 장애(障碍)를 가진 사람들이 신체적·직업적 및 사회적 재활을 통하여 사회의 모든 구성원과 마찬가지로 인간다운 삶을 영위할 수 있도록 법적·제도적 및 사회적 보장과 지원을 행하는 활동을 말한다. 사회가 변화함에 따라 장애인복지에 대한 관심이 생존권의 문제에서 생활권의 문제로 옮겨져 장애인에 대한 정의는 단순한 기능의 상실보다는 사회적 장애의 문제에 초점을 두게 되는 경향을 띠고 있다. 따라서 장애인복지의 최대목표는 장애인

이 현 사회에서 평등한 인간으로서 완전한 참여를 이루는 사회적 통합에 있다.

장애인의 복지는 여러 가지의 다양한 장애인에 관한 정책 가운데 장애인의 기본적인 욕구를 해결하고 장애인으로 하여금 인간다운 생활을 할 수 있도록 하는 사회보장의 하나라고 할 수 있다. 또한 장애인복지는 장애인이 가지고 있는 장애(障碍, 핸디캡)를 인적 및 물적·사회적 자원의 활용과 협력을 통하여 가능한 한 경감 및 해소하고 다른 장애 없는 사람들과 동등한 생활조건과 환경을 누릴 수 있도록 하는 사회복지활동이다. 이에 따라 「장애인복지법」은 장애인의 복지 증진과 사회참여 증진에 관한 법을 말한다. 여기에는 법률로서 장애인복지의 기본법적인 지위를 지니고 있는 「장애인복지법」·「장애인복지법」 시행령·「장애인복지법」 시행규칙, 장애인의 고용촉진과 직업재활을 통한 사회통합에 초점을 맞춘 「장애인고용촉진 및 직업재활법」, 장애인 등에 대한 「특수교육법」, 장애인·노인·임산부 등이 지역사회의 일상생활을 영위하는 데 있어 여러 가지 장벽을 제거하여 자유롭게 사회활동 참여를 가능케 하기 위한 조치로서의 「장애인·노인·임산부 등의 편의증진 보장에 관한 법률」, 「장애인기업활동 촉진법」, 「교통약자의 이동편의 증진법」, 「장애인차별금지 및 권리구제 등에 관한 법률」, 「장애인연금법」, 「장애인활동지원에 관한 법률」 등이 있다.

「장애인복지법」은 "장애인의 인간다운 삶과 권리보장을 위한 국가와 지방자치단체 등의 책임을 명백히 하고, 장애발생 예방과 장애인의 의료·교육·직업재활·생활환경 개선 등에 관한 사업을 정하여 장애인복지대책을 종합적으로 추진하며, 장애인의 자립생활·보호 및 수당지급 등에 관하여 필요한 사항을 정하여 장애인의 생활안정에 기여하는 등 장애인의 복지와 사회활동 참여 증진을 통하여 사회통합에 이바지함을 목적으로 한다"고 규정하고 있다(법 제1조). 「장애인복지법」은 다른 사회복지서비스법과는 달리 급여대상자인 장애인의 인간다운 삶과 권리보장을 위한 국가와 지방자치단체의 책임을 명확히 하고 장애인복지대책을 위한 종합적인 장애인복지 조치내용을 포함하고 있다는 점 등이 특징이라고 할 수 있다. 이는 장애인 문제와 권리에 대한 사회적 인식과 그 해결을 위한 국가사회적 책임의식이 커진 데 따른 결과이다. 장애인이 일반인과 함께 '정상적인 생활'을 영위할 수 있도록 모든 노력을 다한다는 것이다. 「장애인복지법」이 "국가와 지방자치단체는 「장애인복지법」의 목적을 달성하기 위하여 필요한 법제상 및 재정상의 조치를 강구하여야 한다"고 규정(법 제16조)하고 있는 것이 그것이다.

나. 장애인의 정의와 기본이념

1) 「장애인복지법」상 장애인의 정의와 기준

장애인이란 신체적·정신적 장애로 오랫동안 일상생활이나 사회생활에서 상당한 제약을 받는 자를 말한다(법 제2조 제1항). 장애인은 다음의 어느 하나에 해당하는 장애가 있는 자로서 대통령령(시행령 제2조 별표 1)으로 정하는 장애의 종류(총 15종) 및 기준에 해당하는 자를 말한다(법 제2조 제2항). 장애인은 장애의 정도에 따라 등급을 1등급부터 6등급까지 구분하되, 그 등급은 보건복지부령으로 정하고 있다(법 시행령 제2조 제2항).

- 신체적 장애란 주요 외부 신체 기능의 장애, 내부기관의 장애 등을 말한다.
- 정신적 장애란 발달장애 또는 정신 질환으로 발생하는 장애를 말한다.

그러나 이에 해당하는 장애인 중 「정신건강증진 및 정신질환자 복지서비스 지원에 관한 법률」과 「국가유공자 등 예우 및 지원에 관한 법률」 등 대통령령이 정하는 다른 법률의 적용을 받는 장애인에 대해서는 대통령령이 정하는 바에 따라 「장애인복지법」의 적용을 제한할 수 있다(법 제15조).

2) 장애인의 종류(총 15종)

(가) 지체장애인(肢體障碍人)

한 팔, 한 다리 또는 몸통의 기능에 영속적인 장애가 있는 사람, 한 손의 엄지손가락을 지골(指骨: 손가락 뼈) 관절 이상의 부위에서 잃은 사람 또는 한 손의 둘째손가락을 포함한 두 개 이상의 손가락을 모두 제1지골 관절 이상의 부위에서 잃은 사람, 한 다리를 리스프랑(Lisfranc: 발등 뼈와 발목을 이어 주는) 관절 이상의 부위에서 잃은 사람, 두 발의 발가락을 모두 잃은 사람, 한 손의 엄지손가락 기능을 잃은 사람 또는 한 손의 둘째손가락을 포함한 손가락 두 개 이상의 기능을 잃은 사람, 왜소증으로 키가 심하게 작거나 척추에 현저한 변형 또는 기형이 있는 사람, 지체(肢體)에 앞의 내용 중 어느 하나에 해당하는 장애 정도 이상의 장애가 있다고 인정되는 사람

(나) 뇌병변장애인(腦病變障碍人)

뇌성마비, 외상성 뇌손상, 뇌졸중(腦卒中) 등 뇌의 기질적 병변으로 인하여 발생한 신체적 장애로 보행이나 일상생활의 동작 등에 상당한 제약을 받는 사람

(다) 시각장애인(視覺障碍人)

나쁜 눈의 시력(만국식 시력표에 따라 측정된 교정시력을 말한다. 이하 같다)이 0.02 이하인 사람, 좋은 눈의 시력이 0.2 이하인 사람, 두 눈의 시야가 각각 주시점에서 10도 이하로 남은 사람, 두 눈의 시야 2분의 1 이상을 잃은 사람

(라) 청각장애인(聽覺障碍人)

두 귀의 청력 손실이 각각 60데시벨(dB) 이상인 사람, 한 귀의 청력 손실이 80데시벨 이상, 다른 귀의 청력 손실이 40데시벨 이상인 사람, 두 귀에 들리는 보통 말소리의 명료도가 50퍼센트 이하인 사람, 평형 기능에 상당한 장애가 있는 사람

(마) 언어장애인(言語障碍人)

음성 기능이나 언어 기능에 영속적으로 상당한 장애가 있는 사람

(바) 지적장애인(知的障碍人)

정신 발육이 항구적으로 지체되어 지적 능력의 발달이 불충분하거나 불완전하고 자신의 일을 처리하는 것과 사회생활에 적응하는 것이 상당히 곤란한 사람

(사) 자폐성장애인(自閉性障碍人)

소아기 자폐증, 비전형적 자폐증에 따른 언어·신체표현·자기조절·사회적응 기능 및 능력의 장애로 인하여 일상생활이나 사회생활에 상당한 제약을 받아 다른 사람의 도움이 필요한 사람

(아) 정신장애인(精神障碍人)

지속적인 정신분열병, 분열형 정동장애(情動障碍: 여러 현실 상황에서 부적절한 정서 반응을 보이는 장애), 양극성 정동장애 및 반복성 우울장애에 따른 감정조절·행동·사고 기능 및 능력의 장애로 인하여 일상생활이나 사회생활에 상당한 제약을 받아 다른 사람의 도움이 필요한 사람

(자) 신장장애인(腎臟障碍人)

신장의 기능부전(機能不全)으로 인하여 혈액투석이나 복막투석을 지속적으로 받아야 하거나 신장기능의 영속적인 장애로 인하여 일상생활에 상당한 제약을 받는 사람

(차) 심장장애인(心臟障碍人)

심장의 기능부전으로 인한 호흡곤란 등의 장애로 일상생활에 상당한 제약을 받는 사람

(카) 호흡기장애인(呼吸器障碍人)

폐나 기관지 등 호흡기관의 만성적 기능부전으로 인한 호흡기능의 장애로 일상생활에 상당한 제약을 받는 사람

(타) 간장애인(肝障碍人)

간의 만성적 기능부전과 그에 따른 합병증 등으로 인한 간기능의 장애로 일상생활에 상당한 제약을 받는 사람

(파) 안면장애인(顔面障碍人)

안면 부위의 변형이나 기형으로 사회생활에 상당한 제약을 받는 사람

(하) 장루·요루장애인(腸瘻·尿瘻障碍人)

배변기능이나 배뇨기능의 장애로 인하여 장루(腸瘻) 또는 요루(尿瘻)를 시술하여 일상생활에 상당한 제약을 받는 사람

(거) 뇌전증장애인(腦電症障碍人)

뇌전증에 의한 뇌신경세포의 장애로 인하여 일상생활이나 사회생활에 상당한 제약을 받아 다른 사람의 도움이 필요한 사람

다. 장애인복지의 책임 주체 → 국가, 지방자치단체, 국민 → 사회연대책임

장애인의 문제는 국가와 지방자치단체 및 국민 모두가 관심을 가지고 해결해야 할 사회문제이자 정책이다. 이러한 맥락에서 「장애인복지법」은 이들을 구성원으로 하는 사회 전체가 책임을 져야 한다는 취지를 규정하고 있다.

1) 국가와 지방자치단체

"국가와 지방자치단체는 장애 발생을 예방하고, 장애의 조기 발견에 대한 국민의 관심을 높이며, 장애인의 자립을 지원하고, 보호가 필요한 장애인을 보호하여 장애인의 복지를 향상시킬 책임을 진다(법 제9조 제1항)"고 하여 국가와 지방자치단체를 장애인복지 증진의 책임 주체로 규정하고 있다. 또 국가와 지방자치단체는 장애 정도가 심하여 자립하기가 매우 곤란한 장애인(중증장애인)이 필요한 보호 등을 평생 받을 수 있도록 알맞은 정책을 강구하여야 하며(법 제6조), 국가와 지방자치단체는 여성장애인의 권익을 보호하기 위하여 정책을 강구하여야 한다(법 제9조 제2항).

국가와 지방자치단체는 장애인복지정책을 장애인과 그 보호자에게 적극적으로 홍보하여야 하며, 국민이 장애인을 올바르게 이해하도록 하는 데에 필요한 정책을 강구하여야 한다(법 제9조 제3항). 국가 및 지방자치단체는 장애인 정책의 결정과 그 실시에 있어서 장애인 및 장애인의 부모, 배우자, 그 밖에 장애인을 보호하는 자의 의견을 수렴하여야 한다. 이 경우 당사자의 의견수렴을 위한 참여를 보장하여야 한다(법 제5조).

2) 사회연대책임

장애인의 복지는 국가와 지방자치단체의 노력만으로는 가능하지 않다. 일반사회도 노력하여야 한다. 그래서 누구든지 장애를 이유로 정치·경제·사회·문화생활

의 모든 영역에서 차별을 받지 아니하고, 누구든지 장애를 이유로 정치·경제·사회·문화생활의 모든 영역에서 장애인을 차별하여서는 아니 되며, 누구든지 장애인을 비하·모욕하거나 장애인을 이용하여 부당한 영리행위를 하여서는 아니 되며, 장애인의 장애를 이해하기 위하여 노력하여야 한다(법 제8조 제1항, 제2항).

3) 국민

모든 국민은 장애 발생의 예방과 장애의 조기 발견을 위하여 노력하여야 하며, 장애인의 인격을 존중하고 사회통합의 이념에 기초하여 장애인의 복지 향상에 협력하여야 한다(법 제10조).

4) 장애인의 날

장애인에 대한 국민의 이해를 깊게 하고 장애인의 재활의욕을 높이기 위하여 매년 4월 20일을 장애인의 날로 하며, 장애인의 날부터 1주간을 장애인 주간으로 하고(법 제14조 제1항), 국가와 지방자치단체는 장애인의 날의 취지에 맞는 행사 등 사업을 하도록 노력하여야 한다(법 제14조 제2항).

라. 장애인복지의 실천기관 → 장애인복지의 전달체계

1) 장애인정책조정위원회

장애인 종합정책을 수립하고 관계 부처 간의 의견을 조정하며 그 정책의 이행을 감독·평가하기 위하여 국무총리 소속하에 장애인정책조정위원회(이하 "위원회"라 한다)를 둔다(법 제11조 제1항). 위원회와 실무위원회의 구성·운영에 관하여 필요한 사항은 대통령령으로 정하고 있는데(법 제11조 제5항), 위원장 및 부위원장 각 1명을 포함한 30명 이내의 위원으로 구성하고(법 시행령 제3조 제1항), 위원장은 국무총리가 되고, 부위원장은 보건복지부장관이 되며, 위원은 당연직 위원과 위촉위원으로 한다(법 시행령 제3조 제2항). 당연직 위원은 기획재정부장관, 교육부장관, 행정안전부장관, 문화체육관광부장관, 산업통상자원부장관, 고용노동부장관, 여성가족부장관, 국토교통부장관, 국무조정실장, 법제처장, 국가보훈처장 및 위원회의 심의사항과 관련되어 위원장이 지정하는 중앙행정기관의 장이 된다(법 시행령 제3조 제3항). 위촉위원은 장애인 관련 단체의 장이나 장애인 문제에 관한 학식과 경험이 풍부한 자 중에서 위원장이 위촉하되, 위촉위원 중 2분의 1 이상은 장애인으로 한다(법 시행령 제3조 제4항).

장애인복지조정위원회는 ① 장애인복지정책의 기본방향에 관한 사항, ② 장애인복지 향상을 위한 제도개선과 예산지원에 관한 사항, ③ 중요한 특수교육정책의 조정에 관한 사항, ④ 장애인 고용촉진정책의 중요한 조정에 관한 사항, ⑤ 장애인 이동보장 정책조정에 관한 사항, ⑥ 장애인정책 추진과 관련한 재원조달에 관한 사항, ⑦ 장애인복지에 관한 관련 부처의 협조에 관한 사항, ⑧ 그 밖에 장애인복지와 관련하여 대통령령으로 정하는 사항을 심의·조정하고 있다(법 제11조 제2항). 장애인복지조정위원회는 필요하다고 인정되면 관계 행정기관에 그 직원의 출석·설명과 자료 제출을 요구할 수 있고(법 제11조 제3항), 장애인복지조정위원회는 심의·조정사항을 미리 검토하고 관계 기관 사이의 협조 사항을 정리하기 위하여 위원회에 장애인정책조정실무위원회(이하 실무위원회라 한다)를 두고 있다(법 제11조 제4항). 그리고 장애인복지 관련 사업의 기획·조사·실시 등을 하는 데에 필요한 사항을 심의하기 위하여 지방자치단체에 지방장애인복지위원회를 두며, 지방장애인복지위원회를 조직·운영하는 데에 필요한 사항은 대통령령으로 정하는 기준에 따라 지방자치단체의 조례로 정하고 있다(법 제13조 제1항, 제2항).

2) 장애인정책책임관

중앙행정기관의 장은 해당 기관의 장애인정책을 효율적으로 수립·시행하기 위하여 소속공무원 중에서 장애인정책책임관을 지정할 수 있고(법 제12조 제1항), 이에 따른 장애인정책책임관의 지정 및 임무 등에 관하여 필요한 사항은 대통령령으로 정하고 있다(법 제12조 제2항). 이에 따른 장애인정책책임관은 중앙행정기관의 장이 해당 기관의 장애인 정책수립·시행을 담당하는 고위공무원단 소속 공무원 또는 이에 상당하는 공무원 중에서 지정하고(법 시행령 제11조 제1항), 이에 따라 지정된 장애인정책책임관의 임무는 ① 장애인정책 추진계획의 수립에 관한 사항, ② 장애인정책 추진상황의 점검 및 평가에 관한 사항, ③ 장애인정책 추진 관련 대외협력 업무, ④ 그 밖에 장애인의 권익 증진과 장애인에 대한 사회적 인식 개선을 위한 사항으로서 중앙행정기관의 장이 정하는 업무를 행한다(법 시행령 제11조 제2항).

3) 지방장애인복지위원회

장애인복지 관련 사업의 기획·조사·실시 등을 하는 데에 필요한 사항을 심의하기 위하여 지방자치단체에 지방장애인복지위원회를 두며(법 제13조 제1항), 지방장애인복지위원회를 조직·운영하는 데에 필요한 사항은 대통령령으로 정하는 기준에 따라 지방자치단체의 조례로 정하고 있다(법 제13조 제2항). 지방장애인복지위원회는 위원장 1명을 포함한 30명 이내의 위원으로 구성하고(법 시행령 제12조 제1항), 지방위원회의 위원장은 그 지방자치단체의 장이 되고, 위원은 ① 장애인 관련 단체의 장, ② 장애인 문제에 관한 학식과 경험이 풍부한 자, ③ 해당 지방자치단체 소속 공무원으로서 장애인정책 관련 업무를 수행하는 자에 해당하는 자 중에서 지방자치단체의 장이 위촉하거나 임명하는 자로 하되, 위촉위원 중 2분의 1 이상은 장애인으로 한다(법 시행령 제12조 제2항).

4) 장애인복지상담원 → 상담서비스

장애인복지 향상을 위한 상담 및 지원 업무를 맡기기 위하여 시·군·구에 장애인복지상담원을 두며(법 제33조 제1항), 장애인복지상담원은 그 업무를 할 때 개인의 인격을 존중하고, 업무상 알게 된 개인의 신상에 관한 비밀을 누설하여서는 아니 된다(법 제33조 제2항). 장애인복지상담원의 임용·직무·보수와 그 밖에 필요한 사항은 대통령령으로 정하고 있다(법 제33조 제3항). 장애인복지상담원은 ① 「사회복지사업법」 제11조에 따른 사회복지사 자격증의 소지자, ② 「초·중등교육법」 제21조에 따른 특수학교의 교사자격증 소지자, ③ 장애인복지 관련 직무 분야에서 근무한 경력이 3년 이상인 사람으로 해당 지방자치단체의 규칙으로 정하는 임용예정 계급에 상당하는 경력기준에 상응하는 사람, ④ 임용예정 직급과 같은 직급에서 공무원으로 2년 이상 근무한 사람 중에서 특별자치시장·특별자치도지사·시장·군수·구청장이 지방공무원으로 임용한다(법 시행령 제21조 제1항).

특별자치시장·특별자치도지사·시장·군수·구청장은 해당 지방자치단체의 인력 운용상 부득이한 경우에는 소속 공무원 중 「사회보장급여의 이용·제공 및 수급권자 발굴에 관한 법률 시행령」 제23조에 따라 임용한 사회복지전담공무원에게 상담원의 직무를 수행하게 할 수 있다(법 시행령 제21조 제2항). 장애인복지상담원의 직무는 장애인과 그 가족 또는 관계인에 대한 상담 및 지도 등 장애인의 복지 증진에 관한 사항이다.

이러한 장애인복지상담원은 ① 장애인과 그 가족 또는 관계인에 대한 상담 및 지도, ② 장애인에 대한 진단·진료 또는 보건 등에 관한 지도와 관계 전문기관에 대한 진단·진료 또는 보건지도 등의 의뢰, ③ 장애인복지시설에 대한 장애인의 입소·통원 또는 그 이용의 알선, ④ 장애인에 대한 장애인보조기구의 지급과 사용·수리 등에 관한 지도, ⑤ 장애인에 대한 직업훈련·취업알선과 관계 전문기관에 대한 직업훈련·취업알선의 의뢰, ⑥ 장애인을 위한 지역사회자원의 개발·조직·활용 및 알선, ⑦ 장애인복지시설이나 장애인에 관한 조사 및 지도, ⑧ 그 밖에 장애인의 복지 증진에 관한 사항의 직무를 수행한다(법 시행령 제22조).

5) 장애인복지단체

국가와 지방자치단체는 장애인의 복지를 향상하고 자립을 돕기 위하여 장애인복지단체를 보호·육성하도록 노력하여야 하며(법 제63조 제1항), 국가와 지방자치단체는 예산의 범위 안에서 장애인복지단체의 사업 또는 활동이나 그 시설에 필요한 경비의 전부 또는 일부를 보조할 수 있다(법 제63조 제2항). 장애인복지단체의 활동을 지원하고 장애인의 복지를 향상하기 위하여 장애인복지단체협의회를 설립할 수 있고(법 제64조 제1항), 장애인복지단체협의회는 「사회복지사업법」에 따른 사회복지법인으로 하되, 「사회복지사업법」 제23조 제1항[39]은 적용하지 아니한다(법 제

39) 사회복지사업법 제23조(재산 등) ① 법인은 사회복지사업의 운영에 필요한 재산을 소유하여야 한다.

64조 제2항). 장애인복지단체협의회의 조직과 운영 등에 관하여 필요한 사항은 정관으로 정한다(법 제64조 제3항).

6) 장애인복지 전문인력

의지(義肢)·보조기 기사, 언어재활사, 수화통역사, 점역(點譯)·교정사 등 장애인복지 전문인력, 그 밖에 장애인복지에 관한 업무에 종사하는 자를 말한다.

(가) 장애인복지 전문인력 양성 등

국가와 지방자치단체 그 밖의 공공단체는 의지·보조기 기사, 언어재활사, 장애인재활상담사, 한국수어통역사, 점역(點譯)·교정사 등 장애인복지 전문인력, 그 밖에 장애인복지에 관한 업무에 종사하는 자를 양성·훈련하는 데에 노력해야 한다(법 제71조 제1항). 이에 따른 장애인복지 전문인력의 범위 등에 관한 사항은 보건복지부령으로 정하고 있다(법 제71조 제2항). 국가와 지방자치단체는 장애인복지 전문인력의 양성업무를 관계 전문기관 등에 위탁할 수 있다(법 제71조 제3항). 국가와 지방자치단체는 장애인복지 전문인력의 양성에 소요되는 비용을 예산의 범위 안에서 보조할 수 있다(법 제71조 제4항).

(나) 의지·보조기 기사자격증 교부 등

보건복지부장관은 ①「고등교육법」에 따른 전문대학이나 교육부장관이 이와 같은 수준 이상의 학력이 있다고 인정하는 학교에서 보건복지부령으로 정하는 의지·보조기 관련 교과목을 이수하고 졸업한 자, ② 보건복지부장관이 인정하는 외국에서 위에 해당하는 학교와 같은 수준 이상의 교육과정을 마치고 외국의 해당 의지·보조기 기사자격증을 받은 자에 해당하는 자로서「장애인복지법」제73조에 따른 국가시험에 합격한 자(의지·보조기 기사)에게 의지·보조기 기사자격증을 내주어야 한다(법 제72조 제1항).

의지·보조기 기사자격증을 분실하거나 훼손한 자에게는 신청에 따라 자격증을 재교부한다(법 제72조 제2항). 의지·보조기 기사자격증은 다른 자에게 대여하지 못한다(법 제72조 제3항). 이에 따른 자격증의 교부·재교부 절차와 그 밖에 그 관리에 관하여 필요한 사항은 보건복지부령으로 정하고 있다(법 제72조 제4항).

(다) 언어재활사 자격증 교부 등

보건복지부장관은 다음의 자격요건을 갖춘 사람으로서 「장애인복지법」 제73조에 따른 국가시험에 합격한 사람(언어재활사)에게 언어재활사 자격증을 내주어야 한다(법 제72조의2 제1항). 언어재활사의 종류 및 국가시험 응시자격요건은 다음의 구분과 같다. 이 경우 외국의 대학원·대학·전문대학에서 언어재활 분야의 학위를 취득한 사람으로서 등급별 자격기준과 동등한 학력이 있다고 보건복지부장관이 인정하는 경우에는 해당 등급의 응시자격을 갖춘 것으로 본다(법 제72조의2 제2항).

① 1급 언어재활사: 2급 언어재활사 자격증을 가진 사람으로서 다음 각 목의 어느 하나에 해당하는 사람
- 「고등교육법」에 따른 대학원에서 언어재활 분야의 박사학위 또는 석사학위를 취득한 사람으로서 언어재활기관에 1년 이상 재직한 사람
- 「고등교육법」에 따른 대학에서 언어재활 관련 학과의 학사학위를 취득한 사람으로서 언어재활기관에 3년 이상 재직한 사람

② 2급 언어재활사: 「고등교육법」에 따른 대학원·대학·전문대학의 언어재활 관련 교과목을 이수하고 관련 학과의 석사학위·학사학위·전문학사학위를 취득한 사람

언어재활사 자격증을 분실하거나 훼손한 사람에게는 신청에 따라 자격증을 재교부한다(법 제72조의2 제3항). 언어재활사 자격증은 다른 사람에게 대여하지 못한다(법 제72조의2 제4항). 이에 따른 자격증의 교부·재교부 절차와 관리 및 언어재활기관의 범위, 대학원·대학·전문대학의 언어재활 관련 학과와 언어재활사로서 이수하여야 하는 관련 교과목의 범위 등에 필요한 사항은 보건복지부령으로 정하고 있다(법 제72조의2 제5항).[40)]

40) 법 제72조의2 시행일: 2012.8.5.

(라) 의지·보조기 기사 등의 국가시험의 실시 등

의지·보조기 기사 및 언어재활사(의지·보조기 기사 등)의 국가시험은 보건복지부장관이 실시하되, 실시시기·실시방법·시험과목, 그 밖에 시험 실시에 관하여 필요한 사항은 대통령령으로 정하고 있고(법 제73조 제1항), 보건복지부장관은 국가시험의 실시에 관한 업무를 대통령령으로 정하는 바에 따라 시험관리 능력이 있다고 인정되는 관계 전문기관에 위탁할 수 있다(법 제73조 제2항). 보건복지부장관은 의지·보조기 기사 및 언어재활사의 국가시험(국가시험)을 매년 1회 이상 시행하여야 하며(법 시행령 제37조 제1항), 보건복지부장관은 국가시험의 실시에 관한 업무를 대통령령으로 정하는 바에 따라 한국보건의료인국가시험원(국가시험관리기관)에 위탁한다(법 시행령 제37조 제2항).

국가시험관리기관의 장은 국가시험을 실시하려면 미리 보건복지부장관의 승인을 받아 시험일시, 시험장소, 시험과목, 응시수수료 및 응시원서의 제출기간, 그 밖에 시험의 실시에 필요한 사항을 시험을 실시하기 90일 전까지 공고하여야 한다. 다만, 시험장소는 지역별 응시인원이 확정된 후 시험 실시 30일 전까지 공고할 수 있다(법 시행령 제37조 제3항). 국가시험관리기관의 장은 장애인이 시험에 응시하는 경우 장애의 종류 및 정도에 따라 편의를 제공하여야 한다(법 시행령 제37조 제4항).

(마) 의지·보조기 기사 등의 국가시험의 응시자격 제한 등

다음의 어느 하나에 해당하는 자는 「장애인복지법」 제73조에 따른 국가시험에 응시할 수 없다(법 제74조 제1항).

- 「정신건강증진 및 정신질환자 복지 서비스 지원에 관한 법률」 제3조 제1호에 따른 정신질환자. 다만, 전문의가 의지·보조기 기사 등으로서 적합하다고 인정하는 사람은 그러하지 아니하다.
- 마약·대마 또는 향정신성의약품 중독자
- 피성년후견인
- 「장애인복지법」이나 「형법」 제234조·제317조 제1항, 「의료법」, 「국민건강보험법」, 종전의 「국민의료보험법」, 「의료보험법」, 「의료보호법」, 「보건범죄

단속에 관한 특별조치법」, 「마약류 관리에 관한 법률」 또는 「후천성면역결핍증 예방법」을 위반하여 금고 이상의 형을 선고받고 그 형의 집행이 끝나지 아니하였거나 집행을 받지 아니하기로 확정되지 아니한 자

부정한 방법으로 「장애인복지법」 제73조에 따른 국가시험에 응시한 자나 국가시험에 관하여 부정행위를 한 자는 그 수험을 정지시키거나 합격을 무효로 한다(법 제74조 제2항). 이에 따라 수험이 정지되거나 합격이 무효가 된 자는 그 후 2회에 한하여 「장애인복지법」 제73조에 따른 국가시험에 응시할 수 없다(법 제74조 제3항).

(바) 보수교육

보건복지부장관은 의지·보조기 기사 등에 대하여 자질 향상을 위하여 필요한 보수(補修) 교육을 받도록 명할 수 있다(법 제75조 제1항). 이에 따른 보수교육의 실시시기와 방법 등 필요한 사항은 보건복지부령으로 정하고 있다(법 제75조 제2항). 이에 따른 보수교육은 ① 의지·보조기 기사자격을 취득한 후 의지·보조기 제조업에 종사하는 자, ①의2. 언어재활사 자격을 취득한 후 언어재활 분야에 종사하는 사람(5년 이상 언어재활 분야에 종사하지 아니한 사람으로서 다시 언어재활 분야에 종사하려는 사람을 포함한다), ①의3. 장애인재활상담사 자격을 취득한 후 장애인재활 분야에 종사하는 사람(5년 이상 장애인재활 분야에 종사하지 아니한 사람으로서 다시 장애인재활 분야에 종사하려는 사람을 포함한다), ② 「장애인복지법」 제77조에 따른 자격정지처분을 받은 자에 해당하는 자에 대하여 명할 수 있다(법 시행규칙 제61조 제1항). 이에 따른 보수교육은 ① 의지·보조기 기사: 의지·보조기 기사를 회원으로 하여 의지·보조기 관련 학문·기술의 장려, 연구개발 및 교육을 목적으로 민법에 따라 설립된 비영리법인이 실시하고, 교육시간은 2년간 8시간 이상으로 한다. ② 언어재활사: 법 제80조의2에 따른 한국언어재활사협회(이하 "한국언어재활사협회"라 한다)가 실시하고, 교육시간은 연간 8시간 이상으로 한다(법 시행규칙 제61조 제2항). 보수교육의 실시시기, 교과과정, 실시방법, 그 밖에 보수교육의 실시에 필요한 사항은 보수교육실시기관장이 정한다(법 시행규칙 제61조 제3항).

(사) 의지·보조기 기사 등의 자격증의 자격취소

보건복지부장관은 의지·보조기 기사 등이 ①「장애인복지법」 제72조 제3항을 위반해서 타인에게 의지·보조기 기사자격증을 대여한 때, ①의2「장애인복지법」 제72조의2 제4항을 위반하여 타인에게 언어재활사 자격증을 대여하였을 때, ①의3 「장애인복지법」 제72조의3 제4항을 위반하여 타인에게 장애인재활상담사 자격증을 대여하였을 때, ②「장애인복지법」 제74조 제1항 각 호의 어느 하나에 해당하게 된 때, ③「장애인복지법」 제77조에 따른 자격정지처분 기간에 그 업무를 하거나 자격정지 처분을 3회 받은 때에 해당한 때에는 그 자격을 취소해야 한다(법 제76조).

(아) 의지·보조기 기사 등의 자격정지

보건복지부장관은 의지·보조기 기사 등이 ① 의지·보조기 기사의 업무를 하면서 고의 또는 중대한 과실로 의지·보조기 착용자의 신체에 손상을 입힌 사실이 있는 때, ①의2 언어재활사의 업무를 하면서 고의 또는 중대한 과실로 언어재활 대상자의 기능에 손상을 입힌 사실이 있을 때, ①의3 장애인재활상담사의 업무를 하면서 고의 또는 중대한 과실로 재활 대상자에게 손해를 입힌 사실이 있을 때, ②「장애인복지법」 제75조에 따른 보수교육을 연속하여 2회 이상 받지 아니한 때에 해당하면 6개월 이내의 범위 안에서 보건복지부령으로 정하는 바에 따라 자격을 정지시킬 수 있다(법 제77조).

(자) 수수료

의지·보조기 기사 등의 국가시험에 응시하려고 하거나 의지·보조기 기사 등의 자격증을 교부 또는 재교부 받으려 하는 자는 보건복지부령으로 정하는 바에 따라 수수료를 내야 한다(법 제78조).

마. 장애인의 권리보호와 장애인복지의 기본정책 강구

국가 또는 지방자치단체는 장애인의 권리보호, 장애발생 예방, 의료와 재활치료, 사회적응훈련, 직업재활, 편의시설 및 안전대책 등을 강구해야 한다.

1) 장애인의 권리

장애인은 "인간으로서 존엄과 가치를 존중받으며, 그에 걸맞은 대우를 받으며(법 제4조 제1항), 국가·사회의 구성원으로서 정치·경제·사회·문화, 그 밖의 모든 분야의 활동에 참여할 권리를 가지며(법 제4조 제2항), 장애인 관련 정책결정과정에 우선적으로 참여할 권리가 있다(법 제4조 제3항)"고 하여 장애인의 권리를 규정하고 있다.

2) 장애인 및 보호자 등에 대한 의견수렴 참여, 중증장애인 보호, 여성장애인의 권익보호 및 차별금지 등

국가 및 지방자치단체는 장애인 정책의 결정과 그 실시에 있어서 장애인 및 장애인의 부모, 배우자, 그 밖에 장애인을 보호하는 자의 의견을 수렴하여야 한다. 이 경우 당사자의 의견수렴을 위한 참여를 보장하여야 한다(법 제5조). 또한 국가와 지방자치단체는 장애 정도가 심하여 자립하기가 매우 곤란한 장애인(중증장애인)이 필요한 보호 등을 평생 받을 수 있도록 알맞은 정책을 강구하여야 하며(법 제6조), 특히 국가와 지방자치단체는 여성장애인의 권익을 보호하고 사회참여를 확대하기 위하여 기초학습과 직업교육 등 필요한 시책을 강구하여야 한다(법 제7조).

3) 장애발생의 예방

국가와 지방자치단체는 장애의 발생 원인과 예방에 관한 조사 연구를 촉진하여야 하며, 모자보건사업의 강화, 장애의 원인이 되는 질병의 조기 발견과 조기 치료, 그 밖에 필요한 정책을 강구하여야 하며(법 제17조 제1항), 국가와 지방자치단체는 교통사고·산업재해·약물중독 및 환경오염 등에 의한 장애발생을 예방하기 위하여 필요한 조치를 강구하여야 한다(법 제17조 제2항).

4) 의료와 재활치료

국가와 지방자치단체는 장애인이 생활기능을 익히거나 되찾을 수 있도록 필요한 기능치료와 심리치료 등 재활의료를 제공하고 장애인의 장애를 보완할 수 있는 장애인보조기구를 제공하는 등 필요한 정책을 강구하여야 한다(법 제18조).

5) 사회적응훈련

국가와 지방자치단체는 장애인이 재활치료를 마치고 일상생활이나 사회생활을 원활히 할 수 있도록 사회적응훈련을 실시하여야 한다(법 제19조).

6) 교육

국가와 지방자치단체는 사회통합의 이념에 따라 장애인이 연령·능력·장애의 종류 및 정도에 따라 충분히 교육받을 수 있도록 교육 내용과 방법을 개선하는 등 필요한 정책을 강구하여야 하며(법 제20조 제1항), 국가와 지방자치단체는 장애인의 교육에 관한 조사·연구를 촉진하여야 하고(법 제20조 제2항), 국가와 지방자치단체는 장애인에게 전문 진로교육을 실시하는 제도를 강구하여야 한다(법 제20조 제3항). 각급학교의 장은 교육을 필요로 하는 장애인이 그 학교에 입학하려는 경우 장애를 이유로 입학 지원을 거부하거나 입학시험 합격자의 입학을 거부하는 등의 불리한 조치를 하여서는 아니 된다(법 제20조 제4항). 모든 교육기관은 교육 대상인 장애인의 입학과 수학(修學) 등에 편리하도록 장애의 종류와 정도에 맞추어 시설을 정비하거나 그 밖에 필요한 조치를 강구하여야 한다(법 제20조 제5항).

7) 직업재활 및 정보의 접근성 제공 등

(가) 직업

국가와 지방자치단체는 장애인이 적성과 능력에 맞는 직업에 종사할 수 있도록 직업 지도, 직업능력 평가, 직업 적응훈련, 직업훈련, 취업 알선, 고용 및 취업 후 지도 등 필요한 정책을 강구하여야 하며(법 제21조 제1항), 국가와 지방자치단체는 장애인 직업재활훈련이 원활히 이루어질 수 있도록 장애인에게 적합한 직종과 재활사업에 관한 조사·연구를 촉진하여야 한다(법 제21조 제2항).

(나) 정보에의 접근

국가와 지방자치단체는 장애인이 정보에 원활하게 접근하고 자신의 의사를 표시할 수 있도록 전기통신·방송시설 등을 개선하기 위하여 노력하여야 한다(법 제22조

제1항). 국가와 지방자치단체는 방송국의 장 등 민간 사업자에게 뉴스와 국가적 주요 사항의 중계 등 대통령령[41]으로 정하는 방송 프로그램에 청각장애인을 위한 수화 또는 폐쇄자막과 시각장애인을 위한 화면해설 또는 자막해설 등을 방영하도록 요청하여야 한다(법 제22조 제2항). 국가와 지방자치단체는 국가적인 행사, 그 밖의 교육·집회 등 대통령령[42]으로 정하는 행사를 개최하는 경우에는 청각장애인을 위한 수화통역 및 시각장애인을 위한 점자 또는 점자·음성변환용 코드가 삽입된 자료 등을 제공하여야 하며 민간이 주최하는 행사의 경우에는 한국수어통역 및 점자 또는 점자·음성변환용 코드가 삽입된 자료 등을 제공하도록 요청할 수 있다(법 제22조 제3항). 요청을 받은 방송국의 장 등 민간 사업자와 민간 행사 주최자는 정당한 사유가 없으면 그 요청에 따라야 한다(법 제22조 제4항). 국가와 지방자치단체는 시각장애인이 정보에 쉽게 접근할 수 있도록 점자도서와 음성도서 등을 보급하기 위하여 노력하여야 하며(법 제22조 제5항), 국가와 지방자치단체는 장애인의 특성을 고려하여 정보통신망 및 정보통신기기의 접근·이용에 필요한 지원 및 도구의 개발·보급 등 필요한 시책을 강구하여야 한다(법 제22조 제6항).

8) 편의시설 및 안전대책 강구

국가와 지방자치단체는 장애인이 공공시설과 교통수단 등을 안전하고 편리하게 이용할 수 있도록 편의시설의 설치와 운영에 필요한 정책을 강구하여야 하며(법 제

---

41) 「장애인복지법」 시행령 제14조(수화·폐쇄자막 또는 화면해설방영 방송프로그램의 범위) 법 제22조 제2항에서 "대통령령으로 정하는 방송 프로그램"이란 다음 각 호의 어느 하나에 해당하는 방송프로그램을 말한다. 1. 「방송법」 시행령 제50조 제2항에 따른 보도에 관한 방송프로그램, 2. 「공직선거법」 제70조부터 제74조까지, 제82조 및 제82조의2에 따른 선거에 관한 방송프로그램, 3. 「국경일에 관한 법률」에 따른 국경일 및 〈각종 기념일 등에 관한 규정에 따른 기념일의 의식과 그에 부수되는 행사〉의 중계방송, 4. 그 밖에 청각장애인이나 시각장애인이 정보에 접근하는 데에 필요하다고 인정하여 보건복지부장관이 정하여 고시하는 방송

42) 「장애인복지법」 시행령 제15조(수화통역 또는 점자자료 등의 제공) 법 제22조 제3항에서 "대통령령으로 정하는 행사"란 다음 각 호의 어느 하나에 해당하는 국경일 또는 기념일의 의식과 그에 부수되는 행사로 한다. 1. 국경일에 관한 법률에 따른 국경일, 2. 각종 기념일 등에 관한 규정에 따른 기념일 중 보건의날, 장애인의날, 어린이날, 어버이날, 스승의날, 현충일, 국군의날 및 노인의날

23조 제1항), 국가와 지방자치단체는 공공시설 등 이용편의를 위하여 한국수어통역·안내보조 등 인적서비스 제공에 관하여 필요한 시책을 강구하여야 한다(법 제23조 제2항). 국가와 지방자치단체는 추락사고 등 장애로 인하여 일어날 수 있는 안전사고와 비상재해 등에 대비하여 시각·청각 장애인과 이동이 불편한 장애인을 위하여 피난용 통로를 확보하고, 점자·음성·문자 안내판을 설치하며, 긴급 통보체계를 마련하는 등 장애인의 특성을 배려한 안전대책 등 필요한 조치를 강구하여야 한다(법 제24조).

9) 사회적 인식 개선과 선거권 행사를 위한 편의 제공

국가와 지방자치단체는 학생, 공무원, 근로자, 그 밖의 일반 국민 등을 대상으로 장애인에 대한 인식 개선을 위한 교육 및 공익광고 등 홍보사업을 실시하여야 하며(법 제25조 제1항), 국가기관 및 지방자치단체의 장, 「영유아보육법」에 따른 어린이집, 「유아교육법」·「초·중등교육법」·「고등교육법」에 따른 각급 학교의 장, 그 밖에 대통령령으로 정하는 교육기관 및 공공단체의 장의 소속 직원·학생을 대상으로 장애인에 대한 인식 개선을 위한 교육을 실시하고, 그 결과를 보건복지부장관에게 제출하여야 한다(법 제25조 제2항). 국가는 「초·중등교육법」에 따른 학교에서 사용하는 교과용 도서에 장애인에 대한 인식 개선을 위한 내용이 포함되도록 하여야 한다(법 제25조 제3항). 법 제25조 제2항에서 "대통령령으로 정하는 교육기관 및 공공단체"란 「공공기관의 운영에 관한 법률」에 따른 공공기관, 「지방공기업법」에 따른 지방공사 및 지방공단, 특별법에 따라 설립된 특수 법인 기관 또는 단체를 말한다(법 시행령 제16조 제1항). 「초·중등교육법」에 따른 학교의 장은 학생을 대상으로 장애인에 대한 인식 개선을 위한 교육을 1년에 1회 이상 하여야 한다(법 시행령 제16조 제2항).

10) 주택보급

국가와 지방자치단체는 공공주택 등 주택을 건설할 경우에는 장애인에게 장애 정도를 고려하여 우선 분양 또는 임대할 수 있도록 노력하여야 하며(법 제27조 제1항), 주택의 구입자금·임차자금 또는 개·보수비용의 지원 등 장애인의 일상생활에 적합한 주택의 보급·개선에 필요한 시책을 강구하여야 한다(법 제27조 제2항).

11) 문화환경 정비 등

국가와 지방자치단체는 장애인의 문화생활과 체육활동 및 관광활동에 대한 장애인의 접근을 보장하기 위하여 관련 시설 및 설비, 그 밖의 환경을 정비하고 문화생활과 체육활동 및 관광활동 등을 지원하도록 노력하여야 한다(법 제28조).

12) 복지연구 등의 진흥 → 재단법인 한국장애인개발원

국가와 지방자치단체는 장애인복지의 종합적이고 체계적인 조사·연구·평가 및 장애인 체육활동 등 장애인정책개발 등을 위하여 필요한 정책을 강구하여야 하며(법 제29조 제1항), 이에 따른 장애인 관련 조사·연구 수행 및 정책개발·복지진흥·재활체육진흥 등을 위하여 재단법인 한국장애인개발원을 설립한다(법 제29조의2의 제1항). 한국장애인개발원은 법인으로 하며(법 제29조의2의 제2항), 국가와 지방자치단체는 개발원 운영에 필요한 비용을 보조할 수 있으며(법 제29조의2의 제3항), 한국장애인개발원에 대하여 이 법과 공공기관의 운영에 관한 법률에서 규정한 사항을 제외하고는 민법 중 재단법인에 관한 규정을 준용한다(법 제29조의2의 제4항).

13) 경제적 부담의 경감

국가와 지방자치단체, 「공공기관의 운영에 관한 법률」 제4조에 따른 공공기관, 「지방공기업법」에 따른 지방공사 또는 지방공단은 장애인과 장애인을 부양하는 자의 경제적 부담을 줄이고 장애인의 자립을 촉진하기 위하여 세제상의 조치, 공공시설 이용료 감면, 그 밖에 필요한 정책을 강구하여야 한다(법 제30조 제1항). 국가와 지방자치단체, 「공공기관의 운영에 관한 법률」 제4조에 따른 공공기관, 「지방공기업법」에 따른 지방공사 또는 지방공단이 운영하는 운송사업자는 장애인과 장애인을 부양하는 자의 경제적 부담을 줄이고 장애인의 자립을 돕기 위하여 장애인과 장애인을 보호하기 위하여 동행하는 자의 운임 등을 감면하는 정책을 강구하여야 한다(법 제30조 제2항).

바. 장애인복지조치

올바른 실태조사를 통하여 문제와 욕구를 분석하고 이를 토대로 장애인복지정책을 마련하고 있다. 이런 점에서 「장애인복지법」은 장애인의 실태조사와 등록을 규정하여 장애인복지정책에 대한 기초자료로 활용하고 있다.

1) 조사

보건복지부장관은 장애인 복지정책의 수립에 필요한 기초 자료를 활용하기 위하여 3년마다 장애인의 실태조사를 실시하여야 하며(법 제31조 제1항), 이에 따른 장애실태조사의 방법, 대상 및 내용 등에 관하여 필요한 사항은 대통령령으로 정하고 있다(법 제31조 제2항).

장애인의 실태조사는 전수조사 또는 표본조사로 실시하되, 전수조사는 보건복지부장관이 정하는 바에 따라 특별시장·광역시장·도지사·특별자치도지사가 실시하고, 표본조사는 보건복지부장관이 전문연구기관에 의뢰하여 실시한다(법 시행령 제18조 제1항). 이에 따른 장애인의 실태조사에서 조사할 사항은 ① 성별, 연령, 학력, 가족사항 등 장애인의 일반특성에 관한 사항, ② 장애 유형, 장애 정도 및 장애 발생원인 등 장애 특성에 관한 사항, ③ 취업·직업훈련, 소득과 소비, 주거 등 경제 상태에 관한 사항, ④ 장애인보조기구의 사용, 복지시설의 이용, 재활서비스 및 편의시설의 설치욕구 등 복지욕구에 관한 사항, ⑤ 장애인연금·장애수당과 장애인보조기구의 지급 및 장애인등록제도 등 복지지원 상황에 관한 사항, ⑥ 일상생활과 여가 및 사회활동 등 사회참여상황에 관한 사항, ⑦ 생활만족도와 생활환경에 대한 태도 등 장애인의 의식에 관한 사항, ⑧ 여성장애인의 임신·출산·육아 등을 위한 복지욕구에 관한 사항, ⑨ 가구유형·가구소득 등 장애인과 비장애인의 비교조사를 위하여 필요한 사항, ⑩ 그 밖에 보건복지부장관이 장애인의 복지를 위하여 필요하다고 인정하는 사항 등을 행한다(법 시행령 제18조 제2항).

2) 장애인 등록

(가) 장애인의 등록신청 및 장애진단 절차

장애인, 그 법정대리인 또는 대통령령이 정하는 보호자(장애인을 보호하고 있는 장애인복지시설의 장, 그 밖에 장애인을 사실상 보호하고 있는 자)[43]는 장애 상태와 그 밖에 보건복지부령이 정하는 사항을 특별자치시장·특별자치도지사·시장·군수 또는 구청장에게 등록하여야 하며, 특별자치시장·특별자치도지사·시장·군수·구청장은 등록을 신청한 장애인이 장애인의 기준(법 제2조)에 맞으면 장애인등록증을 내주어야 한다(법 제32조 제1항). 등록증은 양도하거나 대여하지 못하며, 등록증과 비슷한 명칭이나 표시를 사용하여서는 아니 된다(법 제32조 제5항). 장애인의 등록을 신청하려는 자는 별지 제1호의2 서식의 신청서에 사진(3.5센티미터×4.5센티미터) 1장을 첨부하여 관할 읍·면·동장을 거쳐 특별자치시장·특별자치도지사·시장·군수·구청장에게 제출하여야 한다(법 시행규칙 제3조 제1항). 이에 따른 등록신청을 받은 시장·군수·구청장은 등록대상자와의 상담을 통하여 그 장애상태가 「장애인복지법」 영 제2조에 따른 장애인의 기준에 명백하게 해당되지 아니하는 경우 외에는 지체 없이 별지 제2호 서식의 의뢰서에 따라 「의료법」 제3조에 따른 의료기관 또는 「지역보건법」 제10조 및 제13조에 따른 보건소와 보건지소(의료기관) 중 보건복지부장관이 정하는 장애유형별 해당 전문의가 있는 의료기관에 장애진단을 의뢰하여야 한다(법 시행규칙 제3조 제2항). 이에 따라 장애진단을 의뢰받은 의료기관은 장애인의 장애상태를 진단한 후 별지 제3호 서식의 진단서를 장애진단을 의뢰한 시장·군수·구청장에게 통보하여야 한다(법 시행규칙 제3조 제3항). 시장·군수·구청장은 통보받은 진단 결과에 대하여 보다 정밀한 심사가 필요하다고 인정되는 경우에 국민연금공단에 장애 정도에 관한 심사를 의뢰할 수 있다. 이 경우 장애 정도에 관한 국민연금공단의 심사 방법 및 기준 등에 필요한 사항은 보건복지부장관이 정하여 고시한다(법 시행규칙 제3조 제4항).

---

43) 「장애인복지법」 시행령 제20조(보호자 범위) 법 제32조 제1항 및 제2항에서 대통령령이 정하는 보호자와 법 제84조 제1항에서 대통령령으로 정하는 보호자란 장애인을 보호하고 있는 장애인복지시설의 장, 그 밖에 장애인을 사실상 보호하고 있는 자를 말한다.

(나) 장애상태 확인

시장·군수·구청장은 장애인의 장애상태를 확인하여(법 제32조 제3항에 따라) 장애상태에 맞는 장애등급을 유지하여야 한다. 다만, 장애상태에 현저한 변화 가능성이 없다고 판단되는 장애인에 대하여는 그러하지 아니하고(법 시행규칙 제7조 제1항), 시장·군수·구청장은 장애인의 장애상태를 확인하려는 경우에는 별지 제7호 서식의 통보서를 해당 장애인에게 송부하여야 한다(법 시행규칙 제7조 제2항). 장애상태를 확인하기 위한 장애진단 및 장애등급의 조정에 관하여는 「장애인복지법」 시행규칙 제6조 제2항부터 제5항까지의 규정을 준용하고 있다(법 시행규칙 제7조 제3항).

(다) 등록증 반환통보

특별자치시장·특별자치도지사·시장·군수·구청장은 제1항에 따라 등록증을 받은 장애인의 장애 상태의 변화에 따른 장애 등급 조정을 위하여 장애 진단을 받게 하는 등 장애인이나 법정대리인 등에게 필요한 조치를 할 수 있다(법 제32조 제3항).

(라) 장애인의 장애인정과 등급사정에 관한 업무를 담당하는 장애판정위원회의 심의사항

장애인의 장애인정과 등급사정(査定)에 관한 업무를 담당하게 하기 위하여 보건복지부에 장애판정위원회를 둘 수 있다(법 제32조 제4항). 특별자치시장·특별자치도지사·시장·군수·구청장은 장애인 등록 및 장애 상태의 변화에 따른 장애 등급을 조정함에 있어 장애인의 장애인정과 장애 등급사정이 적정한지를 확인하기 위하여 필요한 경우 대통령령으로 정하는 「공공기관의 운영에 관한 법률」 제4조에 따른 공공기관에 장애 정도에 관한 정밀심사를 의뢰할 수 있고(법 제32조 제6항), 제6항에 따라 장애 정도에 관한 정밀심사를 의뢰받은 공공기관은 필요한 경우 심사를 받으려는 본인이나 법정대리인 등으로부터 동의를 받아 「의료법」에 따른 의료기관에 그 사람의 해당 진료에 관한 사항의 열람 또는 사본 교부를 요청할 수 있다. 이 경우 요청을 받은 의료기관은 특별한 사유가 없으면 요청에 따라야 하며, 국가 및 지방자치단체는 예산의 범위에서 공공기관에 제공되는 자료에 대한 사용료, 수수료 등을 지원할 수 있다(법 제32조 제7항). 위 규정 외에 장애인의 등록, 등록증의 교부와 반환, 장애 진단 및 장애 정도에 관한 정밀심사, 장애판정위원회 등에 관하여 필요한 사항은 보건복지부령으로 정하고 있다(법 제32조 제8항). 이에 따른 장애판정위원회는 ① 장애인정·장애등급 사정(査定)기준과 장애진단 방법에 관한 사항, ② 그 밖에 장애인정·장애등급 사정과 관련하여 보건복지부장관이 회의에 부치는 사항을 심의하고 있다(법 시행규칙 제11조).

3) 재활상담과 입소 등의 조치 → 상담서비스

보건복지부장관, 특별시장·광역시장·도지사·특별자치도지사 또는 시장·군수·구청장(이하 장애인복지실시기관이라 한다)은 장애인에 대한 검진 및 재활상담을 하고, 필요하다고 인정되면 ① 국공립병원, 보건소, 보건지소, 그 밖의 의료기관(이하 '의료기관'이라 한다)에 의뢰하여 의료와 보건지도를 받게 하는 것, ② 국가 또는 지방자치단체가 설치한 장애인복지시설에서 주거편의·상담·치료·훈련 등의 필요한 서비스를 받도록 하는 것, ③ 장애인복지시설(「장애인복지법」 제59조에 따라 설치된)에 위탁하여 그 시설에서 주거편의·상담·치료·훈련 등의 필요한 서비스를 받도록 하는 것, ④ 공공직업능력개발훈련시설이나 사업장 내 직업훈련시설에서 하는 직업훈련 또는 취업알선을 필요로 하는 자를 관련 시설이나 직업안정업무기관에 소개하는 것의 조치를 하여야 한다(법 제34조 제1항).

장애인복지실시기관은 재활 상담을 하는 데에 필요하다고 인정되면 장애인복지상담원(「장애인복지법」 제33조에 따른)에게 해당 장애인의 가정 또는 장애인이 주거편의·상담·치료·훈련 등의 서비스를 받는 시설이나 의료기관을 방문하여 상담 받게 하거나 필요한 지도를 하게 할 수 있다(법 제34조 제2항). 국가와 지방자치단체는 장애인재활 및 자립생활에 대하여 종합적이고 체계적으로 조사·연구·평가하기 위하여 전문 연구기관에 장애예방·의료·교육·직업재활 및 자립생활 등에 관한 연구과제를 선정하여 의뢰할 수 있고(법 제52조 제1항), 이에 따른 연구과제를 수행하는 데에 들어가는 비용을 예산의 범위 안에서 보조할 수 있다(법 제52조 제2항).

4) 장애 유형·장애 정도별 재활 및 자립지원 서비스 제공

또한 국가와 지방자치단체는 장애인의 일상생활을 편리하게 하고 사회활동 참여를 높이기 위하여 장애 유형·장애 정도별로 재활 및 자립지원 서비스를 제공하는 등 필요한 정책을 강구하여야 하며, 예산의 범위 안에서 지원할 수 있다(법 제35조).

5) 사회경제적 재활

(가) 산후조리도우미 지원

국가 및 지방자치단체는 임산부인 여성장애인과 신생아의 건강관리를 위하여 경제적 부담 능력 등을 감안하여 여성장애인의 가정을 방문하여 산전·산후 조리를 돕는 도우미(이하 '산후조리도우미'라 한다)를 지원할 수 있다(법 제37조 제1항). 이에 따른 산후조리도우미 지원사업에 대하여 보건복지부령이 정하는 바에 따라[44] 정기적(매년)으로 모니터링(산후조리도우미 지원사업의 실효성 등을 확보하기 위한 정기적인 점검활동을 말한다)을 실시하여야 한다(법 제37조 제2항). 산후조리도우미 지원의 기준 및 방법 등에 관하여 필요한 사항은 대통령령으로 정하고 있다(법 제37조 제3항).

(나) 자녀교육비 지급

장애인복지실시기관은 경제적 부담 능력 등을 고려하여 장애인이 부양하는 자녀 또는 장애인인 자녀의 교육비를 지급할 수 있다(법 제38조 제1항). 이에 따른 교육비 지급 대상·기준 및 방법 등에 관하여 필요한 사항은 보건복지부령으로 정하고 있다(법 제38조 제2항). 이에 따른 자녀교육비의 지급대상은 ① 학교에 입학하거나 재학하는 자녀를 둔 장애인, ② 학교에 입학하거나 재학하는 장애인을 부양하는 자에 해당하는 자 중 소득과 재산을 고려하여 매년 예산의 범위에서 보건복지부장관이 정한다. 다만, 「국민기초생활보장법」 등 다른 법령에 따라 교육비를 받는 자에게는 그 받은 금액만큼 감액하여 지급한다(법 시행규칙 제23조 제1항). 이에 따른 교육비는 ① 초등학교·고등공민학교, ② 중학교·고등공민학교, ③ 고등학교·고등기술

---

44) 「장애인복지법」 시행규칙 제22조(산후조리도우미 지원사업에 대한 모니터링) 국가 및 지방자치단체는 법 제37조 제2항에 따라 산후조리도우미 지원사업의 현황, 지원대상자의 만족도 등에 관한 사항을 매년 점검하여야 한다.

학교, ④ 특수학교, ⑤ 각종학교에 해당하는 「초·중등교육법」에 따른 학교 또는 재학하는 자의 입학금·수업료와 그 밖에 교육에 드는 비용으로 하며(법 시행규칙 제23조 제2항), 자녀교육비의 지급대상별 지급액 등 지급의 세부기준은 매년 예산의 범위에서 보건복지부장관이 정하고 있다.

(다) 자금대여

국가와 지방자치단체는 장애인이 사업을 시작하거나 필요한 지식과 기능을 익히는 것 등을 지원하기 위하여 대통령령으로 정하는 바에 따라 자금을 대여할 수 있다(법 제41조). 이에 따라 자금을 대여할 수 있는 대상 용도는 ① 생업자금, ② 생업이나 출퇴근을 위한 자동차 구입비, ③ 취업에 필요한 지도 및 기술훈련비, ④ 기능회복 훈련에 필요한 장애인보조기구 구입비, ⑤ 사무보조기기 구입비, ⑥ 그 밖에 보건복지부장관이 장애인재활에 필요하다고 인정하는 비용이다(법 시행령 제24조 제1항). 이에 따른 자금 대여의 한도, 이율 및 거치기간은 보건복지부장관이 관계 중앙행정기관의 장과 협의하여 정하고 있다(법 시행령 제24조 제2항).

(라) 장애수당 지급

국가와 지방자치단체는 장애인의 장애 정도와 경제적 수준을 고려하여 장애로 인한 추가적 비용을 보전하게 하기 위하여 장애수당을 지급할 수 있다. 다만, 「국민기초생활보장법」에 따른 생계급여를 받는 장애인에게는 장애수당을 반드시 지급하여야 한다(법 제49조 제1항).

「장애인연금법」 제2조 제1호에 따른 중증장애인[45]에게는 장애수당을 지급하지 아니한다(법 제49조 제2항). 이에 따른 장애수당의 지급 대상·기준 및 방법 등에 관하여 필요한 사항은 대통령령으로 정하고 있다(법 제49조 제5항). 이에 따른 장애수당을 지급받을 수 있는 자는 18세 이상으로서 장애인으로 등록한 자 중 「국민기초생

45) 「장애인연금법」 제2조(정의) 이 법에서 사용하는 용어의 뜻은 다음과 같다. 1. "중증장애인"이란 「장애인복지법」 제32조에 따라 등록한 장애인 중 근로능력이 상실되거나 현저하게 감소된 사람으로서 같은 법 제2조 제2항에 따라 제1급 및 제2급의 장애등급을 받은 사람과 제3급의 장애등급을 받은 사람 중 대통령령으로 정하는 사람을 말한다.

활보장법」에 따른 수급자 또는 차상위계층으로서 장애로 인한 추가적 비용 보전(補塡)이 필요한 자로 한다. 다만, 장애아동수당을 지급받는 자는 제외한다(법 시행령 제30조 제1항). 이에 따른 장애아동수당을 지급받을 수 있는 자는 ① 18세 미만(해당 장애인이 「초·중등교육법」에 따른 고등학교와 이에 준하는 특수학교 또는 각종 학교에 재학 중인 경우에는 20세 이하의 경우를 포함한다)일 것, ② 장애인으로 등록하였을 것, ③ 국민기초생활보장법에 따른 수급자 또는 차상위계층으로서 장애로 인한 추가적 비용 보전이 필요할 것의 요건을 모두 갖춘 자로 하고 있다(법 시행령 제30조 제2항).

이에 따른 보호수당을 지급받을 수 있는 자는 ① 「국민기초생활보장법」에 따른 수급자일 것, ② 중증 장애로 다른 사람의 도움이 없이는 일상생활을 영위하기 어려운 18세 이상(해당 장애인이 20세 이하로서 「초·중등교육법」에 따른 고등학교와 이에 준하는 특수학교 또는 각종 학교에 재학 중인 경우는 제외한다)의 장애인을 보호하거나 부양할 것의 요건을 모두 갖춘 자로 하고 있다(법 시행령 제30조 제3항).

(마) 장애아동수당과 보호수당의 지급

① 장애아동수당

국가와 지방자치단체는 장애아동에게 보호자의 경제적 생활수준 및 장애아동의 장애 정도를 고려하여 장애로 인한 추가적 비용을 보전(補塡)하게 하기 위하여 장애아동수당을 지급할 수 있다(법 제50조 제1항). 이에 따른 장애아동수당과 보호수당의 지급 대상·기준 및 방법 등에 관하여 필요한 사항은 대통령령으로 정하고 있다(법 제50조 제3항).

장애수당을 지급받을 수 있는 자는 18세 이상으로서 장애인으로 등록한 자 중 「국민기초생활보장법」에 따른 수급자 또는 차상위계층으로서 장애로 인한 추가적 비용 보전(補塡)이 필요한 자로 한다. 다만, 장애아동수당을 지급받는 자는 제외한다(법 시행령 제30조 제1항). 이에 따른 장애아동수당을 지급받을 수 있는 자는 ㉠ 18세 미만(해당 장애인이 「초·중등교육법」에 따른 고등학교와 이에 준하는 특수학교 또는 각종 학교에 재학 중인 경우에는 20세 이하의 경우를 포함한다)일 것, ㉡ 장애인으로 등록하였을 것, ㉢ 「국민기초생활보장법」에 따른 수급자 또는 차상위계층으로서 장애로 인한 추가적 비용 보전이 필요할 것의 요건을 모두 갖춘 자로 하고 있다(법 시행령 제30조 제2항).

② 보호수당

국가와 지방자치단체는 장애인을 보호하는 보호자에게 그의 경제적 수준과 장애인의 장애 정도를 고려하여 장애로 인한 추가적 비용을 보전하게 하기 위하여 보호수당을 지급할 수 있다(법 제50조 제2항). 이에 따른 장애아동수당과 보호수당의 지급 대상·기준 및 방법 등에 관하여 필요한 사항은 대통령령으로 정하고 있다(법 제50조 제3항). 이에 따른 보호수당을 지급받을 수 있는 자는 ㉠「국민기초생활보장법」에 따른 수급자일 것, ㉡ 중증 장애로 다른 사람의 도움이 없이는 일상생활을 영위하기 어려운 18세 이상(해당 장애인이 20세 이하로서 「초·중등교육법」에 따른 고등학교와 이에 준하는 특수학교 또는 각종 학교에 재학 중인 경우는 제외한다)의 장애인을 보호하거나 부양할 것의 요건을 모두 갖춘 자로 하고 있다(법 시행령 제30조 제3항).

(바) 장애인 사용 자동차와 장애인 보조견 등에 대한 지원

① 장애인이 사용하는 자동차 등에 대한 지원 등

국가와 지방자치단체, 그 밖의 공공단체는 장애인이 이동수단인 자동차 등을 편리하게 사용할 수 있도록 하고 경제적 부담을 줄여 주기 위하여 조세감면 등 필요한 지원정책을 강구하여야 하며(법 제39조 제1항), 시장·군수·구청장은 장애인이 이용하는 자동차 등을 지원하는 데에 편리하도록 장애인이 사용하는 자동차 등임을 알아볼 수 있는 표지(장애인사용자동차등표지)를 발급하여야 한다(법 제39조 제2항). 장애인사용자동차등표지를 대여하거나 보건복지부령이 정하는 자 외의 자에게 양도하는 등 부당한 방법으로 사용하여서는 아니 되며, 이와 비슷한 표지·명칭 등을 사용하여서도 아니 되며(법 제39조 제3항), 장애인사용자동차등표지의 발급 대상과 발급 절차 등에 관하여 필요한 사항은 보건복지부령으로 정하고 있다.

이에 따라 장애인이 사용하는 자동차 등임을 알아볼 수 있는 표지(장애인자동차표지)의 발급 대상은 자동차관리법에 따른 자동차로서 다음의 어느 하나에 해당하는 것으로 하고 있다(법 시행규칙 제26조).

- 「장애인복지법」 제58조에 따른 장애인복지시설(장애인복지시설)이나 「장애인복지법」 제63조에 따른 장애인복지단체(장애인복지단체)의 명의로 등록하여 장

애인복지사업에 사용되는 자동차 또는 지방자치단체의 명의로 등록하여 장애인복지시설이나 장애인복지단체가 장애인복지사업에 사용하는 자동차

- 다음의 어느 하나에 해당하는 자의 명의로 등록하여 장애인이 사용하는 자동차
  - 「장애인복지법」 제32조에 따라 등록한 장애인
  - 이에 따른 장애인과 주민등록표 상의 주소를 같이 하면서 함께 거주하는 장애인의 배우자, 직계 존·비속, 직계비속의 배우자, 형제자매, 형제자매의 배우자 및 자녀
  - 재외동포의 출입국과 법적지위에 관한 법률에 따라 국내거소 신고를 한 재외동포나 「출입국관리법」에 따라 외국인 등록을 한 외국인으로서 장애가 있는 자
- 장애인이 1년 이상의 기간을 정하여 시설대여를 받거나 임차하여 사용하는 자동차
- 「노인복지법」 제34조에 따른 노인의료복지시설의 명의로 등록하여 노인복지사업에 사용되는 자동차
- 「장애인 등에 대한 특수교육법」 제28조 제5항에 따라 장애인의 통학을 위하여 사용되는 자동차
- 「영유아보육법」 제26조에 따라 장애아를 전담하는 어린이집의 명의로 등록하여 장애아보육사업에 사용되는 자동차
- 「교통약자의 이동편의 증진법」 제16조에 따른 특별교통수단으로서 장애인의 이동편의를 위해 사용되는 자동차

② 장애인 보조견의 훈련·보급 지원 등

국가와 지방자치단체는 장애인의 복지 향상을 위하여 장애인을 보조할 장애인 보조견(補助犬)의 훈련·보급을 지원하는 방안을 강구하여야 하며(법 제40조 제1항), 보건복지부장관은 장애인 보조견에 대하여 장애인 보조견표지(보조견표지)를 발급할 수 있다(법 제40조 제2항). 누구든지 보조견표지를 붙인 장애인 보조견을 동반한 장애인이 대중교통수단을 이용하거나 공공장소, 숙박시설 및 식품접객업소 등 여러 사람이 다니거나 모이는 곳에 출입하려는 때에는 정당한 사유 없이 거부하여서는 아니 된다. 지정된 전문훈련기관에 종사하는 장애인 보조견 훈련자 또는 장애인 보조견 훈련 관련 자원봉사자가 보조견표지를 붙인 장애인 보조견을 동반한 경우

에도 그러하다(법 제40조 제3항). 보건복지부장관은 장애인보조견의 훈련·보급을 위하여 전문훈련기관을 지정할 수 있다(법 제40조 제4항). 보조견표지의 발급대상, 발급절차 및 전문훈련기관의 지정에 관하여 필요한 사항은 보건복지부령으로 정하고 있다(법 제40조 제5항). 이에 따른 장애인 보조견표지(이하 "보조견표지"라 한다)의 발급대상은 보건복지부장관이 고시하는 시설기준에 해당하는 장애인 보조견 전문훈련기관(이하 "전문훈련기관"이라 한다)에서 훈련 중이거나 훈련을 이수한 장애인 보조견으로 하고 있다(법 시행규칙 제29조).

〈표 11-1〉 장애인 보조견표지(제40조 제3항 관련)

<table>
<tr><td rowspan="4"></td><td colspan="2">장애인 보조견</td></tr>
<tr><td>발급번호</td><td>-</td></tr>
<tr><td>훈련기관</td><td></td></tr>
<tr><td colspan="2">보건복지부장관 [인]</td></tr>
</table>

※ 비고
1. 규격: 가로 110밀리미터(마크 45밀리미터)×세로 45밀리미터
2. 색상
   가. 마크바탕·글씨·선: 청색
   나. 마크: 흰색
3. 발급번호: "발급연도"-"일련번호"로 표기한다.
4. 부착 위치: 보조견 손잡이 중 알아보기 쉬운 부위에 부착한다.

6) 직업재활 및 고용의 촉진

국가와 지방자치단체는 직접 경영하는 사업에 능력과 적성이 맞는 장애인을 고용하도록 노력하여야 하며, 장애인에게 적합한 사업을 경영하는 자에게 장애인의 능력과 적성에 따라 장애인을 고용하도록 권유할 수 있다(법 제46조). 이에 대한 특별법인 「장애인고용촉진 및 직업재활법」이 있는데, 국가와 지방자치단체는 장애인의 고용촉진 및 직업재활에 관하여 사업주 및 국민 일반의 이해를 높이기 위하여

교육·홍보 및 장애인 고용촉진 운동을 지속적으로 추진하여야 한다(「장애인고용촉진 및 직업재활법」 제3조 제1항). 국가와 지방자치단체는 사업주·장애인, 그 밖의 관계자에 대한 지원과 장애인의 특성을 고려한 직업재활 조치를 강구하여야 하고, 장애인의 고용촉진을 꾀하기 위하여 필요한 시책을 종합적이고 효과적으로 추진하여야 한다. 이 경우 중증장애인과 여성장애인에 대한 고용촉진 및 직업재활을 중요시하여야 한다(동법 제3조 제2항).

국가는 매년 장애인 고용촉진 및 직업재활 사업에 드는 비용의 일부를 일반회계에서 부담할 수 있고(동법 제4조 제1항), 국가는 매년 예산의 범위에서 장애인 고용촉진 및 직업재활 사업의 사무 집행에 드는 비용을 적극 지원한다(동법 제4조 제2항). 사업주는 장애인의 고용에 관한 정부의 시책에 협조하여야 하고, 장애인이 가진 능력을 정당하게 평가하여 고용의 기회를 제공함과 동시에 적정한 고용관리를 할 의무를 가지며(동법 제5조 제1항), 근로자가 장애인이라는 이유로 채용·승진·전보 및 교육훈련 등 인사관리상의 차별대우를 하여서는 아니 되며(동법 제5조 제2항), 장애인은 직업인으로서의 자각을 가지고 스스로 능력 개발·향상을 도모하여 유능한 직업인으로 자립하도록 노력하여야 하며(동법 제6조 제1항), 장애인의 가족 또는 장애인을 보호하고 있는 자는 장애인에 관한 정부의 시책에 협조하여야 하고, 장애인의 자립을 촉진하기 위하여 적극적으로 노력하여야 한다(동법 제6조 제2항).

7) 자립생활 지원

국가와 지방자치단체는 중증장애인의 자기결정에 의한 자립생활을 위하여 활동보조인의 파견 등 활동보조서비스 또는 장애인보조기구의 제공, 그 밖에 각종 편의 및 정보제공 등 필요한 시책을 강구하여야 한다(법 제53조).

(가) 중증장애인자립생활지원센터

국가와 지방자치단체는 중증장애인의 자립생활을 실현하기 위하여 중증장애인자립생활지원센터를 통하여 필요한 각종 지원서비스를 제공하며(법 제54조 제1항), 이에 따른 중증장애인자립생활지원센터에 관하여 필요한 사항은 보건복지부령으로 정하고 있다(법 제54조 제2항). 이에 따른 중증장애인자립생활지원센터(이하 “자립생활센터"라 한다)의 의사결정, 서비스제공 및 운영 등은 장애인 주도로 이루어져야 하며, 그 운영기준은 다음과 같다(법 시행규칙 제39조의2 제1항).

- 자립생활센터는 의사결정기구의 과반수를 장애인으로 구성하여야 한다.
- 자립생활센터는 장애동료 상담전문가 1인 이상의 인력을 갖추어야 하며, 센터의 장 이외의 직원 중 1인 이상은 장애인이어야 한다.
- 자립생활센터는 「장애인복지법」 제54조 제1항의 목적을 실현하기 위하여 다음 업무를 주로 수행하여야 한다.
  - 장애인의 자립생활 역량 강화 및 동료상담 등 장애인 동료에 의한 서비스 지원
  - 모든 유형의 장애인이 지역사회에서 참여적이고 통합적인 생활이 가능하도록 정보제공 및 의뢰 등 다양한 서비스의 제공과 이를 실현할 수 있는 지역사회의 물리적·사회적 환경개선 사업
  - 장애인이 지역사회에 참여하고 생활하는 데 있어서의 차별 해소 및 장애인 인권의 옹호·증진
  - 중증장애인에게 적합한 서비스의 제공

지방자치단체는 보조금을 지원하는 자립생활센터를 정기적으로 평가하여야 하고, 평가 시 운영기준에 대한 성과를 중시해야 하며(법 시행규칙 제39조의2 제2항), 자립생활센터는 조직 운영, 사업 수행, 재정 확보, 운용 등에 대해 객관적으로 평가받을 수 있도록 관련 기록 및 자료를 관리하여야 한다(법 시행규칙 제39조의2 제3항). 그 밖에 자립생활센터의 운영에 관하여 필요한 사항은 보건복지부장관이 정하고 있다(법 시행규칙 제39조의2 제4항).

(나) 활동보조인 등 서비스 지원

국가와 지방자치단체는 중증장애인이 일상생활 또는 사회생활을 원활히 할 수 있도록 활동지원급여를 지원할 수 있다(법 제55조 제1항). 국가 및 지방자치단체는 임신 등으로 인하여 이동이 불편한 여성장애인에게 임신 및 출산과 관련한 진료 등을 위하여 경제적 부담 능력 등을 감안하여 활동보조인의 파견 등 활동보조서비스

를 지원할 수 있다(법 제55조 제2항).

(다) 장애동료 간 상담

국가와 지방자치단체는 장애인이 장애를 극복하는 데 도움이 되도록 장애동료 간 상호대화나 상담의 기회를 제공하도록 노력하여야 한다(법 제56조 제1항). 이에 따른 장애동료 간의 대화나 상담의 기회를 제공하기 위한 구체적인 사업 등에 관하여 필요한 사항은 보건복지부령으로 정하고 있다(법 제56조 제2항). 이에 따른 장애동료 간 상담은 장애인에 의해 장애인에게 제공되는 상담이나 정보제공 활동으로 ① 장애인의 심리적인 고충, ② 가족 및 사회적인 관계에서 발생하는 문제, ③ 지역사회 자원의 활용방법, ④ 기타 장애인이 처한 곤란한 문제 등의 대처방법의 내용을 포함한다(법 시행규칙 제40조의2 제1항).

국가와 지방자치단체는 자립생활센터로 하여금 장애동료 간 상담사업을 실시하도록 하여야 하며(법 시행규칙 제40조의2 제2항), 국가와 지방자치단체는 장애동료 상담전문가(제39조의2 제1항 제2호)를 양성하기 위하여 일정 요건을 갖춘 기관을 지정하여 운영할 수 있다(법 시행규칙 제40조의2 제3항). 그 밖에 장애동료 간 상담 및 장애동료 상담전문가 양성기관의 지정에 관하여 필요한 사항은 보건복지부장관이 정하고 있다(법 시행규칙 제40조의2 제4항).

사. 장애인복지시설

장애인복지시설로는 장애인 거주시설, 장애인 지역사회재활시설, 직업재활시설, 장애인 의료재활시설, 대통령령으로 정하는 시설인 장애인 생산품판매시설(2012년 3월 31일 시행) 등을 운영하고 있다.

1) 장애인복지시설의 이용

장애인복지시설은 장애인에게 필요한 서비스를 제공하는 물리적 및 기능적 장소를 의미하며, 장애인의 분류에 따른 다양한 서비스를 제공하고 있다. 국가와 지방자치단체는 장애인이 장애인복지시설의 이용을 통하여 기능회복과 사회적 향상을 도모할 수 있도록 필요한 정책을 강구하여야 하며(법 제57조 제1항), 장애인복지시설을 이용하는 장애인의 인권을 보호하기 위하여 필요한 정책을 마련하고 관련 프로그램을 실시할 수 있는 기반을 조성하여야 하고(법 제57조 제2항), 장애인복지실시기관은 장애인복지시설에 대한 장애인의 선택권을 최대한 보장하여야 한다(법 제57조 제3항). 장애인복지실시기관은 장애인의 선택권을 보장하기 위하여 장애인복지시설을 이용하려는 장애인에게 시설의 선택에 필요한 정보를 충분히 제공하여야 한다(법 제57조 제4항). 장애인복지시설의 선택에 필요한 정보제공과 서비스 제공 시에는 장애인의 성별·연령 및 장애의 유형과 정도를 고려하여야 한다(법 제57조 제5항).

2) 장애인복지시설의 종류

장애인복지시설의 종류는 다음과 같다(법 제58조 제1항).

- 장애인 거주시설: 거주공간을 활용하여 일반가정에서 생활하기 어려운 장애인에게 일정 기간 동안 거주·요양·지원 등의 서비스를 제공하는 동시에 지역사회생활을 지원하는 시설
- 장애인 지역사회재활시설: 장애인을 전문적으로 상담·치료·훈련하거나 장애인의 일상생활, 여가활동 및 사회참여활동 등을 지원하는 시설
- 장애인 직업재활시설: 일반 작업환경에서는 일하기 어려운 장애인이 특별히 준비된 작업환경에서 직업훈련을 받거나 직업생활을 할 수 있도록 하는 시설
- 장애인 의료재활시설: 장애인을 입원 또는 통원하게 하여 상담, 진단·판정, 치료 등 의료재활서비스를 제공하는 시설
- 그 밖에 대통령령으로 정하는 시설 → 장애인 생산품판매시설(2012년 3월 31일 시행)

이에 따른 장애인복지시설의 구체적인 종류와 사업 등에 관한 사항은 보건복지부령으로 정하고 있다(법 제58조 제2항).

3) 장애인복지시설의 설치

국가와 지방자치단체는 장애인복지시설을 설치할 수 있다(법 제59조 제1항). 국가

와 지방자치단체 외의 자가 장애인복지시설을 설치·운영하려면 해당 시설 소재지 관할 시장·군수·구청장에게 신고하여야 하며, 신고한 사항 중 보건복지부령으로 정하는 중요한 사항을 변경할 때에도 신고하여야 한다. 다만, 폐쇄 명령(법 제62조에 따른)을 받고 1년이 지나지 아니한 자는 시설의 설치·운영 신고를 할 수 없다(법 제59조 제2항). 장애인 거주시설(법 제58조 제1항 제1호에 따른)의 정원은 30명을 초과할 수 없다. 다만, 특수한 서비스를 위하여 일정 규모 이상이 필요한 시설 등 대통령령으로 정하는 경우에는 그러하지 아니하다(법 제59조 제3항). 이에 따른 장애인복지시설의 시설기준·신고·변경신고 및 이용 등에 관하여 필요한 사항은 보건복지부령으로 정하고 있다(법 제59조 제5항). 그러나 의료재활시설(법 제58조 제1항 제4호에 따른)의 설치는 「의료법」에 따른다(법 제59조 제4항).

이에 따른 장애인복지시설의 설치·운영기준은 별표 5와 같다(법 시행규칙 제42조). 이에 따라 국가 또는 지방자치단체 외의 자가 장애인복지시설을 설치·운영하려는 경우에는 별지 제20호 서식의 신고서(전자문서로 된 신고서를 포함한다)에 ① 정관 1부(법인인 경우에만 해당한다), ② 시설운영에 필요한 재산목록 1부, ③ 사업계획서 및 예산서 각 1부, ④ 시설의 운영에 관한 규정 각 1부, ⑤ 시설의 평면도(시설의 층별 및 구조별 면적을 표시하여야 한다)와 설비구조 내역서 각 1부의 서류(전자문서를 포함한다)를 첨부하여 관할 시장·군수·구청장에게 제출하여야 한다(법 시행규칙 제43조 제1항).

장애인복지시설의 설치·운영을 신고한 자가 신고한 사항을 변경하려면 다음에서 정하는 바에 따라 해당하는 서류를 관할 시장·군수·구청장에게 제출하여야 한다(법 시행규칙 제43조 제3항).

- 시설의 명칭이나 시설의 장을 변경하는 경우: 별지 제21호 서식의 신고서에 장애인복지시설 신고증을 첨부할 것
- 시설의 종류를 변경하는 경우: 별지 제21호 서식의 신고서에 제1항 각 호의 서류와 장애인복지시설 신고증을 첨부할 것
- 시설의 소재지나 입소 정원을 변경하는 경우: 별지 제22호 서식의 신고서에 다음 각 목의 서류를 첨부할 것
  - 시설의 소재지나 입소 정원의 변경 사유서

- 시설거주자에 대한 조치계획서
- 시설의 운영에 필요한 재산목록·사업계획서 및 예산서
- 시설의 운영에 필요한 재산의 평가조서(입소 정원이 변경되는 경우에만 해당한다)
- 시설의 평면도(시설의 층별 및 구조별 면적을 표시하여야 한다)와 설비구조 내역서 (시설의 소재지가 변경되는 경우에만 해당한다)
- 장애인복지시설 신고증

이에 따라 시설 종류의 변경신고서를 받은 시장·군수·구청장은 「전자정부법」 제36조 제1항에 따른 행정정보의 공동이용을 통하여 ① 법인 등기사항증명서(법인인 경우만 해당한다), ② 건물등기부 등본, ③ 토지등기부 등본의 서류를 확인하여야 한다(법 시행규칙 제43조 제4항).

4) 장애인복지시설신고증

시장·군수·구청장은 신고를 받으면 별지 제23호 서식의 장애인복지시설신고증을 발급하여야 하며, 변경신고를 받은 경우에는 장애인복지시설신고증에 그 변경사항을 적어 발급하여야 한다(법 시행규칙 제43조 제5항). 시장·군수·구청장은 별지 제24호 서식의 장애인복지시설신고관리대장을 작성·관리하여야 한다(법 시행규칙 제43조 제6항).

5) 장애인복지시설의 운영과 폐지

사회복지시설의 설치(법 제59조 제2항에 따라)를 신고한 자는 지체 없이 시설 운영을 시작하여야 한다(법 제60조 제1항). 시설 운영자가 시설 운영을 중단 또는 재개하거나 시설을 폐지하려는 때에는 보건복지부령이 정하는 바에 따라 미리 시장·군수·구청장에게 신고하여야 한다(법 제60조 제2항). 그러나 시설 운영자가 시설 운영을 중단하거나 시설을 폐지할 때에는 보건복지부령이 정하는 바에 따라 시설 이용자의 권익을 보호하기 위하여 ① 시장·군수·구청장의 협조를 받아 시설 이용자가 다른 시설을 선택할 수 있도록 하고 그 이행을 확인하는 조치, ② 시설 이용자가 이용료·사용료 등의 비용을 부담하는 경우 납부한 비용 중 사용하지 아니한 금액을 반

환하게 하고 그 이행을 확인하는 조치, ③ 보조금·후원금 등의 사용 실태 확인과 이를 재원으로 조성한 재산 중 남은 재산의 회수조치, ④ 그 밖에 시설 이용자의 권익 보호를 위하여 필요하다고 인정되는 조치를 하여야 한다(법 제60조 제3항).

시설 운영자가 시설운영을 재개하려고 할 때에는 보건복지부령으로 정하는 바에 따라 시설 이용자의 권익을 보호하기 위하여 ① 운영 중단 사유의 해소, ② 향후 안정적 운영계획의 수립, ③ 그 밖에 시설 이용자의 권익 보호를 위하여 보건복지부장관이 필요하다고 인정하는 조치를 하여야 한다(법 제60조 제4항). 이에 따른 시설 운영의 개시·중단·재개 및 시설 폐지의 신고 등에 관하여 필요한 사항은 보건복지부령으로 정하고 있다(법 제60조 제5항).

6) 장애인 거주시설 이용

(가) 장애인 거주시설 이용절차

장애인 거주시설을 이용하려는 자와 그 친족, 그 밖의 관계인은 보건복지부령으로 정하는 서류를 갖추어 시장·군수·구청장에게 장애인의 시설 이용을 신청하여야 한다(법 제60조의2 제1항). 이에 따라 시설 이용을 신청 받은 시장·군수·구청장은 이용 신청자의 시설 이용 적격성 여부를 심사하여, 그 결과에 따라 시설 이용 여부를 결정하여야 한다(법 제60조의2 제2항). 시장·군수·구청장은 이용 신청자의 시설 이용 적격성 및 「장애인복지법」 제79조 제2항에 따른 본인부담금을 결정하여 이용 신청자와 시설 운영자에게 통보한다(법 제60조의2 제3항).

시설 이용자가 절차를 거치지 아니하고 시설을 이용하는 경우, 시설 운영자는 보건복지부령으로 정하는 바에 따라 해당 사례를 시장·군수·구청장에게 보고하여야 하며, 시장·군수·구청장은 이용 적격성 여부의 확인 등 필요한 조치를 취하여야 하며(법 제60조의2 제4항), 시설 운영자는 이용 신청자와 서비스 이용조건, 본인부담금 등의 사항을 포함하여 계약을 체결하고, 그 결과를 시장·군수·구청장에게 보고하여야 하며, 계약에 관한 세부적인 사항은 보건복지부령으로 정하고 있다(법 제60조의2 제5항). 이에 따른 계약은 시설을 이용할 장애인 본인이 체결하는 것을 원칙으로 하되, 지적 능력 등의 이유로 장애인 본인이 계약을 체결하기 어려운 경우에 한하여, 대통령령으로 정하는 자가 계약절차의 전부 또는 일부를 대행할 수 있다(법 제60조의2 제6항).

시설 이용자가 시설 이용을 중단하려는 경우에는 보건복지부령으로 정하는 기간 전에 시설 이용을 중단할 의사를 시설 운영자에게 밝혀야 한다. 이 경우 시설 운영자는 이용 중단과 관련하여 필요한 조치를 하여야 하고, 이용 중단 희망자에 대하여 이용 중단에 따른 어떠한 불이익한 처분이나 차별도 하여서는 아니 된다(법 제60조의2 제7항).

(나) 장애인 거주시설의 서비스 최저기준

보건복지부장관은 장애인 거주시설에서 제공하여야 하는 서비스의 최저기준을 마련하여야 하며, 장애인복지실시기관은 그 기준이 충족될 수 있도록 필요한 조치를 취하여야 한다(법 제60조의3 제1항). 이에 따른 서비스의 최저기준 이상으로 서비스의 수준을 유지하여야 한다(법 제60조의3 제2항). 서비스 최저기준의 구체적인 내용과 시행에 관하여 필요한 사항은 보건복지부령으로 정하고 있다(법 제60조의3 제3항).

(다) 장애인 거주시설 운영자의 의무

시설 운영자는 시설 이용자의 인권을 보호하고, 인권이 침해된 경우에는 즉각적인 회복조치를 취하여야 한다(법 60조의4 제1항). 시설 운영자는 시설 이용자의 거주, 요양, 생활지원, 지역사회생활지원 등을 위하여 필요한 서비스를 제공하여야 한다(법 60조의4 제2항). 시설운영자는 시설 이용자의 사생활 및 자기결정권의 보장을 위하여 노력하여야 한다(법 60조의4 제3항).

7) 장애인복지시설의 지도 및 감독

장애인복지실시기관은 장애인복지시설을 설치·운영하는 자의 소관 업무 및 시설이용자의 인권 실태 등을 지도·감독하며, 필요한 경우 그 시설에 관한 보고 또는 관련 서류 제출을 명하거나 소속 공무원에게 그 시설의 운영상황·장부, 그 밖의 서류를 조사·검사하거나 질문하게 할 수 있다(법 제61조 제1항). 이에 따라 관계공무원이 그 직무를 할 때에는 권한을 표시하는 증표 및 조사기간, 조사범위, 조사담당자, 관계 법령 등 보건복지부령으로 정하는 사항이 기재된 서류를 관계인에게 내보여야 한다(법 제61조 제2항).

장애인복지실시기관은 장애인복지시설이 ①「장애인복지법」 제59조 제5항에 따른 시설기준에 미치지 못한 때, ② 정당한 사유 없이 「장애인복지법」 제61조에 따른 보고를 하지 아니하거나 거짓으로 보고한 때 또는 조사·검사 및 질문을 거부·방해하거나 기피한 때, ③ 사회복지법인이나 비영리법인이 설치·운영하는 시설인 경우 그 사회복지법인이나 비영리법인의 설립 허가가 취소된 때, ④ 시설의 회계 부정이나 시설 이용자에 대한 인권침해 등 불법행위, 그 밖의 부당행위 등이 발견된 때, ⑤ 설치 목적을 이루었거나 그 밖의 사유로 계속하여 운영할 필요가 없다고 인정되는 때, ⑥ 이 법 또는 이 법에 따른 명령이나 처분을 위반한 경우에 해당하는 때에는 그 시설의 개선, 사업의 정지, 시설의 장의 교체를 명하거나 해당 시설의 폐쇄를 명할 수 있다(법 제62조 제1항). 장애인복지시실시기관은 「장애인복지법」 제58조 제1항 제1호에 따른 장애인 거주시설이 「장애인복지법」 제60조의3에 따른 서비스 최저기준을 유지하지 못할 때에는 그 시설의 개선, 사업의 정지, 시설의 장의 교체를 명하거나 해당 시설의 폐쇄를 명할 수 있다(법 제62조 제2항).

8) 장애인복지단체의 보호 육성

국가와 지방자치단체는 장애인의 복지를 향상하고 자립을 돕기 위하여 장애인복지단체를 보호·육성하도록 노력하여야 한다(법 제63조 제1항). 국가와 지방자치단체는 예산의 범위 안에서 장애인복지단체의 사업 또는 활동이나 그 시설에 필요한 경비의 전부 또는 일부를 보조할 수 있다(법 제63조 제2항). 또한 장애인복지단체의 활동을 지원하고 장애인의 복지를 향상하기 위하여 장애인복지단체협의회를 설립할 수 있다(법 제64조 제1항). 장애인복지단체협의회는 사회복지사업법에 따른 사회복지법인으로 하되, 「사회복지사업법」 제23조 제1항(목적재산)은 적용하지 아니한다(법 제64조 제2항). 장애인복지단체협의회의 조직과 운영 등에 관하여 필요한 사항은 정관으로 정한다(법 제64조 제3항).

아. 비용부담 등

1) 비용의 부담

장애인복지시설기관이 지급하는 자녀교육비의 지급(법 제38조 제1항), 자립훈련비의 지급(법 제43조 제1항), 장애수당의 지급(법 제49조 제1항), 장애아동수당 및 보호수당(법 제50조 제1항, 제2항), 장애인보조기구의 교부(법 제55조 제1항), 장애인복지시설의 설치 및 운영에 드는 비용(법 제59조 제1항)은 예산의 범위 안에서 대통령령으로 정하는 바에 따라 장애인복지실시기관이 부담하게 할 수 있다(법 제79조 제1항). 국가와 지방자치단체는 장애인이 장애인복지시설을 이용하는 데 드는 비용의 전부 또는 일부를 부담할 수 있으며, 시설 이용자의 자산과 소득을 고려하여 본인부담금을 부과할 수 있다. 이 경우 본인부담금에 관한 사항은 대통령령으로 정하고 있다(법 제79조 제2항).

2) 비용의 수납

「장애인복지법」 제34조 제1항 제1호에 따른 조치에 필요한 비용을 부담한 장애인복지실시기관은 해당 장애인 또는 그 부양의무자로부터 대통령령으로 정하는 바에 따라 장애인복지실시기관이 부담한 비용의 전부 또는 일부를 받을 수 있다(법 제80조 제1항).

보건복지부장관, 시·도지사 또는 시장·군수·구청장은「장애인복지법」 제80조 제1항에 따라 복지조치에 든 비용을 받으려면 해당 장애인 또는 그 부양의무자로부터 실비(實費)에 해당하는 금액을 받아야 한다. 다만, 해당 장애인이나 그 부양의무자가「국민기초생활보장법」 제7조 제1항 제1호에 따른 생계급여 수급자 또는 같은 항 제3호에 따른 의료급여 수급자인 경우에는 그 금액을 경감하거나 면제할 수 있다(법 시행령 제43조).

3) 비용의 보조 및 감면(減免)

국가와 지방자치단체는 대통령령으로 정하는 바에 따라 장애인복지시설의 설치·운영에 필요한 비용의 전부 또는 일부를 보조할 수 있다(법 제81조). 국가나 지방자치단체는 「장애인복지법」 제81조에 따라 장애인복지시설의 설치·운영에 필요한 비용의 일부를 매년 예산의 범위에서 보조한다. 이 경우 장애인복지시설의 운영에 필요한 비용의 보조 비율은 「보조금의 예산 및 관리에 관한 법률」 시행령으로 정하는 바에 따른다(법 시행령 제44조 제1항). 이에 따라 국가나 지방자치단체가 장애인복지시설의 운영에 드는 비용을 보조하는 경우에는 「사회복지사업법」 제43조의2에 따른 시설 평가의 결과 등 해당 장애인복지시설의 운영 실적을 고려하여 차등을 두어 보조할 수 있다(법 시행령 제44조 제2항).

「장애인복지법」에 따라 지급되는 금품, 제58조에 따른 장애인복지시설 및 제63조에 따른 장애인복지단체에서 장애인이 제작한 물품에는 「조세특례제한법」과 「지방세특례제한법」, 그 밖의 조세 관계법령이 정하는 바에 따라 조세를 감면하고 있다(법 제83조 제1항).

자. 장애인보조기구

1) 장애인보조기구의 의미

장애인보조기구란 장애인이 장애의 예방·보완과 기능 향상을 위하여 사용하는 의지(義肢)·보조기 및 그 밖에 보건복지부장관이 정하는 보장구와 일상생활의 편의증진을 위하여 사용하는 생활용품을 말한다(법 제65조 제1항). 보건복지부장관은 장애인의 일상생활의 편의증진 등을 위하여 다른 법률이 정하는 바에 따라 제1항에 따른 장애인보조기구의 지원 및 활용촉진 등에 관한 사업을 실시할 수 있다(법 제65조 제2항).

2) 의지·보조기제조업의 개설사실의 통보 등

의지·보조기를 제조·개조·수리하거나 신체에 장착하는 사업(의지·보조기제조업)을 하는 자는 그 제조업소를 개설한 후 7일 이내에 보건복지부령이 정하는 바에 따라 시장·군수·구청장에게 제조업소의 개설사실을 알려야 한다. 제조업소의 소재지 변경 등 보건복지부령이 정하는 중요 사항을 변경한 때에도 또한 같다(법 제69조

제1항). 의지·보조기 제조업자는 「장애인복지법」 제72조에 따른 의지·보조기 기사(보조기 기사)를 1명 이상 두어야 한다. 다만, 의지·보조기 제조업자 자신이 의지·보조기 기사인 경우에는 따로 기사를 두지 아니하여도 된다(법 제69조 제2항). 의지·보조기 제조업자가 「장애인복지법」 제70조에 따른 폐쇄 명령을 받은 후 6개월이 지나지 아니하면 같은 장소에서 같은 제조업을 하여서는 아니 된다(법 제69조 제3항). 의지·보조기 제조업자는 의사의 처방에 따라 의지·보조기를 제조하거나 개조하여야 한다(법 제69조 제4항).

3) 의지·보조기 제조업소의 폐쇄 등

시장·군수·구청장은 의지·보조기 제조업자가 ① 「장애인복지법」 제69조 제2항을 위반하여 의지·보조기 기사를 두지 아니하고 의지·보조기제조업을 한 경우, ② 영업정지처분 기간에 영업을 하거나 3회 이상 영업정지처분을 받은 경우에 해당하는 경우에는 그 제조업소의 폐쇄를 명할 수 있다(법 제70조 제1항). 시장·군수·구청장은 의지·보조기 제조업자가 의지·보조기제조업을 하면서 고의나 중대한 과실로 의지·보조기를 착용하는 사람의 신체에 손상을 입힌 사실이 있는 때에는 6개월의 범위 안에서 보건복지부령으로 정하는 바에 따라 영업정지를 명할 수 있다(법 제70조 제2항).

차. 장애인의 권리보호

1) 압류금지

「장애인복지법」에 따라 장애인에게 지급되는 금품은 압류하지 못한다(법 제82조).

2) 이의신청

장애인, 장애인의 법정대리인 등은 이 법에 따른 복지조치에 이의가 있으면 해당 장애인복지실시기관에 이의신청을 할 수 있다(법 제84조 제1항). 제1항에 따른 이의신청은 복지조치가 있음을 안 날부터 90일 이내에 문서로 하여야 한다. 다만, 정당한 사유로 인하여 그 기간 이내에 이의신청을 할 수 없었음을 증명한 때에는 그 사유가 소멸한 날부터 60일 이내에 이의신청을 할 수 있다(법 제84조 제2항). 장애인복지실시기관은 이의신청을 받은 때에는 1개월 이내에 심사·결정하여 청구인에게 통보하여야 한다(법 제84조 제3항). 제3항에 따른 심사·결정에 이의가 있는 자는 「행정심판법」에 따라 행정심판을 제기할 수 있다(법 제84조 제4항).

3) 행정심판 제기

장애인복지실시기관의 심사·결정에 이의가 있는 자는 행정심판법에 따라 행정심판을 제기할 수 있다(법 제84조 제4항). 그러므로 장애인복지실시기관의 심사청구에 대한 장애인복지실시기관의 결정은 행정심판이 아니다.

4) 벌칙

(가) 1년 이하의 징역이나 500만 원 이하의 벌금

다음의 어느 하나에 해당하는 자는 1년 이하의 징역이나 1천만 원 이하의 벌금에 처한다(법 제87조).

- 장애인을 이용하여 부당한 영리행위를 한 자
- 등록증을 양도 또는 대여하거나 양도 또는 대여를 받은 자 및 유사한 명칭 또는 표시를 사용한 자
- 신고 또는 변경신고를 하지 아니하고 장애인복지시설을 설치·운영한 자
- 시설 이용자의 권익 보호조치를 위반한 시설 운영자
- 정당한 사유 없이 보고를 하지 아니하거나 거짓의 보고를 한 자, 자료를 제출하지 아니하거나 거짓 자료를 제출한 자, 조사·검사·질문을 거부·방해 또는 기피한 자
- 명령 등을 받고 이행하지 아니한 자
- 의지·보조기 기사를 두지 아니하고 의지·보조기제조업을 한 자
- 폐쇄 명령을 받은 후 6개월이 지나지 아니하였음에도 불구하고 같은 장소에서 같은 제조업을 한 자
- 제조업소 폐쇄 명령을 받고도 영업을 한 자

(나) 500만 원 이하의 벌금

다음의 어느 하나에 해당하는 자는 500만 원 이하의 벌금에 처한다(법 제88조).

- 장애인의 입학 지원을 거부하거나 입학시험 합격자의 입학을 거부하는 등 불리한 조치를 한 자
- 타인에게 의지·보조기 기사자격증을 대여한 자

(다) 양벌규정

법인의 대표자나 법인 또는 개인의 대리인, 사용인, 그 밖의 종업원이 그 법인 또는 개인의 업무에 관하여 「장애인복지법」 제86조부터 제88조까지의 어느 하나에 해당하는 위반행위를 하면 그 행위자를 벌하는 외에 그 법인 또는 개인에게도 해당 조문의 벌금형을 과(科)한다. 다만, 법인 또는 개인이 그 위반행위를 방지하기 위하여 해당 업무에 관하여 상당한 주의와 감독을 게을리하지 아니한 경우에는 그러하지 아니하다(법 제89조).

(라) 1천만 원 이하의 과태료

장애인복지시설의 운영자가 성범죄로 유죄판결이 확정된 사람의 취업에 따른 해임요구를 정당한 사유 없이 거부하거나 1개월 이내에 행하지 아니하는 경우에 부과한다(법 제90조 제1항).

(마) 500만 원 이하의 과태료

장애인복지시설의 운영자가 해당 장애인복지시설에 취업 중이거나 사실상 노무를 제공 중인 사람 또는 취업하려 하거나 노무를 제공하는 사람에 대하여 성범죄 경력을 확인하지 아니한 경우 부과한다(법 제90조 제2항).

(바) 300만 원 이하의 과태료

다음의 어느 하나에 해당하는 자에게는 300만 원 이하의 과태료를 부과한다(법 제90조 제3항).

- 등록증 반환 명령을 거부한 자
- 장애인사용자동차등표지를 대여하거나 보건복지부령으로 정하는 자 외의 자에게 양도한 자 또는 부당하게 사용하거나 이와 비슷한 표지·명칭 등을 사용한 자
- 보조견표지를 붙인 장애인 보조견 등을 동반한 장애인 등의 출입을 정당한 사유 없이 거부한 자
- 직무상 장애인 대상 성범죄 발생사실을 알고도 수사기관에 신고하기 아니한 장애인 복지시설의 운영자
- 직무상 장애인학대 및 장애인 대상 성범죄의 발생 사실을 알고도 장애인권익옹호기관 또는 수사기관에 신고하지 아니한 사람
- 시실 운영 개시 의무를 위반한 자
- 시설의 운영 중단·재운영·시설폐지 등의 신고의무를 위반한 자
- 의지·보조기 제조업소의 개설 또는 변경 사실을 통보하지 아니한 자
- 의사의 처방에 의하지 아니하고 의지·보조기를 제조하거나 개조한 의지·보조기 제조업자

이에 따른 과태료는 대통령령으로 정하는 바에 따라 특별자치도지사 또는 시장·군수·구청장이 부과·징수한다(법 제90조 제4항).

제5절 「한부모가족지원법」

가. 「한부모가족지원법」의 의의

「한부모가족지원법」은 한부모가족이 안정적인 가족 기능을 유지하고 자립할 수 있도록 함으로써 한부모가족의 생활 안정과 복지 증진에 이바지함을 목적으로 하고 있으며(법 제1조), 이 법은 모·부자(父子)의 복지에 관한 법이다. 편모슬하나 결손 남성배우자를 가진 자 등의 가정, 반대로 편부슬하나 결손 여성배우자를 가진 자 등의 가정이 겪고 있는 여러 가지 문제, 예를 들면, 소득의 부족으로 인한 경제문제,

심리적·정서적 불안, 대인관계에서 사회적 고립을 자초하거나, 자녀들의 건전한 성장을 막는 등의 가정적·사회적 문제가 발생하게 되는데, 이에 사회복지적 차원에서 모·부자(父子) 가정에 대하여 입법적으로 대응하고자 하는 것이다.

나. 「한부모가족지원법」의 입법배경 및 연혁

「한부모가족지원법」은 「모자복지법」으로 출발하여 「모·부자복지법」으로 명칭이 변경되었다가 다시 명칭이 변경된 법이다. 1989년 4월 1일에 제정된 편모슬하의 「모자복지법」을 토대로 수차례 개정을 거쳐 2002년 12월 18일에는 편부슬하의 부자(父子)가정을 포함하는 「모자복지법」의 내용을 확대 적용하는 개정을 하여 「모·부자복지법」으로 되고, 2007년 10월 17일 현재의 법명인 「한부모가족지원법」으로 법명이 변경되었다. 2011년 4월 12일 개정의 주요 내용은 실제 설치·운영되지 않고 존치 필요성이 낮은 한부모가족복지상담소에 대한 규정을 정비하고, 한부모가족복지시설의 종류가 지나치게 세분화되어 있고 하나의 복지시설이 하나의 지원 기능만을 수행하고 있어 그 보호대상자의 수요에 적절하게 부응하지 못하는 문제점이 있으므로 유사한 기능을 수행하고 있는 한부모가족복지시설을 그 지원대상을 기준으로 재분류하여 한 종류의 복지시설에서 여러 가지 지원을 함께 제공할 수 있도록 함으로써 한부모가족의 생활 안정과 복지 증진에 이바지하려는 것이다.

다. 한부모가족에 대한 책임

1) 국가와 지방자치단체의 책임

국가와 지방자치단체는 한부모가족의 복지를 증진할 책임을 지며(법 제2조 제1항), 국가와 지방자치단체는 한부모가족의 권익을 지원하기 위한 여건을 조성하고 이를 위한 시책을 수립·시행하여야 한다(법 제2조 제2항).

2) 모든 국민

국가와 지방자치단체는 한부모가족에 대한 사회적 편견과 차별을 예방하고, 사회구성원이 한부모가족을 이해하고 존중할 수 있도록 교육 및 홍보 등 필요한 조치를 할 수 있고(법 제2조 제3항), 교육부장관과 특별시장·광역시·특별자치시·도·특별자치도의 교육감은 「유아교육법」 제2조 제2호의 유치원, 「초·중등교육법」 제2조 및 「고등교육법」 제2조의 학교에서 한부모가족에 대한 이해를 돕는 교육을 실시하기 위한 시책을 수립·시행하여야 한다(법 제2조 제4항). 국가와 지방자치단체는 청소년 한부모가족의 자립을 위하여 노력하여야 한다(법 제2조 제5항). 또한 모든 국민은 한부모가족의 복지 증진에 협력하여야 한다(법 제2조 제6항).

3) 한부모가족의 권리와 책임

한부모가족의 모(母) 또는 부(父)는 임신과 출산 및 양육을 사유로 합리적인 이유 없이 교육·고용 등에서 차별을 받지 아니하며(법 제3조 제1항), 한부모가족의 모 또는 부와 아동은 한부모가족 관련 정책결정과정에 참여할 권리가 있다(법 제3조 제2항). 한부모가족의 모 또는 부와 아동은 그가 가지고 있는 자산과 노동능력 등을 최대한으로 활용하여 자립과 생활 향상을 위하여 노력하여야 한다(법 제3조 제3항).

라. 「한부모가족지원법」상 수급권자 → 지원대상자

1) 지원대상자

「한부모가족지원법」에 의한 지원대상자는 제4조 제1호, 제1호의2 및 제2호부터 제5호까지[46]의 규정에 해당하는 자로서 여성가족부령으로 정하는 자로 하고 있으

46) 법 제4조(정의) 이 법에서 사용하는 용어의 뜻은 다음과 같다. 1. 모 또는 부란 다음 각 목의 어느 하나에 해당하는 자로서 아동인 자녀를 양육하는 자를 말한다. 가. 배우자와 사별 또는 이혼하거나 배우자로부터 유기(遺棄)된 자, 나. 정신이나 신체의 장애로 장기간 노동 능력을 상실한 배우자를 가진 자, 다. 교정시설·치료감호시설에 입소한 배우자 또는 병역복무 중인 배우자를 가진 사람, 라. 미혼자[사실혼(事實婚) 관계에 있는 자는 제외한다], 마. 가목부터 라목까지에 규정된 자에 준하는 자로서 여성가족부령으로 정하는 자, 1의2, 청소년 한부모란 24세 이하의 모 또는 부를 말한다. 2. "한부모가족"이란 모자가족 또는 부자가족을 말한다. 3. "모자가족"이란 모가 세대주(세대주가 아니더라도 세대원을 사실상 부양하는 자를 포함한다)인 가족을 말한다. 4. "부자가족"이란 부가 세대주(세대주가 아니더라도 세대원을 사실상 부양하는 자를 포함한다)인 가족을 말한다. 5. "아동"이란 18세 미만(취학 중인 경우에는 22세 미만을 말하되, 「병역

며(법 제5조 제1항), 이에 따른 보호대상자 중 아동의 연령을 초과하는 자녀가 있는 한부모가족의 경우 그 자녀를 제외한 나머지 가족구성원을 지원대상자로 한다(법 제5조 제2항).

「한부모가족지원법」 제5조에 따른 지원대상자의 범위는 여성가족부장관이 매년 「국민기초생활 보장법」 제2조 제11호에 따른 기준 중위소득, 지원대상자의 소득 수준 및 재산의 정도 등을 고려하여 지원의 종류별로 정하고 고시한다(법 시행규칙 제3조 제1항).

2) 지원대상자의 범위에 대한 특례

(가) 미혼모에 대한 특례

혼인 관계에 있지 아니한 자로서 출산 전 임신부와 출산 후 해당 아동을 양육하지 아니하는 모는 (제5조에도 불구하고 제19조 제1항 제3호의) 미혼모자가족복지시설을 이용할 때에는 이 법에 따른 지원대상자가 된다(법 제5조의2 제1항).

(나) 조손가정에 대한 특례

다음의 어느 하나에 해당하는 아동과 그 아동을 양육하는 조부 또는 조모로서 여성가족부령으로 정하는 자는 제5조에도 불구하고 이 법에 따른 지원대상자가 된다(법 제5조의2 제2항).

- 부모가 사망하거나 생사가 분명하지 아니한 아동
- 부모가 정신 또는 신체의 장애·질병으로 장기간 노동 능력을 상실한 아동
- 부모의 장기복역 등으로 부양을 받을 수 없는 아동
- 부모가 이혼하거나 유기하여 부양을 받을 수 없는 아동
- 위의 네 가지의 아동에 준하는 자로서 여성가족부령으로 정하는 아동

법」에 따른 병역 의무를 이행하고 취학 중인 경우에는 병역 의무를 이행한 기간을 가산한 연령 미만을 말한다)의 자를 말한다. 6. 지원기관이란 이 법에 따른 지원을 행하는 국가나 지방자치단체를 말한다. 7. 한부모가족복지단체란 한부모가족의 복지 증진을 목적으로 설립된 기관이나 단체를 말한다.

여기에서의 여성가족부령에 해당하는 아동이란 다음의 어느 하나에 해당하는 아동을 말한다(법 시행규칙 제3조의2).

- 부모의 불화 등으로 가출하여 부모의 부양을 받을 수 없는 아동
- 그 밖에 부모가 실직 등으로 장기간 경제적 능력을 상실하여 부양을 받을 수 없는 아동

(다) 외국인에 대한 특례

국내에 체류하고 있는 외국인 중 대한민국 국민과 혼인하여 대한민국 국적의 아동을 양육하고 있는 사람으로서 대통령령으로 정하는 사람이 제5조에 해당하면 이 법에 따른 지원대상자가 된다(법 제5조의2 제3항). 「한부모가족지원법」 제5조의2 제3항에 따른 외국인에 대한 특례 대상자는 국내에 체류하고 있는 외국인 중 대한민국 국민과 혼인하여 대한민국 국적의 아동을 양육하고 있는 사람으로서 출입국관리법 제31조에 따른 외국인 등록을 마친 자를 말한다(법 시행령 제10조).

마. 한부모가족복지 서비스의 실시기관

국가나 지방자치단체는 한부모가족복지단체에 대하여 필요한 비용의 전부 또는 일부를 보조하거나 그 업무수행에 필요한 행정적 지원을 할 수 있다(법 제9조).

바. 한부모가족복지 서비스의 내용과 실시

1) 지원대상자의 조사 및 보고 등

특별자치시장·특별자치도지사·시장·군수·구청장은 매년 1회 이상 관할 구역 지원대상자의 가족상황, 생활실태 등을 조사하여야 하며(법 제10조 제1항), 이에 따른 조사 결과를 대장(臺帳)으로 작성·비치하여야 한다. 다만, 「사회복지사업법」 제6조의2 제2항에 따른 정보시스템을 활용할 때에는 전자적으로 작성하여 관리할 수 있다(법 제10조 제2항). 이에 따른 조사 및 대장의 작성·관리에 필요한 사항은 여성가족부령으로 정하고 있다(법 제10조 제3항). 이에 따라 특별자치시장·특별자치도지

사·시장·군수·구청장은 관할 구역 안의 한부모가족의 실태에 관하여 ① 가족상황, ② 소득 및 자산보유상황 등 생활상태, ③ 부양의무자가 있으면 그 부양능력의 유무, ④ 그 밖에 보호실시에 필요한 사항의 사항을 조사하고 이를 복지대상자 통합관리카드에 기록·관리하여야 한다(법 시행규칙 제5조 제1항). 특별자치도지사·시장·군수·구청장은 조사된 통합관리카드를 기초로 하여 지원대상 한부모가족 현황을 매년 12월 31일 현재로 작성하여 다음 해 1월 20일까지 특별시장·광역시장·특별자치시장·도지사 또는 특별자치도지사에게 보고하여야 하며, 시·도지사는 이를 1월 31일까지 여성가족부장관에게 보고하여야 한다. 다만, 특별자치도의 경우에는 특별자치도지사가 1월 31일까지 직접 여성가족부장관에게 보고하여야 한다(법 시행규칙 제5조 제2항).

2) 복지 급여의 신청과 내용

(가) 복지 급여의 신청

지원대상자 또는 그 친족이나 그 밖의 이해관계인은 복지 급여를 관할 특별자치시장·특별자치도지사·시장·군수·구청장에게 신청할 수 있다(법 제11조 제1항). 이에 따른 급여의 신청 방법·절차 등 필요한 사항은 대통령령으로 정하고 있다(법 제11조 제3항). 복지급여를 신청할 때에는 ① 금융실명거래 및 비밀보장에 관한 법률에 따른 금융자산 및 금융거래의 내용에 대한 자료 또는 정보 중 예금의 평균잔액과 그 밖에 대통령령으로 정하는 자료 또는 정보, ② 신용정보의 이용 및 보호에 관한 법률에 따른 신용정보 및 채무액과 그 밖에 대통령령으로 정하는 자료 또는 정보, ③ 「보험업법」에 따른 보험에 가입하여 납부한 보험료와 그 밖에 대통령령으로 정하는 자료 또는 정보의 제공에 대한 지원대상자의 동의 서면을 제출하여야 한다(법 제11조 제2항). 이에 따른 급여의 신청 방법·절차와 동의의 방법·절차 등 필요한 사항은 대통령령으로 정하고 있다(법 제11조 제3항).

(나) 복지 급여의 내용

국가나 지방자치단체는 복지 급여의 신청이 있으면 ① 생계비, ② 아동교육지원비, ③ 아동양육비, ④ 그 밖에 대통령령으로 정하는 비용의 복지 급여를 실시하여야 한다. 다만, 이 법에 따른 지원대상자가 「국민기초생활보장법」 등 다른 법령에 따라 보호를 받고 있는 경우에는 그 범위에서 이 법에 따른 급여를 하지 아니한다(법 제12조 제1항). 이에 따른 지원대상자에 대한 급여의 내용과 수준은 한부모가족의 실태와 국민생활수준에 따라 예산의 범위 안에서 매년 여성가족부장관이 정한다(법 시행령 제13조).

아동양육비를 지급할 때에 미혼모나 미혼부가 5세 이하의 아동을 양육하거나 청소년 한부모가 아동을 양육하면 예산의 범위에서 추가적인 복지 급여를 실시하여야 한다. 이 경우 모 또는 부의 직계존속이 5세 이하의 아동을 양육하는 경우에도 또한 같다(법 제12조 제2항). 국가나 지방자치단체는 이 법에 따른 지원대상자의 신청이 있는 경우에는 예산의 범위에서 직업훈련비와 훈련기간 중 생계비를 추가적으로 지급할 수 있다(법 제12조 제3항). 이에 따른 복지 급여의 기준 및 절차, 그 밖에 필요한 사항은 여성가족부령으로 정하고 있다(법 제12조 제4항).

(다) 복지급여수급계좌

국가나 지방자치단체는 복지 급여를 받는 지원대상자의 신청이 있는 경우에는 복지 급여를 지원대상자 명의의 지정된 계좌(이하 "복지급여수급계좌"라 한다)로 입금하여야 한다. 다만, 정보통신 장애나 그 밖에 대통령령으로 정하는 불가피한 사유로 복지급여수급계좌로 이체할 수 없을 때에는 현금 지급 등 대통령령으로 정하는 바에 따라 복지 급여를 지급할 수 있다(법 제12조5 제1항). 복지급여수급계좌의 해당 금융기관은 이 법에 따른 복지 급여만이 복지급여수급계좌에 입금되도록 관리하여야 하고,(법 제12조5 제2항) 이에 따른 신청 방법·절차와 제2항에 따른 복지급여수급계좌의 관리에 필요한 사항은 대통령령으로 정한다(법 제12조5 제3항).

3) 복지 자금의 대여

국가나 지방자치단체는 한부모가족의 생활안정과 자립을 촉진하기 위하여 ① 사업에 필요한 자금, ② 아동교육비, ③ 의료비, ④ 주택자금, ⑤ 그 밖에 대통령령[47]

으로 정하는 한부모가족의 복지를 위하여 필요한 자금을 대여할 수 있다(법 제13조 제1항). 이에 따른 대여 자금의 한도, 대여 방법 및 절차, 그 밖에 필요한 사항은 대통령령으로 정하고 있다(법 제13조 제2항). 이에 따른 복지 자금의 대여한도는 대여목적에 부합되는 수준으로 하되, 그 금액은 각 복지 자금별로 매년 여성가족부장관이 정하며(법 시행령 제15조), 복지 자금의 대여를 받고자 하는 자는 여성가족부령으로 정하는 바에 따라 복지자금대여신청서를 특별자치시장·특별자치도지사·시장·군수·구청장에게 제출하여야 한다(법 시행령 제16조 제1항). 복지 자금의 대여신청이 있으면 지체 없이 대여여부를 결정하여 신청인에게 통지하고 대여대상자로 선정된 자에 대한 대여내용을 복지 자금의 대여를 취급하는 금융기관에 통지하여야 한다(법 시행령 제16조 제2항). 복지 자금을 대여받은 자는 여성가족부장관이 정하는 상환기준에 따라 상환하여야 한다(법 시행령 제17조 제1항). 복지 자금을 대여받은 자에 대한 대여 내용과 상환내역 등을 여성가족부령으로 정하는 바에 따라 기록·관리하여야 한다(법 시행령 제17조 제2항). 이에 따라 복지 자금을 상환하여야 할 자가 거주지를 다른 특별자치시·특별자치도·시·군·구로 이동한 경우에는 전 거주지를 관할하는 특별자치시장·특별자치도지사·시장·군수·구청장은 서류를 지체 없이 신거주지를 관할하는 특별자치시장·특별자치도지사·시장·군수·구청장에게 송부(전자문서에 의한 송부를 포함한다)하고 그 내용을 취급금융기관에 통지(취급금융기관이 원하는 경우에는 전자문서에 의한 통지를 포함한다)하여야 한다(법 시행령 제17조 제3항).

4) 고용 등

(가) 고용의 촉진

국가 또는 지방자치단체는 한부모가족의 모 또는 부와 아동의 직업능력을 개발하기 위하여 능력 및 적성 등을 고려한 직업능력개발훈련을 실시하여야 하며(법 제14조 제1항), 국가 또는 지방자치단체는 한부모가족의 모 또는 부와 아동의 고용을

---

47) 「한부모가족지원법」 시행령 제15조(복지 자금의 대여한도) 법 제13조에 따른 복지 자금의 대여한도는 대여목적에 부합되는 수준으로 하되, 그 금액은 각 복지 자금별로 매년 여성가족부장관이 정한다. 〈2010.3.15〉

촉진하기 위하여 적합한 직업을 알선하고 각종 사업장에 모 또는 부와 아동이 우선 고용되도록 노력하여야 한다(법 제14조 제2항).

(나) 고용지원 연계

국가 및 지방자치단체는 한부모가족의 모 또는 부와 아동의 취업기회를 확대하기 위하여 한부모가족 관련 시설 및 기관과 「직업안정법」 제2조의2 제1호에 따른 직업안정기관 간 효율적인 연계를 도모하여야 하며(법 제14조의2 제1항), 고용노동부장관은 한부모가족의 모 또는 부와 아동을 위한 취업지원사업 등이 효율적으로 추진될 수 있도록 여성가족부장관과 긴밀히 협조하여야 한다(법 제14조의2 제2항).

(다) 공공시설에 매점 및 시설 설치

국가나 지방자치단체가 운영하는 공공시설의 장은 그 공공시설에 각종 매점 및 시설의 설치를 허가하는 경우 이를 한부모가족 또는 한부모가족복지단체에 우선적으로 허가할 수 있다(법 제15조).

(라) 시설 우선이용

국가나 지방자치단체는 한부모가족의 아동이 공공의 아동 편의시설과 그 밖의 공공시설을 우선적으로 이용할 수 있도록 노력하여야 한다(법 제16조).

5) 가족지원

(가) 가족지원서비스

국가나 지방자치단체는 한부모가족에게 ① 아동의 양육 및 교육 서비스, ② 장애인, 노인, 만성질환자 등의 부양 서비스, ③ 취사, 청소, 세탁 등 가사 서비스, ④ 교육·상담 등 가족관계 증진 서비스, ⑤ 인지청구 및 자녀양육비 청구 등을 위한 법률상담, 소송대리 등 법률구조서비스, ⑥ 그 밖에 대통령령으로 정하는 한부모가족에 대한 가족지원서비스를 제공하도록 노력하여야 한다(법 제17조).

(나) 청소년 한부모에 대한 교육 지원

국가나 지방자치단체는 청소년 한부모가 학업을 할 수 있도록 청소년 한부모의 선택에 따라 ① 「초·중등교육법」 제2조에 따른 학교에서의 학적 유지를 위한 지원 및 교육비 지원 또는 검정고시 지원, ② 「평생교육법」 제31조 제2항에 따른 학력 인정 평생교육시설에 대한 교육비 지원, ③ 「초·중등교육법」 제28조에 따른 교육 지원, ④ 그 밖에 청소년 한부모의 교육 지원을 위하여 여성가족부령으로 정하는 사항에 해당하는 지원을 할 수 있다(법 제17조의2 제1항). 여기서 청소년 한부모란 24세 이하의 모 또는 부를 말한다(법 제4조1의2항).

「초·중등교육법」 제28조에 따른 교육 지원을 위하여 특별시·광역시·도·특별자치도의 교육감은 제19조에 따른 한부모가족복지시설에 순회교육 실시를 위한 지원을 할 수 있다(법 제17조의2 제2항). 여성가족부장관은 청소년 한부모가 학업을 계속할 수 있도록 교육부장관에게 협조를 요청하여야 한다(법 제17조의2 제4항).

(다) 자녀양육비 이행지원

여성가족부장관은 자녀양육비 산정을 위한 자녀양육비 가이드라인을 마련하여 법원이 이혼 판결 시 적극 활용할 수 있도록 노력하여야 한다(법 제17조의3).

(라) 청소년 한부모의 자립지원

국가나 지방자치단체는 청소년 한부모가 주거마련 등 자립에 필요한 자산을 형성할 수 있도록 재정적인 지원을 할 수 있다(법 제17조의4 제1항). 이에 따른 지원으로 형성된 자산은 청소년 한부모가 이 법에 따른 지원대상자에 해당하는지 여부를 조사·확인할 때 이를 포함하지 아니하며(법 제17조의4 제2항), 이에 따른 자립 지원의 대상과 기준은 대통령령으로 정하고, 자립 지원의 신청, 방법 및 지원금의 반환절차 등에 필요한 사항은 여성가족부령으로 정하고 있다(법 제17조의4 제3항).

(마) 국민주택의 분양 및 임대

국가나 지방자치단체는 「주택법」에서 정하는 바에 따라 국민주택을 분양하거나 임대할 때에는 한부모가족에게 일정 비율이 우선 분양될 수 있도록 노력하여야 한다(법 제18조).

사. 한부모가족복지시설

1) 한부모가족복지시설의 개념 및 기능

한부모가족복지시설은 모자(母子)·부자(父子)가족의 모 또는 부 및 아동이 인간다운 생활을 영위하기 위해서 필요한 제반(諸般) 서비스를 제공하는 시설을 말한다. 이는 사회복지시설의 하나로서, 모자(母子)·부자(父子)가족이 가진 요구와 문제를 해결하기 위한 급여와 서비스를 제공하여 가족을 보완하고 때로는 대체하는 기능을 가지고 있다.

2) 한부모가족복지시설의 설치와 운영

국가나 지방자치단체는 한부모가족복지시설을 설치할 수 있고(법 제20조 제1항), 한부모가족복지시설에에 따른 한부모가족복지시설의 장은 청소년 한부모가 입소를 요청하는 경우에는 우선 입소를 위한 조치를 취하여야 한다(법 제20조 제2항). 국가나 지방자치단체 외의 자가 한부모가족복지시설을 설치·운영하려면 특별자치시장·특별자치도지사·시장·군수·구청장에게 신고하여야 한다. 신고한 사항 중 여성가족부령으로 정하는 중요 사항을 변경하려는 경우에도 또한 같다(법 제20조 제3항). 「입양촉진 및 절차에 관한 특례법」 제10조에 따른 입양기관을 운영하는 자는 미혼모자가족복지시설 기본생활 지원(법 제19조 제1항 제3호 가목)에 해당하는 편의제공시설을 설치·운영할 수 없다(법 제20조 제4항).

한부모가족복지시설의 시설 설치·운영 기준, 시설 종사자의 직종(職種)과 수(數) 및 자격기준, 그 밖에 설치신고에 필요한 사항은 여성가족부령으로 정하고 있다(법 제20조 제5항). 이에 따른 한부모가족복지시설의 설치신고를 하려는 자는 별지 제4호 서식의 한부모가족복지시설 설치신고서(전자문서로 된 신고서를 포함)에 ① 법인의 정관(법인인 경우에 한한다) 1부, ② 시설운영에 필요한 재산목록(소유 또는 사용할 수 있는 권리를 증명할 수 있는 서류를 첨부하여야 한다. 이하 같다) 1부, ③ 사업계획서 및 예산서 각 1부, ④ 시설의 평면도(시설의 층별 및 구조별 면적을 표시하여야 한다) 1부의 서류(전자문서를 포함)를 첨부하여 관할 특별자치도지사·시장·군수·구청장에게 제출하여야 한다(법 시행규칙 제10조 제1항). 이에 따라 신고서를 제출받은 담당공무원은 「전자정부법」 제36조 제1항에 따른 행정정보의 공동이용을 통하여 법인등기사항증명서(법인인 경우에 한한다), 건축물대장을 확인하여야 하며(법 시행규칙 제10조 제2항), 신고를 받은 특별자치시장·특별자치도지사·시장·군수·구청장은 별지 제5호 서식의 한부모가족복지시설 설치신고확인증을 신고인에게 교부하여야 한다(법 시행규칙 제10조 제3항).

한부모가족복지시설을 설치·운영하는 자가 한부모가족복지시설의 대표자 또는 시설의 장, 시설의 종류·명칭·소재지 또는 입소 정원을 변경하려는 경우에는 별지 제6호 서식의 한부모가족복지시설 변경신고서(전자문서로 된 신고서를 포함한다)에 ① 법인의 이사회 회의록(법인의 대표자가 변경된 경우에 한한다), ② 변경시설의 평면도(소재지 또는 입소 정원의 변경 등으로 시설의 변경이 있는 경우에 한한다), ③ 한부모가족복지시설의 장의 자격을 증명하는 서류(한부모가족복지시설의 장의 자격이 변경된 경우에 한한다), ④ 시설 및 재산에 관한 사용·처분계획서(소재지가 변경되는 경우에 한한다), ⑤ 한부모가족복지시설 입소자에 대한 조치계획서(소재지 또는 입소 정원이 변경되는 경우에 한한다), ⑥ 한부모가족복지시설 설치신고확인증의 서류를 첨부하여 특별자치시장·특별자치도지사·시장·군수·구청장에게 제출하여야 한다(법 시행규칙 제10조 제4항). 이에 따라 변경신고서를 제출받은 담당공무원은 「전자정부법」 제36조 제1항에 따른 행정정보의 공동이용을 통하여 건축물대장(소재지 또는 입소 정원의 변경 등으로 시설의 변경이 있는 경우에 한한다)을 확인하여야 하며(법 시행규칙 제10조 제5항), 이에 따라 한부모가족복지시설 설치신고확인증을 교부하거나 한부모가족복지시설 변경신고를 받은 때에는 그때부터 15일 이내에 시·도지사를 거쳐 여성가족부장관에게 보고하여야 한다. 다만, 특별자치시·특별자치도의 경우에는 특별자치시장·특별자치도지사가 직접 여성가족부장관에게 보고하여야 한다(법 시행규칙 제10조 제6항).

또한 이에 따른 한부모가족복지시설의 설치기준은 별표 2와 같고(법 시행규칙 제10조의2 제1항), 한부모가족복지시설에 두어야 할 종사자의 배치기준 및 자격기준은 각각 별표 3 및 별표 4와 같다(법 시행규칙 제10조의2 제2항).

3) 한부모가족복지시설의 종류

한부모가족복지시설은 다음의 시설로 하고 있다(법 제19조 제1항 제1호 내지 제5호).

① 모자가족복지시설

모자가족에게 다음의 어느 하나 이상의 편의를 제공하는 시설

- 기본생활지원: 생계가 어려운 모자가족에게 일정 기간 동안 주거와 생계를 지원
- 공동생활지원: 독립적인 생활이 어려운 모자가족에게 일정 기간 동안 공동생활을 통하여 자립을 준비할 수 있도록 주거 등을 지원
- 자립생활지원: 자립욕구가 강한 모자가족에게 일정 기간 동안 주거를 지원

② 부자가족복지시설

부자가족에게 다음의 어느 하나 이상의 편의를 제공하는 시설

- 기본생활지원: 생계가 어려운 부자가족에게 일정 기간 동안 주거와 생계를 지원
- 공동생활지원: 독립적인 생활이 어려운 부자가족에게 일정 기간 동안 공동생활을 통하여 자립을 준비할 수 있도록 주거 등을 지원
- 자립생활지원: 자립욕구가 강한 부자가족에게 일정 기간 동안 주거를 지원

③ 미혼모자가족복지시설

미혼모자가족과 출산 미혼모 등에게 다음의 어느 하나 이상의 편의를 제공하는 시설

- 기본생활지원: 미혼 여성의 임신·출산 시 안전 분만 및 심신의 건강 회복과 출산 후의 아동의 양육지원을 위하여 일정 기간 동안 주거와 생계를 지원
- 공동생활지원: 출산 후 해당 아동을 양육하지 아니하는 미혼모 또는 미혼모와 그 출산 아동으로 구성된 미혼모자가족에게 일정 기간 동안 공동생활을 통하여 자립을 준비할 수 있도록 주거 등을 지원

④ 일시지원복지시설

배우자(사실혼 관계에 있는 사람을 포함한다)가 있으나 배우자의 물리적·정신적 학대로 아동의 건전한 양육이나 모의 건강에 지장을 초래할 우려가 있을 경우 일시적 또는 일정 기간 동안 모와 아동 또는 모에게 주거와 생계를 지원하는 시설

⑤ 한부모가족복지상담소

한부모가족에 대한 위기·자립 상담 또는 문제해결 지원 등을 목적으로 하는 시설

이에 따른 복지시설의 보호기간 및 그 기간의 연장 등에 필요한 사항은 여성가족부령으로 정하고 있다(법 제19조 제2항).

아. 한부모가족복지서비스의 비용

1) 비용의 보조 및 부담

국가나 지방자치단체는 대통령령으로 정하는 바에 따라 한부모가족복지사업에 드는 비용을 보조할 수 있다(법 제25조). 이에 따라 국가나 지방자치단체가 보조하여야 할 한부모가족복지사업에 드는 비용의 부담기준은 다음과 같다(법 시행령제18조).

- 「한부모가족지원법」 제12조에 따른 복지 급여에 드는 비용은 예산의 범위 안에서 국가와 지방자치단체가 부담하되, 그 부담의 비율은 별표 1과 같다.
- 「한부모가족지원법」 제20조 제1항에 따라 국가나 지방자치단체가 설치하는 한부모가족복지시설의 설치 및 운영에 드는 비용은 그 한부모가족복지시설을 설치·운영하는 국가나 지방자치단체가 부담한다.
- 「한부모가족지원법」 제20조 제3항에 따른 국가나 지방자치단체 외의 자가 설치하는 한부모가족복지시설의 설치 및 운영에 드는 비용은 예산의 범위에서 국가와 지방자치단체가 그 비용의 100분의 80 이상을 부담한다.

[별표 1] 국가와 지방자치단체 간의 복지급여 비용부담 비율(제18조 제1호 관련)

〈개정 2012.7.24.〉

구분		국가	지방자치단체	
			일반회계	교육비 특별회계
생계비·아동양육비 (법 제12조제1항 제1호·제4호 관련)	특별시의 경우	50%	50%	
	광역시·특별자치시·도·특별자치도의 경우	80%	20%	

<table>
<tr><th colspan="4" rowspan="2">구분</th><th rowspan="2">국가</th><th colspan="2">지방자치단체</th></tr>
<tr><th>일반회계</th><th>교육비 특별회계</th></tr>
<tr><td rowspan="6">아동교육 지원비 (법 제12조 제1항 제2호 관련)</td><td rowspan="4">입학금 · 수업료</td><td rowspan="2">국립 고등학교</td><td>특별시의 경우</td><td>50%</td><td>50%</td><td></td></tr>
<tr><td>광역시·특별자치시·도·특별자치도의 경우</td><td>80%</td><td>20%</td><td></td></tr>
<tr><td rowspan="2">공립·사립 고등학교</td><td>특별시의 경우</td><td></td><td>50%</td><td>50%</td></tr>
<tr><td>광역시·특별자치시·도·특별자치도의 경우</td><td></td><td>20%</td><td>80%</td></tr>
<tr><td colspan="2" rowspan="2">학용품비와 그 밖에 교육에 필요한 비용</td><td>특별시의 경우</td><td>50%</td><td>50%</td><td></td></tr>
<tr><td>광역시·특별자치시·도·특별자치도의 경우</td><td>80%</td><td>20%</td><td></td></tr>
</table>

2) 부정수급자에 대한 비용의 징수

거짓이나 그 밖의 부정한 방법으로 복지 급여를 받거나 타인으로 하여금 복지 급여를 받게 한 경우 복지 급여를 지급한 보호기관은 그 비용의 전부 또는 일부를 그 복지 급여를 받은 자 또는 복지 급여를 받게 한 자(부정수급자)로부터 징수할 수 있다(법 제25조의2 제1항). 이에 따라 징수할 금액은 부정수급자에게 통지하여 징수하고, 부정수급자가 이에 응하지 아니하는 경우 국세 또는 지방세 체납처분의 예에 따라 징수한다(법 제25조의2 제2항).

3) 보조금 등의 반환명령

국가나 지방자치단체는 한부모가족복지시설의 장이나 한부모가족복지단체의 장이 ① 보조금의 교부 조건을 위반한 경우, ② 거짓이나 그 밖의 부정한 방법으로 보조금을 받은 경우, ③ 한부모가족복지시설을 경영하면서 개인의 영리를 도모하는 행위를 한 경우, ④ 이 법 또는 이 법에 따른 명령을 위반한 경우에 해당하면 이미 내준 보조금의 전부 또는 일부의 반환을 명할 수 있다(법 제26조 제1항). 지원기관은 복지 급여의 변경 또는 복지 급여의 정지·중지에 따라 지원대상자에게 이미 지급한 복지 급여 중 과잉지급분이 발생한 경우에는 즉시 지원대상자에 대하여 그 전부 또는 일부의 반환을 명하여야 한다. 다만, 이를 소비하였거나 그 밖에 지원대상자에게 부득이한 사유가 있는 경우에는 그 반환을 면제할 수 있다.

자. 수급자의 권리보호

1) 권리보호

「한부모가족지원법」은 수급자의 권리보호로서 양도·담보 및 압류금지, 권리구제방법으로서 심사청구를 할 수 있다.

(가) 양도·담보 및 압류금지

「한부모가족지원법」에 따라 지급된 복지급여와 이를 받을 권리는 다른 사람에게 양도하거나 담보로 제공할 수 없으며, 다른 사람은 이를 압류할 수 없고(법 제27조 1항), 이에 따라 지정된 복지급여수급계좌의 예금에 관한 채권은 압류할 수 없다(법 제27조 1항).

(나) 심사청구

보호대상자 또는 그 친족이나 그 밖의 이해관계인은 이 법에 따른 복지 급여 등에 대하여 이의가 있으면 그 결정을 통지받은 날부터 90일 이내에 서면으로 해당 복지실시기관에 심사를 청구할 수 있다(법 제28조 제1항). 심사청구를 받으면 30일 이내에 이를 심사·결정하여 청구인에게 통보하여야 한다(법 제28조 제2항).

차. 벌칙

1) 5년 이하의 징역 또는 5천만 원 이하의 벌금

금융정보 등을 사용 또는 누설한 사람은 5년 이하의 징역 또는 5천만 원 이하의 벌금에 처한다(법 제29조 제1항).

2) 3년 이하의 징역 또는 3천만 원 이하의 벌금

복지급여를 신청한 자의 자료 등을 사용 또는 누설한 사람은 3년 이하의 징역 또는 3천만 원 이하의 벌금에 처한다(법 제29조 제2항).

3) 1년 이하의 징역 또는 1천만 원 이하의 벌금

다음 각 호의 어느 하나에 해당하는 자는 1년 이하의 징역 또는 1천만 원 이하의 벌금에 처한다(법 제29조 제3항).

- 신고를 하지 아니하고 한부모가족복지시설을 설치한 자
- 시설의 폐쇄, 사업의 정지 또는 폐지의 명령을 받고 사업을 계속한 자

4) 1년 이하의 징역, 1천만 원 이하의 벌금, 구류 또는 과료

거짓이나 그 밖의 부정한 방법으로 복지 급여를 받거나 타인으로 하여금 복지 급여를 받게 한 자는 1년 이하의 징역, 1천만 원 이하의 벌금, 구류 또는 과료에 처한다(법 제29조 제4항).

5) 양벌규정

법인의 대표자나 법인 또는 개인의 대리인, 사용인, 그 밖의 종업원이 그 법인 또는 개인의 업무에 관하여 「한부모가족지원법」 제29조의 위반행위를 하면 그 행위자를 벌하는 외에 그 법인 또는 개인에게도 해당 조문의 벌금 또는 과료의 형을 과(科)한다. 다만, 법인 또는 개인이 그 위반행위를 방지하기 위하여 해당 업무에 관하여 상당한 주의와 감독을 게을리하지 아니한 경우에는 그러하지 아니하다(법 제30조).

6) 300만 원 이하의 과태료

다음의 어느 하나에 해당하는 자에게는 300만 원 이하의 과태료를 부과할 수 있다(법 제30조의2 제1항).

- 「한부모가족지원법」 제22조(수탁의무: 한부모가족복지시설을 설치·운영하는 자는 시·도지사 또는 시장·군수·구청장으로부터 한부모가족복지시설의 이용을 위탁받은 때에는 정당한 사유 없이 이를 거부하지 못한다)의 규정을 위반하여 정당한 사유 없이 수탁을 거부한 자
- 한부모가족복지시설을 설치·운영하는 자가 정당한 이유 없이 시설의 운영상황을 보고하지 아니하거나 거짓으로 한 자 또는 조사·검사를 거부하거나 기피한 자

이에 따른 과태료는 대통령령으로 정하는 바에 따라 여성가족부장관이 부과·징수하며(법 제30조의2 제2항), 이에 따른 과태료의 부과기준은 별표 2와 같다(법 시행령 제20조).

[별표 2] 과태료의 부과기준(제20조 관련) 〈개정 2014.12.9.〉

1. 일반기준

가. 위반행위의 횟수에 따른 과태료의 부과기준은 최근 1년간 같은 유형의 위반행위로 과태료를 부과받은 경우에 적용한다. 이 경우 위반행위에 대하여 과태료 부과처분을 한 날과 다시 같은 유형의 위반행위를 적발한 날을 각각 기준으로 하여 위반횟수를 계산한다.

나. 여성가족부장관은 다음의 어느 하나에 해당하는 경우에는 제2호에 따른 과태료 금액의 2분의 1의 범위에서 그 금액을 감경할 수 있다. 다만, 과태료를 체납하고 있는 위반행위자의 경우에는 그러하지 아니하다.

1) 위반행위자가 「질서위반행위규제법 시행령」 제2조의 제1항 각 호의 어느 하나에 해당하는 경우
2) 위반행위가 사소한 부주의나 오류로 인한 것으로 인정되는 경우
3) 위반의 내용·정도가 경미하여 피해가 적다고 인정되는 경우
4) 법 위반상태를 시정하거나 해소하기 위한 노력이 인정되는 경우
5) 그 밖에 위반행위의 정도, 위반행위의 동기와 그 결과 등을 고려하여 감경할 필요가 있다고 인정되는 경우

2. 개별기준

위반행위	근거 법조문	과태료 금액		
		1차 위반	2차 위반	3차 이상 위반
가. 법 제22조를 위반하여 정당한 사유 없이 수탁을 거부한 경우	법 제30조의2 제1항 제1호	50만 원	100만 원	200만 원
나. 정당한 이유 없이 법 제23조 제1항에 따른 보고를 하지 않은 경우	법 제30조의2 제1항 제2호	50만 원	100만 원	200만 원
다. 정당한 이유 없이 법 제23조 제1항에 따른 보고를 거짓으로 한 경우	법 제30조의2 제1항 제2호	100만 원	200만 원	300만 원
라. 정당한 이유 없이 법 제23조 제1항에 따른 조사·검사를 거부하거나 기피한 자	법 제30조의2 제1항 제2호	100만 원	200만 원	300만 원

제6절「건강가정기본법」

가. 의의

급증하는 이혼율·저출산율, 혼인율의 급격한 감소, 가정폭력, 아동유기 및 결식, 청소년의 마약과 각종 범죄, 노인가출 및 노인유기 등의 증가에 따라 가족문제가 매우 심각해지고 있다. 이러한 시점에서「건강가정기본법」은 가족해체를 방지하고 건강한 가정을 유지할 수 있도록 지원하고, 가정기능을 강화함으로써 가정의 자원화를 꾀하며, 이를 통하여 사회발전과 사회통합에 기여하며, 일·가정을 양립할 수 있는 여건을 마련하고 다양한 서비스를 제공함으로써 여성 취업의 활성화를 도모하고 가족친화적 문화형성에 기여하며, 장기적으로 여성능력신장, 유휴여성인력의 고용창출에도 이바지하기 위함이다. 이 법은 건강한 가정생활의 영위와 가족의 유지 및 발전을 위한 국민의 권리·의무와 국가 및 지방자치단체 등의 책임을 명백히 하고, 가정문제의 적절한 해결방안을 강구하며 가족구성원의 복지 증진에 이바지할 수 있는 지원정책을 강화함으로써 건강가정 구현에 기여하는 것을 목적으로 하고 있다(법 제1조). 따라서 현대사회의 가정위기를 인식하고 가정의 기능을 강화하고 지원하기 위한 법 제정이 되어 건강한 가정을 통한 사회통합을 촉진하는 데 그 의의가 있다.

나. 입법배경 및 연혁

기존의「노인복지법」,「아동복지법」,「영유아보육법」,「장애인복지법」,「국민기초생활보장법」등의 사회복지관련법이 있으나, 이러한 법들은 가족을 건강하게 유지하고 발전시키기 위한 것이라고 보기는 어렵고, 가족을 단위로 하고 있지 않으며, 더 나아가 변화하고 있는 가족환경을 고려한 제도라고 볼 수 없는 한계가 있다. 이에 가족 및 가정과 관련된 새로운 사회법이 요구되었고, 2004년 2월 9일「건강가정기본법」이 제정되었으며, 2005년 1월 1일 시행되었다.「건강가정기본법」은 건강한 가정생활의 영위와 가족의 유지 및 발전을 위한 국민의 권리·의무와 국가 및 지방자치단체 등의 책임을 명확히 하고, 현대사회에서 제기되는 다양한 가정문제의 적절한 해결방안을 강구하며, 가족원의 복지 증진에 이바지할 수 있는 지원정책을 시행함으로써 건강가정을 구현하고, 나아가 사회통합에 기여하도록 하려는 것이다.

2011년 9월 15일(법률 제11045호, 시행 2012.3.16) 개정에서는 중앙건강가정정책위원회와 시·도 건강가정위원회의 폐지에 따른 관련 조항을 정비하고, 건강가정시행계획의 수립·시행 주체를 기초지방자치단체의 장까지로 확대하여 지역적 특성이 반영된 구체적이고 현장감 있는 시행계획을 수립하였다. 이로써 건강가정기본계획의 기본취지를 좀 더 효과적으로 달성할 수 있도록 하는 한편, 가족구성원의 건강 증진대책 마련 대상에 '노인'을 추가하고, 자녀 양육지원 사업의 안정적 추진을 위하여 관련 법적 근거와 예산지원 근거를 마련하는 등 현행 제도의 운영상 나타난 일부 미비점을 개선·보완하려는 것이다. 2014년 3월 24일 개정의 주요내용은 다문화가족, 한부모가족의 증가 등 한국 사회의 가족 변화에 대응하는 다양한 가족 정책을 효율적이고 체계적으로 지원하기 위하여, 건강가정지원센터 및 다문화가족지원센터 등의 사업 관리 등을 위탁 방식으로 지정받아 운영하고 있는 재단법인 한국건강가정진흥원을 이 법에 따라 설립되는 특수법인으로 전환함으로써, 가족 관련 서비스를 안정적으로 제공하고 그 기능을 좀 더 효율적으로 수행할 수 있도록 하려는 것이다.

다. 국가 및 지방자치단체의 책임

국가 및 지방자치단체는 건강가정[48]을 위하여 필요한 제도와 여건을 조성하고 이를 위한 시책을 강구하여 추진하여야 하며(법 제5조 제1항), 시책을 강구함에 있어 가족[49]구성원의 특성과 가정유형을 고려하여야 하고(법 제5조 제2항), 민주적인 가정형성, 가정친화적 환경조성, 양성평등한 가족가치 실현 및 가사노동의 정당한 가치평가를 위하여 노력하여야 한다(법 제5조 제3항). 그리고 국가는 건강가정사업[50]

48) 가정이라 함은 가족구성원이 생계 또는 주거를 함께하는 생활공동체로서 구성원의 일상적인 부양·양육·보호·교육 등이 이루어지는 생활단위를 말한다(법 제3조 제2호). 건강가정이라 함은 가족구성원의 욕구가 충족되고 인간다운 삶이 보장되는 가정을 말한다(법 제3조 제3호).

49) 가족이라 함은 혼인·혈연·입양으로 이루어진 사회의 기본단위를 말한다(법 제3조 제1호).

과 관련되는 다른 법률을 제정 또는 개정하는 경우, 이 법에 부합되도록 하여야 한다(법 제6조).

라. 복지조치

1) 기본이념과 가정의 날

가정은 개인의 기본적인 욕구를 충족시키고 사회통합을 위하여 기능할 수 있도록 유지·발전되어야 한다(법 제2조). 가정의 중요성을 고취하고 건강가정을 위한 개인·가정·사회의 적극적인 참여 분위기를 조성하기 위하여 매년 5월을 가정의 달로 하고, 5월 15일을 가정의 날로 한다(법 제12조).

2) 국민의 권리와 의무

모든 국민은 가정의 구성원으로서 안정되고 인간다운 삶을 유지할 수 있는 가정생활을 영위할 권리를 가진다(법 제4조 제1항). 모든 국민은 가정의 중요성을 인식하고 그 복지의 향상을 위하여 노력하여야 한다(법 제4조 제2항).

3) 가족가치

가족구성원은 부양·자녀양육·가사노동 등 가정생활의 운영에 함께 참여하여야 하고 서로 존중하며 신뢰하여야 한다(법 제7조).

4) 혼인과 출산의 지원

모든 국민은 혼인과 출산의 사회적 중요성을 인식하여야 하며(법 제8조 제1항), 국가 및 지방자치단체는 출산과 육아에 대한 사회적 책임을 인식하고 모·부성보호와 태아의 건강보장 등 적절한 출산·육아환경을 조성하기 위하여 적극적으로 지원하여야 한다(법 제8조 제2항).

---

50) 건강가정사업이라 함은 건강가정을 저해하는 문제(가정문제)의 발생을 예방하고 해결하기 위한 여러 가지 조치와 가족의 부양·양육·보호·교육 등의 가정기능을 강화하기 위한 사업을 말한다(법 제3조 제4호).

5) 가족해체의 예방

가족구성원 모두는 가족해체를 예방하기 위하여 노력하여야 하며(법 제9조 제1항), 국가 및 지방자치단체는 가족해체를 예방하기 위하여 필요한 제도와 시책을 강구하여야 한다(법 제9조 제2항).

6) 지역사회자원의 개발·활용 및 정보제공

국가 및 지방자치단체는 건강한 가정구현에 기여할 수 있도록 지역사회자원을 최대한 개발하고 활용하여야 하며(법 제10조), 국가 및 지방자치단체는 가족구성원에게 건강한 가정생활을 영위하는 데 도움이 되는 정보를 최대한 제공하고 가정생활에 관한 정보관리체계를 확립하여야 한다(법 제11조).

마. 건강가정정책

1) 건강가정기본계획의 수립 및 연도별 시행계획의 수립·시행

여성가족부장관은 관계 중앙행정기관의 장과 협의하여 건강가정기본계획(기본계획)을 5년마다 수립하여야 하며(법 제15조 제1항), 기본계획에는 "가족기능의 강화 및 가정의 잠재력개발을 통한 가정의 자립 증진 대책, 사회통합과 문화계승을 위한 가족공동체문화의 조성, 다양한 가족의 욕구충족을 통한 건강가정 구현, 민주적인 가족관계와 양성평등적인 역할분담, 가정친화적인 사회환경의 조성, 가족의 양육·부양 등의 부담완화와 가족해체예방을 통한 사회비용 절감, 위기가족에 대한 긴급 지원책, 가족의 건강 증진을 통한 건강사회 구현, 가족지원정책의 추진과 관련한 재정조달 방안, 1인가구의 복지증진을 위한 대책"이 포함되어야 한다(법 제15조 제2항). 기본계획은 국무회의의 심의를 거쳐 확정하며(법 제15조 제3항), 여성가족부장관은 확정된 기본계획을 지체 없이 관계 중앙행정기관의 장 및 지방자치단체의 장에게 통보하여야 한다(법 제15조 제4항). 여성가족부장관, 관계 중앙행정기관의 장 및 지방자치단체의 장은 매년 기본계획에 따라 건강가정시행계획(시행계획)을 수립·시행 및 평가하여야 한다. 이 경우 관계 중앙행정기관의 장 및 지방자치단체의 장은 그 시행계획 및 추진실적을 매년 여성가족부장관에게 제출하여야 한다(법 제16조 제1항). 시행계획의 수립·추진 및 평가에 관하여 필요한 사항은 대통령령으로 정하고 있다(법 제16조 제2항).

2) 시·도별 시행계획의 조정 및 계획수립의 협조

여성가족부장관은 기본계획에 기초하여 지방자치단체별 시행계획을 조정하고 그 이행상황을 점검하여야 한다(법 제17조 제1항). 지방자치단체별 시행계획이 기본계획 및 중앙행정기관의 시행계획에 위배되는 경우에는 당해 지방자치단체의 장에게 이를 변경하도록 요구할 수 있다(법 제17조 제2항). 그리고 여성가족부장관, 관계 중앙행정기관의 장 및 지방자치단체의 장은 기본계획 또는 시행계획의 수립·시행을 위하여 필요한 때에는 관계공공기관·사회단체 그 밖의 민간기업체의 장에게 협조를 요청할 수 있다(법 제18조 제1항). 협조요청을 받은 자는 특별한 사유가 없는 한 이에 응하여야 한다(법 제18조 제2항).

3) 교육·연구의 진흥 및 실태조사

국가 및 지방자치단체는 건강가정과 관련된 연구를 진흥하고 전문가를 양성하여야 하며(법 제19조 제1항), 국가 및 지방자치단체는 건강가정을 위한 교육프로그램을 지속적으로 개발·제공하여야 한다(법 제19조 제2항). 그리고 국가 및 지방자치단체는 개인과 가족의 생활실태를 파악하고, 건강가정 구현 및 가정문제 예방 등을 위한 서비스의 욕구와 수요를 파악하기 위하여 5년마다 가족실태조사를 실시하고 그 결과를 발표하여야 하며(법 제20조 제1항), 제1항에 따른 가족실태조사에는 1인가구의 연령별·성별·지역별 현황과 정책 수요 등에 관한 사항이 포함되어야 한다(법 제20조 제2항). 가족실태조사를 위하여 필요한 사항은 여성가족부령으로 정하고 있다(법 제20조 제3항).

바. 건강가정사업

1) 가정에 대한 지원

국가 및 지방자치단체는 가정이 원활한 기능을 수행하도록 지원하여야 하며(법 제21조 제1항), 지원하여야 할 사항은 "가족구성원의 정신적·신체적 건강지원, 소득보장 등 경제생활의 안정, 안정된 주거생활, 태아검진 및 출산·양육의 지원, 직장과 가정의 양립, 음란물·유흥가·폭력 등 위해환경으로부터의 보호, 가정폭력으로부터의 보호, 가정친화적 사회분위기의 조성, 그 밖에 건강한 가정의 기능을 강화·지원할 수 있는 관련 사항"이다(법 제21조 제2항). 국가 및 지방자치단체는 취업여성의 임신·출산·수유 및 육아와 관련된 모·부성권 보장을 위한 유급휴가시책이 확산되도록 노력하여야 하고(법 제21조 제3항), 한부모가족, 노인단독가정, 장애인가정, 미혼모가정, 공동생활가정, 자활공동체 등 사회적 보호를 필요로 하는 가정에 대하여 적극적으로 지원하여야 한다(법 제21조 제4항). 이에 대하여 국가 및 지방자치단체의 지원에 관한 세부적 사항은 관계 법률이 정하는 바에 의한다(법 제21조 제5항).

2) 자녀양육 및 가족부양의 지원

국가 및 지방자치단체는 자녀를 양육하는 가정에 대하여 자녀양육으로 인한 부담을 완화하고 아동의 행복추구권을 보장하기 위하여 보육, 방과 후 서비스, 양성이 평등한 육아휴직제 등의 정책을 적극적으로 확대 시행하여야 하며(법 제22조 제1항), 다양한 가족형태를 고려하여 아동양육지원사업 시책(아이돌보미 서비스)을 수립·시행하여야 한다(법 제22조 제2항). 그리고 국가 및 지방자치단체는 아동양육지원사업을 예산의 범위에서 지원할 수 있고(법 제22조 제3항), 가사노동의 가치에 대한 사회적 인식을 제고하고 이를 관련 법·제도 및 가족정책에 반영하도록 노력하여야 한다(법 제22조 제4항).

3) 가족단위 복지 증진 및 가족의 건강 증진

국가 및 지방자치단체는 사회보험·공공부조 등 사회보장제도의 운용과 관련하여 보험료의 산정·부과, 급여 등을 운용함에 있어서 가족을 지지하는 시책을 개발·추진하여야 하며(법 제23조 제1항), 경제·사회, 교육·문화, 체육, 지역사회개발 등 각 분야의 제도·정책 및 사업을 수립·추진함에 있어 가족을 우대하는 방안을 강구하여야 한다(법 제23조 제2항). 그리고 국가 및 지방자치단체는 영유아, 아동, 청소년, 중·장년, 노인 등 생애주기에 따르는 가족구성원의 종합적인 건강 증진대책을 마련하여야 한다(법 제24조).

4) 민주적이고 양성평등한 가족관계의 증진 및 가족단위의 시민적 역할 증진

국가 및 지방자치단체는 부부 및 세대 간에 가족갈등이 있는 경우 이를 예방·상담하고, 민주적이고 양성평등한 가족관계를 증진시킬 수 있도록 가족지원서비스를 확대하고, 다양한 가족생활교육·부모교육·가족상담·평등가족홍보 등을 추진하여야 하며(법 제26조 제1항), 가정폭력이 있는 가정의 경우 가정폭력피해자와 피해자 가족에 대한 개입에 있어 전문가의 체계적인 개입과 서비스가 이루어지도록 노력하여야 한다(법 제26조 제2항).

5) 가정생활문화의 발전과 가정 및 가정의례

국가 및 지방자치단체는 건강가정의 생활문화를 고취하고 그에 대한 지원정책을 수립하여야 하고(법 제28조 제1항), 지원하여야 하는 건강가정의 생활문화는 "가족여가문화, 양성평등한 가족문화, 가족단위 자원봉사활동, 건강한 의식주 생활문화, 합리적인 소비문화, 지역사회 공동체문화, 그 밖에 건강가정의 생활문화와 관련된 사항"을 포함하여야 한다(법 제28조 제2항). 그리고 개인과 가정은 건전한 가정의례를 확립하도록 노력하여야 하며(법 제29조 제1항), 국가 및 지방자치단체는 건전한 가정의례를 확립하기 위한 지원정책을 수립하여야 한다(법 제29조 제2항).

6) 이혼예방 및 이혼가정 지원 및 자원봉사활동의 지원

국가 및 지방자치단체는 이혼하고자 하는 부부가 이혼 전 상담을 받을 수 있게 하는 등 이혼조정을 내실화할 수 있도록 필요한 조치를 강구하여야 하며(법 제31조 제1항), 이혼의 의사가 정해진 가족에 대하여 이들 가족이 자녀양육·재산·정서 등의 제반문제를 준비할 수 있도록 도움을 주는 지원서비스를 제공하도록 하여야 하며(법 제31조 제2항), 이혼한 가족에 대하여 양육비에 대한 집행력의 실효성을 강화하고 그 적용대상을 확대하도록 하여야 한다(법 제31조 제3항). 그리고 국가 및 지방자치단체는 건강가정과 관련되는 자원봉사활동사업을 육성하고 장려하여야 한다(법 제33조).

7) 건강가정교육

국가 및 지방자치단체는 건강가정교육을 실시하여야 하며(법 제32조 제1항), 건강가정교육 내용에는 "결혼준비교육, 부모교육, 가족윤리교육, 가족가치실현 및 가정생활관련 교육" 등의 사항이 포함되어야 한다(법 제32조 제2항). 건강가정교육에 관하여 필요한 사항은 여성가족부령으로 정하고 있다(법 제32조 제3항).

8) 가정봉사원

국가 및 지방자치단체는 건강한 가정을 유지하기 위하여 필요한 경우에는 가정을 방문하여 가사·육아·산후조리·간병 등을 돕는 가정봉사원(가정봉사원)을 지원할 수 있고(법 제30조 제1항), 가정봉사원은 여성가족부령이 정하는 바에 따라 교육을 받아야 한다(법 제30조 제2항). 국가 및 지방자치단체는 가정봉사원에게 예산의 범위 안에서 일정금액을 지급할 수 있다(법 제30조 제3항). 가정봉사원의 지원에 관하여 필요한 사항은 여성가족부령으로 정하고 있다(법 제30조 제4항).

사. 건강가정전담조직

1) 건강가정사업의 전담수행

여성가족부 및 지방자치단체는 건강가정사업에 관한 업무를 전담하여 수행할 수 있도록 하여야 한다(법 제34조).

2) 한국건강가정진흥원의 설립

다양한 가족의 삶의 질 제고 및 가족역량 강화를 위한 가족정책을 효율적이고 체계적으로 지원하기 위하여 한국건강가정진흥원(이하 "진흥원"이라 한다)을 설립한다(법 제34조의2 제1항). 진흥원은 법인으로 하고(법 제34조의2 제2항), 진흥원은 그 주된 사무소의 소재지에서 설립등기를 함으로써 성립한다(법 제34조의2 제3항). 진흥원에는 정관으로 정하는 바에 따라 임원과 필요한 직원을 두고(법 제34조의2 제4항), 그 주요사업은 "가족상담 및 가족교육 사업, 가족친화 사회환경 조성사업, 아이돌봄 및 자녀양육지원 사업, 「양육비 이행확보 및 지원에 관한 법률」에 따른 양육비 이행전담기관 운영, 다문화가족, 한부모가족, 조손가족 등 취약 가족의 역량강화 지원사업, 다문화가족의 사회통합지원 사업, 제35조의 건강가정지원센터, 「다문화가족지원법」 제12조의 다문화가족지원센터 및 「가족친화 사회환경의 조성 촉진에 관한 법률」 제19조의 가족친화지원센터의 사업 관리 및 종사자 교육훈련, 가족사업 관련 대내외 교류 및 협력 사업, 가족정책 및 사업개발을 위한 조사, 연구, 제1호부터 제9호까지의 사업에 부수되는 사업 또는 이와 관련하여 국가기관 등으로부터 위탁받은 사업, 그 밖에 진흥원의 목적 달성을 위하여 정관으로 정하는 사항"의 사업을 한다(법 제34조의2 제5항).

정부는 예산의 범위에서 진흥원의 사업과 운영에 필요한 경비를 출연할 수 있고(법 제34조의2 제6항), 진흥원은 「기부금품의 모집 및 사용에 관한 법률」에도 불구하고 자발적으로 기탁되는 금품을 사업목적에 부합하는 범위에서 접수할 수 있으며 접수 절차 등에 관한 사항은 진흥원의 장이 별도로 정한다(법 제34조의2 제7항). 진흥원에 관하여는 이 법에서 규정한 것을 제외하고는 민법 중 재단법인에 관한 규정을 준용한다(법 제34조의2 제8항).

3) 건강가정지원센터의 설치

(가) 건강가정지원센터의 설치

국가 및 지방자치단체는 가정문제의 예방·상담 및 치료, 건강가정의 유지를 위한 프로그램의 개발, 가족문화운동의 전개, 가정 관련 정보 및 자료제공 등을 위하여 건강가정지원센터(센터)를 설치·운영하여야 하며(법 제35조 제1항), 센터에는 건강가정사업을 수행하기 위하여 관련 분야에 대한 학식과 경험을 가진 전문가(건강가정사)를 두어야 한다(법 제35조 제2항). 건강가정사는 대학 또는 이와 동등 이상의 학교에서 사회복지학·가정학·여성학 등 여성가족부령이 정하는 관련 교과목을 이수하고 졸업한 자이어야 한다(법 제35조 제3항). 센터의 조직·운영 및 건강가정사의 자격·직무에 관하여 필요한 사항은 대통령령으로 정하고 있으며(법 제35조 제4항), 센터의 운영은 여성가족부령이 정하는 바에 의하여 민간에 위탁할 수 있다(법 제35조 제5항). 그리고 이 법에 따른 센터가 아닌 자는 건강가정지원센터 또는 이와 유사한 명칭을 사용하지 못한다(법 제35조의2).

(나) 건강가정사의 직무

건강가정사의 직무는 "가정문제의 예방·상담 및 개선, 건강가정의 유지를 위한 프로그램의 개발, 건강가정 실현을 위한 교육(민주적이고 양성평등한 가족관계 교육을 포함한다), 가정생활문화운동의 전개, 가정 관련 정보 및 자료제공, 가정에 대한 방문 및 실태파악, 아동보호전문기관 등 지역사회자원에의 연계, 그 밖에 건강가정사업과 관련하여 여성가족부장관이 정하는 활동을 한다(법 시행령 제4조).

(다) 건강가정사가 되기 위하여 이수하여야 하는 관련 교과목(법 시행규칙 제5조)

〈표 11-2〉 건강가정사가 되기 위하여 이수하여야 하는 관련 교과목

구 분		교 과 목
핵심과목(5)		건강가정론, (건강)가정(족)정책론, 가족상담(및 치료), 가정(족)생활교육, 가족복지론, 가족과 젠더, 가족(정)과 문화, 건강가정현장실습, 여성과 (현대)사회, 비영리기관 운영관리 중 5과목 이상
관련과목(7)	기초이론(4)	가족학, 가족관계(학), 가족법, 아동학, 보육학, 아동(청소년)복지론, 노년학, 노인복지론, 인간발달, 인간행동과 사회환경, 가족(정)(자원)관리, 가계경제, 가사노동론, 여가관리론, 주거학, 생애주기 영양학, 여성복지(론), 여성주의이론, 정신건강(정신보건사회복지)론, 장애인복지론, 가정생활복지론, 상담이론, 자원봉사론, 성과 사랑, 법여성학, 여성과 문화, 일과 가족(정), 사회복지(개)론 중 4과목 이상
	상담·교육 등 실제(3)	생활설계상담, 아동상담, 영양상담 및 교육, 소비자상담, 주거상담, 부모교육, 부부교육, 소비자교육, 가정생활과 정보, 가계재무관리, 주택관리, 의생활관리, 지역사회 영양학, 프로그램 개발과 평가, 사회복지실천기술론, 지역사회복지론, 연구(조사)방법론, 부부상담, 집단상담, 가족(정)과 지역사회, 여성과 교육, 여성과 리더십, 여성주의 상담, 사회복지실천론, 위기개입론, 사례관리론 중 3과목 이상

※ 비고

1. 대학원에서 관련 교과목을 이수하는 경우에는 같은 표의 교과목 중 핵심과목 4과목 이상, 관련 과목 4과목(기초이론 2과목, 상담·교육 등 실제 2과목) 이상을 각각 이수하여야 한다. 다만, 핵심과목 및 관련 과목 각각의 2분의 1의 범위에서 대학 또는 이와 동등 이상의 학교에서 이수한 교과목도 이를 대학원에서 이수한 것으로 본다.
2. 교과목의 명칭이 동일하지 아니하더라도 교과의 내용이 동일한 것으로 여성가족부장관이 인정하는 경우에는 동일 교과목으로 본다.
3. 관련 교과목 이수는 12과목 36학점(대학원에서 이수하는 경우 8과목 24학점) 또는 12과목 이상 36학점(대학원에서 이수하는 경우 8과목 이상 24학점)으로 한다.

아. 비용보조

국가 및 지방자치단체는 건강가정사업을 수행하는 단체 또는 개인에 대하여 필요한 비용의 전부 또는 일부를 보조하거나 그 업무수행에 필요한 지원을 할 수 있다(법 제36조).

자. 벌칙(과태료)

유사명칭의 사용금지(법 제35조의2)를 위반한 자에게는 300만 원 이하의 과태료를 부과하며(법 제37조 제1항), 이에 따른 과태료는 대통령령으로 정하는 바에 따라 여성가족부장관 또는 지방자치단체의 장이 부과·징수한다(법 제37조 제2항).

참고문헌

곽윤직(1990). 민법총칙(신정판). 서울: 박영사.
김구(2013). 사회복지법제론. 서울: 창지사.
김유성(1992). 한국사회보장법론. 서울: 법문사.
김치선(1992). 노동법강의. 서울: 박영사.
김태성·성경륭(2000). 복지국가론. 서울: 나남출판.
김훈(2009). 사회복지법제론. 서울: 학지사.
남기민·홍성로(2013). 사회복지법제론. 경기: 공동체.
문수열·박순미·김병(2014). 사회복지법제론. 경기: 정민사.
박용순·송진영·김화영(2015). 사회복지법제론. 서울: 창지사.
사회복지교육연구센터(2014). 사회복지법제론. 서울: 나눔의집.
____________________(2015). 1급 사회복지사 기본서 사회복지법제론. 서울: 나눔의 집.
양건(1990). 법사회학(5판). 서울: 민음사.
옥필훈(2013). 사회복지법제론. 서울: 동문사.
유재신·이재환·임동호·최영준·한인철(2011). 사회복지법제론. 경기: 문예미디어.
윤찬영(1995). 사회복지법의 체계화를 위한 연구. 서울대학교 대학원 박사학위논문.
______(2001). 사회복지법제론(개정증보판). 서울: 나남.
______(2013). 사회복지법제론(개정6판). 파주: 나남.
이상광(1988). 사회법. 서울: 박영사.
이중엽(2014). 사회복지법제론. 경기: 양서원.
정현태·오윤수·신민정·김용주·정창훈(2014). 사회복지법제론. 경기: 공동체.
조원탁·김형수·이형하·조준(2009). 사회복지법제론. 경기: 양서원.
한국법제연구원(1992). 생활보호법제의 운용실태와 개선방안.
한국사회과학연구소 편(1983). 복지국가의 형성. 서울: 민음사.
한승협(2012). 사회복지법제론. 서울: 창지사.
홍원식·김용주(2014). 통합사회복지법제론. 경기: 공동체.
황미경(2013). 사회복지법제론. 서울: 청목출판사.
황인옥·양정하·박미정·임혁(2013). 사회복지법제론. 경기: 정민사.

국민연금공단 http://www.nps.or.kr
법제처 http://www.moleg.go.kr

Alder, M., & Asquith, S. (1981). *Discretion and Welfare*. London: Heinemann Educational.

Calvert, H. (1978). *Social Security Law* (2nd ed.). London: Sweet & Maxwell.

Frazer, D. (1984). *The Evolution of the Welfare State* (2nd ed.). London: Macmillan.

Gitter, W. (1992). *Sozialrecht*. Muenchen: Verlag C. H. Beck.

Jasson, B. S. (1988). *The Reluctant Welfare State: A History of American Social Welfare Policies*. Belmont, CA: Wadsworth Publishing Co.

LaFrance, A. B. (1979). *Welfare Law: Structure and Entitlement*. MN: West Publishing Co.

Marmor, T. R., & Mashaw, J. L. (1988). *Social Security: Beyond the Rhetoric of Crisis* (Eds.). Princeton, N. J.: Princeton University Press.

Mommsen, W. J. (1981). *The Emergence of Welfare State in Britain and Germany*. London: Croom Helm.

Poliny, K. (1957). *The Great Transformation*. Boston, Mass: Beacon Press.

Reisman, D. (1977). *Richard Titmuss: Welfare and Society*. London: Heinemann Educational.

Rimlinger, G. V. (1971). *Welfare Policy and Industrialization in Europe, America, and Russia*. New York: John Wiley & Sons.

Samford, C. J. G., & Galligan, D. J. (1986). *Law, Rights and the Welfare State*. London: Croom Helm.

Titmuss, R. M. (1974). *Social Policy*. London: George Allen & Unwin.

저자 소개

한 승 협

부산여자대학교 사회복지계열 교수, 법학 석사·박사
경남복지재단 이사, 사회복지법인 좋은세상 대표이사

최근 저서와 논문

『사회복지행정론』(공저, 2015), 『노인복지론』(공저, 2015)
"기여분의 법적 성질", "기여분과 유류분", "법과 질서"

박 주 현

백석문화대학교 사회복지학부 교수, 사회복지학 석사와 성경학 석사, 사회복지학 박사
사)한국아동가족복지학회 사업이사, 한국부모교육학회 부회장, 한국코칭학회 상임이사, 사회복귀시설 품 운영위원회 위원장, 前 서울남부지방법원 협의이혼상담위원(2006. 10.~2014. 12.)

최근 저서와 논문

『사회복지정책론(증보판)』(공저, 2013), 『사회복지행정론』(공저, 2014), 『탈북자, 그들도 대한민국 국민?』(2016), 『다문화사회의 이해와 실천(2판)』(공저, 2017), 『사회복지발달사』(2018)
"아버지 양육행동, 아동의 자아개념, 심리행동문제 및 학교적응 간의 구조모형분석: 다문화가족을 중심으로"(공저, 한국가족복지학, 2017), "베이비붐세대의 부양의식에 미치는 영향: 노인 이미지와 친밀감 중심으로"(공저, 한국가족복지학, 2017), "부모 간 갈등과 아버지 양육행동 및 폭력허용도가 학교폭력 가해행동에 미치는 영향"(공저, 한국가족복지학, 2016), "이용 동기와 자기 통제력 및 사회적 위축이 스마트폰 중독에 미치는 영향"(공저, 디지털융복합연구, 2014)

이 성 대

한국국제대학교 사회복지·상담심리학부 겸임교수, 사회복지학 석사, 사회정책학 박사
경상남도장애인단체총연합회 사무처장, 경상남도장애인가족지원센터 운영위원

▎최근 저서와 논문

『시각장애와 한국점자』(공저, 2013)

"인권에 대한 현장 사회복지사들의 주관적 인식유형"(공저, 비판사회정책, 2015), "사회복지사직에 대한 사회복지학과 학생의 인식유형"(공저, 한국콘텐츠학회논문지, 2014), "청각장애인 보청기 사용 영향요인에 관한 연구"(공저, 재활복지공학회논문지, 2014), "청소년의 인터넷과다사용이 사이버비행에 미치는 영향 연구: 자기통제력의 조절효과를 중심으로"(공저, 한국청소년정책연구원, 2014), "매개된 조절모형과 조절된 매개모형을 통한 직장차별이 생활만족도에 미치는 영향에 관한 연구"(공저, 장애와 고용, 2014), "사회복지 분야의 메타분석 논문에 대한 고찰과 제안"(공저, 한국콘텐츠학회논문지, 2014)

이 덕 희

신라대학교 평생교육원 사회복지학 책임교수, 보건학 석사, 사회복지학 박사
경남 양산시 아동위원, 법무부 소년보호위원, 한국사회복지상담학회 이사, 사회복지법인 가버나움 이사, 한국 지적장애인 양산지부 운영위원, 경남 양산시 지역아동센터협의회 자문위원, 양산시 보육정책위원회 위원

▎최근 저서와 논문

『사회복지개론』(2014), 『지역사회복지론』(공저, 2014), 『건강가정론』(공저, 2015), 『사회복지행정론』(공저, 2015), 『사회복지조사론』(공저, 2015), 『사회복지실천기술론』(공저, 2016), 『노인복지론』(공저, 2017), 『사회복지현장실습』(공저, 2018)

"요양원 종사자의 감정노동, 소진이 직무스트레스 및 직무만족에 미치는 영향-치매환자 돌봄 경험을 중심으로"(한국콘텐츠학회, 2018), "다문화가정 청소년들의 스트레스와 학교생활적응과의 관계에서 자아존중감, 사회적 지원, 스트레스 대처의 매개효과"(한국산학기술학회, 2016), "학생의 학교폭력경험과 학교폭력태도 간의 관계-인권의식 및 촉진적 의사소통의 매개효과를 중심으로"(한국학교사회복지학회, 2014)

개정

사회복지법제론

초판 1쇄 발행 2016년 2월 23일
개정 2쇄 발행 2020년 1월 14일

지은이 | 한승협·박주현·이성대·이덕희
펴낸이 | 김기섭
편집인 | 김민수
펴낸곳 | 창지사 www.changjisa.com
08589 서울시 금천구 가산디지털 1로 83 파트너스타워 1차 9층
전화 (02) 719-2211~3
팩스 (02) 701-9386
등 록 | 1977년 4월 28일·제1-421호

ISBN 978-89-426-1195-9 (93330)

값 20,000원

「이 도서의 국립중앙도서관 출판예정도서목록(CIP)은 서지정보유통지원시스템 홈페이지(http://seoji.nl.go.kr)와 국가자료공동목록시스템(http://www.nl.go.kr/kolisnet)에서 이용하실 수 있습니다.(CIP제어번호: CIP2018040628)」